2022 年山东省优质专业学位教学案例库建设项目
2022 年山东省本科高校教学改革研究项目
2022 年教育部主题案例征集项目

民商法典型案例评析

（第 4 辑）

张平华　项先权　主　编
石文静　副主编

山东大学出版社
SHANDONG UNIVERSITY PRESS
·济南·

图书在版编目(CIP)数据

民商法典型案例评析.第 4 辑 / 张平华,项先权主编
.—济南:山东大学出版社,2023.12
ISBN 978-7-5607-7963-8

Ⅰ.①民… Ⅱ.①张… ②项… Ⅲ.①民商法—案例—分析—中国 Ⅳ.①D923.05

中国国家版本馆 CIP 数据核字(2023)第 203164 号

责任编辑 刘晓燕
封面设计 王秋忆

民商法典型案例评析(第 4 辑)
MINSHANGFA DIANXING ANLI PINGXI(DI 4 JI)

出版发行 山东大学出版社
社 址 山东省济南市山大南路 20 号
邮政编码 250100
发行热线 (0531)88363008
经 销 新华书店
印 刷 济南新科印务有限公司
规 格 720 毫米×1000 毫米 1/16
23 印张 330 千字
版 次 2023 年 12 月第 1 版
印 次 2023 年 12 月第 1 次印刷
定 价 80.00 元

前　言

张平华与项先权是博士同窗，具有深厚的友谊。从2018年起，二人便同时萌生了助推法治营商环境建设的强烈愿望，希望通过分析典型案例来分析具体的法治营商环境，以此方式既加深友谊，又以具体方式服务法治中国建设。为此，我们依托于山东大学法治营商环境研究中心和浙江新台州律师事务所开展具体工作。山东大学法治营商环境研究中心是由张平华组织筹建，立足于营商环境建设的法律实践，致力于打造学术特色鲜明、学科背景交叉、综合实力雄厚的国内一流研究中心。浙江新台州律师事务所是由项先权担任主任的一家大型综合法律服务机构，先后荣获"浙江省优秀律师事务所""服务民营企业发展全国优秀律师事务所""浙江著名律师事务所"等荣誉称号，所内人员拥有丰富的实践经验和扎实的专业背景。我们召集有志之士，针对典型、热点事件撰写案例分析，已经出版三册《民商法典型案例评析》，并坚持持续推进此项工作。本书由张平华和项先权担任主编，指导并审定全稿。石文静担任副主编，负责统筹汇编工作，完成书稿的修改、编排等。董媛媛、毛仙鹏、付琦、侯圣贺、李秋颖负责协助汇编，完成文稿的审校。20余名专家学者参与了书稿的撰写。

本书同样延续前几册主题和编排体例，以"具体的法治营商环境建设"为主题，结合建设一流营商环境的具体要求，从多个方向出发撰写典型案例分析，分设了"总则编、物权编、合同编、婚姻家庭编、侵权责任编、劳动法、商法、经济法、行政法、生态环保"等多个专题。每篇均采取"案例＋法律＋评析"的结构，其中案例尽量典型、真实、精炼，最终汇编成本书。期待通过相关案例研究，能够为营商环境优化、经济高质量发展贡献法治智慧。限于组织者本身的学科背景，目前的选题主要围绕民法、商法、劳动法领域而展开，未来还要进一步加大在行政法、刑法等领域的选题。需要说明的是，本书历时较长，其间经历数个法律的颁行、修改。对此，本书采取的方式是，在分析具体案例时，以案件发生时生效的法律为准，同时在案例分析“相关规定”部分注明对应的新的法律条文，在“法理分析”部分说明新的法律生效后的变化。

编　者

2023年8月5日

目　录

民法典专题·总则编

民法典专题·物权编

民法典专题·合同编

民法典专题·婚姻家庭编

民法典专题·侵权责任编

劳动法专题

商法、经济法专题

行政法专题

生态环保专题

民法典专题

总则编

伪造单位印章与他人签订合同所引发的民事责任能否由单位承担？

杨　婷[*]

法定代表人伪造印章以单位名义与他人签订借款合同，合同效力如何？合同保证人在履行保证责任后，能否向单位追偿？本文将结合审判实践作出简要说明。

一、案情与裁判

案件名称：××银行××支行、刘×追偿权纠纷案

案情来源：最高人民法院(2019)最高法民申6851号民事裁定

案情简介：

2012年7月18日，林×与××银行××支行（以下简称"支行"）（一审被告、二审上诉人、再审申请人）签订《合作协议》一份，约定支行使用林×人民币4000万元。同日，刘×（一审原告、二审被上诉人、再审被申请人）、刘×1、勍×公司作为保证人与债权人林×签订《保证合同》一份，约定保证人愿意提供连带责任保证担保；本合同效力独立于主合同，主合同或其有关条款无效时不影响本合同的效力。事后查明，《合作协议》上支行的印章虚假，系支行时任法定代表人的王×伪造，王×涉嫌合同诈骗。

2013年4月1日，林×向法院提起诉讼，要求支行承担还款责任，勍×公司、刘×1、刘×承担连带保证责任。后保证人与林×达成执行和解协议，刘×据此以其个人资产分期向林×打款。法院于2018年12月3日裁定和解协议已履行完毕。2018年12月6日，勍×公司向支行邮寄发出《债权转让通知书》，通知支行其已将1552万元债权转让给刘×，要求支行向刘×履行义务。支行

---

* 杨婷，山东大学法学院硕士，浙江新台州律师事务所疑案研究中心研究员。

认为涉案《合作协议》系王×使用伪造的公章与林×所签订，其内容不是支行的真实意思表示，支行不应对林×的个人犯罪行为承担民事责任，并诉至法院。

一审判决

河南省郑州市中级人民法院经审理认为：刘×的损失与王×作为支行负责人的特殊身份有关，但也与支行制度不健全、用人失察、公章管理不善密不可分，故支行应当承担相应的民事责任。

二审判决

河南省高级人民法院经审理认为：驳回上诉，维持原判。

再审裁定

最高人民法院经审理认为：刘×应当知道该借款不属于金融机构经营范围的业务，在此情况之下，其仍然提供担保，未尽到应有注意义务、存在过错，不属于善意相对人。王×的行为不构成表见代理或表见代表，且因案涉《合作协议》是王×使用伪造的支行印章，假冒该行的名义与林×签订，该协议不是支行的真实意思表示，《合作协议》对支行不产生法律拘束力，支行仅应承担其制度不健全、用人失察、公章管理不善的相应赔偿责任而非承担全部责任。裁定河南省高级人民法院再审本案。

二、相关规定

《民法总则》第148条（《民法典》第148条修正）：“一方以欺诈手段，使对方在违背真实意思的情况下实施的民事法律行为，受欺诈方有权请求人民法院或者仲裁机构予以撤销。”

《民法总则》第152条第2款（《民法典》第152条第2款修正）：“当事人自民事法律行为发生之日起五年内没有行使撤销权的，撤销权消灭。”

《民法总则》第61条（《民法典》第61条修正）：“依照法律或者法人章程的规定，代表法人从事民事活动的负责人，为法人的法定代表人。法定代表人以法人名义从事的民事活动，其法律后果由法人承受。法人章程或者法人权力机构对法定代表人代表权的限制，不得对抗善意相对人。”

《最高人民法院关于在审理经济纠纷案件中涉及经济犯罪嫌疑若干问题的规定》（法释〔1998〕7号）第5条[《最高人民法院关于在审理经济纠纷案件中涉及经济犯罪嫌疑若干问题的规定》（2020修正）第5条修正]：“行为人盗窃、盗用单位的公章、业务介绍信、盖有公章的空白合同书，或者私刻单位的公章签订经济合同，骗取财物归个人占有、使用、处分或者进行其他犯罪活动构成犯罪的，单位对行为人该犯罪行为所造成的经济损失不承担民事责任。行为人私刻单位公章或者擅自使用单位公章、业务介绍信、盖有公章的空白合同书以签订经济合同的方法进行的犯罪行为，单位有明显过错，且该过错行为与被害人的经济损失之间具有因果关系的，单位对该犯罪行为所造成的经济损失，依法应当承担赔偿责任。”

《全国法院民商事审判工作会议纪要》（法〔2019〕254 号）：“从现行法律规则看，外观主义是为保护交易安全设置的例外规定，一般适用于因合理信赖权利外观或意思表示外观的交易行为。实际权利人与名义权利人的关系，应注重财产的实质归属，而不单纯地取决于公示外观。总之，审判实务中要准确把握外观主义的适用边界，避免泛化和滥用。”

三、典型案例或做法

案号	裁判立场
××银行广州分行与深圳市××股份有限公司借款合同纠纷案/最高人民法院（2008）民二终字第 124 号民事判决	根据最高人民法院《关于在审理经济纠纷案件中涉及经济犯罪嫌疑若干问题的规定》，行为人私刻单位公章或者擅自使用单位公章、业务介绍信、盖有公章的空白合同书以签订经济合同的方法进行的犯罪行为，单位有明显过错，且该过错行为与被害人的经济损失之间有因果关系的，单位对该过错行为所造成的损失，依法应当承担赔偿责任。单位规章制度不健全、用人失察、对其高级管理人员监管不力，属于单位具有明显过错的具体表现。
武×与××财产保险股份有限公司天津分公司侵权责任纠纷案/天津市第二中级人民法院（2019）津 02 民终 7254 号民事判决	××财产保险股份有限公司天津分公司（以下简称“××保险天津公司”）虽然不是直接侵权人，但吕×在案发时作为其员工推销保险产品，并使用××保险天津公司真实有效的印章和保单为武×出具保险单，××保险天津公司作为专业金融机构未对其印章、制式保单进行严格管理，亦缺乏对员工在岗期间行为进行监管，为吕×犯罪提供了重要条件，存在过错，该过错行为与武×的资金损失这一损害后果之间具有一定的因果关系，故××保险天津公司应承担相应的赔偿责任。

续表

案号	裁判立场
马×与××银行股份有限公司×支行等借款合同纠纷案/河南省高级人民法院(2018)豫民申4717号民事裁定	公司股东、高管或负责人存在私刻公章的行为，其身份足以使人相信其对外以公司名义在合同上签字盖章的行为是职务行为的，构成表见代理，公司应对其行为承担民事责任。即使私刻印章的行为构成犯罪，也不当然导致合同无效，公司仍要承担相应民事责任；即使合同当事人涉及经济犯罪，也不当然导致民事案件中止审理或将民事案件材料移送侦查机关立案侦查，同时也不当然导致民事责任的免除。

四、法理分析

本案争议焦点有二：《合作协议》是否有效？王×行为所引发民事责任能否请求单位承担？下文将结合审判实践作出简要分析。

首先，林×与银行签订的《合作协议》有效。王×伪造印章与林×订立《合作协议》的行为，在构成刑事领域合同诈骗罪的同时（法院已作出刑事判决），也构成民事领域的合同欺诈，即该行为构成合同诈骗与合同欺诈之竞合。此种情形下合同效力如何，存在不同观点。一种观点认为，一旦行为构成犯罪，则所涉合同当然无效。此种观点有待商榷。一方面，成立犯罪的系伪造印章使对方陷入错误认识的这一行为，而非合同本身，合同效力有待进一步判断；另一方面，刑民重叠的行为，刑事争议与民事争议的解决一般只适用本法律部门的规则，刑法不得对民事法规则进行直接干预，二者相互独立。若将涉及一方缔约人犯罪的合同一律认定为无效，将会给合同安全带来危害。具体到本案，《合作协议》的效力在体系上并不当然、自动地受到合同诈骗罪的影响，有效与否仍应当从民法体系中加以判断。王×基于欺诈之故意伪造印章，使林×陷入错误认识缔结合同，存在不正当性，成立民事欺诈。根据《民法总则》（2017 修正）第 148 条的规定，受欺诈方林×有权请求撤销。由于自协议签订之日起 5 年内林×未行使撤销权，已超过最长除斥期间，根据《民法总则》第 152 条第 2 款的规定，撤销权消灭，合同自始有效，对缔约双方有约束力。

其次，王×伪造印章以单位名义签订合同引发的民事责任不应由银行承担。王×私刻印章与林×签订《合作协议》时，系支行法定代表人。《民法总则》第 61 条第 2 款规定，“法定代表人以法人名义从事的民事活动，其法律后果由法人承受”。据此，王×越权代表行为产生的法律后果本应由银行承担。而《最高人民法院关于在审理经济纠纷案件中涉及经济犯罪嫌疑若干问题的规定》(以下简称《规定》)(法释〔1998〕7号)第5条规定,私刻单位公章签订经济合同,骗取财物归个人占有、使用、处分的,单位对行为人该犯罪行为所造成的经济损失不承担民事责任。但单位有明显过错的,依法承担赔偿责任。依据特别法优于一般法之原则,本案应当适用《规定》第5条,依照该规定,单位承担过错责任。本案案发时王×时任支行法定代表人,在履行职务过程中会频繁接触公章,伪造公章较他人而言更为容易。银行对此并不知情,且基于客观原因(王×法定代表人身份)无法从根本上预防其接触公章之行为,故王×伪造印章从事犯罪行为不应归责于银行,银行不承担相应民事责任。值得注意的是,本案不宜适用表见代理规则加以处理。在表见代理中,需相对人证明自己有理由相信代理人有代理权方能使无权代理行为对被代理人生效。与之相反,若适用《民法总则》第61条,则可直接认定行为有效,除非法人能够证明相对人非为善意,举证责任置于被代理人一方,可减轻相对人举证压力。另外,《全国法院民商事审判工作会议纪要》(法〔2019〕254号)明确限制表见代理规则之泛化与滥用,反映出限制表见代理规则适用之大势。故在本案可直接适用《民法总则》第61条的情况下,自然应当排除表见代理之适用。

最后,银行不承担民事赔偿责任,刘×无权向其追偿。刘×作为《合作协议》担保人已履行2050万元还款义务,加上其受让的勋×公司偿还林×借款1552万元债权,共取得对王×3602万元的追偿权。因王×行为不构成表见代理,故刘×无权请求银行承担赔偿责任,只得向王×主张追偿。王×虽已被判处刑罚,但并不影响其民事责任之承担,刘×依据合同约定对王×享有的追偿权仍存在。

以第三方款项到账为支付前提之条款属于“附条件”还是“附期限”？

田如茵*

实践中合同当事人为转嫁风险，常以付款方收到第三方的款项作为其支付本合同款项之前提条件，此类条款被称为“背对背”条款。含有“背对背”条款合同的效力如何，如何确定该条款性质？本文将结合审判实践作出简要说明。

一、案情与裁判

案件名称：广州市××油库有限公司与中国××燃料油销售有限公司福建分公司、中国××燃料油销售有限公司合同纠纷案

案情来源：最高人民法院(2021)最高法民申5750号民事判决

案情简介：

盈×(鹤山)重公路沥青有限公司(一审第三人，以下简称“盈×公司”)与广州市××油库有限公司(再审申请人、一审原告、二审上诉人，以下简称“××油库公司”)就3000吨重交通道路石油沥青达成购销基本意向，但因盈×公司自有资金不足，××油库公司出于保证货款安全的考量与中国××燃料油销售有限公司福建分公司(被申请人、一审被告、二审被上诉人，以下简称“××福建分公司”)签署了《燃料油采购合同》。该采购合同第9条第2款约定，“乙方(××福建分公司)按照结算数量在收到最终用户(盈×公司)货款和甲方(××油库公司)开具的增值税发票后的2个工作日内支付全部货款。××油库公司主张其已于2014年2月向××福建分公司交付了货物，尚未收到货款，《燃油采购合同》关于支付货教条件的约定属于附期限民事法律行为，道要求××福建分公司立即支付货献。

二审判决

福建省高级人民法院经审理认为：该采购合同为买卖合同性质且合法有

* 田如茵，山东大学法学院硕士研究生，浙江新台州律师事务所疑案研究中心研究员。

效,××福建分公司未收到最终用户支付的本案讼争合同项下的货款,不具备合同约定的向××油库公司支付货款的条件。××油库要求××福建分公司立即支付货款的诉讼请求不能成立,判决驳回××油库公司的诉讼请求。

再审判决

最高人民法院经审理认为:本案双方所签订的《燃料油采购合同》系在盈×公司与××油库公司之间已达成购销案涉合同标的物的基本意向前提下,因第三人盈×公司自有资金不足,需由××油库公司先行向案外人支付货款,××油库公司出于保证货款安全的考量与××福建分公司而非盈×公司签订案涉采购合同。判断××油库公司与××福建分公司之间采购合同第9条第2款的约定属于履行期间条款还是履行条件条款,需结合合同的签订目的和动机来分析和认定。就××油库公司一方而言,其签订合同的动机和目的在于确保其已支付给他人的采购资金能安全回款;就××福建分公司而言,其已充分认识到××油库公司的交易动机,为避免自己处于不利的合同地位而在合同中作出上述约定。有关合同签订的动机,除非在合同中有明确约定,否则不能视为合同内容,对合同当事人不产生约束力。此外,基于仅获利9万元的客观情形,××福建分公司与××油库公司在合同中约定交付货款的前置要件,以保证合同双方权利与义务的均衡和对等,并未造成双方利益严重失衡。因此,将该合同条款理解为关于货款支付条件的约定,更符合本案合同签订的实际背景。

二、相关规定

《民法典》第6条:"民事主体从事民事活动,应当遵循公平原则,合理确定各方的权利和义务。"

《民法典》第7条:"民事主体从事民事活动,应当遵循诚信原则,秉持诚实,恪守承诺。"

《民法典》第143条:"具备下列条件的民事法律行为有效:(一)行为人具有相应的民事行为能力;(二)意思表示真实;(三)不违反法律、行政法规的强制性规定,不违背公序良俗。"

《民法典》第153条:"违反法律、行政法规的强制性规定的民事法律行为无效。但是,该强制性规定不导致该民事法律行为无效的除外。违背公序良俗的民事法律行为无效。"

《民法典》第158条:"民事法律行为可以附条件,但是根据其性质不得附条件的除外。附生效条件的民事法律行为,自条件成就时生效。附解除条件的民事法律行为，自条件成就时失效。”

《民法典》第160条：“民事法律行为可以附期限，但是根据其性质不得附期限的除外。附生效期限的民事法律行为，自期限届至时生效。附终止期限的民事法律行为，自期限届满时失效。”

三、典型案例或做法

案号	裁判立场
张×美、王×轩等债务转移合同纠纷案/福建省古田县人民法院（2021）闽0922民初2548号民事判决	该《矿山转让合同》虽以第一批炸药批下来作为合同剩余10%转让款的付款条件，但该批炸药能否获批、何时能批，刘×与束×波均无法确定。束×波以一个不确定的期限作为支付剩余10%转让款的条件，事实上造成了对刘×合法权益的侵害，故应认定该约定的付款条件无效。基于上述理由，束×波应向刘众支付剩余转让款90000元。
浙江××科技有限公司与成都××数字广播电视设备有限公司买卖合同纠纷案/浙江省富阳市人民法院（2020）浙0111民初2084号民事判决	本院认为，合同约定货款采取“背对背”付款方式，该“背对背”条款应理解为附期限的法律行为。但买受人成都××数字广播电视设备有限公司以及作为“背对背”条款中的第三人普×公司均否认双方之间就案涉工程存在合同关系，意味着普×公司向成都××数字广播电视设备有限公司付款的行为不能被设定为期限，故本合同的“背对背”条款无效。综上，原告已按合同约定履行义务，被告亦应履行相应的付款义务。故原告要求被告支付货款169000元的诉讼请求，本院予以支持。
新疆××（集团）有限责任公司、江苏泰×节能工程有限公司建设工程施工合同纠纷案/新疆维吾尔自治区乌鲁木齐市中级人民法院（2021）新01民终6233号民事判决	建设工程合同中涉及的“背对背”条款是将建设单位（业主）向承包方支付工程款作为承包方向分包方支付工程款之条件，形式上属于附条件的合同条款。双方对付款条件附加了建设单位支付款项后按比例向江苏泰×节能工程有限公司支付的内容，该内容属于“背对背”条款的形式，就目前现行法律法规，即未有对“背对背”支付条款的效力性禁止规定，也没有禁止对分包合同中的付款条款附加条件，将付款条件与建设单位付款进度相联系，也实难称得上违反公序良俗。现新疆××（集团）有限责任公司尚未执行回款，不具备支付剩余款项的条件。故江苏泰×节能工程有限公司要求新疆××（集团）有限责任公司支付剩余工程款项及利息的诉讼请求与合同约定及其承诺内容不符，本院对此不予支持。

四、法理分析

本案的焦点主要有二：其一，含有“背对背”条款的采购合同是否有效？其二，应如何理解“背对背”条款的性质？下文将结合审判实践作出简要分析。

首先，采购合同的性质为买卖合同且合同有效。根据《民法典》第143条的规定，若合同双方当事人均具有完全民事行为能力、意思表示真实且不违背法律及行政法规的强制性规定和公序良俗，合同即为有效。本案中，××油库公司决定与××福建分公司签订采购合同目的在于保证货款安全，采购合同的订立出于合同双方当事人真实意思表示，具有真实货物买卖及流转的特征，并不等同于以货物买卖之名行企业间借贷之实的闭环贸易。因此，《燃料油采购合同》的性质为买卖合同且合法有效。

其次，未经实质磋商的“背对背”条款一般应被认定为附期限条款。附期限条款是指当事人在合同中特别约定的以客观上未来确定发生之事为内容的附款，具有未来性和必至性附条件条款是以未来客观上不确定发生的事实作为民事法律行为效力的附款，具有不确定性。由于合同一方期待相对方在合理期间内履行合同义务是应有之义，考虑到条件具有不确定性，而期限具有必至性，若“背对背”条款未经实质磋商，将该款性质理解为附期限条款可以避免合同处于变动不居的状态，防止连环交易中产生大面积的违约。因此，在当事人未对“背对背”条款进行实质磋商且约定不明时，应优先将“背对背”条款认定为附期限条款。

最后，“背对背”条款经实质磋商并明确表示以第三人完成为付款条件，应认定为附条件条款。附条件和附期限最大的区别在于未来之事实是否确定发生。具体到本案，从文义解释的角度，双方当事人经过实质磋商，采用了类似于“只有在盈×公司向××福建分公司作出相应履行后，××福建分公司才向××油库公司履行”的表述，盈×公司将来是否履行合同并不确定。从目的解释的角度看，××福建分公司即使在合同正常履行的情况下，也仅获利9万元，可见其并无承担类似于对合同总价款承担保证责任的意思。因此××福建分公司与××油库约定以盈×公司交付货款为条件，并非将第三人未履行风险不合理地转嫁第三人，不会造成双方利益严重失衡，符合公平原则，应将该“背对背”条款理解为附条件条款。本案中，盈×公司并未支付货款，××福建分公司的履行条件未成就，因此法院判决驳回××油库公司的诉讼请求并无不当。

综上，含有“背对背”条款的合同效力应以《民法典》第143条为判断根据，条款性质应在尊重当事人意思自治的基础上，结合公平原则及实质性磋商与否作出认定，未经实质磋商的“背对背”条款原则上应认定为附期限条款，由此避免合同处于变动不居的状态，平衡双方当事人之间的利益。

民间借贷借款人主张已偿还借款的，如何分配举证责任？

陈玉华*

民间借贷中贷款人起诉借款人返还借款，借款人以还款字据主张已经偿还借款的，由谁承担借款已经返还的举证责任？应如何审核认定证据？所要达到的证明标准为何？本文将结合审判实践作出简要分析。

一、案情与裁判

案件名称：××荣等七人与××云民间借贷纠纷抗诉案

案件来源：《最高人民检察院公报》2022年第6号(总第191号)检例第154号

案情简介：

2004年至2005年期间，××云(一审被告，二审被上诉人，再审被申请人)分四次向魏××借款140万元并出具借条。魏××死亡后，作为魏××法定继承人的××荣等七人(一审原告，二审上诉人，再审申请人，抗诉申请人)凭借条多次向××云催要借款，××云拒绝还款。××荣等七人起诉××云，请求判令××云偿还借款及起诉后的利息。××云应诉后，向一审法院提交内容为"××云借款已全部还清，以前双方所写借款条和还款条自行撕毁，以此为据。2006.5.8 立字据人：魏××"的字据(以下简称"还款字据")，据此主张已将借款还清。

一审判决

河南省新密市法院经审理认为：采信辽宁×司法鉴定所作出的认为还款字据上"魏××"签名与样本上"魏××"签名为同一人所写的鉴定意见，××云借款已全部还清，判决驳回××荣等七人提出的全部诉讼请求。

---

* 陈玉华，山东大学法学院硕士研究生，浙江新台州律师事务所疑案研究中心研究员。

二审判决

河南省郑州市中级人民法院经审理认为：采信北京×物证鉴定中心作出的认为还款字据上“魏××”签名与样本上“魏××”签名为同一人所写的鉴定意见，××云借款已全部还清，判决驳回上诉，维持原判。

再审判决

河南省高级人民法院经审理认为：××云提供还款字据证明其还魏××借款，举证责任已经完成，采信辽宁×司法鉴定所和北京×物证鉴定中心作出的鉴定意见，判决维持二审判决。

再审判决

最高人民法院经审理认为：河南省高级人民法院再审判决认定××云已经偿还借款的事实缺乏证据证明，采纳最高人民检察院的抗诉意见，判决撤销原一、二审判决及河南省高级人民法院再审判决；××云于判决生效后十日内向××荣等七人支付 140 万元及自 2007 年 6 月 5 日起按同期银行活期存款利率计算至付清之日止的利息。

二、相关规定

《合同法》第 196 条(《民法典》第 667 条)：“借款合同是借款人向贷款人借款，到期返还借款并支付利息的合同。”

《民事诉讼法》(2007 修正)第 64 条第 1 款[《民事诉讼法》(2021 修正)第 67 条第 1 款]：“当事人对自己提出的主张，有责任提供证据。”

《最高人民法院关于审理民间借贷案件适用法律若干问题的规定》(法释〔2015〕18 号)第 16 条第 1 款[《最高人民法院关于审理民间借贷案件适用法律若干问题的规定》(法释〔2020〕17 号)第 15 条第 1 款]：“原告仅依据借据、收据、欠条等债权凭证提起民间借贷诉讼，被告抗辩已经偿还借款，被告应当对其主张提供证据证明。被告提供相应证据证明其主张后，原告仍应就借贷关系的成立承担举证证明责任。”

《最高人民法院关于适用〈中华人民共和国民事诉讼法〉的解释》(法释〔2015〕5 号)第 90 条[《最高人民法院关于适用〈中华人民共和国民事诉讼法〉的解释》(法释〔2022〕11 号)第 90 条]：“当事人对自己提出的诉讼请求所依据的事实或者反驳对方诉讼请求所依据的事实，应当提供证据加以证明，但法律另有规定的除外。在作出判决前，当事人未能提供证据或者证据不足以证明其事实主张的，由负有举证证明责任的当事人承担不利的后果。”

《最高人民法院关于适用〈中华人民共和国民事诉讼法〉的解释》（法释〔2015〕5号）第91条［《最高人民法院关于适用〈中华人民共和国民事诉讼法〉的解释》（法释〔2022〕11号）第91条］：“人民法院应当依照下列原则确定举证证明责任的承担，但法律另有规定的除外：（一）主张法律关系存在的当事人，应当对产生该法律关系的基本事实承担举证证明责任；（二）主张法律关系变更、消灭或者权利受到妨害的当事人，应当对该法律关系变更、消灭或者权利受到妨害的基本事实承担举证证明责任。”

《最高人民法院关于适用〈中华人民共和国民事诉讼法〉的解释》（法释〔2015〕5号）第105条［《最高人民法院关于适用〈中华人民共和国民事诉讼法〉的解释》（法释〔2022〕11号）第105条］：“人民法院应当按照法定程序，全面、客观地审核证据，依照法律规定，运用逻辑推理和日常生活经验法则，对证据有无证明力和证明力大小进行判断，并公开判断的理由和结果。”

《最高人民法院关于适用〈中华人民共和国民事诉讼法〉的解释》（法释〔2015〕5号）第108条［《最高人民法院关于适用〈中华人民共和国民事诉讼法〉的解释》（法释〔2022〕11号）第108条］：“对负有举证证明责任的当事人提供的证据，人民法院经审查并结合相关事实，确信待证事实的存在具有高度可能性的，应当认定该事实存在。对一方当事人为反驳负有举证证明责任的当事人所主张事实而提供的证据，人民法院经审查并结合相关事实，认为待证事实真伪不明的，应当认定该事实不存在。法律对于待证事实所应达到的证明标准另有规定的，从其规定。”

三、典型案例或做法

案号	裁判立场
莫××、梁××民间借贷纠纷案/广东省珠海市中级人民法院(2017)粤04民再37号民事判决	根据谁主张谁举证的民事诉讼基本规则，莫××对剩余的75万元系偿还梁××本案出借款这一基本事实负有举证责任。本案当事人之间遵循还款后再收回借据凭证的交易习惯，莫××对于梁××仍持有3笔借款的原始借款凭据没有能够作出令人信服的合理解释。根据《最高人民法院关于适用〈中华人民共和国民事诉讼法〉的解释》第108条的规定，仅凭莫××的转账记录不足以证明莫××在2014年期间所汇款项即是偿还本案借款。

续表

案号	裁判立场
××贵、××葵民间借贷纠纷案/广东省湛江市中级人民法院(2018)粤08民终2059号民事判决	根据《最高人民法院关于适用〈中华人民共和国民事诉讼法〉的解释》第105条及第108条的规定，××葵、林××主张已经清偿本案40万元债务并收回借据原件，××贵未能提供借据原件供法院核对，且根据民间借贷的交易习惯，债务人将债务清偿完毕后一般会将借条收回，或注明借条已作废。而××葵、林××亦有多笔还款的事实，应认定××葵、林××已还清涉案40万元借款的本息。
李××、吴××民间借贷纠纷案/广东省湛江市中级人民法院(2018)粤08民终38号民事判决	结合本案的证据与事实，李××主张涉案100万元借款其已与吴××结算还清，根据《最高人民法院关于适用〈中华人民共和国民事诉讼法〉的解释》第105条及第108条的规定，本院认为李××该主张具有高度可能性，应认定李××已还清涉案100万元借款。

四、法理分析

本案，××荣等七人起诉××云偿还借款，××云以还款字据举证已经偿还借款。诉讼中对还款字据进行了四次鉴定，呈现出不同的鉴定意见。故本案的诉讼焦点是：借款人××云是否已经偿还借款？具体而言是举证责任分配、证据的审核认定以及证明标准的问题。下文将结合审判实践对以上问题作出简要分析。

首先，××云应承担借款已还清以及还款字据为真实的举证责任。《民事诉讼法(2007修正)》第64条第1款以及《最高人民法院关于适用〈中华人民共和国民事诉讼法〉的解释》(法释〔2015〕5号)(以下简称《民诉解释》)第90条第1款规定，当事人对自己提出的诉讼请求所依据的事实或者反驳对方诉讼请求所依据的事实，应当提供证据加以证明，但法律另有规定的除外。《民诉解释》第91条规定，主张法律关系变更、消灭或者权利受到妨害的当事人，应当对该法律关系变更、消灭或者权利受到妨害的基本事实承担举证证明责任。同时，《最高人民法院关于审理民间借贷案件适用法律若干问题的规定》(法释〔2015〕18号)第16条第1款规定，原告仅依据借据、收据、欠条等债权凭证提起民间借贷诉讼，被告抗辩已经偿还借款的，被告应当对其主张提供证据证明。偿还的前提是承认借贷关系(《合同法》第196条)存在。被告抗辩已经偿还借款实际上是主张合同的权利义务因为债务履行而终止，属于《民诉解释》第 91 条规定的“权利消灭抗辩”，被告需要对此负证明责任。本案，借款人××云主张已经偿还借款，应对其主张承担举证责任，××云以还款字据主张已将借款还清，应承担还款字据为真实的举证责任。

其次，××云未能证明其事实主张具有高度可能性。证明标准是在确定证明责任的基础上，法律要求负有证明责任的当事人在诉讼中运用证据证明案件事实所要达到的程度。根据《民诉解释》第 105 条的规定，人民法院应当按照法定程序，全面、客观地审核证据，依照法律规定，运用逻辑推理和日常生活经验法则，对证据有无证明力和证明力大小进行判断，并公开判断的理由和结果。第一，本案中还款字据的证明力。本案还款字据系孤证，且存在明显裁剪痕迹、正文与签字不是同一人所写等重大瑕疵，法院应综合案件的具体情况判断其证明力。第二，鉴定意见的证明力。本案，辽宁×司法鉴定所和北京×物证鉴定中心所作出的鉴定意见存在××云与鉴定机构负责人多次不当电话联系、法院送检时未说明该检材已经多次鉴定等瑕疵，且未考虑西南×司法鉴定中心的鉴定意见，理据不充分。第三，是否有其他证据补强。本案在还款字据这一核心证据存在瑕疵的情况下，法院并未要求××云提供其他诸如款项交付情况等能证明还款事实的必要证据予以补强，明显不当。根据《民诉解释》第 108 条的规定，负有举证证明责任的当事人提供证据证明待证事实要达到高度可能性的标准。高度可能性是指法官能从证据中获得事实“极有可能如此”的心证。本案，经综合审查××云提供的还款字据、鉴定意见的证明力与款项交付等情况，不足以确信还款事实的存在具有高度可能性。

最后，××云需承担举证不能的不利后果。根据《民诉解释》第 90 条第 2 款的规定，在作出判决前，当事人未能提供证据或者证据不足以证明其事实主张的，由负有举证证明责任的当事人承担不利的后果。本案，××云提供的证据不足以证明其已经偿还借款。因此，××云需承担举证不能的不利后果，不能认定其已经偿还借款。

针对他人恶意报复而实施的防卫行为，是否需要承担责任？

赵玉华*

在现实生活中，我们常常会遇到需要劝阻他人的情况。但是，如果被劝阻人因我们的劝阻而对我们实施了恶意报复行为，劝阻人对此进行防卫是否需要承担责任？本文将结合审判实践详述之。

一、案情与裁判

案件名称：刘×诉史×健康权纠纷案

案件来源：第三批人民法院大力弘扬社会主义核心价值观典型民事案例案例二

案情简介：

2021年3月23日中午，刘×（原告、上诉人）因在未设置公交站台点的地方没有等候到公交车而心生不满，找到站台后搭乘公交车，在公交车行驶途中，刘×为泄愤用言语辱骂他人，并与公交车驾驶员发生口角。其间，史×（被告、被上诉人）规劝刘×不能与公交车驾驶员争吵，影响司机安全驾驶，刘×非但不听劝阻，再次与史×产生口角争执。后两人在×公交车站广场处下车后，刘×拉住史×不让其走，史×挣脱刘×，双方在拉扯中刘×倒地，发生本案纠纷。

一审判决

一审法院经审理认为：考虑到在纠缠过程中，即使史×并非出于主观意愿，但最终结果是刘×倒地不起，所以史×仍需负一部分责任。

二审判决

江苏省常州市中级人民法院经审理认为：刘×肆意妨碍公交安全运行的行

---

* 赵玉华，山东大学法学院硕士研究生，浙江新台州律师事务所疑案研究中心研究员。

为，理应受到谴责，史×作为社会公众同时又是同车乘坐人员，其劝阻行为系理性的正当、正义行为，应当得到肯定，而刘×下车后随即故意纠缠扯拉史×，从而引发本案纠纷，实属不当之举。且依据事发当时公安机关的调查，刘×伤势系意外造成，史×没有违法事实的情形。综上，刘×肆意影响公交司机安全驾驶的行为有违社会公德，其诉请与维护社会公共安全秩序、弘扬优良社会风尚相悖，不应得到支持，应予驳回。一审判决认定史×承担50%的赔偿责任不当，也不符合社会公众的普遍评价。遂判决撤销原审判决，驳回刘×的全部诉讼请求。

二、相关规定

《民法典》第8条："民事主体从事民事活动，不得违反法律，不得违背公序良俗。"

《民法典》第181条："因正当防卫造成损害的，不承担民事责任。"

《最高人民法院关于适用〈中华人民共和国民法典〉总则编若干问题的解释》（法释〔2022〕6号）第30条："为了使国家利益、社会公共利益、本人或者他人的人身权利、财产权利以及其他合法权益免受正在进行的不法侵害，而针对实施侵害行为的人采取的制止不法侵害的行为，应当认定为民法典第一百八十一条规定的正当防卫。"

《最高人民法院关于适用〈中华人民共和国民法典〉总则编若干问题的解释》（法释〔2022〕6号）第31条："对于正当防卫是否超过必要的限度，人民法院应当综合不法侵害的性质、手段、强度、危害程度和防卫的时机、手段、强度、损害后果等因素判断。"

《民法典》第1004条："自然人享有健康权。自然人的身心健康受法律保护。任何组织或者个人不得侵害他人的健康权。"

《民法典》第1165条："行为人因过错侵害他人民事权益造成损害的，应当承担侵权责任。依照法律规定推定行为人有过错，其不能证明自己没有过错的，应当承担侵权责任。"

《治安管理处罚法》第23条第3款："扰乱公共汽车、电车、火车、船舶、航空器或者其他公共交通工具上的秩序的，处警告或者二百元以下罚款；情节较重的，处五日以上十日以下拘留，可以并处五百元以下罚款。"

《最高人民法院于深入推进社会主义核心价值观融入裁判文书释法说理的指导意见》(法〔2021〕21号)第3条:“各级人民法院应当坚持以事实为根据,以法律为准绳。在释法说理时,应当针对争议焦点,根据庭审举证、质证、法庭辩论以及法律调查等情况,结合社会主义核心价值观,重点说明裁判事实认定和法律适用的过程和理由。”

三、典型案例或做法

田××、杨×生命权、健康权、身体权纠纷案/河南省郑州市中级人民法院(2017)豫01民终14848号民事判决	河南省郑州市中级人民法院经审理认为:“杨×对段××在电梯间吸烟予以劝阻的行为与段××死亡结果不存在法律上的因果关系,杨×不存在过错,不应承担侵权责任。田××关于杨×存在过错,应承担一般侵权责任的上诉理由不能成立,本院不予支持。”
李××等人诉广州思花都区×村民委员会违反安全保障义务责任纠纷案/广州市人民法院(2019)粤01民再273号民事判决	广州市中级人民法院审理认为:“该村规民约是×村村民的行为准则和道德规范,形成×村的公序良俗。吴××作为×村村民,私自爬树采摘杨梅,违反了村规民约和公序良俗,导致了损害后果的发生,该损害后果与×村民委员会不具有法律上的因果关系。×村民委员会对吴××私自爬树坠亡的后果不存在过错。”
陈××与牛××赠与合同纠纷案/海南省海口市中级人民法院(2019)琼01民终3031号民事判决	海南省海口市中级人民法院审理认为:“夫妻双方未对财产归属另作约定的,在婚姻关系存续期间所取得的财产应归夫妻共同所有,对共有财产的处分,应当经夫妻双方协商一致后进行。未经配偶同意而将财物赠与第三者,事后也未取得配偶追认,属擅自处分夫妻共有财产的行为,且该赠与行为违反公序良俗原则,应属无效。”

四、法理分析

本案的争议焦点是史×对刘×在纠缠拉扯过程中意外造成的伤势是否要承担责任。下文将结合审判实践作出简要分析。

首先,刘×与驾驶员发生口角冲突的行为违反法律和公序良俗。第一,根据《治安管理处罚法》第23条第3款的规定,刘×在公共汽车上的行为足以扰乱公共交通工具的秩序,具有一般违法性,应受行政处罚。第二,根据《民法典》第8条的规定,民事主体从事民事活动,不得违反法律,不得违背公序良俗。公序良俗指民事主体的行为应当遵守公共秩序,符合善良风俗,不得违反国家的公共秩序和社会的一般道德。乘坐公共汽车的乘客,应遵守社会公德,讲究文明礼貌,服从司机及稽查人员的管理,共同维护乘车秩序,形成乘坐公共汽车的公序良俗。刘×在公共汽车上辱骂他人,与公交车驾驶员发生口角的不文明行为本身就违反了公序良俗。刘×辱骂他人不仅打扰到其他乘客的正常休息,还影响了其他乘客的乘车体验,破坏公共交通安全秩序。刘×与驾驶员发生口角,妨碍了驾驶员的安全行驶,甚至将整个车厢的人的生命安全置之不顾,严重扰乱社会秩序,对社会造成恶劣的影响。

其次,史×对刘×的劝阻不构成侵权行为。《民法典》第 1165 条规定,行为人因过错侵害他人民事权益造成损害的,应当承担侵权责任。从侵权责任的构成上看,要想承担侵权责任,应确定行为人是否存在违法行为、主观过错、损害后果且违法行为与损害后果之间具有因果关系等侵权责任构成要件。因此,确定史×应否承担侵权责任,关键是要分析史×与刘×的伤势是否有因果关系、史×是否存在过错。依据一般常识而言,史×劝阻刘×妨碍安全驾驶的行为是履行公民应尽的社会责任,且行为未超出必要限度,属于正当劝阻行为,不存在加害刘×的故意,不能使刘×受伤。

最后,史×摆脱刘×恶意拉扯的行为属于正当防卫,不承担法律责任。刘×在公交车上与公交车驾驶员、史×发生口角后,不能合理控制自己的情绪,为泄愤跟随史×下车,纠缠拉扯不让其离开,此行为是前者违法行为的后续发展行为,同样是不正当的、违反公序良俗的。根据《民法典》第 181 条的规定,因正当防卫造成损害的,不承担民事责任。史×摆脱刘×的恶意拉扯的行为属于正当防卫,且未超出合理限度,不存在过错。尽管史×造成了刘×伤势这一损害的发生,但存在着正当防卫这一免责事由,因而史×不承担侵权责任,无需向刘×进行赔偿。

民法典专题

物权编

文物因被盗而流失海外，买受人能否善意取得？

段宪正*

我国是世界文物大国，文物资源丰富，然而有大量珍贵文物流失海外，我国也正通过多种途径对流失文物进行跨国追索。乡村宗祠中的宋代佛像因被盗而流失海外，买受人能否基于善意取得制度而取得物之所有权？本文将结合审判实践进行简要说明。

一、案情与裁判

案件名称：大田县吴山乡阳×村、东×村村委会诉荷兰奥××等章公祖师肉身坐佛像物权保护案

案情来源：福建省高级人民法院(2021)闽民终302号民事判决

案情简介：

祖师信仰为我国闽南地区重要的宗教信仰，当地有将祖师遗体塑成肉身像并进行供奉的习俗，章公祖师肉身坐佛像(以下简称"佛像")便是由宋代高僧章公祖师坐化而成。据史料记载，林氏先人(现福建省大田县吴山乡阳×村、东×村村民祖先)自宋代建立普照堂(林氏宗祠)开始，世代供奉该佛像。1995年，佛像被盗，至今未破案。2015年，荷兰藏家奥××(被告、上诉人)于匈牙利展出了章公祖师佛像，经对比确为被盗佛像。阳×村村委会和东×村村委会(原告、被上诉人)向奥××主张返还未果，向荷兰法院起诉被驳回，遂向福建省三明市中级人民法院提起诉讼，请求判令奥××返还佛像，并支付精神损害赔偿金20万欧元以及实现债权的费用5万欧元。

* 段宪正，山东大学法学院硕士研究生，浙江新台州律师事务所疑案研究中心研究员。

一审判决

福建省三明市中级人民法院经审理认为：奥××所持佛像与阳×村和东×村宗祠被盗佛像具有同一性，且本案为涉外民事案件，经审查应当适用偷盗事实发生时物之所在地法，即中华人民共和国法律。佛像作为集体所有的传世文物，阳×村和东×村村民对佛像的集体所有权受法律保护。同时，奥××的买受行为不适用善意取得制度，不能取得佛像所有权。故判决奥××向阳×村村委会和东×村村委会返还佛像，驳回两村委会的其他诉讼请求。

二审判决

福建省高级人民法院经审理认为：原判决认定事实清楚，适用法律正确。故福建省高级人民法院判决：驳回上诉，维持原判。

二、相关规定

《涉外民事法律关系适用法》第 37 条："当事人可以协议选择动产物权适用的法律。当事人没有选择的，适用法律事实发生时所在地法律。"

《文物保护法》(1991 修正)第 5 条[《文物保护法》(2017 修正)第 6 条]："属集体所有和私人所有的纪念建筑物、古建筑和传世文物，其所有权受国家法律保护。文物的所有者必须遵守国家有关保护管理文物的规定。"

《文物保护法》(1991 修正)第 27 条[《文物保护法》(2017 修正)第 61 条]："文物出口和个人携带文物出境，都必须事先向海关申报，经国家文化行政管理部门指定的省、自治区、直辖市文化行政管理部门进行鉴定，并发给许可出口凭证。"

《物权法》第 34 条(《民法典》第 235 条)："无权占有不动产或者动产的，权利人可以请求返还原物。"

《物权法》第 106 条(《民法典》第 311 条)："无处分权人将不动产或者动产转让给受让人的，所有权人有权追回；除法律另有规定外，符合下列情形的，受让人取得该不动产或者动产的所有权：(一)受让人受让该不动产或者动产时是善意的；(二)以合理的价格转让；(三)转让的不动产或者动产依照法律规定应当登记的已经登记，不需要登记的已经交付给受让人。"

《物权法》第 107 条(《民法典》第 312 条)："所有权人或者其他权利人有权追回遗失物。"

《物权法》第 114 条(《民法典》第 319 条)："拾得漂流物、发现埋藏物或者隐藏物的，参照拾得遗失物的有关规定。文物保护法等法律另有规定的，依照其规定。”

三、典型案例或做法

案号	裁判立场
汪××等六人诉××市博物馆返还祖宅的埋藏文物纠纷案/江苏省淮安市中级人民法院(2011)淮中民终第1287号民事判决	文物属于限制流通物，但我国法律并不禁止私人或集体合法拥有文物。案涉文物为祖传文物，由原告祖父埋藏，属有主物，而原告对其祖父的财产享有继承权，故被告应予返还案涉文物。
漆××与南昌市××再生资源有限公司物权纠纷再审案/江西省高级人民法院(2020)赣民申1762号民事裁定	案涉法院认为，根据《公安机关办理行政案件程序规定》第196条的规定，我国对善意取得赃物的第三人的合法权益是给予承认和保护的。同时认为，盗赃物是因盗窃行为而使原权利人失去控制之物，而遗失物是非基于原所有权人的主观意志暂时丧失占有的物品，二者脱离原所有权人占有的原因不同。因此，盗赃物适用善意取得制度。
××银行股份有限公司××分行、秦皇岛市××房地产开发有限公司二审案/河北省高级人民法院(2019)冀民终548号民事裁定	一审法院认为，按照《物权法》第107条规定的精神，遗失物与盗赃物不适用善意取得制度。遗失物即使通过拍卖都不适用善意取得，盗赃物比之更甚。因此，盗赃物不得适用善意取得制度。

四、法理分析

乡村宗祠中的宋代佛像因被盗而流失海外，买受人能否基于善意取得制度而取得物之所有权？下文将结合审判实践作出简要分析。

首先，本案应当适用的准据法是中华人民共和国法律。本案系文物物权纠纷引发的涉外民事案件，故法院的首要工作就是寻找准据法，也即适用哪国法律。依据《涉外民事法律关系适用法》第37条之规定，在无约定适用的准据法的情形下，动产物权适用法律事实发生时动产所在地法律。然而，本案中佛像在被盗后跨国流转的过程中涉及多个法律事实，从而形成了多个动产所在地。因此，需要进一步对“法律事实发生时动产所在地”进行解释。案涉法院最终认为，应当适用偷盗事实发生时物之所在地法律，即中华人民共和国法律。如此，既有力地维护了我国作为文物流出国的利益，又有利于遏制文物的非法跨境流转。这也是我国首次明确流失海外文物适用被盗时文物所在地法律，具有重要的宣示意义。以此为前提，后文将以我国法律为准据法进行具体分析。

其次，案涉佛像系盗赃物不能适用善意取得制度。依据《文物保护法》第 5 条之规定，案涉佛像应属于阳×村和东×村集体成员集体所有，而奥××能否因买受行为而取得佛像所有权，关键就在于是否适用善意取得制度。依据《物权法》第 107 条、第 114 条之规定，遗失物、漂流物、埋藏物以及隐藏物系占有脱离物，权利人皆有权追回，故原则上排除了善意取得制度的适用。而相比于遗失物、漂流物、埋藏物以及隐藏物，佛像作为盗赃物对原权利人的法益损害更大，保护买受人法益的必要性相应更低。按照当然解释之方法，举轻以明重，盗赃物则更不能适用《物权法》第 106 条关于“善意取得”的规定。因此，从《物权法》的角度进行分析，佛像系盗赃物，属于占有脱离物，不能当然适用善意取得制度。

最后，案涉佛像作为文物亦不能适用善意取得制度。《物权法》第 114 条规定“文物保护法等法律另有规定的，依照其规定”，而《文物保护法》第 27 条对文物出境进行了严格的限制。案涉佛像并未被许可出境，奥××亦不能举证证明佛像出境的合法性。故奥××买受文物的行为属于非法交易，依《文物保护法》之特别规定，不能适用善意取得制度。因此，从《文物保护法》的角度进行分析，佛像作为文物，基于国家的特殊保护，亦不能适用善意取得制度。通过上述分析可知，佛像无论是作为盗赃物还是文物，皆不能适用善意取得制度，所以奥××不能基于善意取得制度而取得佛像所有权。阳×村和东×村村民则仍对案涉佛像享有集体所有权，故依据《物权法》第 34 条之规定，阳×村和东×村村民可以向奥××行使返还原物请求权。

值得注意的是，无论是《物权法》还是《民法典》物权编，二者皆无关于盗赃物的直接规定。因此，在司法实践中不同法院对于盗赃物能否适用善意取得的问题，可能会有不同的裁判立场。不过，理论界和实务界的通说观点仍是参照遗失物、漂流物、埋藏物以及隐藏物的有关规定，举轻以明重，从而在原则上排除了盗赃物适用善意取得制度。

相邻建筑造成采光、日照妨碍，建筑物所有人应如何担责？

段宪正

通风、日照和采光是人们正常生产生活不可或缺的要素，民法上也将相关权利义务纳入不动产相邻关系的范畴予以调整。那么如何判定相邻建筑是否造成通风、采光或日照妨碍？建筑物所有人能否因建筑物经过合法审批而主张免责？若不能免责，又应当承担何种责任？本文将结合审判实践进行简要说明。

一、案情与裁判

案件名称：孟×、李××诉云南××房地产开发有限公司相邻采光、日照纠纷案

案情来源：云南省昆明市中级人民法院（2019）云01民终2427号民事判决

案情简介：

孟×、李××（原告、被上诉人）自2002年居住于案涉房屋，系案涉房屋共有权人。云南××房地产开发有限公司（被告、上诉人，以下简称"××公司"）于2011年取得案涉地块的土地使用权，后取得相关建设许可，并在案涉地块之上开发建设房地产项目。孟×、李××认为，××公司开发建设的项目侵害了自己所有房屋的通风、采光和日照，遂向法院提起诉讼，要求××公司赔偿因侵害通风权、采光权和日照时间所造成的损失。

一审判决

云南省昆明市盘龙区人民法院经审理认为：××公司的建设行为对案涉房屋的通风无影响，但对案涉房屋的日照、采光造成了严重影响。因××公司违反了国家有关工程建设标准，认定其对孟×、李××构成采光、日照妨碍。根据实际受损情况，结合该市经济发展水平，并参照被告赔偿同一小区其他业主的赔偿金额，判决××公司向孟×、李××支付采光、日照损失165000.00元。

二审判决

云南省昆明市中级人民法院经审理认为：原判决认定事实清楚，适用法律正确。故判决驳回上诉，维持原判。

二、相关规定

《民法通则》(2009 修正)第 83 条(《民法典》第 288 条)："不动产的相邻各方，应当按照有利生产、方便生活、团结互助、公平合理的精神，正确处理截水、排水、通行、通风、采光等方面的相邻关系。给相邻方造成妨碍或者损失的，应当停止侵害，排除妨碍，赔偿损失。"

《物权法》第 84 条(《民法典》第 288 条)："不动产的相邻权利人应当按照有利生产、方便生活、团结互助、公平合理的原则，正确处理相邻关系。"

《物权法》第 85 条(《民法典》第 289 条)："法律、法规对处理相邻关系有规定的，依照其规定；法律、法规没有规定的，可以按照当地习惯。"

《物权法》第 89 条(《民法典》第 293 条)："建造建筑物，不得违反国家有关工程建设标准，妨碍相邻建筑物的通风、采光和日照。"

三、典型案例或做法

案号	裁判立场
赵××与淮安××置业有限公司相邻采光、日照纠纷二审案/江苏省淮安市中级人民法院(2016)苏 08 民终 432 号民事判决	法院认为，是否侵犯采光权、日照权不能仅以被告建筑物是否遮挡原告房屋阳光为判定标准。根据江苏省住房和城乡建设厅制定的《江苏省城市规划管理技术规定》(2011 年版)以及《城市居住区设计规范》(GB50180—93)(2002 年版)，应以国家日照标准关于房屋受到日照影响不满足大寒日累计 2 小时作为判定标准，进而判断被告是否侵犯原告的采光权、日照权。
孙×与濮阳市华龙区人民政府××路街道办事处、濮阳市华龙区××路街道办事处××社区×××居委会相邻通风、采光和日照纠纷案/濮阳市华龙区人民法院(2010)华法民初字第 3303 号民事判决	法院认为，被告建筑物虽然并未违反国家有关工程建设标准，但已经实际影响了原告房屋的通风和采光。且该影响超出了社会一般人的容忍限度，已经造成了实际损害，根据有损害即有赔偿的原则，应当认定被告侵犯了原告的采光权和通风权，被告应当承担赔偿责任。

续表

案号	裁判立场
张××与张××相邻采光、日照纠纷案/山东省聊城市中级人民法院(2016)鲁15民终848号民事判决	法院认为,原被告的住宅皆在农村,现国家尚未对农村宅院的建筑物的采光作出明确具体的规定,但广大农村家庭在秋冬季节有晾晒粮食等农作物以及衣被等日常用品的风俗习惯。被告新建二层楼房致使原告院落采光不足,影响了原告及其家人的生产生活,侵害了原告在自己院落内享受采光、日照的权利,被告应对其侵权行为承担相应的民事责任。

四、法理分析

如何判定相邻建筑是否造成通风、采光或日照妨碍?建筑物所有人能否因建筑物经过合法审批而主张免责?若不能免责,又应当承担何种责任?下文将结合审判实践作出简要分析。

首先,××公司的建设行为对孟×、李××构成采光、日照妨碍。依据《物权法》第89条之规定,在建筑物相邻关系制度中,判断是否构成通风、采光、日照妨碍,应以是否违反国家有关工程建设标准为依据。关于国家有关工程建设标准,在法律的表述上似乎只包括国家标准,但地方可以在不违反上位法的前提下对国家标准进一步细化,同时地方标准在审判实践中也被广泛适用,所以国家有关工程建设标准应当包含地方标准。因此,国家有关工程建设标准可以分为两类:国家标准和地方标准。具体而言,国家标准目前主要指的是国务院住房和城乡建设部的规范性文件,地方标准包括地方性法规、地方政府规章以及地方的其他规范性文件。本案中,依据司法鉴定意见书可以认定,××公司的建设行为对孟×、李××所有房屋的通风权无影响,但对采光、日照造成了严重的影响,且该影响不符合《城市居住区规划设计规范》(GB50180－93)、《住宅设计规范》(GB50096－2011)、《民用建筑设计通则》(GB50352－2005)和《昆明市城乡规划管理技术规定》(2016版)条文要求。因此,××公司的建设行为违反了国家有关工程建设标准,对孟×、李××构成采光、日照妨碍。

其次,××公司不能因建筑物经过合法审批而主张免责。本案中,××公司主张其开发建设的项目经过规划建设部门的许可,且取得开发的证照,属于合法建设的项目。但××公司并不能因此而拒绝承担采光、日照妨碍责任。第一,建筑物是否造成采光、日照妨碍,应当以专业机构的鉴定结论为依据,而建筑物是否经过合法审批并非其判断依据。换言之,建筑物无论是否取得合法审批，只要事实上造成了采光、日照妨碍，就应当承担相应的责任。第二，经过合法审批的建筑物仅能证明建筑本身的合法性，并不能证明该建筑物不对相邻房屋造成影响。有关部门的审批解决的是行政规划管理问题，并不能成为民事责任的认定标准，故建筑物经过合法审批不能成为采光、日照妨碍的免责事由。此外，建设项目违反国家有关工程建设标准，那么审批机关是否应当担责？一般而言，经行政机关审批许可的建设项目违反建设标准，说明行政审批存在程序问题，行政机关未尽到实质审批义务，应当承担相应责任。可以通过行政诉讼的途径，确认该行政许可违法或撤销该行政许可。但如果在行政许可合法的情况下，建筑物仍然违反建设标准，此时就应当通过民事诉讼寻求救济。

最后，××公司应当承担损害赔偿责任。依据《民法通则》第83条之规定，给相邻方造成妨碍或者损失的，权利人可以请求停止侵害、排除妨碍或赔偿损失。可见，采光、日照妨害的民事救济路径有二：物权请求权和侵权赔偿请求权。本案中，××公司的建筑经过合法审批，系合法建筑，且现已建设完成。故不应、也不宜再采取“排除妨碍”的物权救济方式，拆除该合法建筑，而是应当通过侵权损害赔偿的方式予以救济。那么损害赔偿的范围与数额又如何确定？对采光权、日照权的侵害是多重侵权的综合，不仅包括对物权的侵害，还可能导致健康权、身体权等其他权利的侵害。故赔偿范围应当包括因采光损失导致房屋贬值的损失、由于阳光遮挡导致的电费、采暖设施增加的费用、健康补偿费、视觉污染费等。因此，法院根据孟×、李××实际受损的情况，结合该市的经济发展水平，同时参照××公司赔偿同一小区其他业主的赔偿金额，判决××公司承担损害赔偿责任，支付采光、日照损失165000.00元。

值得注意的是，本案以违反国家有关工程建设标准作为判定采光、日照妨碍的依据，但其并非唯一的判断标准。审判实践中大致存在三种判断标准：第一，国家有关工程建设标准。若建筑物不符合国家有关工程建设标准，依据《物权法》第89条之规定，可直接认定构成采光、日照妨碍。第二，必要的容忍限度。建筑物即使未违反国家有关工程建设标准，但依据《物权法》第84条之规定，通过考察其是否超出必要的容忍限度，也可判断是否构成采光、日照妨碍。第三，习惯。若不存在国家有关工程建设标准，依据《物权法》第85条之规定，可以按照当地习惯，判断是否构成采光、日照妨碍。三者之间有内在的适用逻辑，其中国家有关工程建设标准的适用最为普遍，也最为简便、直接，但也不可将其奉为圭臬，不能简单地认为不违反国家有关工程建设标准即不构成采光、日照妨碍，在复杂的审判实践中还须综合考察，个案认定。

房屋出售，业主共有地下室的专有使用权是否应一并转让？

卜思遥[*]

房屋出售后，业主共有地下室的专有使用权是否也应该一并转让？若应该转让，出卖人迟延交付地下室使用权是否应承担违约责任？本文将结合审判实践作出简要说明。

一、案情与裁判

案件名称：高××、戴××与张××、袁××房屋买卖合同纠纷案

案情来源：江苏省南京市江宁区（县）人民法院（2020）苏0115民初12943号民事判决

案情简介：

2006年6月25日，张××（被告）、袁××（被告）购得案涉101室房屋。2007年8月，101室所在单元全体业主共同委托小区物业服务单位对单元地下室进行分隔，其中7号地下室抽签归101室业主使用，张××、袁××支付了分隔费676元。2016年2月21日，张××、袁××将该房屋出售给高××（原告），但并未告知其7号地下室情况。2020年8月24日，高××、戴××（原告）通知张××、袁××于月底前腾空地下室，后者未予腾空，戴××、高××便更换了地下室锁，双方产生地下室归属争议。经南京市江宁区东山街道人民调解委员会调解，高××、戴××诉至法院，请求确认7号地下室归原告使用，判令被告张××、袁××腾空并交付地下室及支付占有使用费。

* 卜思遥，山东大学法学院硕士研究生，浙江新台州律师事务所疑案研究中心研究员。

法院判决

江苏省南京市江宁区(县)人民法院经审理认为:依据《物权法》第73条,建筑区划内的其他公共场所、公用设施和物业服务用房,属于业主共有。本案中,101室所在单元地下室是建筑区划内的公用设施,属于业主共有部分。且101室所在单元在构造上、功能上具有相对独立性,能够单独使用,与该单元的业主具有使用上的利害关系,因此该单元的地下室属于该单元全体业主共有。作为分隔出来归101室业主单独使用的7号地下室仍属于业主共有。依据《物权法》第70条、第72条,业主对共有部分享有共有和共同管理的权利。业主转让建筑物内的住宅、经营性用房,其对共有部分享有的共有和共同管理的权利一并转让。从维护小区公共秩序和业主利益的角度来说,业主转让专有部分时,其对共有部分享有的共有和共同管理的权利不仅要一并转让,而且其基于业主共同管理合意所单独使用的共有部分的使用权也应当一并转让,既有的共同管理合意对新业主仍然有效,原业主应当协助将其单独使用的共有部分交付于新业主。本案中,7号地下室是基于共同管理合意单独使用部分,张××、袁××向高××、戴××转让101室房屋时,7号地下室的使用权应当一并转让。

二、相关规定

《物权法》第70条(《民法典》第271条修正):"业主对建筑物内的住宅、经营性用房等专有部分享有所有权,对专有部分以外的共有部分享有共有和共同管理的权利。"

《物权法》第72条第2款(《民法典》第273条第2款修正):"业主转让建筑物内的住宅、经营性用房,其对共有部分享有的共有和共同管理的权利一并转让。"

《物权法》第73条(《民法典》第274条修正):"建筑区划内的道路,属于业主共有,但属于城镇公共道路的除外。建筑区划内的绿地,属于业主共有,但属于城镇公共绿地或者明示属于个人的除外。建筑区划内的其他公共场所、公用设施和物业服务用房,属于业主共有。"

《最高人民法院〈关于审理建筑物区分所有权纠纷案件具体应用法律若干问题的解释〉》(法释〔2009〕7号)第2条第1款:"建筑区划内符合下列条件的房屋,以及车位、摊位等特定空间,应当认定为物权法第六章所称的专有部分:(一)具有构造上的独立性,能够明确区分;(二)具有利用上的独立性,可以排他使用;(三)能够登记成为特定业主所有权的客体。”

《合同法》第 60 条(《民法典》第 509 条第 1、2 款修正):“当事人应当按照约定全面履行自己的义务。当事人应当遵循诚实信用原则,根据合同的性质、目的和交易习惯履行通知、协助、保密等义务。”

《合同法》第 107 条(《民法典》第 577 条修正):“当事人一方不履行合同义务或者履行合同义务不符合约定的,应当承担继续履行、采取补救措施或者赔偿损失等违约责任。”

三、典型案例

案号	裁判立场
孙××、彭××与王×房屋买卖合同纠纷案/江苏省南京市中级人民法院(2020)苏 01 民终 9086 号民事判决	依据《物权法》第 70 条、第 72 条的规定,原房主孙××、彭××在转让建筑物内的住宅、经营性用房时,其对共有部分享有的共有和共同管理的权利应一并转让。案涉房屋所在 29 幢住宅楼的地下室,并非具有独立产权的专有部分面积,应当归小区业主共有,由对应的住宅楼业主进行使用。王×在购买房屋后作为 29 幢业主,对 29 幢地下室应享有相应的使用权。
李××、刘××房屋买卖合同纠纷案/广东省云浮市中级人民法院(2021)粤 53 民终 789 号民事判决	依据《物权法》第 72 条第 2 款的规定,原业主刘××在转让××室及首层车位××号时,对建筑物专有部分以外的共有部分所享有的共有和共同管理的权利一并转让给李××。云府国用(2005)第××号国有土地使用权是刘××与其他住户共同共有,该土地五分之一面积划分成了 23 块摩托车位,在房屋转让后,该国有土地使用权证上登记原刘××所占有的份额应一并转让。
诸××与张×棋、张×明排除妨害纠纷案/江苏省南京市中级人民法院(2020)苏 01 民终 10460 号民事判决	依据《物权法》第 72 条第 2 款的规定,案涉院子属 101 室所在楼栋业主的公共用地,原房主马××、赵××转让 101 室房产给张×棋、张×明时,其对该院享有的共有和共同管理的权利也应一并转让。原房主马××、赵××对案涉院子仅享有作为该楼栋业主的共有和共同管理的权利而非所有权,所以将案涉院子出卖给诸××的约定因马××、赵××的无权处分而无效。

四、法理分析

转让房屋时,基于共同管理约定而单独使用的地下室是否应当一并转让?

下文将结合审判实践作出简要分析。

首先，涉案地下室属于业主共有部分。依据《最高人民法院〈关于审理建筑物区分所有权纠纷案件具体应用法律若干问题的解释〉》（法释〔2009〕7 号）第 2 条第 1 款的规定，专有部分应具备构造上的独立性、利用上的独立性、能够登记为特定业主所有权的客体三个特征。而 101 室所在单元地下室不符合上述特征，不应属于专有部分。再者，《物权法》第 70 条用排除法规定了建筑物内共有部分的范围，即业主对专有部分以外的共有部分享有共有和共同管理的权利；第 73 条列举了建筑区划内共有部分的范围，即建筑区划内的其他公共场所、公用设施和物业服务用房，属于业主共有。101 室所在单元楼地下室是建筑物内的公用设施，应属于该单元楼业主共有部分。7 号地下室系基于该单元业主合意，从 101 室的单元地下室分隔出来分配给 101 室业主单独使用的共有部分，仍属于业主共有。

其次，7 号地下室的专有使用权归新业主。业主的建筑物区分所有权包括对专有部分的所有权、对共有部分的共有权和共同管理权，三种权利不可分割。依据《物权法》第 72 条第 2 款，业主转让专有部分的，共有部分的共有权和共同管理权也应随之转让。据前文，7 号地下室的使用权基于业主共同管理的合意转移给 101 室业主。房屋出售后，鉴于建筑物区分所有权的整体性，原业主对地下室享有的共有和共同管理的权利随之转让。新业主由此成为该单元楼地下室的共有人，继承原业主的权利和义务。既有的共同管理合意对新业主仍然有效，新业主得以按照约定取得 7 号地下室的使用权。

最后，被告应赔偿迟延交付地下室使用权造成的损失。依据《合同法》第 107 条，张××、袁××因拒绝交付 7 号地下室构成违约，应赔偿损失。鉴于双方对交付时间未作约定，依据《合同法》第 62 条，高××、戴××可随时要求张××、袁××履行交付义务，但应给予对方一定的准备时间。高××、戴××在 2020 年 8 月 24 日作出月底交付的请求，所以占有使用费应从 2020 年 9 月 1 日起计算。依据《合同法》第 113 条规定，占有使用费应结合 7 号地下室的性质、用途、面积等因素计算。为减少诉累，占有使用费和张××、袁××为取得 7 号地下室使用权支出的分隔费相抵。

业主违反临时管理规约封闭阳台，物业可否要求拆除？

卜思遥

业主封闭自家阳台的，物业是否可以依据临时管理规约要求业主拆除？本文将结合审判实践作出简要说明。

一、案情与裁判

案件名称：×××有限公司成都分公司与高××物业服务合同纠纷案

案情来源：四川省成都市中级人民法院（2022）川01民终13514号民事判决

案情简介：

2020年9月，高××在成都近郊小区购买临近马路的一套住房。高××与开发商签订购买房屋合同时，被要求签订作为附件的开发商与物业公司制定的、以购房合同附件形式呈现的小区临时管理规约。该规约明确，原则上不封阳台，经全体业主表决，户数与面积达到法定条件封闭阳台的，须由建设单位与物业服务企业共同制定封闭方案并公示，且要求做到统一设计、统一材质、统一施工等五个统一。开发商交房前，该小区14栋楼已有4栋封闭阳台。同年12月交房后，高××多次与物业协商封闭阳台问题，次年5月物业公司组织业主就该事项投票表决，因参加表决业主占比等未达相关要求，封闭阳台工作未能启动。随后，高××按照小区前期已封闭阳台的样式颜色，封闭所购房屋阳台。物业公司则以其违反临时管理规约规定等起诉，要求高××立即拆除已封闭阳台并恢复原状。

一审判决

四川省成都市双流区人民法院经审理认为：高××作为小区业主，应遵守小区临时管理规约。在小区尚未达成一致意见的情况下，不得擅自封闭阳台，故判决高××拆除已封闭阳台并恢复原状。

二审判决

四川省成都市中级人民法院经审理认为：本案的争议焦点是物业公司是否有权要求高××拆除已封闭的阳台并恢复原状。物业公司该项诉请既在法律上没有明确规定，又未提供证据证明高××封闭阳台危及建筑物安全、损害其他业主合法权益，也未提供证据证明高××有实施妨碍物业服务与管理的行为。且高××住房临近马路，封闭阳台从安全性、居住舒适度及私密保护等方面考略都是恰当的。故依法撤销一审判决，判决驳回物业公司的诉讼请求。

二、相关规定

《民法典》第271条："业主对建筑物内的住宅、经营性用房等专有部分享有所有权，对专有部分以外的共有部分享有共有和共同管理的权利。"

《民法典》第272条："业主对其建筑物专有部分享有占有、使用、收益和处分的权利。业主行使权利不得危及建筑物的安全，不得损害其他业主的合法权益。"

《民法典》第496第1款："格式条款是当事人为了重复使用而预先拟定，并在订立合同时未与对方协商的条款。"

《民法典》第497条第2项："有下列情形之一的，该格式条款无效：(二)提供格式条款一方不合理地免除或者减轻其责任、加重对方责任、限制对方主要权利。"

《物业管理条例》(中华人民共和国国务院令第698号)(2018修订)第22条："建设单位应当在销售物业之前，制定临时管理规约，对有关物业的使用、维护、管理，业主的共同利益，业主应当履行的义务，违反临时管理规约应当承担的责任等事项依法作出约定。建设单位制定的临时管理规约，不得侵害物业买受人的合法权益。"

《物业管理条例》(中华人民共和国国务院令第698号)(2018修订)第23条第2款："物业买受人在与建设单位签订物业买卖合同时，应当对遵守临时管理规约予以书面承诺。"

《物业管理条例》(中华人民共和国国务院令第698号)(2018修订)第45条："对物业管理区域内违反有关治安、环保、物业装饰装修和使用等方面法律、法规规定的行为，物业服务企业应当制止，并及时向有关行政管理部门报告。

有关行政管理部门在接到物业服务企业的报告后，应当依法对违法行为予以制止或者依法处理。”

《城乡规划法》(2019 修正)第 66 条：“建设单位或者个人有下列行为之一的，由所在地城市、县人民政府城乡规划主管部门责令限期拆除，可以并处临时建设工程造价一倍以下的罚款：(一)未经批准进行临时建设的；(二)未按照批准内容进行临时建设的；(三)临时建筑物、构筑物超过批准期限不拆除的。”

三、典型案例或做法

案号	裁判立场
南通×××物业管理有限责任公司诉裴×物业管理合同案/江苏省南通市中级人民法院(2006)通中民二终字第 0190 号民事判决	法院认为，首先，依据《合同法》第 39 条的规定，补充协议中禁止封闭阳台的条款属格式条款，其未遵从业主大会的决定或业主委员会授权。阳台作为房屋的专有部分，业主享有专有所有权，该条款排除了业主的主要权利，应属无效。其次，裴×封闭阳台符合行使专有所有权的正当性要求，其目的、方式和结果正当，未损害他人和社会公共利益。最后，本案中，经过利益衡量，相较于小区外部美观，业主基于专有所有权而享有的居住利益应得到优先保护。
北京市××物业管理公司诉汪××物业管理纠纷案/北京市第二中级人民法院(2003)二中民终字第 05574 号民事判决	法院认为，××开发公司在《商品房买卖合同》的“附件三”“长安新城装修及设备标准”第 8 条中约定“封闭阳台：白色塑钢窗”，使业主在买房时认为阳台都是封闭的，影响了业主在购买房屋、缔结合同时选择权的行使。业主作为所购房屋的所有权人，对阳台具有专有所有权。原告北京市××物业管理公司在合同中没有考虑《商品房买卖合同》中有关阳台状况约定不明的情况而强制不准许“擅自封闭阳台”的约定不合理，该内容无效。被告封闭阳台使用的材料及样式统一，并未影响小区内的整体美观及其他公共利益，故对原告拆除已封闭的阳台的诉讼请求不予支持。

续表

案号	裁判立场
费×与××物业服务集团有限公司等物业服务合同纠纷上诉案/江苏省无锡市中级人民法院(2014)锡民终字第 1970 号民事判决	法院认为，即便费×违背真实意思签订《物业服务协议》及《临时管理规约》，但其并未在法定期限内行使撤销权，故《临时管理规约》并非无效。规约中已有关于禁止封闭阳台的规定，费×应按《临时管理规约》的规定执行，无论××物业服务集团有限公司无锡分公司有无明确提示费×《装修协议》中有禁止封闭阳台条款，均不导致费×对《装修协议》中禁止封闭阳台条款的未知或误解。规约没有排除费×对阳台的专有使用权利，而是对行使专有使用权作出一定程度的限制，且这一限制符合规划设计的要求，目的在于保持建筑物外观的和谐统一，有利于维护全体业主的共同利益，此等程度的限制是合理的。

四、法理分析

业主封闭自家阳台的，物业是否可以依据临时管理规约要求业主拆除？下文将结合审判实践作出简要分析。

首先，高××依法享有封闭阳台的权利。依据《民法典》第 272 条的规定，业主在不危及建筑物的安全和损害其他业主的合法权益的前提下享有占有、使用、收益、处分专有部分的权利。案涉房屋阳台在构造和使用上均具有独立性，且属于登记为特定业主所有权客体的组成部分。因此高××享有房屋阳台的所有权，有权封闭所购房屋的阳台。此外，案涉小区业主虽未达成一致意见，鉴于先期封闭阳台已有现成的统一样式和颜色模版，高××依此风格封闭阳台并没有损害其他业主的合法权益和小区的整体美观，也没有危及建筑物安全和损害社会公共权益。因此高××行使专有权封闭阳台合法合理。

其次，临时管理规约禁止封闭阳台的条款无效。依据《民法典》第 496 的规定，格式条款是当事人为了重复使用而预先拟定，并在订立合同时未与对方协商的条款。本案临时管理规约中禁止封闭阳台的条款由开发商和物业公司拟定，未与业主协商，并在开发商和业主签订购房合同时作为附件要求业主签订，具有重复使用的目的，因此该条款属于格式条款。依据《民法典》第 497 条第 2 项的规定，提供格式条款一方不合理地限制对方主要权利的，格式条款无效。

本案中,高××对自家阳台享有占有、使用、处分、收益的权利,其中高××封闭自家房屋阳台免受马路喧闹和灰尘属于合法行使对阳台的使用权,然而案涉格式条款要求原则上不封闭阳台,限制了高××的主要权利,损害了物业买受人的合法权益。因此,临时管理规约禁止封闭阳台的条款无效。

最后,即使临时管理规约合法有效,物业也无权诉请高××拆除已封阳台。本案中,高××按照先期小区风格封闭阳台,不危及建筑物安全,不影响其他业主权益和整体美观,更不构成违章搭建。然而即便业主封闭阳台时超出外墙,构成违章建筑,依据《物业管理条例》(中华人民共和国国务院令第698号)(2018修订)第45条及《城乡规划法》(2019修正)第66条的规定,也应当由其所在地城市、县人民政府城乡规划主管部门责令限期拆除,即对个人违章搭建的建筑只能通过法定程序由法律授权的相关部门处理,物业公司只能制止并向相关行政管理部门报告,物业亦不享有强制拆违和起诉业主拆违的权利。

不动产抵押人未办理抵押登记时，应如何担责？

刘嘉雯[*]

房地产市场的蓬勃发展，使得全国各地不动产价格一路高升，以不动产作为抵押物为民间借贷提供担保的方式亦愈发常见。根据法律规定，不动产抵押权必须办理抵押登记，然而，司法实践中抵押人不切实按照法律规定办理不动产抵押登记的案例屡见不鲜，在抵押人未办理抵押登记时，应如何担责呢？

一、案情与裁判

案件名称：××股份有限公司东莞分行诉陈×华等金融借款合同纠纷案

案情来源：最高人民法院(2019)最高法民再155号民事判决

案情简介：

2013年12月31日，××股份有限公司东莞分行(再审申请人、上诉人、原告，以下简称"××东莞分行")与东莞市×××塑料有限公司(被告，以下简称"×××公司")签订《综合授信合同》，约定××东莞分行为其提供4亿元的综合授信额度。为担保该合同，××东莞分行分别与陈×华、陈×兴、梁×霞(再审被申请人、被上诉人、被告)和陈×波(被告)签订《最高额抵押合同》(以下简称《抵押合同》)，抵押物均为不动产，且均未办理抵押登记。××东莞分行依约向×××公司发放7000万贷款，但×××公司自2014年8月21日起未能按期付息。故××东莞分行提起诉讼，请求×××公司归还全部本金及利息等，并请求陈×华、陈×兴、梁×霞和陈×波在抵押物价值范围内与×××公司承担连带赔偿责任。

---

* 刘嘉雯，山东大学法学院硕士研究生，浙江新台州律师事务所疑案研究中心研究员。

一审判决

广东省东莞市中级人民法院经审理认为：判决陈×华在其抵押物中的综合楼（未取得不动产登记证书）、陈×波在全部抵押物（未取得不动产登记证书）的价值范围内就×××公司所负××东莞分行债务（包括本金、利息、复利、罚息以及律师费）未受清偿部分的二分之一范围内承担连带赔偿责任。

二审判决

广东省高级人民法院经审理认为：从本案查明的事实可知，陈×华、陈×兴和梁×霞的房产均曾经办理过抵押登记，陈×华等三人有理由相信上述房产完全能用于抵押登记，且××东莞分行自身也持这样的认识。在本案中陈×华等三人将上述房产向××东莞分行进行抵押时，当地政府相关管理部门的政策性规定对该类性质的房产不予作抵押登记，而对该原因陈×华等三人应是不能预见的，因此不存在违约。××东莞分行上诉仍要求陈×华等三人向其承担连带责任，缺乏法律依据，不予支持，故驳回上诉，维持原判。

再审判决

最高人民法院经审理认为：根据《物权法》第 15 条，××东莞分行分别与陈×华、陈×兴、梁×霞三人签订的《抵押合同》合法有效。根据案涉《抵押合同》约定，陈×华等三人应确保案涉房产能够依法办理抵押登记，但三人尚未取得案涉房产所占土地使用权证，因房地权属不一致未能办理抵押登记，抵押权未依法设立，陈×华等三人构成违约。根据《合同法》第 113 条第 1 款以及案涉《抵押合同》约定，××东莞分行的损失范围相当于在抵押财产价值范围内×××公司未清偿债务数额部分，并可依约直接请求陈×华等三人进行赔偿。同时，××东莞分行对案涉抵押合同无法履行亦存在过错，根据《合同法》第 119 条，可以适当减轻陈×华等三人的连带赔偿责任。

二、相关规定

《物权法》第 6 条（《民法典》第 208 条）："不动产物权的设立、变更、转让和消灭，应当依照法律规定登记。动产物权的设立和转让，应当依照法律规定交付。"

《物权法》第 187 条（《民法典》第 402 条）："以本法第一百八十条第一款第一项至第三项规定的财产或者第五项规定的正在建造的建筑物抵押的，应当办理抵押登记。抵押权自登记时设立。"

《关于明确房地产抵押登记有关事项的函》(东房函〔2011〕119 号)第 1 条：“土地使用权人与房屋产权人不一致的房屋需办理抵押登记的，必须在房屋所有权与土地使用权权利主体取得一致后才能办理。”

《物权法》第 15 条(《民法典》第 215 条修正)：“当事人之间订立有关设立、变更、转让和消灭不动产物权的合同，除法律另有规定或者合同另有约定外，自合同成立时生效；未办理物权登记的，不影响合同效力。”

《民法通则》(2009 修正)第 85 条(《民法典》第 119 条修正)：“合同是当事人之间设立、变更、终止民事关系的协议。依法成立的合同，受法律保护。”

《合同法》第 60 条第 1 款(《民法典》第 509 条第 1 款)：“当事人应当按照约定全面履行自己的义务。”

《合同法》第 107 条(《民法典》第 577 条)：“当事人一方不履行合同义务或者履行合同义务不符合约定的，应当承担继续履行、采取补救措施或者赔偿损失等违约责任。”

《合同法》第 113 条第 1 款(《民法典》第 584 条修正)：“当事人一方不履行合同义务或者履行合同义务不符合约定，给对方造成损失的，损失赔偿额应当相当于因违约所造成的损失，包括合同履行后可以获得的利益，但不得超过违反合同一方订立合同时预见到或者应当预见到的因违反合同可能造成的损失。”

《合同法》第 119 条第 1 款(《民法典》第 591 条第 1 款修正)：“当事人一方违约后，对方应当采取适当措施防止损失的扩大；没有采取适当措施致使损失扩大的，不得就扩大的损失要求赔偿。”

三、典型案例或做法

案号	裁判立场
营口×××置业有限公司与青岛××集团樱珠山房地产开发有限公司企业借贷纠纷上诉案/山东省高级人民法院(2016)鲁民终1076 号民事判决	二审法院认为，一审法院判决上诉人营口×××置业有限公司承担赔偿责任不违反法律规定，这一赔偿责任是不履行抵押合同产生的违约责任，不是担保合同无效产生的民事责任，应当根据《合同法》确定赔偿责任。但合同双方都未履行办理抵押登记义务，都存在违约行为，都应当承担违约责任。一审判决上诉人营口×××置业有限公司承担全部责任不当。

续表

案号	裁判立场
敦化市××商贸有限公司、徐×智等小额借款合同纠纷案/吉林省延边朝鲜族自治州中级人民法院(2022)吉24民终1784号民事判决	二审法院认为,上诉人徐×石等四人未按照合同约定及时办理抵押登记构成违约,而被上诉人敦化市××商贸有限公司在明知不办理抵押登记将影响抵押权的设立的情况下,默认抵押人不办理抵押登记的行为,同样存在过错。故对于抵押权未设立的损失,双方各承担一半的责任。
都拉塔口岸×××商贸有限责任公司、霍尔果斯××融资担保有限公司等追偿权纠纷案/新疆维吾尔自治区高级人民法院伊犁哈萨克自治州分院(2022)新40民终615号民事判决	二审法院认为,办理土地登记应由当事人共同完成。双方违反规定,均构成违约,应承担同等违约责任。根据《合同法》第120条,上诉人都拉塔口岸×××商贸有限责任公司赔偿损失的范围应为抵押物价值的二分之一为限,对原审被告伊犁××彩钢钢构有限公司不能清偿部分承担赔偿责任,在承担赔偿损失责任后,有权向其追偿。

四、法理分析

根据再审法院判决,陈×华等三人应分别与×××公司承担连带赔偿责任,但有关责任性质、责任范围有待进一步明确,下文将结合审判实践作出简要分析。

首先,抵押权虽未设立,但陈×华等三人分别签订的《抵押合同》有效。根据《物权法》第6条和第187条,不动产抵押权的设立应当依法进行登记,抵押权自登记时设立。本案中陈×华等三人的房产虽取得不动产登记证书,但是未取得房产所占土地的使用权证,根据《关于明确房地产抵押登记有关事项的函》(东房函〔2011〕119号)(以下简称《明确函》)第1条,由于房地权属不一致,三人未能成功办理不动产抵押登记,抵押权未能有效设立。但《物权法》第15条规定,抵押权未设立不影响合同效力。本案中陈×华等三人与××东莞分行分别签订的《抵押合同》是当事人之间真实的意思表示,并且合同内容并不违反法律以及行政法规的强制性规定。因此,陈×华等三人各自签订的《抵押合同》有效,不受抵押权未设立的影响。

其次,陈×华等三人未履行合同义务构成违约,应依照约定赔偿××东莞分行受到的损失。根据《民法通则》第85条、《合同法》第60条第1款和第107

条，依法成立的合同具有法律约束力，当事人应当按照约定全面履行合同义务，不履行则应依据双方约定或法律规定承担相应责任。本案有效的《抵押合同》约定，陈×华等三人应确保案涉房产抵押权的设立不受到任何限制，但由于陈×华等三人未取得案涉房产所占土地的使用权证，抵押权未能有效设立，陈×华等三人未能履行合同义务构成违约，应承担违约责任。至于违约责任的承担方式，陈×华等三人依约应赔偿××东莞分行受到的损失。有关损失的认定，根据《合同法》第113条以及《抵押合同》可知，在《抵押合同》正常履行的情况下，若×××公司不履行到期债务，××东莞分行可直接请求就案涉房产优先受偿，但本案抵押权未有效设立，××东莞分行的损失相当于在案涉抵押物价值范围内×××公司未清偿的债务部分。

最后，陈×华等三人应分别与×××公司承担连带赔偿责任，并且由于××东莞分行存在过错，三人的赔偿责任可以适当减轻。就陈×华等三人与×××公司之间的外部关系，应对其意思表示进行深入解释。依据有效的《抵押合同》，在×××公司不履行债务时，××东莞分行可直接请求陈×华等三人在担保范围内承担担保责任。据此可知，陈×华等三人具有向×××公司提供有限连带担保的真实意思表示，故陈×华等三人对外应分别向××东莞分行承担连带责任。在陈×华等三人分别承担的违约赔偿责任中，由于××银行东莞分行存在过错：一方面，××东莞分行作为专业的金融机构对以面向金融机构发布的《明确函》应当知情，其应知晓案涉房产因未取得土地使用权证无法办理抵押登记，但其未尽到较高的审核注意义务，对抵押权不能设立存在过错；另一方面，根据《合同法》第119条第1款，××东莞分行在案涉房产未能办理抵押登记后，未采取相应措施防止损失扩大，亦存在过错。故而对××东莞分行的损失，可以适当减轻陈×华等三人的连带赔偿责任。

承租人是否可以将房屋用途由住宅转变为经营性用房?

刘帅芃*

业主,即对于整栋建筑物之上的专有部分享有所有权的人,基于租赁合同将该专有部分对外出租,承租人在承租房屋后,如何认定承租人对于房屋的利用行为是否构成对房屋用途的改变?承租人如若将房屋的用途由住宅改变为经营性用房,是否须经有利害关系的业主同意且对于此行为出租人是否要承担相应的责任?本文将结合审判实践作出简要说明。

一、案情与裁判

案件名称:张×诉郑××、中国××通信有限公司武汉市分公司建筑物区分所有权纠纷案

案情来源:湖北省武汉市中级人民法院(2013)鄂武汉中民终字第01019号民事判决

案情简介:

郑××系武汉市武昌区中北路白玫瑰花苑×栋×单元A室的业主(被告、被上诉人),其将该房屋出租给中国××通信有限公司武汉市分公司(以下简称"××武汉分公司",被告、被上诉人)。2011年12月,郑××与××武汉分公司未经小区内相关业主的同意,擅自将光纤传输机柜、电源柜、蓄电池等设备安置在A室,将A室建成通信机房,该机房24小时运转,无人值班,存在安全隐患,相关业主及白玫瑰花苑物业管理处曾多次对两被告进行劝阻,但两被告均未予理会。现张×(原告、上诉人)诉至法院要求判令两被告拆除位于武汉市武昌区中北路白玫瑰花苑×栋×单元A室的光纤传输设备,恢复房屋住宅用途。

---

* 刘帅芃,山东大学法学院硕士研究生,浙江新台州律师事务所疑案研究中心研究员。

一审判决

湖北省武汉市武昌区人民法院经审理认为：本案案由应确定为建筑物区分所有权纠纷。《物权法》第77条的立法目的，实际上主要针对的是利用住宅从事经营生产企业，规模较大的餐饮及娱乐、洗浴或者作为公司办公用房等动辄给其他区分所有权人带来噪音、污水、异味、过多外来人员出入等影响其安宁生活的营业行为，即并非所有将住宅改变的行为都是《物权法》第77条规制的行为。被告郑××、××武汉分公司并未改变涉案房屋的住宅性质，即或改变亦是用于公益事业，且原告张×未提供其房屋价值、生活质量受到或者可能受到不利影响的证据。故对原告的诉请，不予支持。

二审判决

湖北省武汉市中级人民法院经审理认为：被上诉人××武汉分公司租赁被上诉人郑×伟的房屋用于放置光纤传输机柜作为数据传输汇聚节点的行为属于将住宅改变为经营性用房，该行为未经有利害关系的业主即上诉人张×的同意，××武汉分公司应承担相应责任。被上诉人郑×伟明知其嫂子刘××将讼争房屋出租给被上诉人××武汉分公司用于建设通信机房，仍对该房屋租赁合同予以认可，其应与××武汉分公司共同承担责任。一审判决认定事实清楚，但适用法律不当，应当予以撤销。对于张×关于郑××、××武汉分公司拆除位于武汉市武昌区中北路白玫瑰花苑×栋×单元A室房屋的光纤传输设备、恢复房屋住宅用途的上诉请求，予以支持。

二、相关规定

《物权法》第71条(《民法典》第272条修正)："业主对其建筑物专有部分享有占有、使用、收益和处分的权利。业主行使权利不得危及建筑物的安全，不得损害其他业主的合法权益。"

《物权法》第77条(《民法典》第279条修正)："业主不得违反法律、法规以及管理规约，将住宅改变为经营性用房。业主将住宅改变为经营性用房的，除遵守法律、法规以及管理规约外，应当经有利害关系的业主同意。"

《关于审理建筑物区分所有权纠纷案件具体应用法律若干问题的解释》第10条第1款(法释〔2009〕7号)[《最高人民法院关于审理建筑物区分所有权纠纷案件适用法律若干问题的解释》(法释〔2020〕17号)第10条第1款]："业主将住宅改变为经营性用房，未按照物权法第七十七条的规定经有利害关系的业主同意，有利害关系的业主请求排除妨害、消除危险、恢复原状或者赔偿损失的，人民法院应予支持。”

《关于审理建筑物区分所有权纠纷案件具体应用法律若干问题的解释》第11条（法释〔2009〕7号）[《最高人民法院关于审理建筑物区分所有权纠纷案件适用法律若干问题的解释》（法释〔2020〕17号）第11条]：“业主将住宅改变为经营性用房，本栋建筑物内的其他业主，应当认定为物权法第七十七条所称‘有利害关系的业主’。建筑区划内，本栋建筑物之外的业主，主张与自己有利害关系的，应证明其房屋价值、生活质量受到或者可能受到不利影响。”

《关于审理建筑物区分所有权纠纷案件具体应用法律若干问题的解释》第16条第1款（法释〔2009〕7号）[《最高人民法院关于审理建筑物区分所有权纠纷案件适用法律若干问题的解释》（法释〔2020〕17号）第16条第1款]：“建筑物区分所有权纠纷涉及专有部分的承租人、借用人等物业使用人的，参照本解释处理。”

三、典型案例或做法

案号	裁判立场
王××、中国××通信集团黑龙江有限公司伊春分公司等侵权责任上诉纠纷案/黑龙江省伊春市中级人民法院（2021）黑07民终403号民事判决	中国××通信集团黑龙江有限公司伊春分公司（以下简称“××公司”）租赁郑××房屋用于放置传输机等设备行为属于将住宅改变为经营性用房，××公司作为讼争房屋的承租人将住宅改变为经营性用房，应承担与业主相同的法定义务，应当经过有利害关系的业主同意。本案中其行为未经有利害关系的业主的同意，不符合法律规定，应予拆除。郑××在出租房屋时，明知××公司承租案涉房屋的用途，仍对该房屋租赁合同予以认可，其应与××公司共同将案涉设备拆除，恢复住宅用途。
何××、耿××排除妨害纠纷上诉案/河北省石家庄市中级人民法院（2018）冀01民终13690号民事判决	原被告系邻居关系，原告作为与被告同一单元的楼上住户，当属有利害关系的业主，被告将其名下的房产外围的铁护栏拆除新建为门脸用于出租给他人经营餐饮所用，改变了房屋的住宅功能且未经其他有利害关系的业主同意。被告应当恢复住宅的居住功能即恢复原状。

续表

案号	裁判立场
段×与黄××、南京×××互联网金融信息服务股份有限公司等建筑物区分所有权纠纷上诉案/江苏省南京市中级人民法(2017)苏01民终4872号民事判决	涉案房屋为酒店式公寓，在名称上虽然与住宅有一定的区别，但亦明确了涉案房屋的用途为公寓，其使用功能上应与住宅类似，不能等同于商业、办公房屋。南京×××互联网金融信息服务有限公司、南京×××股权投资公司、南京×××企业管理有限公司将×室房屋用作办公经营的行为属于将住宅改变为经营性用房，违反了管理规约，也未经段×的同意，应承担相应的责任。黄××作为×室业主，将×室房屋出租给三公司并在明知三公司将×室用作经营使用，仍不加制止，亦应承担相应的责任。黄××、南京×××互联网金融信息服务有限公司、南京×××股权投资公司、南京×××企业管理有限公司应停止将位于南京市建邺区×××中心C幢×室的住宅改变为经营性用房的行为、恢复并保持房屋的住宅用途。

四、法理分析

本案的焦点问题主要为××武汉分公司在讼争房屋内放置光纤传输机柜作为数据传输汇聚节点的行为是否将房屋用途由住宅转变为经营性用房？若构成，××武汉分公司的上述行为是否应当经过张×的同意？出租人对于承租人改变住宅用途的行为是否要承担相应的责任？具体分析如下。

首先，××武汉分公司的案述行为改变了房屋用途。住宅是指专供个人、家庭日常生活居住使用的房屋。经营性用房是指用于商业、工业、旅游、办公等经营性活动的房屋。两者因用途不同而有本质区别。本案中，××武汉分公司租赁讼争房屋用于放置光纤传输机柜作为数据传输汇聚节点，擅自将光纤传输机柜、电源柜、蓄电池等设备安置于此，以建设有线光纤传输宽带网络，解决“平安城市”视频监控录像传输、无线城市综合项目WLAN(无线宽带局域网)、周边居民小区宽带、固定电话等接入业务的汇聚、交换需求。从其用途可以看出，××武汉分公司租赁讼争房屋，将其建成24小时运转的通信机房，并不是为了生活居住，而是为了从事经营性活动，因此××武汉分公司的上述行为属于将住宅改变为经营性用房。

其次，××武汉分公司的案述行为应当经过张×的同意。一是××武汉分公司将住宅改变为经营性用房的行为应当经过有利害关系的业主同意。依照

《物权法》第77条的规定，业主将住宅改变为经营性用房的，须满足遵守法律、法规以及管理规约和经有利害关系的业主的同意两个条件。根据《最高人民法院关于审理建筑物区分所有权纠纷案件具体应用法律若干问题的解释》(法释〔2009〕7号)第10条第1款和第16条第1款的规定，××武汉分公司作为讼争房屋的承租人将住宅改变为经营性用房，应承担与业主相同的法定义务，也应当经过有利害关系的业主同意。二是上诉人张×应认被定为有利害关系的业主。依照《最高人民法院关于审理建筑物区分所有权纠纷案件具体应用法律若干问题的解释》(法释〔2009〕7号)第11条的规定，张×的住房在郑××房屋即讼争房屋的楼下，其作为本栋建筑物内的业主，无需举证证明其房屋价值、生活质量受到或者可能受到不利影响，即可被认定为有利害关系的业主。

最后，出租人郑××应承担相应的责任。被告郑××对于××武汉分公司改变住宅用途的行为也应承担相应的责任。郑××明知其嫂子刘××将讼争房屋出租给被上诉人××武汉分公司用于建设通信机房，仍对该房屋租赁合同予以认可，与被告××武汉分公司在未经小区内相关业主的同意的情况下，擅自将A室建成通信机房，对于相关业主及白玫瑰花苑物业管理处的多次劝阻未予理会。郑××存在一定过错，其应与××武汉分公司共同承担责任，案涉设备拆除，恢复住宅用途。

借名买房人可以排除第三人对房产的强制执行吗？

杨　颖*

借名买房合同，是指借名人与出名人达成的关于借名人以出名人的名义购买房屋并将房屋登记在出名人名下，双方对房屋归属与过户登记等事项进行约定的合同。“借名买房”发生的原因不同，其合同效力也有所不同。那么基于合法目的借名买房，借名人可以排除出名人金钱债权人申请的强制执行吗？本文将结合审判实践作出说明。

一、案情与裁判

案件名称：陈××、罗××等案外人执行异议之诉纠纷案

案情来源：最高人民法院(2021)最高法民申3543号民事判决

案情简介：

2005年，××银行股份有限公司南昌分行以罗××(原审原告、二审上诉人、被申请人)年龄不符合贷款条件为由，拒绝了与罗××签订按揭贷款合同。为解决住房问题，罗××遂以儿媳陶××(原审被告)名义签订购房合同并办理房屋按揭贷款，将房屋登记于陶××名下。

自房屋交付后，罗××一直居住在案涉房屋中并履行相关合同义务，但房屋始终因银行贷款尚未还清而无法变更产权登记。后房屋被陶××的债权人陈××(原审被告、二审被上诉人、申请人)申请强制执行，罗××提出案外人执行异议。

一审判决

江西省南昌市中级人民法院经审理认为：在案涉房屋登记为陶××的情况

* 杨颖，山东大学法学院硕士，浙江新台州律师事务所疑案研究中心研究员。

下，罗××应就涉案房屋归其所有提供充足的证据予以证明，但现有证据并不能充分证明该房屋的产权属于罗××，因此驳回罗××的诉讼请求。

二审判决

江西省高级人民法院经审理认为：首先，案涉房屋首付款及按揭款均由罗××支付，罗××实际履行了涉案房屋的所有付款义务，为涉案房屋的实际购买人。其次，自房屋交付后，涉案房屋一直由罗××合法占有使用。最后，罗××办理涉案房屋按揭贷款因超过银行贷款年龄限制，在此情况下才以儿媳陶××名义代为签订房屋买卖合同，购房合同的相关实质性的合同义务均由罗××履行。房屋买卖合同上的买方信息不是认定案涉房产实际权利人的实质性证据，罗××提供了充分的证据证明其为案涉房屋的实际所有权利人，可以排除强制执行。

再审判决

最高人民法院经审理认为：罗××与陶××之间存在借名购房关系，罗××也提供证据证明其系案涉房屋实际出资人及占有人。罗××将真实物权登记于陶××名下，并非为了规避法律、行政法规的强制性规定或国家、地方政府限购政策，亦不违背公序良俗，因此罗××为案涉房屋实际权利人，享有足以排除强制执行的民事权益。

二、相关规定

《物权法》第 191 条(《民法典》第 406 条修正)：“抵押期间，抵押人经抵押权人同意转让抵押财产的，应当将转让所得的价款向抵押权人提前清偿债务或者提存。转让的价款超过债权数额的部分归抵押人所有，不足部分由债务人清偿。抵押期间，抵押人未经抵押权人同意，不得转让抵押财产，但受让人代为清偿债务消灭抵押权的除外。”

《合同法》第 52 条(《民法典》第 148～154 条修正)：“有下列情形之一的，合同无效：(一)一方以欺诈、胁迫的手段订立合同，损害国家利益；(二)恶意串通，损害国家、集体或者第三人利益；(三)以合法形式掩盖非法目的；(四)损害社会公共利益；(五)违反法律、行政法规的强制性规定。”

《最高人民法院关于适用〈中华人民共和国物权法〉若干问题的解释(一)》(法释〔2016〕5 号)第 2 条[《最高人民法院关于适用〈中华人民共和国民法典〉物权编的解释(一)》(法释〔2020〕24 号)第 2 条]：“当事人有证据证明不动产登记

簿的记载与真实权利状态不符、其为该不动产物权的真实权利人，请求确认其享有物权的，应予支持。”

《最高人民法院关于人民法院办理执行异议和复议案件若干问题的规定》（法释〔2015〕10号）**第28条**[**《最高人民法院关于人民法院办理执行异议和复议案件若干问题的规定》**（法释〔2020〕21号）**第28条**]：“金钱债权执行中，买受人对登记在被执行人名下的不动产提出异议，符合下列情形且其权利能够排除执行的，人民法院应予支持：（一）在人民法院查封之前已签订合法有效的书面买卖合同；（二）在人民法院查封之前已合法占有该不动产；（三）已支付全部价款，或者已按照合同约定支付部分价款且将剩余价款按照人民法院的要求交付执行；（四）非因买受人自身原因未办理过户登记。”

三、典型案例或做法

案号	裁判立场
汤××、安国××有限公司案外人执行异议纠纷案/河北省保定地区（市）中级人民法院（2020）冀06民终4858号民事判决	上诉人买房因资金不足，需按揭贷款，因贾××在银行工作，贷款方便，双方又系亲属关系，上诉人以贾××的名义买房合乎情理，本院认定涉案房产系上诉人汤××借名购买。本案中，上诉人称就案涉房产过户问题多次要求被上诉人贾××办理过户手续，但因其另有贷款将房产证抵押于小额贷公司而推诿拖延，不予办理过户手续。上诉人就房产过户有过积极表示，未能过户并非其自身原因所导致。因此，上诉人的诉求符合上述法律规定，其能够享有排除强制执行的民事权益。
献县××小额贷款有限公司、孙×案外人执行异议纠纷案/最高人民法院（2020）最高法民申4号民事判决	在现有证据能够证明孙×借陈×之名购买案涉房屋并实际支付房款的情况下，不动产权属的登记状态并不影响孙×对案涉房屋享有实际产权。陈×并非案涉房屋所有权人，献县××小额贷款有限公司基于其与陈×之间的债权债务关系申请执行不能及于案涉房屋。

续表

案号	裁判立场
辽宁××气体液化设备有限公司与徐×案外人执行异议之诉再审案/最高人民法院(2020)最高法民再328号民事判决	徐×为规避国家限购政策而借名买房,有违公序良俗原则,案涉借名买房合同应认定为无效,但其嗣后通过消除限购政策障碍补正了合同效力,并通过生效判决的执行而完成了不动产登记,成为案涉房屋所有权人。在本院裁定提审后出现的新事实,已经从根本上改变了案涉房屋的权属关系,辽宁××气体液化设备有限公司主张继续执行案涉已经属于徐×的房屋,不应支持。

四、法理分析

金钱债权执行中,人民法院强制执行登记在被执行人名下的房屋,案外人主张其与被执行人存在基于合法目的签订的借名买房合同,请求确认涉案房屋权属并排除执行,法院予以支持吗?本文将结合审判实践作出说明。

首先,罗××的借名买房法律行为合法有效。一是借名买房行为未违反法律、行政法规的效力性强制性规定。因超过银行贷款年龄限制,罗××以他人名义代为签订房屋买卖合同,虽违反了银行贷款年龄限制规定,但该规定并非法律和行政法规的效力性强制性规定,借名买房合同应认定有效。二是借名买房行为未违背公序良俗,原因在于罗××借名买房行为违反了银行贷款年龄限制规定,但此规定不涉及金融安全及国家宏观政策等公序良俗。三是罗××的借名买房法律行为不存在恶意转移财产、逃避债务的情形,且借名贷款并不会导致需求端扩大进而影响到住房市场的供求关系,因此罗××因规避限贷政策而借名买房的行为不损害社会公共利益和他人合法权益。

其次,罗××有权请求确认房屋归其所有。根据《最高人民法院关于适用〈中华人民共和国物权法〉若干问题的解释(一)》(法释〔2016〕2号)第2条,当物权登记与实际权利状况不符时,要以实际权利状况为依据认定事实。因此不动产登记行为仅产生权利推定效力,其本身并不产生物权。具体到本案,罗××与陶××就案涉房屋存在借名买房关系,其也已证明其是案涉房屋实际出资人和占有人,将真实物权登记于陶××名下的行为不能导致罗××物权丧失。因此,罗××可以依据实质上的代持关系要求陶××将房屋过户至其名下。

最后,罗××有权请求排除强制执行。根据《最高人民法院关于人民法院办理执行异议和复议案件若干问题的规定》(法释〔2020〕21 号)第 28 条,非因买受人自身原因未办理过户登记且其权利能够排除执行的,法院应予以支持。结合本案案情分析如下,一是罗××享有请求陶××协助办理过户手续从而最终取得房屋所有权的债权请求权,并实际履行了购房合同中支付购房款等实质性义务,也已实际占有使用房屋,对涉案房产享有将来取得支配和排他的权利,即物权期待权,享有足以排除对案涉房屋强制执行的民事权益。二是陶××取得房屋所有权实际上未付出任何对价,即便将房产排除在执行标的之外,实质上也不存在使其责任财产减少进而影响其债权人的债权实现的问题,因此罗××的权利位阶高于第三人的金钱债权。三是按揭贷款是指银行以购买的房屋作为抵押物,向购房者提供贷款,根据《物权法》第 191 条,房屋名义所有权人陶××未经银行同意不得转让房屋,罗××因未结清按揭贷款而无法涤除房屋抵押权,导致房屋不具备办理过户登记的条件,属于非因罗××自身原因未办理过户登记。

值得注意的是,《民法典》确立了已抵押的不动产可以自由转让的流转规则,可实现“带押过户”。因此,根据现行立法,因未结清按揭贷款而未办理过户登记不再属于《最高人民法院关于人民法院办理执行异议和复议案件若干问题的规定》第 28 条规定“非因买受人自身原因未办理过户登记”排除执行的情形。

民法典专题

合同编

国家法律、法规及政策的出台是否构成情势变更？

刘冠伊*

因国家法律、法规及政策出台导致当事人签订的合同不能履行，以致一方当事人缔约目的不能实现，该方当事人请求法院判决解除合同的情况时有发生。国家法律、法规及政策的出台是否构成情势变更？本文将结合审判实践作出简要说明。

一、案情与裁判

案件名称：长春××房屋开发有限公司与××市规划和自然资源局建设用地使用权出让合同纠纷案

案情来源：最高人民法院(2019)最高法民再246号民事判决

案情简介：

2010年11月25日，长春××房屋开发有限公司(以下简称"××公司"，原告、上诉人)与××市国土资源局(被告、被上诉人，以下简称"××市国土局")签订《国有建设用地使用权出让合同》，案涉《国有建设用地使用权出让合同》履行期间，由于国务院出台了《国有土地上房屋征收与补偿条例》，导致合同约定的由××公司自行拆除地上物及补偿工作已不可能履行，基于情势变更原则，××公司要求解除案涉合同。

一审判决

吉林省长春市中级人民法院经审理认为：双方在2010年11月25日签订合同时，××公司对其自行进行土地及地上物拆迁整理是明知的，签订合同后应自行承担由其拆迁的商业风险；双方之间继续履行《国有建设用地使用权出

* 刘冠伊，辽宁师范大学法学院硕士研究生，浙江新台州律师事务所疑案研究中心研究员。

让合同》并不存在明显不公平的情形；××公司如在2010年11月25日取得土地后积极履行办理拆迁许可证义务，其现作为拆迁主体符合法规规定；如其怠于办理房屋拆迁许可证导致的现阶段拆迁不能，后果应自行承担。综上，一审法院判决驳回××公司的诉讼请求。

二审判决

吉林省高级人民法院经审理认为：××公司作为专门从事房地产开发的企业，在签订合同时应当能够预见其在履行合同的过程可能存在致使合同目的不能全部实现的商业风险。《国有土地上房屋征收与补偿条例》仅影响案涉出让合同中关于拆迁整理的具体履行方式，土地使用权出让及土地开发等合同赖以存在的客观情况并未发生变化，并不必然使××公司的合同目的落空。××公司虽然主张曾多次要求政府部门进行拆迁整理，但未能提供证据予以证明，故不予认可。综上，二审法院判决驳回上诉，维持原判。

再审判决

最高人民法院经审理认为：对由于国家法律、法规及政策出台导致当事人签订的合同不能履行，以致一方当事人缔约目的不能实现的，该方当事人请求法院判决解除合同的，本院予以支持。

二、相关规定

《最高人民法院关于适用〈中华人民共和国合同法〉若干问题的解释（二）》（法释〔2009〕5号）第26条[①]**（《民法典》第533条修正）：**“合同成立后，合同的基础条件发生了当事人在订立合同时无法预见的、不属于商业风险的重大变化，继续履行合同对于当事人一方明显不公平的，受不利影响的当事人可以与对方重新协商；在合理期限内协商不成的，当事人可以请求人民法院或者仲裁机构变更或者解除合同。人民法院或者仲裁机构应当结合案件的实际情况，根据公平原则变更或者解除合同。”

① 2020年12月29日，最高人民法院印发《关于废止部分司法解释及相关规范性文件的决定》（法释〔2020〕16号），决定废止2009年4月24日印发的《最高人民法院关于适用〈中华人民共和国合同法〉若干问题的解释（二）》。

三、典型案例或做法

案号	裁判立场
朱××与中山市××房地产发展有限公司、珠海市××房地产投资顾问有限公司商品房预售合同纠纷案/广东省高级人民法院(2015)粤高法审监民提字第96号民事判决	涉案《中山市商品房买卖合同》签订于国务院颁布限贷政策之前,因此,国家贷款政策的变化超出了双方当事人订立合同时所能预见的范围。
李××与被上诉人长沙市芙蓉区××培训学校有限公司、长沙市芙蓉区××修业培训学校有限公司劳动争议案/湖南省长沙市中级人民法院(2022)湘01民终7727号民事判决	本案系因国家出台"双减意见"而导致校外培训业务急剧减少,双方签订的合同基础条件发生了在订立合同时无法预见的、不属于商业风险的重大变化,若继续履行合同将对长沙市芙蓉区××修业培训学校有限公司明显不公平,故该培训学校有权解除劳动合同。
刘×与常州市钟楼区××教育培训中心有限公司房屋租赁合同纠纷案/江苏省常州市中级人民法院(2022)苏04民终2301号民事判决	常州市钟楼区××教育培训中心有限公司并不存在恶意违约情形。案涉合同提前解除系因在合同履行期间内,国家出台"双减政策",该政策对学科类校外培训机构的影响显而易见。

四、法理分析

当下市场经济快速发展,不稳定因素与日俱增,商事合同本身具有复杂性和长期性,国家政策和规划调整是否构成情势变更?下文将结合审判实践作出简要分析。

根据《民法典》第533条的规定,情势变更可以理解为,当事人双方订立的合同成立后,因不可归责于双方当事人的客观情势或者双方不可预见的情况发生时,合同履行的基础发生了改变,合同不能履行或者虽然能履行但会显失公平,此时法律允许变更或者解除合同。

就本案而言,认定国家法律、法规及政策的出台是否构成情势变更的理由应当从以下四个方面予以理解。

首先,《国有建设用地使用权出让合同》的基础条件发生了重大变化。所谓"合同的基础条件"也就是理论上所称的"情势"。界定"情势"是适用情势变更原则的前提，所谓“情势”，即合同赖以成立、存在的客观事实或客观环境。××市国土局与××公司签订合同后的两个月内，国务院出台《国有土地上房屋征收与补偿条例》，使得××公司无法取得拆迁主体资格，无法按照《国有建设用地使用权出让合同》的约定完成案涉土地的拆迁整理工作。即作为《国有建设用地使用权出让合同》赖以存在的基础，因《国有土地上房屋征收与补偿条例》的出台而发生了重大变化。

其次，《国有土地上房屋征收与补偿条例》的出台发生在合同成立以后、履行完毕之前。在合同成立之前，合同尚不具有法律拘束力，如果发生基础条件的变化，当事人在缔约时应当对此有清晰的认识，当事人仍然可以通过重新协商调整合同条款。《民法典》虽未规定，但理论上通常认为，情势变更必须发生在合同履行完毕以前，如果在履行完毕之后才发生情势变更，因债的关系已经因清偿而消灭，合同基础条件的变化对双方的利益不产生任何影响，显然没有适用情势变更的必要。本案中，《国有土地上房屋征收与补偿条例》在签订合同后的两个月内出台，即发生在合同履行过程中且××公司经过逾七年与××市规划和自然资源局的协调，始终无法解决案涉土地的拆迁问题。

再次，《国有土地上房屋征收与补偿条例》的出台是××公司在缔约时无法预见的。所谓“无法预见”，是指订立合同时不能预见。如果缔约时当事人预见将来要发生情势变更，而当事人依然以现在的客观情况为基础订立合同，表明当事人愿意承担情势变更所带来的风险或者说合同对价已经能够涵盖此种风险，应使当事人自负后果，不应适用情势变更。如果当事人应当预见将要发生情势变更而未预见，说明其主观上具有过失，也不能适用情势变更。本案中，《国有土地上房屋征收与补偿条例》的出台是当事人所无法预见的。无法完成案涉土地的拆迁整理工作就无法实现对案涉土地进行开发的合同目的，若当事人能预见合同履行期间会出现导致无法办理拆迁许可证之情形，则不会继续订立合同，或会提早完成拆迁许可证的办理。

最后，对案涉土地进行开发的合同目的已无法实现。××公司受让案涉国有土地使用权的目的系对该土地进行房地产开发，而土地完成拆迁工作是××公司开发案涉土地的必经环节，故因条例出台××公司已无法实现对案涉土地进行开发的合同目的。

需要特别注意的是，本案裁判日期为 2019 年 11 月 29 日，应当适用原《合同法司法解释（二）》（法释〔2009〕5 号）第 26 条之规定，“情势变更”的“情势”界定为“当事人在订立合同时无法预见的、非不可抗力造成不属于商业风险的重大变化”，即依据情势变更原则对由于国家法律、法规及政策出台导致当事人签订的合同不能履行，以致一方当事人缔约目的不能实现的，予以支持判决解除合同。但《民法典》第533条将原《合同法司法解释(二)》(法释〔2009〕5号)第26条规定中“非因不可抗力造成”“不能实现合同目的”予以删除，意在从结果上而非从表现形态上区分情势变更与不可抗力。换言之，如果客观情事的重大变化导致合同目的不能实现，则应适用不可抗力之规定；反之，如果客观情事的重大变化仅导致合同履行困难，继续履行合同对一方当事人明显不公平，则应适用情势变更之规定。因此，国家法律、法规及政策的出台构成情势变更应当以合同能够继续履行为前提，只不过继续履行将导致对一方明显不公平。而在合同不能履行的情况下，则只能通过不可抗力来主张合同的法定解除以获得救济。

持续的违约行为如何适用法律？

任　合*

《最高人民法院关于适用〈中华人民共和国民法典〉时间效力的若干规定》（法释〔2020〕15号）对《民法典》施行前后的民事纠纷的法律适用作出了具体规定，然而实践中违约行为是否属于"持续的法律事实"？下文将结合实际审判论述之。

一、案情与裁判

案件名称：东风×××公司、代××借款合同纠纷案

案情来源：河南省许昌市中级人民法院（2022）豫10民终538号民事判决

案情简介：

2017年6月22日，东风×××公司（原告、上诉人）与代××（被告、被上诉人）签订了《汽车贷款合同》，贷款金额51000元，并约定了期限和利息。

2017年6月23日，东风×××公司依照合同约定向代××购车的汽车销售商陕西××汽车贸易有限公司支付了51000元。之后，代××归还了双方约定的前25期汽车贷款33288元，自2019年8月23日起未归还余下贷款，下欠本金17712元。

一审判决

河南省许昌市建安区人民法院经审理认为：从2019年8月23日起，代××没有按期归还下欠贷款本金17712元，根据《民法典》第536条第1款第2项的规定，东风×××公司要求解除与代××签订的《汽车贷款合同》并偿还剩余贷款本金17712元的请求，符合法律规定，本院予以支持。判决解除东风×××公司与代××于2017年6月22日签订的《汽车贷款合同》；代××支付东风×××公司借款本金17712元和利息。

---

* 任合，山东大学法学院硕士研究生，浙江新台州律师事务所疑案研究中心研究员。

二审判决

河南省许昌市中级人民法院经审理认为：东风×××公司系经中国银保监会批准设立的金融机构，本案诉争借款系其在核准范围内向被上诉人发放的金融贷款，不属于民间借贷的范畴，一审法院依据《最高人民法院关于审理民间借贷案件适用法律若干问题的规定》相关规定进行裁判属法律适用不当，本院予以纠正。一审判决认定事实清楚、适用法律不当，但裁判结果正确，故对上诉人的上诉请求本院不予支持。判决驳回上诉，维持原判。

二、相关规定

《合同法》第94条第2项（《民法典》第563条第1款第2项修正）："有下列情形之一的，当事人可以解除合同：（二）在履行期限届满前，当事人一方明确表示或者以自己的行为表明不履行主要债务。"

《民法典》第566条第2款："合同因违约解除的，解除权人可以请求违约方承担违约责任，但是当事人另有约定的除外。"

《最高人民法院关于适用〈中华人民共和国民法典〉时间效力的若干规定》（法释〔2020〕15号）第1条："民法典施行后的法律事实引起的民事纠纷案件，适用民法典的规定。民法典施行前的法律事实引起的民事纠纷案件，适用当时的法律、司法解释的规定，但是法律、司法解释另有规定的除外。民法典施行前的法律事实持续至民法典施行后，该法律事实引起的民事纠纷案件，适用民法典的规定，但是法律、司法解释另有规定的除外。"

三、典型案例或做法

案号	裁判立场
福建×××有限公司、郴州×××有限公司建设工程施工合同纠纷案/最高人民法院（2022）最高法民终345号民事判决	依照《最高人民法院关于适用〈中华人民共和国民法典〉时间效力的若干规定》第1条第2款的规定。本案所涉法律事实均发生于2021年1月1日之前，故本案应适用民法典实施前的法律、司法解释的规定。本案中，郴州×××有限公司（发包人）与福建×××有限公司（承包人）于2013年3月17日签订《建设工程施工合同》。此后，该工程又经过多次分包，签订了一系列分包合同，自2014年5月29日开始，到2017年，几方当事人经过多轮协商，仍存在争议，并起诉至法院。

续表

案号	裁判立场
沈阳××法律咨询服务有限公司与沈阳××混凝土有限公司、姚××等买卖合同纠纷案/辽宁省沈阳市中级人民法院(2022)辽01民终8846号民事判决	本院认为，关于法律适用。依据《最高人民法院关于适用〈中华人民共和国民法典〉时间效力的若干规定》第1条第2款规定，本案法律事实发生于民法典实施前，故本案适用当时的法律。本案中，沈阳市和平区×××化工建材经销部（供货方）与沈阳××混凝土有限公司（收货方）于2013年5月14日签订《原材料购销合同》，在进行了几次业务后，经协商，沈阳市和平区×××化工建材经销部把对沈阳××混凝土有限公司的全部债权让给沈阳××法律咨询服务有限公司。后因沈阳××混凝土有限公司未履行还款义务，沈阳××法律咨询服务有限公司诉至法院。
深圳市×××科技有限公司、安徽××科技有限公司计算机软件开发合同纠纷案/最高人民法院(2022)最高法知民终481号民事判决	本院认为，根据《最高人民法院关于适用〈中华人民共和国民法典〉时间效力的若干规定》第20条规定，本案中，双方签订的涉案合同成立于民法典施行前，当事人履行合同的争议时间发生在民法典施行后，应适用民法典第三编第四章和第五章的相关规定。原审判决以深圳市×××科技有限公司违约行为一直持续作为适用民法典的理由，有所不当，本院予以纠正。

四、法理分析

对于在《民法典》正式实施前发生的以违约为主要争议的民事纠纷，持续到《民法典》正式实施后的，能否认定为《最高人民法院关于适用〈中华人民共和国民法典〉时间效力的若干规定》（法释〔2020〕15号）第1条第3款中“持续的法律事实”，并由此适用《民法典》相关规定的，在实践中存在争议，需要进一步论证分析。

首先，关于违约行为的样态分析。违约，即违反合同约定的法律行为，其发生最后仅限于某个时点，在该时点引起法律关系的发生、变更或消灭，尽管行为完成后违约状态仍然持续，但法律事实却并未持续。本案中，双方当事人于2017年6月22日签订汽车贷款合同，自2019年8月23日起，代××不再履行还款义务，依据《合同法》第94条第2项，东风×××公司有权请求法院判决代××违约并解除合同。

其次，关于“持续”的标准。“持续的法律事实”，顾名思义，包含“法律事实”

和"持续"两个要件。一般来说,规定法律事实的目的在于排除没有法律意义的生活事实。相对比较复杂的是对"持续"的认定,应当以法律事实的要件完备,并能够以据此得出相应的法律判断的时点认定,但有其他法律规定的除外。本案中,在《民法典》实施前,违约行为的要件已经完备,且并无其他足以排除的法律规定,因此并不属于持续的法律事实。综上所述,我们可以得出结论,违约行为不能认定为持续的法律事实,除符合《最高人民法院关于适用〈中华人民共和国民法典〉时间效力的若干规定》(法释〔2020〕15 号)第 2 条、第 3 条等规定的情形外,均应适用《民法典》实施前的相关规定。本案中代××的违约行为并不属于司法解释中的例外规定,不应当适用《民法典》,而应当适用《合同法》。

最后,关于预期违约行为是否属于"持续的法律事实"。上文已结合案例对属于现实违约的情况进行详细的解释,本部分主要针对预期违约的情况进行讨论。预期违约在理论上分为明示预期违约和默示预期违约,在明示预期违约的情况下,需要根据当事人做出具体的违约表示并为对方当事人收悉的时点进行判断适用何法律;对于默示预期违约,违约的当事人并未明确作出表示,而是以行为表明其在合同履行期到来之前不予履行合同,此时违约的时间应确定为其行为可被一般第三人观测到的时点,根据该时点处于《民法典》实行前或施行后确定法律适用。

综上所述,预期违约行为不能当然地构成"持续的法律事实",需要结合具体的案件事实认定。

海域使用权出让合同中约定使用权人不得申请续期是否有效？

卜思遥

《海域使用法》第26条规定，海域使用权人在海域使用期限届满前有权申请续期。但海域使用权出让合同约定使用权期限到期不予续期的，该约定是否可以有效排除第26条的规定？本文将结合审判实践作出简要说明。

一、案情与裁判

案件名称：江苏×××食品有限公司诉××市大丰区人民政府等海域使用权行政许可纠纷案

案情来源：上海海事法院(2019)沪72行初19号行政判决

案情简介：

2015年8月，江苏×××食品有限公司(原告)参与××市大丰区自然资源和规划局(被告，以下简称"大丰区自然资源局")组织的海域使用权出让招投标，中标后原被告签订三份紫菜养殖海域使用权出让合同，约定三段海域使用期限至2018年6月30日。上述合同第10条均写明合同期满，海域使用权不予续期。原告取得的海域使用权证书亦载明终止日期及海域到期后不再续期。2018年3月29日，原告向大丰区自然资源局提出海域使用权续期申请，后者作出不予续期的答复。后大丰区自然资源局向各紫菜养殖业主发出"关于清理东沙紫菜养殖的通知"，请使用权期满的业主停止紫菜养殖。原告向大丰区政府(被告)提出行政复议申请，请求撤销该通知并责成大丰区自然资源局对案涉海域进行使用权招投标。大丰区政府行政复议决定维持该通知、驳回使用权招投标的复议申请。原告诉至法院，要求撤销大丰区自然资源局向原告发出的不予续期的答复；大丰区自然资源局和大丰区政府履行法定职责，对原告海域使用权依法予以续期。

法院判决

上海海事法院经审理认为：本案主要争议是原告是否具有提出续期申请的权利，以及两被告拒绝原告的续期申请是否具有事实和法律依据。首先，海域使用权出让合同条款是招标方案的组成部分，依据《海域使用管理法》第20条规定，该合同条款属于两被告的权限范围。其次，案涉合同第10条关于本海域使用权不予续期的意思清晰明确，合同签订无欺诈、胁迫行为，原告应当明知且理解合同相关条款含义，参加投标并签订合同即接受招标方案和合同条款的限定条件。最后，《海域使用管理法》第26条规定的是一般情况下海域使用权人申请续期的权利，而非强制性规定，故政府机关与海域使用权人可以约定使用权到期后是否续期及续期方式。由于海域使用权的稀缺性，政府机关定期招投标出让海域使用权，有助于促进自然资源优化配置，也是政府公开透明行使海域使用权出让管理职权的体现。考虑到案涉海域毗邻国家级自然保护区、盐城黄海湿地以及江苏省海洋生态红线，不确定能否持续养殖开发，政府对相关海域的使用权出让作出限定具有合理性。综上，案涉海域使用权到期后，两被告可以根据相关法律法规和海域实际情况，决定是否继续出让该海域以及出让的方式。

二、相关规定

《海域使用管理法》第26条："海域使用权期限届满，海域使用权人需要继续使用海域的，应当至迟于期限届满前二个月向原批准用海的人民政府申请续期。除根据公共利益或者国家安全需要收回海域使用权的外，原批准用海的人民政府应当批准续期。准予续期的，海域使用权人应当依法缴纳续期的海域使用金。"

《最高人民法院关于审理行政协议案件若干问题的规定》（法释〔2019〕17号）第1条："行政机关为了实现行政管理或者公共服务目标，与公民、法人或者其他组织协商订立的具有行政法上权利义务内容的协议，属于行政诉讼法第十二条第一款第十一项规定的行政协议。"

《最高人民法院关于审理行政协议案件若干问题的规定》（法释〔2019〕17号）第12条第1、2款："行政协议存在行政诉讼法第七十五条规定的重大且明显违法情形的，人民法院应当确认行政协议无效。人民法院可以适用民事法律规范确认行政协议无效。"

《民法总则》第143条(《民法典》第143条修正):“具备下列条件的民事法律行为有效:(一)行为人具有相应的民事行为能力;(二)意思表示真实;(三)不违反法律、行政法规的强制性规定,不违背公序良俗。”

三、典型案例或做法

案号	裁判立场
厦门×××码头有限公司、厦门市人民政府海域使用权收回决定案/福建省高级人民法院(2020)闽行终777号行政判决	依据《行政诉讼法》第63条第1款的规定,《福建省海域使用管理条例》(2018修正)是依法定程序通过的地方性法规,其应作为本案审理的依据。且海洋功能区划调整具有公共利益的属性,故上诉人、原审原告厦门×××码头有限公司有关《福建省海域使用管理条例》第27条第1款有关海洋功能区划的调整而收回海域使用权之规定与《海域使用管理法》第31条第1款“因公共利益的需要而收回海域使用权”的规定相冲突的主张不予采纳。
谢×等与苏州工业园区国土环保局环评行政许可纠纷上诉案/江苏省苏州市中级人民法院(2016)苏05行终285号行政判决	本院认为,根据《环境影响评价法》第21条,对于可能造成轻度环境影响的建设项目,建设单位在报批建设项目环境影响报告书前,对于征求有关单位、专家和公众的意见,并无强制性规定,因此环评行政许可程序合法。另,变电工程建设是我国社会主义经济、社会等发展的客观需要,变电工程建设不可能完全排除对公民生活的影响,但应该同时考虑国家、集体和社会的利益。涉案环评行政许可未进行公众参与不违反法律规定,且出于公共利益考虑,驳回上诉,维持原判。
范××不服克拉玛依市人民政府行政许可案/新疆维吾尔自治区克拉玛依市中级人民法院(2012)克中行终字第1号行政判决	克拉玛依市公路运输管理总站与本案中巴车所有权人王××签订的《特许经营协议书》所约定的经营期限明确,且双方当事人对《特许经营协议书》的有效性没有异议。该协议书上载明“以道路运输证上核定的期限为准”的表述,就是对经营期限的约定。根据《行政许可法》第8条第2款,第三人王××的中巴车特许经营权至2010年6月已到期,对期满后不予延续的情形,法律及有关行政法规并未规定应当给予补偿。克拉玛依市人民政府制定且履行《中巴车退出线路经营补偿办法》《退市中巴车辆的处理办法》《对退市中巴车车主的就业帮扶办法》没有违反法律强制性规定,且充分彰显政府对中巴车业主的照顾。

四、法理分析

依据《海域使用管理法》第 26 条，海域使用权人在海域使用期限届满前有权申请续期。那么本案中，海域使用权出让合同约定海域使用权“到期不予续期”的条款是否有效？下文将结合审判实践作出简要分析。

首先，“到期不予续期”条款为双方约定。依据《最高人民法院关于审理行政协议案件若干问题的规定》（法释〔2019〕17 号）第 1 条、第 2 条和第 12 条的规定，案涉海域使用权出让合同为行政协议，其效力需适用行政诉讼法和民事法律规范加以确认。依据《民法总则》第 143 条第 2、3 款规定，大丰区自然资源局和江苏××食品公司在签署海域使用权出让合同时，无欺诈、胁迫行为存在，双方意思表示真实。因此，第 26 条是原被告基于自愿原则作出的约定，双方应当自觉遵守。

其次，《海域使用管理法》第 26 条属于任意性规定。从形式上看，强制性规定通常在行为模式后加上不利的法律后果或者使用“禁止”、“必须”等术语，直接要求相关主体作为或不作为。而第 26 条赋予行政机关一定的自由裁量空间，行政机关可以出于保护公共利益的考量酌情拒绝续期申请。从规范目的上看，第 26 条规定的申请续期权利旨在充分利用国家海洋资源，促进社会经济和自然生态协调发展，本案中当事人约定“到期不续期”正是为保护海洋生态和有效利用海洋资源，当事人变更或者排除适用该规范亦能达此目的。因此，第 26 条属于可以由双方当事人约定排除适用的任意性规范。故该条款合法有效，不违反法律法规的强制性规定，原告无权提出续期申请。

最后，限期出让海域使用权具有合理性。行政协议事先约定“到期不予续期”是行政机关基于比例原则，衡量公共利益和海域使用权人的利益作出的具有合理性的行政行为。案涉海域与江苏省海洋生态红线区毗邻，邻近国家级自然保护区，其生态环境利益作为重要的公共利益理应受到保护。此外，案涉部分海域被禁止开发，事先约定收回海域使用权不仅有助于根据现实情况维护海洋生态环境，更便于行政机关后续对可使用海域进行具体研判，以维护行政相对人的合法利益。

综上，“到期不予续期”条款是在双方意思表示真实、不违反法律和行政法规强制性规定的情形下订立，合同内容合法有效。因此，行政机关在依法行使职权的情况下，可以根据合同约定拒绝使用权人的续期申请。

县级政府规定的征收条件未写入补偿协议，该条件能否作为补偿协议的生效条件？

卜思遥

土地征收前，征收人和被征收人签订征收补偿协议，以该区域内补偿协议的签约比例作为土地征收协议的生效条件。然而若仅在征收补偿方案中写明预签约比例，却未在补偿协议中写明，预签约比例可否作为补偿协议的生效条件？本文将结合审判实践作出简要说明。

一、案情与裁判

案件名称：韩××诉辽宁省××市松山新区国有土地上房屋征收办公室不履行预征收行政协议案

案情来源：辽宁省锦州市中级人民法院(2018)辽07行终180号行政判决

案情简介：

2015年11月5日，辽宁省××市松山新区国有土地上房屋征收办公室(以下简称“松山征收办”)发布《政协周边房屋征收补偿实施方案征求意见稿》(以下简称《征收补偿方案》)并于同年11月15日在政协周边楼房进行公示，规定征收人与被征收人签订附生效条件的预约式补偿协议，在规定时间内预签约比例达70%以上，所签订的房屋征收补偿安置协议生效，该地段正式征收。原被告签订《国有土地上房屋征收产权调换安置预签约协议书》(以下简称《预签约协议》)，协议中第七项为“本协议在预签约达到_%时即生效”。协议签订后，被告将原告房屋所有权证存档，未接收房屋。2017年，原告等人向××市松山新区公共事业管理局反映政协楼周边征收补偿、安置问题，该局作出锦松城访答字〔2017〕15号，表示该地段尚未达到预签协议的签约比例，政府未作出房屋征收决定。现原告要求被告履行《预签约协议》，并赔偿其经济损失。

一审判决

辽宁省锦州市太和区人民法院经审理认为:《锦州市国有土地上房屋征收与补偿办法》第17条规定,主管部门可以组织被征收人预先签订附生效条件的补偿协议,市、区人民政府确定签约比例并根据签约比例决定是否征收房屋。原告与被告签订的《预签约协议》虽然没有约定签约比例,但《征收补偿方案》明确比例应达70%。因该条件未成就,《预签约协议》未生效。因原被告未签订征收补偿协议,被告亦未正式接收原告的房屋,原告要求被告承担的经济损失于法无据,本院不予支持。

二审判决

辽宁省锦州市中级人民法院经审理认为:依据《国有土地上房屋征收与补偿条例》第25条规定,松山征收办具有签订房屋征收补偿安置协议的法定职权。依据《锦州市国有土地上房屋征收与补偿办法》第17条规定,主管部门可以组织被征收人预先签订附生效条件的补偿协议,市、区人民政府可以确定达到何种签约比例方可征收房屋。本案中,松山新区管委会以公告的方式将签约比例确定为70%以上,公告对所有被征收人具有法律效力。经查明,在规定时间内预签约比例未达到70%,预签约协议书无法生效。综上,本院维持原判。

二、相关规定

《国有土地上房屋征收与补偿条例》(中华人民共和国国务院令第590号)第4条第1、2款:"市、县级人民政府负责本行政区域的房屋征收与补偿工作。市、县级人民政府确定的房屋征收部门(以下称房屋征收部门)组织实施本行政区域的房屋征收与补偿工作。"

《国有土地上房屋征收与补偿条例》(中华人民共和国国务院令第590号)第25条第1款:"房屋征收部门与被征收人依照本条例的规定,就补偿方式、补偿金额和支付期限、用于产权调换房屋的地点和面积、搬迁费、临时安置费或者周转用房、停产停业损失、搬迁期限、过渡方式和过渡期限等事项,订立补偿协议。"

《锦州市国有土地上房屋征收与补偿办法》(锦州市人民政府令第3号)(2015修订)第17条:"因旧城区改建需要征收房屋的,作出房屋征收决定前,房屋征收主管部门可以组织被征收人根据预评估结果、征收补偿方案,预先签订附生效条件的补偿协议。市、区人民政府可以根据预签协议的签约比例决定是否作出房屋征收决定。预签协议的签约比例由市、区人民政府确定。”

《最高人民法院关于审理行政协议案件若干问题的规定》(法释〔2019〕17号)第2条第2项:“公民、法人或者其他组织就下列行政协议提起行政诉讼的,人民法院应当依法受理:(二)土地、房屋等征收征用补偿协议。”

三、典型案例或做法

案号	裁判立场
王×与××市梁溪区人民政府房屋征收办公室不履行行政协议案/江苏省无锡市中级人民法院(2021)苏02行终119号行政判决	法院认为,原审原告王×要求原审被告××市梁溪区人民政府房屋征收办公室(以下简称“征收办”)支付《搬迁协议书》约定的“青石路314、316、318、320号四间第3层房屋的补偿款143.295万元”,因《搬迁协议书》明确该款项由梁溪征收办“待法院判决权属归属后再请款支付”,王×未提供“法院判决权属归属”的凭证,故王×要求梁溪征收办支付上述款项的条件尚未成就。《合同法》第45条第1款规定,当事人对合同的效力可以约定附条件。附生效条件的合同,自条件成就时生效。因此,原审原告王×要求原审被告征收办支付上述款项的理由不成立。
付×诉××市东城区人民政府房屋征收办公室行政征收协议案/北京市第二中级人民法院(2019)京02行终2001号行政判决	法院认为,案涉征补协议已达到协议约定的成立及生效条件,故案涉征补协议已经生效。虽然该征补协议中未明确约定付×应当交付之“未登记房屋”的范围,但是在2015年8月的《望坛棚改项目入户调查册》调查表及未登记房屋平面图中,明确标明共5间未登记房屋,并明确标明未登记房屋位置及居住人,付×及居住人均在调查表上签字。根据入户调查册结合入户调查结果公示表,可以确认付×未履行涉案征补协议所约定的交房义务。故付×要求被告××市东城区人民政府征收办公室及第三人东城征收中心履行涉案征补协议的诉讼请求,不符合协议约定及涉案征收项目的相关政策规定,本院不予支持。

续表

案号	裁判立场
徐××因诉××市成华区公园城市建设和城市更新局确认模拟搬迁补偿安置合同无效及重新订立搬迁补偿安置合同案/四川省成都市中级人民法院(2021)川01行终421号行政判决	法院认为,无效合同和未生效合同不同。未生效合同已具备合同的有效要件,对双方具有一定的拘束力,任何一方不得擅自撤回、解除、变更。但因欠缺法律、行政法规规定或当事人约定的特别生效条件,在该生效条件成就前,不能产生请求对方履行合同主要权利义务的法律效力。即使签约合同户数未达到100%,在意思表示真实、要约承诺已经完成的情况下,案涉合同并非无效,而系在满足合同生效条件前,合同任何一方均不得请求合同相对方履行合同主要权利义务。

四、法理分析

预签约比例未明确写入征收补偿协议的,可否作为协议的生效条件?未达既定比例的,松山征收办能否以条件未成就为由拒绝履行协议?下文将结合审判实践作出简要分析。

首先,《预签约协议》合法有效。依据《国有土地上房屋征收与补偿条例》(中华人民共和国国务院令第590号)第4条第1、2款及《锦州市国有土地上房屋征收与补偿办法》(锦州市人民政府令第3号)第17条规定,市、区人民政府及房屋征收的主管部门可以与被征收人预先签订附生效条件的补偿协议,并确定达到何种签约比例征收房屋。故松山征收办可以将预签补偿协议和签约比例作为作出征收决定的前提和条件。此外,原被告签订的《预签约协议》是附生效条件的补偿协议,《国有土地上房屋征收与补偿条例》虽未对这种土地征收补偿协议作出规定,但该补偿协议亦未违反法律、行政法规的强制性规定。因此,《预签约协议》合法有效。

其次,签约比例可以被推定为协议的生效条件。本案中,松山征收办张贴《征收补偿方案》的行为和与住户签订《预签约协议》的行为都是为达到土地征收这一共同目的,两行政行为之间存在法律上的关联性,并存于同一宏观行政过程中,《征收补偿方案》是订立《预签约协议》的主要依据。因此,被告于《征收补偿方案》中注明签约比例作为征收协议的生效条件的,可以推定原告与被告签订《预签约协议》时知悉、认可该条件,签约比例由此可以被视为《预签约协议》的生效条件。

最后,《预签约协议》未生效,松山征收办得以拒绝征收房屋。根据××市松山新区公共事业管理局作出锦松城访答字〔2017〕15 号答复，预签协议的实际签约比例为 25.4%。因在规定时间内《预签约协议》的签约比例未达 70%，《预签约协议》条件未成就。松山征收办得以拒绝履行征收协议。

值得注意的是，房屋征收部门在组织实施本行政区域的房屋征收与补偿工作时应兼顾行政目标和行政相对人权益的保护。松山征收办以《预签约协议》的签约比例作为作出房屋征收决定的判断依据，充分尊重了被征收人意愿。《预签约协议》签订后，征收办仅将原告房屋所有权证存档而未接收房屋，极大程度地保护了被征收人的利益。即便房屋征收部门因《预签约协议》未达签约比例而放弃征收，也未造成原告的经济损失。原告的请求于法无据。

如何确定环境公益诉讼中惩罚性赔偿的标准？

卜思遥

对故意污染环境、破坏生态致社会公共利益受到严重损害的行为，检察院有权请求侵权人依法承担相应的惩罚性赔偿责任。如何确定环境惩罚性赔偿的标准？本文将结合审判实践作出简要说明。

一、案情与裁判

案件名称：××省浮梁县人民检察院诉浙江××化工集团有限公司环境污染民事公益诉讼案

案情来源：江西省浮梁县人民法院(2022)赣0222民初796号民事判决

案情简介：

2018年3月3日至7月31日，浙江××化工集团有限公司(以下简称“××公司”，被告)生产叠氮化钠的蒸馏系统设备损坏，导致大量硫酸钠废液无法正常处理。该公司生产部经理吴×民经公司法定代表人同意，负责处置硫酸钠废液。吴×民将硫酸钠废液交由无危险废物处置资质的吴×良处理。由范××押运、董××和周××带路，吴×良雇请李××在××省浮梁县寿安镇八角井、湘湖镇洞口村两处地块违法倾倒共计1124.1吨硫酸钠废液，致使周边8.08亩范围内土壤和地表水、地下水受到污染，当地3.6公里河道、6.6平方公里流域环境受影响，妨碍当地1000余名群众饮用水安全。在处置过程中，××公司为吴×民报销了两次费用。经鉴定，两处地块修复的总费用为2168000元，环境功能性损失费用为57135.45元。

一审判决

江西省浮梁县人民法院经审理认为：至本案审理期间，涉案倾倒废液行为所致的环境污染并未得到修复，损害后果仍在持续，依据《最高人民法院关于适用〈中华人民共和国民法典〉时间效力的若干规定》第 2 条的规定，本案可以适用《民法典》。根据已生效判决，涉案倾倒废液行为符合《民法典》第 1232 条规定的环境侵权惩罚性赔偿的适用条件。本案废液倾倒行为导致当地生态系统提供服务的功能减损，将环境功能性损失费用作为确定惩罚性赔偿的标准更能体现民事公益诉讼维护社会公共利益的宗旨。根据《消费者权益保护法》和《食品安全法》等法律规定，惩罚性赔偿的数额为所受损失的一至三倍。综合被告的过失程度、赔偿态度、损害后果、承担责任的经济能力、受到行政处罚等因素，被告应按照环境功能性损失费用的三倍承担环境污染惩罚性赔偿。

二、相关规定

《民法典》第 1232 条："侵权人违反法律规定故意污染环境、破坏生态造成严重后果的，被侵权人有权请求相应的惩罚性赔偿。"

《民法典》第 1235 条："违反国家规定造成生态环境损害的，国家规定的机关或者法律规定的组织有权请求侵权人赔偿下列损失和费用：(一)生态环境受到损害至修复完成期间服务功能丧失导致的损失；(二)生态环境功能永久性损害造成的损失；(三)生态环境损害调查、鉴定评估等费用；(四)清除污染、修复生态环境费用；(五)防止损害的发生和扩大所支出的合理费用。"

《最高人民法院关于适用〈中华人民共和国民法典〉时间效力的若干规定》(法释〔2020〕15 号)第 2 条："民法典施行前的法律事实引起的民事纠纷案件，当时的法律、司法解释有规定，适用当时的法律、司法解释的规定，但是适用民法典的规定更有利于保护民事主体合法权益，更有利于维护社会和经济秩序，更有利于弘扬社会主义核心价值观的除外。"

《最高人民法院关于适用〈中华人民共和国民法典〉时间效力的若干规定》(法释〔2020〕15 号)第 24 条："侵权行为发生在民法典施行前，但是损害后果出现在民法典施行后的民事纠纷案件，适用民法典的规定。"

《最高人民法院关于审理生态环境侵权纠纷案件适用惩罚性赔偿的解释》(法释〔2022〕1 号)第 12 条："国家规定的机关或者法律规定的组织作为被侵权人代表，请求判令侵权人承担惩罚性赔偿责任的，人民法院可以参照前述规定予以处理。但惩罚性赔偿金数额的确定，应当以生态环境受到损害至修复完成期间服务功能丧失导致的损失、生态环境功能永久性损害造成的损失数额作为计算基数。"

《固体废物污染环境防治法》(2020修订)第5条第2款:"产生、收集、贮存、运输、利用、处置固体废物的单位和个人,应当采取措施,防止或者减少固体废物对环境的污染,对所造成的环境污染依法承担责任。"

三、典型案例或做法

案号	裁判立场
山东省××市人民检察院诉青岛市崂山区×××艺术鉴赏中心生态破坏民事公益诉讼案/山东省青岛市中级人民法院(2021)鲁02民初69号民事判决	法院认为,被告收购、出售珍贵、濒危野生动物的行为破坏了生态资源和环境平衡,造成了严重后果,且该损害后果在未修复前具有持续性。依据《民法典》第1232条的规定,可判令被告承担惩罚性赔偿。综合其主观故意、危害后果以及在本案中悔改态度较好,愿意提供生态环境公益劳动,以自己实际行动保护生态环境等情节,酌情判令其承担惩罚性赔偿99050元。
吉林省××市人民检察院、王××等生态破坏民事公益诉讼案/吉林省吉林市中级人民法院(2022)吉02民初88号民事判决	法院认为,被告非法开采泥炭的行为已被人民法院认定构成非法采矿罪,属于故意破坏生态并造成了严重后果。同时,被告王××曾因非法开采泥炭行为被两次判处刑事处罚,其主观故意更为明显。故吉林省××市人民检察院请求对被告予以惩罚性赔偿,符合法律规定,本院予以支持。考虑到被告已被人民法院判处罚金的实际情况,判令被告承担按照生态环境受到损害至修复完成期间服务功能损失的一倍的惩罚性赔偿金数额。
××市人民检察院第五分院、吴××生态破坏民事公益诉讼案/重庆市第五中级人民法院(2022)渝05民初39号民事判决	法院认为,被告的行为违反法律规定,造成国家重点保护野生动物死亡或不再参与繁殖的严重后果,应承担惩罚性赔偿责任。根据《最高人民法院关于审理生态环境侵权纠纷案件适用惩罚性赔偿的解释》第12条,经司法鉴定及专家评估确定的生态服务功能性损失可以作为本案计算惩罚性赔偿金的基数。综合考虑吴××的恶意程度、侵权后果的严重程度等因素,公益诉讼起诉人请求按生态服务功能损失和生态功能永久性损害造成损失数额的0.6倍计算惩罚性赔偿金共计506250元,具有合法性和合理性,本院予以支持。

四、法理分析

对于故意污染环境、破坏生态致社会公共利益受到严重损害,侵权人需要承担惩罚性赔偿责任的,如何确定惩罚性赔偿的标准?下文将结合审判实践作出简要分析。

首先，本案应适用《民法典》的规定。本案倾倒硫酸钠废液的行为虽已被实施完毕，但该侵权行为造成的环境污染、生态破坏的损害后果仍在持续。依据《最高人民法院关于适用〈中华人民共和国民法典〉时间效力的若干规定》（法释〔2020〕15 号）第 24 条的规定，侵权行为虽然发生于《民法典》施行前，但损害后果一直持续至《民法典》施行后，由此产生的民事纠纷案件应适用《民法典》的规定。此外，依据本解释第 2 条的规定，适用《民法典》更有利于保护民事主体合法权益的，应当适用。案涉侵权行为造成周边 8.08 亩范围内土壤、地表水和地下水受到污染的损害后果，更妨碍了当地 1000 余名群众饮用水安全，所以《民法典》对本案具有溯及力。

其次，被告应承担惩罚性赔偿责任。依据《民法典》第 1232 条，适用惩罚性赔偿的规定需要满足行为具有违法性、侵权人主观存在故意以及损害后果具有严重性三个要件。本案中，××公司将硫酸废液交给无危险废物处置资质的吴×良处理，违反了《环境保护法》第 5 条有关固体废物处置的规定。被告的生产部经理吴×民在执行工作任务中明知硫酸废液处理不当会对环境造成损害，却放任李××等人实施倾倒废液的行为，主观上存在故意。案涉侵权行为造成当地大面积水土污染、生态系统提供服务的功能减损以及千余名群众饮用水安全受到威胁，其损害后果具有严重性。因此，××公司应承担惩罚性赔偿责任。

最后，应当将环境功能性损失费用作为惩罚性赔偿的标准。依据《民法典》第 1235 条，侵权人需要承担生态环境受到损害至修复完成期间服务功能丧失导致的损失，生态环境功能永久性损害造成的损失，生态环境损害调查、鉴定评估等费用，清除污染、修复生态环境费用以及防止损害的发生和扩大所支出的合理费用。鉴于惩罚性赔偿不仅旨在填补侵权人造成的损失，还起到惩罚侵权人、教育社会公众的作用，所以将生态环境修复费用等因环境污染产生的直接损失作为惩罚性赔偿的标准，有重复处罚的嫌疑。而环境功能性损失费用，即生态环境受到损害至修复完成期间服务功能丧失导致的损失、生态环境功能永久性损害造成的损失与社会公共利益关系最密切，将其作为标准更具有合理性。

需要注意的是，本案审结后出台的《最高人民法院关于审理生态环境侵权纠纷案件适用惩罚性赔偿的解释》（法释〔2022〕1 号）第 12 条规定，惩罚性赔偿金数额的确定，应当以生态环境受到损害至修复完成期间服务功能丧失导致的损失、生态环境功能永久性损害造成的损失数额作为计算基数。而本案中的污染事故造成当地环境向公众或其他生态系统提供服务的功能减弱，所以将环境功能性损失费用作为惩罚性赔偿的标准，更能体现民事公益诉讼维护社会公共利益的宗旨。

环境侵权纠纷中被侵权人与有过失能否减轻侵权人的赔偿责任?

卜思遥

环境污染或生态破坏给被侵权人造成人身或财产损失,而被侵权人对损失的扩大存在重大过失,侵权人能否因此减轻部分责任?本文将结合审判实践作出简要说明。

一、案情与裁判

案件名称:何×伟、何×明与陈×英环境侵权责任纠纷案

案情来源:广东省惠州市中级人民法院(2018)粤13民终4301号民事判决

案情简介:

陈×英(原告、被上诉人)的鱼塘位于何×伟、何×明(被告、上诉人)的养殖场下方。陈×英自1998年开始养猪,猪舍污染物全部排入己方鱼塘,2009年陈×英停养,并将猪舍租给第三人制酒。何×伟、何×明于2005年下半年开办养猪场,政府禁养后两被告的养猪场于2010年和2014年分别遭受两次清拆。原告自2005年发现被告养猪场直接排污到原告鱼塘,由于遭受污染,鱼塘从2015年以来没有养鱼。原告虽多次向司法所、环保所和当地政府投诉反映,但一直没有清理过鱼塘。2016年原告向法院提起诉讼,请求依法判令两被告停止将养殖场污物排向原告鱼塘的侵权行为,支付清理鱼塘和恢复原状的费用,赔偿养鱼损失120000元。2017年6月27日,××镇司法所、农办、××村等工作人员到现场实地察看,发现该养殖场未养猪,养殖了十几头黄牛和几十只鸡。

一审判决

广东省惠州市惠阳区人民法院经审理认为:两被告虽间断暂停养猪,但不能证明停业时间,也没有证据证明其用于处置养猪场废水、废渣的沼气池存在和正常运转,故被告向原告鱼塘排污的事实和被告的侵权行为一直存在。但在

2005年至2009年期间，原告亦无法排除其污染鱼塘的事实，因此应当减轻两被告的赔偿责任。由于原告未对被告排放污物的行为采取拦截措施，导致了损失扩大，就扩大的部分，本院不予以支持。

二审判决

广东省惠州市中级人民法院经审理认为：因被上诉人举证证明上诉人养猪场污水排放与鱼塘污染的关联性，而上诉人无法证明其养殖行为与污染结果不存在因果关系，因此应当认定鱼塘受污染与上诉人养殖排污存在因果关系。因为被上诉人自1998年起在案涉鱼塘旁养猪，从2005年起发现上诉人污染鱼塘的行为却未采取拦截措施，也未对鱼塘进行清理，所以被上诉人怠于行使权利和放任损失扩大的行为与鱼塘污染亦有关系。一审综合本案的案情，认定被上诉人应自负40%的责任并无不当，二审予以维持。

二、相关规定

《最高人民法院关于审理环境侵权责任纠纷案件适用法律若干问题的解释》（法释〔2015〕12号）第1条[《最高人民法院关于审理环境侵权责任纠纷案件适用法律若干问题的解释》（法释〔2020〕17号）第1条修正]："因污染环境造成损害，不论污染者有无过错，污染者应当承担侵权责任。污染者以排污符合国家或者地方污染物排放标准为由主张不承担责任的，人民法院不予支持。污染者不承担责任或者减轻责任的情形，适用海洋环境保护法、水污染防治法、大气污染防治法等环境保护单行法的规定；相关环境保护单行法没有规定的，适用侵权责任法的规定。"

《最高人民法院关于审理环境侵权责任纠纷案件适用法律若干问题的解释》（法释〔2015〕12号）第6条[《最高人民法院关于审理环境侵权责任纠纷案件适用法律若干问题的解释》（法释〔2020〕17号）第6条修正]："被侵权人根据侵权责任法第六十五条规定请求赔偿的，应当提供证明以下事实的证据材料：（一）污染者排放了污染物；（二）被侵权人的损害；（三）污染者排放的污染物或者其次生污染物与损害之间具有关联性。"

《最高人民法院关于审理环境侵权责任纠纷案件适用法律若干问题的解释》（法释〔2015〕12号）第7条[《最高人民法院关于审理环境侵权责任纠纷案件适用法律若干问题的解释》（法释〔2020〕17号）第7条修正]："污染者举证证明下列情形之一的，人民法院应当认定其污染行为与损害之间不存在因果关系：

（一）排放的污染物没有造成该损害可能的；（二）排放的可造成该损害的污染物未到达该损害发生地的；（三）该损害于排放污染物之前已发生的；（四）其他可以认定污染行为与损害之间不存在因果关系的情形。”

《水污染防治法》第96条第3款：“水污染损害是由受害人故意造成的，排污方不承担赔偿责任。水污染损害是由受害人重大过失造成的，可以减轻排污方的赔偿责任。”

《民法典》第1173条：“被侵权人对同一损害的发生或者扩大有过错的，可以减轻侵权人的责任。”

《最高人民法院关于审理生态环境侵权责任纠纷案件适用法律若干问题的解释》（法释〔2023〕5号）第26条：“被侵权人对同一污染环境、破坏生态行为造成损害的发生或者扩大有重大过失，侵权人请求减轻责任的，人民法院可以予以支持。”

三、典型案例或做法

案号	裁判立场
重庆市荣昌区××水产养殖场与重庆××农牧有限公司水污染责任纠纷案/重庆市第五中级人民法院（2021）渝05民终7166号民事判决	首先，重庆市荣昌区××水产养殖场（以下简称“××养殖场”，原审原告、上诉人）作为长期从事鱼苗繁育、规格苗养殖的专业养殖场，了解在水产养殖过程中水质对鱼苗繁育、生长的重要性，应有备用水源、过滤池等设施设备，并采取积极措施保证养殖用水符合生产要求。其次，××养殖场在2016年出现鱼苗死亡或减产后，理应及时排查相关原因，并采取相应措施减少损失，但其于2017年3月发现××溪河水氨氮超标后仍然直接取用河水作为养殖用水，放任损失发生，明显存在过错。综合以上两点因素，××养殖场自行承担40%的责任。
重庆××建筑工程有限公司与××水产养殖有限公司水污染责任纠纷案/重庆市第三中级人民法院（2020）渝03民终611号民事判决	××水产养殖有限公司（原审原告、被上诉人）在2018年5月就已经发现重庆××建筑工程有限公司（原审被告，上诉人）的施工存在污染水体的可能性，但是直到2019年3月其养殖的鱼类大量死亡后，才向××县环境行政执法支队举报和反映。故××水产养殖有限公司在长达近一年的时间内没有采取有效方式积极止损，扩大了鱼类损失的范围。故××水产养殖有限公司对其养殖场所产生的损失具有重大过失，应当自行承担30%的责任。

续表

案号	裁判立场
广西××电力股份有限公司、广西××电力股份有限公司××发电分公司水污染责任纠纷案/广西壮族自治区梧州市中级人民法院(2019)桂04民终412号民事判决	何×葵(原审原告、被上诉人)在损害发生时,没有采取合理的避险措施,对损害的发生和扩大存在过错,对其养殖网箱鱼死亡的损失也应承担一定的责任,因此,可以减轻广西××电力股份有限公司××发电分公司(以下简称"××发电分公司",原审被告、上诉人)的赔偿责任比例。综合全案情况,××发电分公司承担70%的过错责任,何×葵承担30%的过错责任。

四、法理分析

环境污染侵权责任纠纷中,被侵权人对损失的扩大存在重大过失能否减轻侵权人的赔偿责任?下文将结合审判实践作出简要分析。

首先,案涉鱼塘污染与何×伟、何×明的养殖排污存在因果关系。依据《最高人民法院关于审理环境侵权责任纠纷案件适用法律若干问题的解释》(法释〔2015〕12号)第1条、第6条、第7条的规定,环境污染侵权责任适用无过错责任原则,侵权人无法证明污染行为与环境损害之间不存在因果关系的,应当承担赔偿责任。本案中,陈×英已完成其举证责任,而何×伟、何×明无法证明其养殖排污行为与损害结果无因果关系,所以应当认定案涉鱼塘污染与何×伟、何×明养殖场排污之间有因果关系。

其次,被侵权人对损失的扩大存在重大过失。本案中,陈×英于1998年至2009年间亦从事养猪行为,并将猪舍污染物直接排入鱼塘,该行为与鱼塘目前的污染状况存在关联。再者,鱼塘所有人陈×英虽然早在2005年就发现何×伟、何×明经营的养猪场直接向鱼塘排污,其能够预见排污行为造成鱼塘损失的可能性,却未采取有效措施加以制止,也一直未清理鱼塘以防止损失扩大。故被侵权人陈×英对损失的扩大存在重大过失。

最后,受害人与有过失可以减轻侵权人的赔偿责任。依据《水污染防治法》第96条的规定,水污染损害的发生或扩大是由受害人重大过失造成的,可以减轻排污方的赔偿责任。本案中,陈×英怠于行使权利和怠于采取补救措施是鱼塘污染的原因之一,因为受害人自身存在重大过失,所以应当减轻排污方的赔偿责任。

值得注意的是，本案审结后出台的《民法典》第 1173 条规定："被侵权人对同一损害的发生或者扩大有过错的，可以减轻侵权人的责任。"2023 年 8 月 14 日公布的《最高人民法院关于审理生态环境侵权责任纠纷案件适用法律若干问题的解释》（法释〔2023〕5 号）第 26 条也对被侵权人与有过失作出相关规定："被侵权人对同一污染环境、破坏生态行为造成损害的发生或者扩大有重大过失，侵权人请求减轻责任的，人民法院可以予以支持。"与《民法典》规定的不同之处在于，生态环境侵权责任纠纷中只有在被侵权人存在重大过失时，才能减轻侵权人的赔偿责任。上述司法解释的规定使被侵权人与有过失不再局限于环境保护单行法中，而成为所有生态环境侵权责任纠纷案件中减轻侵权人赔偿责任的法定事由。

如何判断离职劳动者有无违反竞业限制义务？

卜思遥

若新工作单位营业执照注册的经营范围与原工作单位的经营范围存在重合，与原工作单位签订竞业限制协议的劳动者是否一定违反了竞业限制义务？本文将结合审判实践作出简要说明。

一、案情与裁判

案件名称：王×诉××公司竞业限制纠纷案

案情来源：上海市第一中级人民法院(2021)沪01民终12282号民事判决

案情简介：

2018年7月2日，王×(原告，上诉人)入职××公司(被告，被上诉人)。2019年7月23日，王×与××公司签订《竞业限制协议》，约定王×离职后两年内履行竞业限制义务。2020年7月27日王×与××公司解除劳动合同。2020年8月5日，××公司向王×发出《关于竞业限制的提醒函》，要求王×履行竞业限制义务。2020年8月6日王×入职××互联网公司，但并未向××公司报备就业信息。2020年10月12日，××公司向王×发出《法务函》，再次要求王×履行竞业义务。2020年11月13日，××公司认为王×新入职的公司与自身存在竞争关系，并且王×未履行协议中的通知义务，故向仲裁委员会提起劳动仲裁。仲裁委员会作出要求王×继续履行竞业限制义务、返还竞业限制补偿金和支付竞业限制违约金的裁决。王×不服仲裁裁决，诉请法院判令其无需继续履行竞业限制义务，不返还××公司已支付的竞业限制补偿金以及不支付××公司竞业限制违约金。

一审判决

上海市浦东新区人民法院经审理认为：本案争议焦点为王×入职××互联

网公司是否违反王×与××公司签订的《竞业限制协议》。首先，被告××公司与××互联网公司的经营范围存在重合，两家属于竞争企业。其次，××公司的竞争优势是计算机软件的技术开发、技术服务，而王×在××公司和××互联网公司均从事计算机领域内的相关工作，王×存在利用其在××公司处掌握的商业秘密侵害××公司竞争优势的潜在可能，故王×违反了竞业限制义务。所以，王×应当返还××公司所支付的竞业限制补偿金以及支付违反竞业限制的违约金，其在竞业限制期限内还应继续履行合法有效的《竞业限制协议》。

二审判决

上海市第一中级人民法院经审理认为：劳动者是否违反竞业限制协议的关键是原用人单位与劳动者入职的单位之间是否形成竞争关系。竞争关系可以从两家企业实际经营的内容、所生产产品的受众、所对应的市场是否重合等多角度进行审查。原工作单位公司目前的主要经营模式是提供金融信息服务，其受众多为金融机构或者金融学术研究机构；××互联网公司的主营业务是文化社区和视频平台，其受众多为年轻人。两家公司在经营模式、对应市场和受众方面存在显著差距。因此，王×没有违反竞业限制协议，无需返还竞业限制补偿金和支付违反竞业限制的违约金。因为上诉人与被上诉人签订的竞业限制协议合法有效，所以王×需继续履行竞业限制协议，向××公司履行报备义务。

二、相关规定

《劳动合同法》(2012 修正)第 23 条："用人单位与劳动者可以在劳动合同中约定保守用人单位的商业秘密和与知识产权相关的保密事项。对负有保密义务的劳动者，用人单位可以在劳动合同或者保密协议中与劳动者约定竞业限制条款，并约定在解除或者终止劳动合同后，在竞业限制期限内按月给予劳动者经济补偿。劳动者违反竞业限制约定的，应当按照约定向用人单位支付违约金。"

《劳动合同法》(2012 修正)第 24 条："竞业限制的人员限于用人单位的高级管理人员、高级技术人员和其他负有保密义务的人员。竞业限制的范围、地域、期限由用人单位与劳动者约定，竞业限制的约定不得违反法律、法规的规定。在解除或者终止劳动合同后，前款规定的人员到与本单位生产或者经营同类产品、从事同类业务的有竞争关系的其他用人单位，或者自己开业生产或者经营同类产品、从事同类业务的竞业限制期限，不得超过二年。"

三、典型案例或做法

案号	裁判立场
刘×与北京××公司劳动争议案/北京市第一中级人民法院(2016)京01民终6979号民事判决	刘×(原审原告、被告、上诉人)与北京××公司(原审被告、原告、上诉人)签订的《保密协议书》有效,对双方均有约束力。2015年8月刘×从北京××公司离职后,同年9月即入职在业务、经营地域及面向的客户群体方面与原工作单位存在重合的另一家公司,并在公司中任职销售经理。刘×存在利用北京××公司的商业秘密或知识产权谋取利益的可能性,违反了其与北京××公司约定的竞业限制义务。
山东××公司与刘×劳动争议上诉案/山东省济南市中级人民法院(2021)鲁01民终11938号民事判决	刘×(原审原告、并案被告、被上诉人)与山东××公司(原审被告、并案原告、上诉人)签订的《保密和竞业禁止协议》合法有效。刘×在职期间参与山东××公司多项专利发明,属于负有保密义务的人员,其在竞业限制期内入职的公司与山东××公司在经营范围上有重合部分,属于有竞争关系的用人单位,刘×的行为违反了《保密和竞业禁止协议》。
××分公司诉高××竞业限制纠纷案/北京市第二中级人民法院(2021)京02民终15092号民事判决	首先,从该××工业公司与××分公司的经营范围来看,两公司的经营范围及业务存在重合。其次,高××(被告、原告)从××分公司(原告、被告)离职后,高××作为发明人申请了发明专利,该专利申请人为××工业公司,且该发明专利内容与××分公司的业务存在重合,高××存在向××工业公司提供服务的行为。最后,高××与××分公司关于竞业限制义务的约定中,并非仅限于与竞争单位建立劳动关系,还包括提供服务、咨询等情形,故高××与第三家公司之间存在劳动关系并不能证明其未违反竞业限制义务。

四、法理分析

劳动者入职与原单位经营范围存在重合的新单位,是否必然违反了竞业限制义务?如何判断离职劳动者有无违反竞业限制义务?下文将结合审判实践作出简要分析。

首先,案涉《竞业限制协议》合法有效。依据《劳动合同法》(2012修正)第24条,竞业限制协议的适用对象仅限于用人单位的高级管理人员、高级技术人员和其他负有保密义务的人员。本案中,××公司竞争优势在于计算机软件的技术开发、技术服务,而王×在××公司从事数据分析工作,所以王×属于可能接触到该公司商业秘密或知识产权的高级技术人员，××公司可以与王×签订《竞业限制协议》。又因为王×与××公司签订的《竞业限制协议》没有违反法律法规效力性强制规定的内容，所以该协议合法有效，双方在约定的竞业限制期限内应继续履行该协议。

其次，王×没有违反竞业限制义务。依据《劳动合同法》(2012 修正)第 23 条、第 24 条，用人单位与离职劳动者签订竞业限制协议是为了让劳动者保守用人单位的商业秘密，防止劳动者在入职与本单位生产或者经营同类产品、从事同类业务的有竞争关系的其他用人单位后利用在原工作单位处获得的商业秘密侵害原工作单位的竞争优势。因此，本案中王×是否违反竞业限制义务的关键在于原用人单位与王×新入职单位是否存在竞争关系。而实践中经常出现企业登记的经营事项和实际的经营事项不一致的情况，或者因为登记的经营范围类别划分宽泛，公司之间极易存在经营范围重合的现象，所以竞争关系的认定不能局限于营业执照登记的营业范围，还应考察两公司在实际经营内容、受众和对应市场的差别。从经营模式来看，××公司主要提供金融信息服务；而王×新入职的公司主营业务是文化社区和视频平台。从受众来看，前公司受众为金融机构或者金融学术研究机构；后公司受众多为年轻人。从对应市场来看，前公司处于金融信息服务行业，后公司还涉及游戏、音乐、影视等领域。从以上三个方面分析，××公司和王×新入职的单位之间均不存在竞争关系，故而王×没有违反竞业限制义务。

最后，王×应向原用人单位履行报备义务。依据《劳动合同法》(2012 修正)第 3 条，用人单位与劳动者应当履行依法订立的劳动合同约定的义务。如前所述，王×和原用人单位签订的《竞业限制协议》合法有效，且王×仍处于竞业限制期限内，其应当积极遵守《竞业限制协议》所约定的内容。案涉《竞业限制协议》约定，王×在新入职单位与原工作单位存在潜在竞争关系时，需及时向原工作单位履行报备义务。因此王×在入职与原工作单位竞业范围可能存在重合的新单位后应向原单位报备，从而避免与原单位产生关于竞业限制义务的纠纷。

管理他人事务受损时,受益人应如何担责?

石文静*

在司法实践中,助人者和受益人的身份可能发生转化。情谊行为中的助人者可能会在后发事件中成为无因管理中的受益人,应在准确区分二者的前提下界定助人者受损时受益人的责任承担。下文将结合审判实践作出简要说明。

一、案情与裁判

案件名称:李××与周××侵权责任纠纷上诉案

案情来源:江苏省苏州市中级人民法院(2015)苏中民终字第01295号民事判决

案情简介:

周××(上诉人、原审被告)与龚××等人晚餐后一起到梦在金港娱乐会所唱歌。其间,龚××为周××安排该娱乐会所服务人员陈×陪周××喝酒唱歌,一直至次日凌晨一点钟左右。后周××与陈×及龚××等人又一起外出喝酒宵夜至凌晨三点多。宵夜结束后,周××主动提出开车送陈×回住处。后至陈×住处不远处时,周××将车开进正在修路的施工区域,当时天下大雨,周××的车子陷在泥中无法开出。陈×下车推车后仍未果,周××便打电话给龚××要求过来帮忙。但龚××赶到事发地附近找不到周××所在的具体位置。后周××在车上睡着,便由陈×与龚××保持通话,但因当时雨很大,龚××仍未找到。龚××便让陈×辨清所在的位置,陈×下车后称其看见一个亭子亮着灯,要过去看看。后陈×走至事发处附近的河道时意外落水溺亡。

* 石文静,青岛科技大学法学院特聘副教授,山东大学法学博士,浙江新台州律师事务所疑案研究中心研究员。

一审判决

江苏省张家港市人民法院经审理认为：周××与陈×共同宵夜后主动送陈×回住处的行为系无偿的好意施惠行为，其与陈×之间没有形成法定或约定的权利义务关系，其对陈×不负有安全送达的义务。但其明知禁止酒驾仍开车送陈×回家，置自己和陈×于不确定的危险之中，存在明显过错。然而，周××的该过错与陈×的死亡没有因果关系。因为周××酒后驾车的危险行为发生在驾驶途中，在其车辆陷入泥中等待救援后，该危险行为已经停止。但考虑到事发时，陈×与周××系临时利益共同体，陈×的行为应视为为双方利益的行为，即车辆救出后周××的车辆得以安全，陈×和周××均可以及时回家，故在此情形下，周××处于受益人地位，应承担相应的补偿责任。又考虑到周××的酒驾行为与陈×的最终死亡具有一定程度的关联，故可以适当增加周××的补偿额度。此外，综合本案案情，陈×系在天黑雨大的环境里走至河边意外落水死亡，故周××和陈×自身对陈×的死亡均无侵权责任意义上的过错。综合考虑本案系因好意施惠行为引发、周××的行为与陈×死亡的关联程度、导致陈×死亡的多重原因力大小、原告与周××的经济状况等因素，酌定周××在事发后已支付原告 4 万元的基础上再补偿原告 22 万元。

二审判决

江苏省苏州市中级人民法院经审理认为：周××与陈×之间并无法定或约定的权利义务关系，周××驾驶车辆送陈×回住处的行为系无偿的好意施惠行为。陈×的死亡并非周××的好意施惠行为所致，而系陈×自行离开车辆寻求救援过程中不幸溺水死亡。鉴于陈×离开车辆寻求救援的行为系出于陈×和周××共同的利益，在此情形下周××处于受益人的地位，陈×在为双方共同利益进行活动过程中遭受人身损害，周××应给予陈×一定的经济补偿。原审法院综合考虑后，酌定周××补偿李××（被上诉人、原审原告）26 万元，在合理裁量范围之内，可予维持。

二、相关规定

《民法通则》（2009 修正）①第 93 条："没有法定的或者约定的义务，为避免

① 2020 年 5 月 28 日，十三届全国人大三次会议表决通过了《中华人民共和国民法典》，自 2021 年 1 月 1 日起施行，《中华人民共和国民法通则》同时废止。下同。

他人利益受损失进行管理或者服务的,有权要求受益人偿付由此而支付的必要费用。"

《民法通则》(2009修正)第109条:"因防止、制止国家的、集体的财产或者他人的财产、人身遭受侵害而使自己受到损害的,由侵害人承担赔偿责任,受益人也可以给予适当的补偿。"

《关于贯彻执行〈中华人民共和国民法通则〉若干问题的意见(试行)》(法(办)发〔1988〕6号)(以下简称《民通意见》)第132条:"民法通则第九十三条规定的管理人或者服务人可以要求受益人偿付的必要费用,包括在管理或者服务活动中直接支出的费用,以及在该活动中受到的实际损失。"

《民法典》第979条:"管理人没有法定的或者约定的义务,为避免他人利益受损失而管理他人事务的,可以请求受益人偿还因管理事务而支出的必要费用;管理人因管理事务受到损失的,可以请求受益人给予适当补偿。管理事务不符合受益人真实意思的,管理人不享有前款规定的权利;但是,受益人的真实意思违反法律或者违背公序良俗的除外。"

《最高人民法院关于适用〈中华人民共和国民法典〉总则编若干问题的解释》(法释〔2022〕6号)(以下简称《民法典总则编司法解释》)第34条:"因保护他人民事权益使自己受到损害,受害人依据民法典第一百八十三条的规定请求受益人适当补偿的,人民法院可以根据受害人所受损失和已获赔偿的情况、受益人受益的多少及其经济条件等因素确定受益人承担的补偿数额。"

三、典型案例或做法

案号	裁判立场
李××、李××等健康权纠纷案/山东省德州市中级人民法院(2022)鲁14民终471号民事判决	合伙人履行合伙事务(共同清运垃圾)时受损(因交通事故而身亡),其他合伙人应当按照公平原则给予适当经济补偿。
于××、张××义务帮工人受害责任纠纷案/黑龙江省齐齐哈尔市梅里斯达斡尔族区人民法院(2022)黑0208民初610号民事判决	帮工人在帮工活动中受损,法院依据《民法典》第6条公平原则和第183条受益人补偿规则判定被帮工人给予帮工人适当补偿。

续表

案号	裁判立场
王×雄、王×顺无因管理纠纷案/湖南省永州市中级人民法院(2022)湘11民终1915号民事判决	在无委托或指示情况下,为排除渡船安全隐患,对渡船进行了改装,更换船底,属无因管理行为,受益人应给予适当补偿。

四、法理分析

本案中值得重点关注的是周××对陈×溺亡的损失担责的法律依据:情谊行为致损中助人者的侵权责任抑或无因管理中受益人的补偿义务?

首先,周××搭载陈×的行为属于情谊行为。所谓情谊行为指的是行为人之间无意设定法律关系,而由一方基于良好的道德风尚实施的助人行为。情谊行为中助人者导致受益人受损的,仍应当承担侵权责任。本案中,周××醉酒后将车开进修路的施工区域,导致车子陷入泥中无法开出,但该行为并未造成陈×受损,也并未将陈×陷入危险境地之中。陈×为了寻找龚××而掉入河中溺亡与周××将车开入施工区域之间并无因果关系,不能据此主张周××承担侵权责任。

其次,陈×的行为构成无因管理,周××应当予以适当补偿。陈×是为了帮助周××联络龚××才前往附近亭子,途中失足落水而亡;周××醉酒将车子开入施工区域而无法开出,陈×并无将车子开出的法定或约定义务;而联络龚××是周××的初始行为,后因周××醉酒熟睡无法与龚××继续通话,陈×才协助联络,其协助联络的行为是为了周××的利益,符合周××的真实意思,构成适法的无因管理。依据《民法通则》第93条、第109条,《民通意见》第132条等,受益人周××应当给予适当的补偿。值得特别说明的是,本案法院适用公平责任(损失分担)条款主张双方均无过错时,受益人应当给予一定的经济补偿。但损失分担规则的适用应保持谦抑性,为实现这一谦抑性,《民法典》将损失分担法定化,损失分担的一般条款通常被认定为引致条款,须结合其他条款一并适用。因此,依据无因管理规则而非损失分担规则判定受益人周××的补偿义务更为准确。

最后,适当补偿的考量因素。在案发时,本案并不存在有关受益人适当补偿数额考量因素的生效法律。一审判决中综合考虑本案系因好意施惠行为引发、周××的行为与陈×死亡的关联程度、导致陈×死亡的多重原因力大小、原告与周××的经济状况等因素酌定补偿 26 万，与现行《民法典总则编司法解释》第 34 条中规定的考量因素不谋而合，结合本案案情考量了受害人受损的原因与受益人的经济条件。由此，本案法院确定的酌定补偿数额适当合理。

须特别说明的是，情谊行为助人者致人损害的侵权责任与无因管理中受益人的补偿义务尽管在结果上均未填平损失，但前者为助人者存在过错的侵权责任，后者为双方均无过错的补偿义务，二者在行为性质、构成与效果方面均存在一定区别，不可混用。此外，在《民法典》生效后，无因管理规范中直接规定了受益人的适当补偿义务，相较《民法通则》及《民通意见》中必要费用及其释义的做法更为清晰明确。

未经村民会议讨论决定，村委会以集体所有制企业资产抵债的承诺是否有效？

刘嘉雯

村民委员会(以下简称“村委会”)是村民自我管理、自我教育、自我服务的基层群众性自治组织，可依法在一定权限内代表全体村民处理村集体事务，但对于涉及村民利益的重大事项，必须经由村民会议讨论决定。当村委会擅自处分该村集体所有制企业资产抵债时，其对外作出的承诺是否有效？若无效，理由为何？

一、案情与裁判

案件名称：上海××房地产开发有限公司诉宝山区××镇××村村民委员会借款合同纠纷案

案情来源：上海市第二中级人民法院(2020)沪02民终9965号民事判决

案情简介：

上海宝山××实业公司(以下简称“××实业公司”)系宝山区××镇××村(被上诉人、被告，以下简称“××村村委会”)设立的农村集体经济组织。1999年12月，××实业公司以500万元受让了上海杨×汽车特种型钢厂(以下简称“杨×钢厂”)的全部资产，2001年5月，××实业公司向××村村委会借款200万元支付所欠转让款。为归还上述借款，2010年4月××村村委会向上海××房地产开发有限公司(上诉人、原告，以下简称“××房产公司”)借款。嗣后，由于××村村委会无力偿还此借款，2015年，其出具《承诺书》，承诺××房产公司对杨×钢厂的全部资产享有40%的权益，若日后杨×钢厂遇土地征收，所得补偿款的40%由××房产公司享有。2018年5月，就杨×钢厂的房屋和土地，××村村委会与上海市宝山区杨×镇人民政府签订《拆迁房屋补偿协议》

取得拆迁补偿款，××房产公司就上述款项向××村村委会催讨未果后向上海市宝山区人民法院提起诉讼，请求××村村委会支付补偿款的40%。

一审判决

上海市宝山区人民法院经审理认为：对于被告××村村委会所出具的类似于约定将村集体企业的40%产权份额转让给他人的《承诺书》的效力，根据《村民委员会组织法》第24条，本院认为该《承诺书》所约定的上述事项并非村委会所能直接决定的事项，而应由村民会议来决定，或经过村民会议的授权。本案《承诺书》虽然加盖了被告××村村委会的印章，但该签章行为未经村民会议授权，构成越权代表，内容也有损于××村村民的集体利益。综上，本院认为该《承诺书》中被告所承诺的内容无效。

二审判决

上海市第二中级人民法院经审理认为：本案二审争议焦点为被上诉人××村村委会在《承诺书》中对上诉人××房产所作承诺是否有效。本案中杨×钢厂资产在××实业公司购买后，已成为××村集体资产。后××村村委会在涉案《承诺书》中的承诺系处分村集体财产以及分配涉及村民利益的征地补偿费，根据《村委会组织法》第24条第1款第7、8项规定，依法应当由村民会议或者由村民会议授权村民代表会议讨论决定。××村村委会及其负责人未经法定程序擅自决定处分的，构成越权代表。根据《合同法》第50条的规定，本案中，××房产并非善意相对人，其合同权益不应得到支持。因此，本院认为一审法院认定××村村委会的承诺无效，具有事实与法律依据，应予维持。

二、相关规定

《合同法》第130条(《民法典》第595条)：“买卖合同是出卖人转移标的物的所有权于买受人，买受人支付价款的合同。”

《乡村集体所有制企业条例》(2011修订)第18条第1款：“企业财产属于举办该企业的乡或者村范围内的全体农民集体所有，由乡或者村的农民大会(农民代表会议)或者代表全体农民的集体经济组织行使企业财产的所有权。”

《村民委员会组织法》(2010修订)第2条第3款[《村民委员会组织法》(2018修正)第2条第1款、第3款]：“村民委员会向村民会议、村民代表会议负责并报告工作。”

《村民委员会组织法》(2010 修订)第 8 条第 2 款[《村民委员会组织法》(2018 修正)第 8 条第 2 款]:“村民委员会依照法律规定,管理本村属于村农民集体所有的土地和其他财产,引导村民合理利用自然资源,保护和改善生态环境。”

《村民委员会组织法》(2010 修订)第 24 条第 1 款第 7、8 项[《村民委员会组织法》(2018 修正)第 24 条第 1 款第 7、8 项]:“涉及村民利益的下列事项,经村民会议讨论决定方可办理:(七)征地补偿费的使用、分配方案;(八)以借贷、租赁或者其他方式处分村集体财产。”

《合同法》第 50 条(《民法典》第 504 条修正):“法人或者其他组织的法定代表人、负责人超越权限订立的合同,除相对人知道或者应当知道其超越权限的以外,该代表行为有效。”

三、典型案例或做法

案号	裁判立场
萧×贵、广州市白云区××镇××村第十二经济合作社租赁合同纠纷案/广东省广州市中级人民法院(2018)粤 01 民终 21640 号民事判决	本案二审争议焦点问题为上诉人萧×贵与被上诉人广州市白云区×××镇××村第十二经济合作社签订的《旧仓库改造承包合同》是否无效。二审法院认为根据《村民委员会组织法》第 24 条规定,民主议定程序为出租村集体物业决议作出的成立要件,涉案仓库的出租未经村民会议讨论,故案涉合同未依法成立,未具备生效前提,应为无效合同。因此,上诉人萧×贵认为涉案合同因未违反强制性法律规定及构成表见代理而有效的主张不能成立,本院不予支持。
王×、辽阳县××镇×××村村民委员会农村土地承包合同纠纷案/辽宁省辽阳市中级人民法院(2019)辽 10 民终 961 号民事判决	二审法院认为,根据《村民委员会组织法》第 24 条与《合同法》第 52 条的规定,本案中,被上诉人辽阳县××镇×××村村民委员会在发包上述土地前,未经村民会议或村民代表会议讨论决定土地承包经营方案,亦未提前公示承包方案、承包土地名称、双方权利义务等内容,违反了国家农村土地承包政策,违背了村集体经济组织内部人人都有承包土地权利的原则,并剥夺和限制了多数农民的土地承包经营权,该承包合同应认定为无效合同。

续表

案号	裁判立场
丘北县×××彝族乡××村村民委员会×××村小组、赵×确认合同无效纠纷案/云南省文山壮族苗族自治州中级人民法院(2020)云26民终372号民事判决	本案二审的主要争议焦点为上诉人丘北县×××彝族乡××村村民委员会×××村小组(以下简称“×××村小组”)与被上诉人赵×签订的《协议书》是否合法有效。二审法院认为,首先,《村民委员会组织法》第24条规定的是村民委员会民主议定原则,主要用以规范集体内部行为,故该规定当属管理性强制性规定,违反该规定并不必然导致合同无效。其次,双方当事人不存在恶意串通损害集体利益或社会公共利益的情形。最后,孔×春、张×波作为上诉人×××村小组的组长和副组长,其代表村小组与被上诉人赵×签订合同的法律行为,为有权代理行为,该行为的后果应由村小组承担。综上,案涉合同未违反法律强制性规定,应属有效合同。

四、法理分析

根据一、二审法院查明的事实,本案中,××村村委会与××房产公司之间就案涉200万元成立借款合同关系。在××村村委会无力偿还该借款的情况下,其出具的以偿还上述款项为目的的《承诺书》为何会无效,下文将结合审判实践作出简要分析。

首先,《承诺书》所涉杨×钢厂资产的征收补偿款应为××村村民集体所有。根据《合同法》第130条对买卖合同的规定,本案中由××村村委会管理和领导的××实业公司以500万元受让了杨×钢厂全部资产的行为,使得杨×钢厂成了××实业公司的全资子企业,即××村村委会以资产收购的方式取得了杨×钢厂的所有权,杨×钢厂在受让后实际上已经成为××村的集体所有制企业。根据《乡村集体所有制企业条例》第18条第1款,杨×钢厂的财产属于××村村民集体所有,由集体经济组织——本案中指××村村委会——代表行使所有权。本案因征收而拆除的房屋是杨×钢厂的固定资产,为××村村民集体所有,那么,该房屋拆除后的补偿款作为杨×钢厂资产的一部分同样应属于××村村民集体。

其次,××村村委会擅自出具《承诺书》的行为构成越权代表。代表行为是指法人的法定代表人或其他组织的负责人代表法人或者其他组织行使职权,而由法人或其他组织承担法律后果的行为,但法定代表人或负责人行使职权并非毫无限制，根据《合同法》第 50 条的规定，若其超越自身权限行使职权，则构成越权代表。本案××村村民会议作为村民参与最多、规模最大的会议，是最具权威性的自治组织形式，理论上属于《合同法》第 50 条规定的其他组织，根据《村民委员会组织法》第 2 条第 3 款以及第 8 条第 2 款可知，××村村委会对村民会议负责，是村民会议的负责人，有权代表村民会议单独行使法定职权、管理上述集体所有的资产补偿款。但××村村委会出具《承诺书》涉及《村民委员会组织法》第 24 条第 1 款第 7、8 项规定的重大事项，事关村民利益，必须经由村民会议讨论决定，不属于××村村委会能够单独行使法定职权的范围，××村村委会擅自出具《承诺书》的行为超越了其法定职责权限，构成越权代表。

最后，因××房产公司并非善意相对人，《承诺书》应无效。根据《合同法》第 50 条的规定，只要相对人是善意的，法定代表人或负责人的越权代表行为是有效的，结合本案来看，××村村委会超越权限出具的《承诺书》是否有效取决于××房产公司是否属于善意相对人。具体来看，一方面，××房产公司对《村民委员会组织法》这一全国性法律规定的村委会的法定职责权限是应当知晓的；另一方面，××房产公司不能提供证据证明其对上述事项提出过审查要求或尽到了审查义务。因此，××房产公司并非善意相对人，其合同权益不应得到支持，××村村委会向××房产公司出具的《承诺书》应当无效。

离异夫妻共有房屋拆迁后，再婚配偶可否主张安置地新建房屋的所有权？

刘嘉雯

随着城市化进程和新农村建设的不断推进，房屋拆迁成为社会发展中的普遍现象。离婚案件中拆迁安置房的权属认定一直是司法实践中的难题，在夫妻离婚后共有房屋拆迁的情况下，夫妻一方的再婚配偶可否依建造行为主张安置地房屋的所有权？

一、案情与裁判

案件名称：胡××诉汤××、王××所有权确认纠纷案

案情来源：《最高人民法院公报》2011 年第 12 期

案情简介：

汤××（被上诉人、被告）、王××（被上诉人、被告）原为夫妻，原坐落在兰溪市×××村××路 13 号房屋共二间三层系二人的共同财产。2000 年 1 月双方协议离婚，离婚协议约定：儿子由汤××负责抚养；共同财产房屋二间，第二层归王××所有，第一层、第三层归汤××所有；楼梯间双方使用；房屋如拆迁，经济补偿费分三分之一给王××。2004 年 3 月，汤××与胡××（上诉人、原告）登记结婚。2006 年 7 月，因道路拓宽需拆迁该房屋，当地村委会安排地基建造新房，双方经过协商于 2006 年 7 月 8 日在当地村委会见证下签订协议，协议第 3 条约定：如安排地基新建住房由汤××造（此房不能低于三层），建成后的住房不准出售、抵押和转让；一至二层归汤××所有，二层以上归其儿子所有；楼梯间供双方共同使用；如百年后汤××的一至二层归其合法继承人所有。2006 年 7 月 21 日，按双方约定，王××领取房屋拆迁补偿款 90000 元。汤××在村安排的土地上建造现位于兰溪市××新区××村 27 幢 1 房屋一幢。2010

年6月，胡××起诉至法院，要求确认该房屋三至四层归其所有。胡××认为，汤××与王××的房产已被政府拆迁掉且王××的补偿款也已经领走，无权对属于原告与汤××共有的兰溪市××新区××村27幢1房屋进行处分，故请求法院确认汤××与王××在2006年7月8日签订的协议中的第三条无效。

一审判决

浙江省兰溪市人民法院经审理认为：原坐落在兰溪市×××村××路13号房屋共二间三层是被告汤××、王××共同财产。房屋拆迁后所得的补偿金及由村安排地基新建住房是物的形态转变。汤××、王××对自己所有的财产享有处分权，所签订的协议是二人真实意思表示。讼争房虽系原告胡××与汤××婚后建造，但胡××未能提供建造房屋的出资证据，认为汤××与王××所签协议侵犯其合法权益，证据不足。

二审判决

浙江省金华市中级人民法院经审理认为：依据离婚协议，原坐落于兰溪市×××村××路13号房屋二间三层属王××与汤××共有。源自该房屋所有权的拆迁安置权益属于汤××与王××共有，其两人有权就安置权益的具体落实和分配进行协商确定。上诉人胡××作为汤××的现任妻子，对本案诉争房屋虽有一定贡献，但不足以作为其享有房屋所有权份额的依据，且该贡献与其享有的居住使用权益基本相当。故上诉人胡××主张无效的理由均不能成立。

二、相关规定

《婚姻法》第13条第2款（《民法典》第1062条修正）："夫妻对共同所有的财产，有平等的处理权。"

《婚姻法》第31条（《民法典》第1087条修正）："离婚时，夫妻的共同财产由双方协议处理；协议不成时，由人民法院根据财产的具体情况，照顾女方和子女权益的原则判决。"

《民法通则》第71条（《民法典》第240条修正）："财产所有权是指所有人依法对自己的财产享有占有、使用、收益和处分的权利。"

《土地管理法》第48条第1款（《土地管理法》（2019年）第48条第1款）："征收土地应当给予公平、合理的补偿，保障被征地农民原有生活水平不降低、长远生计有保障。"

《土地管理法实施条例》第25条第3款(《土地管理法实施条例》第27条、28条、29条修正):"市、县人民政府土地行政主管部门根据经批准的征用土地方案,会同有关部门拟订征地补偿、安置方案,在被征用土地所在地的乡(镇)、村予以公告,听取被征用土地的农村集体经济组织和农民的意见。征地补偿、安置方案报市、县人民政府批准后,由市、县人民政府土地行政主管部门组织实施。对补偿标准有争议的,由县级以上地方人民政府协调;协调不成的,由批准征用土地的人民政府裁决。征地补偿、安置争议不影响征用土地方案的实施。"

《城市房屋拆迁管理条例》第4条(《国有土地上房屋征收与补偿条例》第2条修正):"拆迁人应当依照本条例的规定,对被拆迁人给予补偿、安置;被拆迁人应当在搬迁期限内完成搬迁。本条例所称拆迁人,是指取得房屋拆迁许可证的单位。本条例所称被拆迁人,是指被拆迁房屋的所有人。"

《最高人民法院关于贯彻执行〈中华人民共和国民法通则〉若干问题的意见(试行)》[法(办)发〔1988〕6号][①]第86条:"非产权人在使用他人的财产上增添附属物,财产所有人同意增添,并就财产返还时附属物如何处理有约定的,按约定办理;没有约定又协商不成,能够拆除的,可以责令拆除;不能拆除的,也可以折价归财产所有人,造成财产所有人损失的,应当负赔偿责任。"

三、典型案例或做法

案号	裁判立场
余×纯、余×福等所有权确认纠纷案/山东省聊城市中级人民法院(2022)鲁15民终5261号民事判决	二审法院认为,房屋拆迁安置权益属房屋所有权的综合性权能,应以被拆迁房屋的所有权权属决定拆迁安置权益的归属。本案系因热电公司扩建占用上诉人余×纯等人的房屋而引发的纠纷,余×纯作为被拆迁人,应同其他被拆迁人一样享有重新获取规划宅基地的权益。被上诉人余×福非被拆迁人,原则上不可能具有重新规划宅基地的权益。结合双方当事人出示的各项证据及查明的事实,应确认上诉人余×纯系案涉宅基地的使用权人,有权在该土地建造住宅及其他附属设施。

① 2020年12月29日,最高人民法院印发《关于废止部分司法解释及相关规范性文件的决定》(法释〔2020〕16号)。其中第7条规定,自2021年1月1日起,废止1988年4月2日印发的《最高人民法院关于贯彻执行〈中华人民共和国民法通则〉若干问题的意见(试行)》。

续表

案号	裁判立场
饶××、余××所有权确认纠纷案/湖北省孝感市中级人民法院(2021)鄂09民终11号民事判决	二审法院认为，房屋拆迁安置权益属于房屋所有权的综合性权能，包括涉案房屋的拆迁补偿款、搬迁费用、新建房屋补贴、新建房屋土地使用权等多项权益，而涉案房屋的所有权决定了本案所涉及拆迁安置权益的归属。上诉人饶××、余××并非涉案房屋的真实权利人，其请求确认涉案房屋的安置补偿权益归其所有，依法不予支持。
唐×驹与唐×麟物权确认纠纷案/重庆市第五中级人民法院(2015)渝五中法民终字第02987号民事判决	二审法院认为，根据被上诉人唐×驹向一审法院提交的《证明》："……当时在征得我的弟弟同意之后，就把我弟弟购买的房屋办在了我的名下。现在我的弟弟平安回来，理当将其规还。"上诉人唐×麟在落款处签名、签署日期并按手印，现上诉人唐×麟并未向法院举示充分的证据证明被上诉人唐×驹向法院举示的《证明》是被上诉人唐×驹伪造的，据此，一审法院判决涉案房屋拆迁安置权益归房屋所有权人即被上诉人唐×驹享有并无不当，本院予以维持。

四、法理分析

根据二审法院判决，安置地新建房屋的所有权归汤××所有，再婚配偶胡××认为其享有所有权的主张并未受到法院支持。但本案相关的法律依据及裁判说理有待进一步明晰，下文将结合审判实践作出简要分析。

首先，被拆迁的房屋属于汤××与原配偶王××共同所有的财产。依据《婚姻法》第13条第2款和第31条，夫妻对共同所有的财产有平等的处理权，离婚时，夫妻有权对共同财产进行协议处理。据此可知，离婚协议可作为认定夫妻共同财产的依据。本案中，2000年1月，汤××与王××协议离婚，离婚协议第3条对原坐落于兰溪市×××村××路13号房屋共二间三层进行了分割。该离婚协议明确表明被拆迁的房屋是汤××和王××的共同财产，因而，被拆迁的房屋归汤××与王××共有所有。依据《民法通则》第71条，汤××与原配偶王××作为被拆迁房屋的所有权人，依法对其享有占有、使用、收益以及处分的权利。

其次，汤××与王××作为所有权人处分房屋拆迁安置权益的协议有效，安置地新建房屋的土地使用权归汤××单独所有。房屋拆迁的本质是对房屋所在的土地的征收,依据《土地管理法》第48条第1款以及《土地管理法实施条例》第25条第3款对农村土地征收的规定,在征收时应制定补偿和安置农民的方案。在司法实践中,一般将此补偿和安置统称为房屋拆迁安置权益,包括被拆房屋补偿款、搬迁费用、新建房屋补贴、新建房屋土地使用权等。房屋拆迁安置权益实际上是被拆迁房屋的形态转变,是房屋所有权的综合性权能,应由房屋所有权人享有。本案汤××与王××作为被拆迁房屋的所有权人,有权对其共有的房屋拆迁安置权益进行处分。二人经协商于2006年7月8日签订的协议,因不存在《民法通则》第58条第1款规定的无效情形,是双方当事人的真实意思表示,故而有效。根据协议约定,在安排地基新建房屋时,汤××与王××共有的安置地土地使用权应归汤××单独所有。

最后,胡××不享有安置地新建房屋的所有权,其建造房屋作出的贡献与其享有的居住使用权益基本相当。《最高人民法院关于贯彻执行〈中华人民共和国民法通则〉若干问题的意见(试行)》第86条规定,非产权人在使用他人的财产上增添附属物,不能拆除的,可折价归财产所有人。《民法通则》并未明确规定添附规则,但依上述意见,我国司法实践中添附规则已客观存在。在安置地建造房屋的本质是将各种建筑材料以各种方式实现与土地紧密结合的过程性行为,一定程度上属于在他人不动产(土地)之上附合动产(建筑材料),依据添附规则,此时最终生成的添附物(房屋)应归不动产(土地)所有权人享有。但由于我国土地所有权不归私人而归国家,为保护当事人合法权益,本案安置地新建房屋实际上应归土地使用权人即汤××所有。依据前述意见第86条,汤××应对胡××的建造行为折价补偿,但从新建房屋整体造价来看,胡××的贡献微乎其微,考虑到胡××在新建房屋享有居住使用权益,故不再对其进行补偿。

受害人自愿参与蹦床运动受伤，经营者是否应该承担责任？

刘嘉雯

受害人自愿参与高风险的蹦床运动并因此受伤，蹦床运动的经营者是否应该承担责任？若经营者承担责任，其责任范围该如何确定？经营者是否能以受害人自甘风险为由主张免责？

一、案情与裁判

案件名称：李×、广州市×××有限公司广州分公司等违反安全保障义务责任纠纷案

案情来源：广东省广州市中级人民法院(2021)粤01民终22772号民事判决

案情简介：

2020年11月1日14时许，李×(上诉人、原告)及家人到广州市×××有限公司广州分公司(上诉人、被告，以下简称"××广州分公司")开设的一家蹦床公园游玩。入场前，李×办理了会员卡并填写了《入场安全责任声明》。根据现场视频监控显示，11月1日15点17分，李×在工作人员指导下进入"俄罗斯大转盘"游乐设施内，该设施内当时仅李×一名顾客。设备启动前，工作人员向李×讲解了游玩方式及安全注意事项，而后工作人员启动设备，并在场外守候。15点18分57秒，李×在一次蹦跳过程中摔倒在地。15点19分05秒，工作人员发现李×摔倒之后立即关停设备，与李×的家人一起进入场内查看李×的情况。李×受伤后由家人陪同前往广州市番禺区××医院门诊就诊，11月4日李×在广州市番禺区××医院做MR检查并于11月9日在该院住院治疗，11月26日李×出院，共计住院18天。经暨南大学司法鉴定中心鉴定，李×构成十级残疾。李×认为，××广州分公司未尽安全保障义务致其伤残，故诉至法院，请求××广州分公司及广州市×××有限公司(被上诉人、被告)赔偿其医疗费、

误工费、护理费等损失。

一审判决

广东省广州市番禺区人民法院经审理认为：依据《民法典》第1198条，从整个事发经过来看，××广州分公司确实尽到了一定的警示、防范等安全保障义务。但××广州分公司在应对意外受伤事件时处理能力和措施明显不足，具有一定的过错。李×作为一名完全民事行为能力的成年人，其明知游乐项目存在一定危险性的情况下，未自觉规避此类危险因素，亦属于自甘风险的行为。故此，根据双方的过错程度，一审法院酌情认定××广州分公司应对李×本次受伤事故承担20%的赔偿责任。

二审判决

广东省广州市中级人民法院经审理认为：李×在未做热身运动等必要准备工作的情况下进入蹦床，因自身蹦跳高度不够，以致摔倒受伤，其作为一名完全民事行为能力的成年人，未尽到充分的谨慎注意义务，应对其摔倒受伤的后果承担一定的过错；××广州分公司除了制定和告知李×安全注意事项外，更应当采取有效措施确保安全注意事项得以切实执行，其在应尽的安全保障义务方面存在失当，亦应对李×摔倒受伤的后果承担一定的过错。一审法院认定李×对案涉事故的发生承担80%的责任、××广州分公司承担20%的责任并无不当。

二、相关规定

《民法典》1198条第1款："宾馆、商场、银行、车站、机场、体育场馆、娱乐场所等经营场所、公共场所的经营者、管理者或者群众性活动的组织者，未尽到安全保障义务，造成他人损害的，应当承担侵权责任。"

《民法典》第1176条："自愿参加具有一定风险的文体活动，因其他参加者的行为受到损害的，受害人不得请求其他参加者承担侵权责任；但是，其他参加者对损害的发生有故意或者重大过失的除外。活动组织者的责任适用本法第一千一百九十八条至第一千二百零一条的规定。"

《民法典》第1173条："被侵权人对同一损害的发生或者扩大有过错的，可以减轻侵权人的责任。"

三、典型案例或做法

案号	裁判立场
北京××文化交流有限公司等与扈×等侵权责任纠纷案/北京市第三中级人民法院(2021)京03民终2882号民事判决	二审法院认为，本案涉及的事实虽发生于2017年7月，但仍应适用《民法典》第1176条的规定，属于当事人自愿参加具有一定风险的文体活动因其他参加者的行为受到损害的情况。但上诉人北京××文化交流有限公司作为篮球训练营的组织者，应尽安全保障义务。本院无法认定上诉人北京××文化交流有限公司在入营前对学员进行了评估；退一步而言，即使评估程序真实存在，根据其自行提供评估表格可以看出其在被上诉人扈×、上诉人张×1的评估结果存在较大差异的情况下仍将二人分配在一组进行训练，更可以说明其分组情况缺乏科学性和合理性。北京×××文化交流有限公司作为活动组织者应当对扈×受伤承担赔偿责任，具体责任比例根据其过错程度本院予以酌定。
武汉××有限公司、胡××侵权责任纠纷案/湖北省武汉市中级人民法院(2021)鄂01民终1809号民事判决	二审法院认为，根据《合同法》第122条、《侵权责任法》第37条第1款和《最高人民法院关于审理人身损害赔偿案件适用法律若干问题的解释》第6条第1款，上诉人武汉××有限公司作为场馆安全保障义务的责任主体，虽事前对游玩者进行了安全准则告知和风险提示，但未配备专业技术人员予以现场指导，存在过错。本案并不适用法律所规定的“自甘风险原则”。但根据现有证据，可以证实胡××在进馆前签署了入场须知、蹦床安全准则。结合被上诉人胡××摔倒受伤的情形，其系因正常的蹦跳时重心不稳而摔倒在网面上。因此，对比分析各自的过错，胡××应承担事故发生的次要责任。
张××、×县××健身馆生命权、健康权、身体权纠纷案/山东省日照市中级人民法院(2021)鲁11民终1182号民事判决	二审法院认为，搏击运动身体对抗性强，且以攻击人的身体作为主要目标，系高对抗性、高风险性的体育运动。张××作为一名搏击健身爱好者，其自愿参加×县××健身馆的搏击培训，应当知道搏击运动中所具有的风险。从张××一审提交的录像视频来看，参训队员双方均佩戴了搏击护具，教练员亦在场进行指导。张××主张×县××健身馆未尽到安全保障义务，对张××的伤情判断存在重大过错，造成张××伤情加重，但张××对此未提交充分的证据予以证实，应承担举证不能的法律后果。张××的上诉理由不成立，本院不予采信。

四、法理分析

根据二审法院判决，由于受害人李×自愿将自己置于危险之中，其应承担主要责任；××广州分公司未尽安全保障义务，应当承担次要赔偿责任。但有关××广州分公司的责任认定、责任范围以及免责抗辩有待进一步明确，下文将结合审判实践作出简要分析。

首先，××广州分公司未尽到较高的安全保障义务，应承担一定的侵权责任。依据《民法典》第1198条的规定，××广州分公司作为涉案蹦床公园的经营者，负有安全保障义务。从整个事发经过来看，××广州分公司确实尽到了一定程度的安全保障义务：蹦床公园以及蹦床设施本身并无安全隐患，蹦床运动本身的危险性、具体项目的游玩方式及安全注意事项也提前进行了告知；在设备运行过程中，工作人员全程在场外守候；事发后，工作人员立即关停了设备。但是，由于蹦床是一项高风险的娱乐兼体育运动，参与者受伤的概率极高，经营者负有的安全保障义务也相对较高，据此，本案××广州分公司更应采取有效措施确保安全注意事项得以切实执行。但其在应对意外受伤事件时的处理能力和措施明显不足：未有证据证实其有安排具有相应职业资格证书或有相应上岗标识的蹦床技术指导人员或蹦床保护人员及时进行指导或保护，亦未有证据证实其在事发现场备有必要的急救药品和出现意外时应采取的有效急救措施。因此，××广州分公司在应尽的较高的安全保障义务方面存在失当，应承担侵权责任。

其次，李×自愿参与具有高风险的蹦床运动，未尽到谨慎注意义务，对损害结果的发生具有主要过错，应负主要责任。依据《民法典》第1173条的规定，被侵权人对同一损害的发生有过错的，可减轻侵权人的责任。本案李×作为一名完全民事行为能力的成年人未尽谨慎注意义务，对自己摔倒受伤的损害结果具有主要过错。一方面，从保护自身生命安全角度出发，李×应避免选择易产生危险的游乐项目，但其在明知蹦床运动存在一定危险性的情况下，仍自愿参与，未自觉规避此类危险因素；另一方面，李×过于自信，其在未做热身运动等必要准备工作的情况下就进入蹦床，因自身蹦跳高度不够摔倒受伤，这并非××广州分公司充分尽到较高的安全保障义务就能避免的。综上，李×应对其摔倒受伤负主要责任，依据《民法典》第1173条规定的过错相抵规则，可减轻××广州分公司的责任，故××广州分公司应承担次要责任。

最后，虽然李×自愿参与蹦床运动，但××广州分公司不能适用自甘风险规则主张免责。根据《民法典》第 1176 条可知，可适用自甘风险规则免责的主体应为活动“其他参加者”，并且受害人所参与的必须是“有一定风险的文体活动”。本案中××广州分公司是蹦床运动的经营者而非“其他参加者”，并且作为具有高风险的蹦床运动是否属于“有一定风险的文体活动”并无定论。因此，××广州分公司主张适用《民法典》第 1176 条免责无法实现。依据《民法典》第 1176 条，本案蹦床运动的经营者的法律地位类似于该条中的“活动组织者”，故其应适用《民法典》第 1198 条承担侵权责任在此可得到进一步印证。

买卖合同违约方应当赔偿守约方的可得利益损失

刘帅芃

在市场交易日趋复杂的背景下，合法生效的合同若不能被顺利履行，不仅会影响当事人取得约定利益，有时甚至还会导致当事人来自合同外部的可得利益损失如转售利润损失，尤其是在买卖合同中，若卖方违约不交货，则其转售利润一般为转售合同价款与原合同价款的差额。那么违约方对于非违约方的可得利益损失是否应当承担责任？若应承担责任，可得利益损失应当如何计算？本文将结合审判实践作出简要说明。

一、案情与裁判

案件名称：浙江××建设有限公司与绍兴××金属物贸有限公司产品购销合同纠纷上诉案

案情来源：浙江省绍兴市中级人民法院(2018)浙06民终1634号民事判决

案情简介：

2016年4月19日，浙江××建设有限公司(原告、上诉人)与绍兴××金属物贸有限公司(被告、被上诉人)签订钢材购销合同一份。原告于2016年4月20日向被告银行转账100万元。原告自认已收到被告供应的价款354131.52元的钢材。2017年12月21日，原告向被告发函，要求被告于2017年12月25日前将合同约定的价值的剩余钢筋送达原告。被告收函后未发货，原告遂于2018年1月2日通知被告解除合同。被告未予回复，原告遂向一审法院提起诉讼，请求判令：确认双方之间的产品购销合同已经解除；由被告返还原告钢材款及利息并赔偿违约利润损失。

一审判决

浙江省绍兴市越城区人民法院经审理认为：原告与被告之间买卖合同合法有效。根据我国《合同法》第62条的规定，在未约定供货期限的情况下，原告可随时要求被告供货。原告在合同签订8个月后催告供货，被告仍未履行，原告依法可解除合同，合同解除时间为2018年1月3日。原告已按约预付货款，但其仅收到部分钢材，故其要求被告返还剩余货款并支付相应利息损失的诉请应予支持。案涉产品购销合同及补充条款并未约定供货期限及违约责任。同时，原告所主张的该项损失为因被告未及时供应钢材，后期钢材价格上涨，因此而形成的差价，但原告并未对此进行举证，故对原告要求赔偿损失的诉请不予支持。

二审判决

浙江省绍兴市中级人民法院经审理认为：根据我国《合同法》第113条第1款的规定，本案中，根据产品购销合同约定，以及原告要求被告交货而未果的事实，因此而产生的差价损失即为原告的可得利益损失，应予认定。同时，被告系钢材出卖人，其对于钢材在合同有效期内的价格波动应当可以预见。加之，双方交易中被告的获利可能性本身即来自钢材市场价格的波动。综合上述分析，被告在签约时能够预见违反合同可能造成的损失。根据最高人民法院《关于审理买卖合同纠纷案件适用法律问题的解释》第31条的规定，在计算违约损失时应遵循损益相抵原则。综合上述情形，被告应返还原告相应的款项并酌定被告应赔偿给原告可得利益损失40万元。

二、相关规定

《合同法》第94条第1款第3项(《民法典》第563条修正)："有下列情形之一的，当事人可以解除合同：(三)当事人一方迟延履行主要债务，经催告后在合理期限内仍未履行。"

《合同法》第97条(《民法典》第566条第1款修正)："合同解除后，尚未履行的，终止履行；已经履行的，根据履行情况和合同性质，当事人可以要求恢复原状、采取其他补救措施，并有权要求赔偿损失。"

《合同法》第113条第1款(《民法典》第584条修正)："当事人一方不履行合同义务或者履行合同义务不符合约定，给对方造成损失的，损失赔偿额应当相当于因违约所造成的损失，包括合同履行后可以获得的利益，但不得超过违反合同一方订立合同时预见到或者应当预见到的因违反合同可能造成的损失。”

《最高人民法院关于审理买卖合同纠纷案件适用法律问题的解释》(法释〔2012〕7号)第31条[《最高人民法院关于审理买卖合同纠纷案件适用法律问题的解释》(法释〔2020〕17号)第23条]:“买卖合同当事人一方因对方违约而获有利益，违约方主张从损失赔偿额中扣除该部分利益的，人民法院应予支持。”

《最高人民法院关于当前形势下审理民商事合同纠纷案件若干问题的指导意见》(法发〔2009〕40号)第9条第1款和第3款:“在当前市场主体违约情形比较突出的情况下，违约行为通常导致可得利益损失。根据交易的性质、合同的目的等因素，可得利益损失主要分为生产利润损失、经营利润损失和转售利润损失等类型。先后系列买卖合同中，因原合同出卖方违约而造成其后的转售合同出售方的可得利益损失通常属于转售利润损失。”

《最高人民法院关于当前形势下审理民商事合同纠纷案件若干问题的指导意见》(法发〔2009〕40号)第10条第1款[《最高人民法院关于审理买卖合同纠纷案件适用法律问题的解释》(法释〔2020〕17号)第22条]:“人民法院在计算和认定可得利益损失时，应当综合运用可预见规则、减损规则、损益相抵规则以及过失相抵规则等，从非违约方主张的可得利益赔偿总额中扣除违约方不可预见的损失、非违约方不当扩大的损失、非违约方因违约获得的利益、非违约方亦有过失所造成的损失以及必要的交易成本。”

三、典型案例或做法

案号	裁判立场
樊××与×××(佳木斯)啤酒有限公司合伙协议纠纷上诉案/黑龙江省高级人民法院(2016)黑民终25号民事判决	原告樊××与被告×××(佳木斯)啤酒有限公司所订立的《销售合同》约定，双方的合作方式系由原告提供生啤设备、生啤酒罐及包装物，由被告为原告灌酒，原告利用被告的渠道进行生啤酒的销售，赚取价差。当事人已实际合作7年，被告应当预见其在合同期内停止供应啤酒，原告会产生转售利润损失，故被告应就该转售利润损失承担赔偿责任。

续表

案号	裁判立场
甘肃××进出口有限公司与河南×××实业有限公司买卖合同纠纷案/天津市高级人民法院（2012）津高民二终字第0017号民事判决	原告甘肃××进出口有限公司虽主张其作为专营进出口贸易的公司，其购买货物即为转售境外牟利，被告作为供货商对此应当有所预见。但原告并未提供证据证明在签订《工矿产品购销合同》时，被告对原告与印度×××公司之间的交易数量及价格是明知的。且《采购单》签订于《工矿产品购销合同》之后，《采购单》约定的氟化铝也可能受到国际交易价格等诸多因素的影响，转售利润不具有确定性，要求被告在签订合同时对以上因素有所预见有失公平。
桐乡市×××材料有限公司与江苏×××新材料有限公司买卖合同纠纷上诉案/江苏省高级人民法院（2013）苏商终字第0226号民事判决	作为同样生产熔喷无纺布的业内单位，被告在合同订立之时，对于原告在合同正常履行条件下可获得利益，应当能够预见。合同订立的背景是甲型H1N1流感爆发时期，当时市场对口罩等防护用品的需求量激增。只要原告收到被告提供的无纺布原料，合同被顺利履行，原告即可通过转售取得预期的利益。原告主张的转售利润损失已具备可实现的条件，因此具有一定的确定性，应予支持。

四、法理分析

本案的焦点问题主要为被告的案述行为是否构成违约？被告是否应对原告未能转售钢材的利润损失承担责任？原告的可得利益损失应当如何计算？具体分析如下：

首先，被告的案述行为构成违约。原告与被告之间所订立的产品购销合同合法有效。在合同签订8个月后，经原告催告，被告逾期仍未供货，根据《合同法》第94条第1款第3项的规定，原告有权解除合同，原告于2018年1月2日向被告发出通知后，双方所订立的合同即告解除，解除时间为2018年1月3日。合同解除后，根据《合同法》第97条的规定，对于未交付的钢材，被告应返还给原告相应的货款并支付利息损失。

其次，被告对原告的转售利润损失能够预见。根据《合同法》第113条第1款以及《最高人民法院关于当前形势下审理民商事合同纠纷案件若干问题的指导意见》（法发〔2009〕40号）第9条和第10条的规定，本案中，由于被告的违约而产生的可得利益损失主要为原告的转售利润损失。针对违约损失的计算，可预见性规则是限制违约损害赔偿范围的重要规则。本案中，被告在订立合同时,对于其违约后所导致的原告的转售利润损失是能够预见的。其一,被告系钢材买卖合同中的出卖人,作为钢材市场交易主体,其对于钢材价格的涨跌和波动应有所预知,对其违约可能给原告造成的因价格差异而产生的利润损失也应当有所预见。其二,在被告与原告所签订的买卖合同中所附的价格行情,也显示了钢材在一定时期内的波动情况和价格行情分析。其三,根据合同约定的权利义务,对于标的物钢材,原告除了自用于工程建设之外,双方因该合同可能产生的利益即来自市场价格的波动。综上所述,被告对于钢材价格的涨跌应有所预知,对其违约可能给原告造成的利润损失在合同订立时应当有所预见。另外,在合同有效期内,如果合同被正常履行,那么根据钢材价格的涨跌情形而使得原告在该期间的获利具有相当的确定性,所以对该部分损失被告应当承担责任予以赔偿。

最后,原告未能转售的成本应从损失赔偿额中扣减。根据《最高人民法院关于审理买卖合同纠纷案件适用法律问题的解释》(法释〔2012〕7 号)第 31 条和《最高人民法院关于当前形势下审理民商事合同纠纷案件若干问题的指导意见》(法发〔2009〕40 号)第 9 条和第 10 条的规定,守约方因对方违约而获得的利益应从损失赔偿额中扣减,即在计算违约损失时应遵循损益相抵原则,原告的损失范围限于干净利润,应当扣除转售中所产生的成本等费用。本案中,原告主张的可得利益损失,系以假设被告现实履约为前提,故被告尚未返还款项的占用利息不应重复计算。加之,原告提出的可得利益计算方法也应属转售下的利润损失。本案由于被告违约,致使原告未能对未交付部分钢材进行转售,故转售环节可能产生的成本因被告违约而无需支出,根据损益相抵原则,对于该部分原告所获有的利益,在计算损失赔偿额时应予扣减,由此,二审法院酌定被告赔偿给原告损失 40 万元。

卖家网络竞拍成功后拒不发货，应承担何种责任？

田如茵

在通过交易平台公开竞价的网络竞拍中，交易平台、商家及竞买人间的法律关系为何？若商家不履行合同义务，竞买人是否可以主张强制履行？若不能主张，应如何确定商家的损害赔偿责任？本文将结合审判实践作出简要说明。

一、案情与裁判

案件名称：张××诉沈阳××商贸有限公司网络购物合同纠纷案

案情来源：江苏省宿迁市中级人民法院(2021)苏13民终2211号民事判决

案情简介：

2020年10月16日，张××在××网平台通过增价拍卖的方式以27001元拍到一块无保留价、起拍价为1元的积家1308470款万年历机械表，系统于21时45分生成订单信息，原告张××于21时46分付款后通知被告沈阳××商贸有限公司(以下简称“××公司”)发货。同日22时14分至22时18分，××公司告知其该案涉手表不能以该价格出售，并表示不会发货，后经多次协商，被告××公司均不同意发货。张××遂诉至法院，请求判令被告××公司继续履行合同，交付型号为积家1308470的98新机械男表一枚，如不能交付，则应赔偿91251元。二审中，××公司上诉称××网属于必要诉讼参与人，认为应追加××网参加诉讼。

一审判决

江苏宿迁市宿城区人民法院经审理认为：首先，双方之间是买卖合同法律关系。拍卖是通过竞买人的竞价行为确定买卖合同最终的买受人及合同价款的交易方式，单纯的竞价行为并不属于购买行为，拍卖成交后双方需通过确认的方式订立买卖合同。其次，双方当事人在使用网络平台的过程中所自愿遵守的《竞拍服务协议》和《××拍卖平台管理规范》并不属于买卖合同的内容。最后，××公司拒不履行交付义务构成根本违约，应承担损害赔偿责任，其他买受人通过竞价方式在××公司购买的四枚同类手表均价相当于该类手表的市场价值，××公司不履行合同义务导致原告无法取得手表的损失属于可得利益损失，张××该主张符合法律规定，判令被告××公司于判决生效之日起十日内赔偿原告张××91251元。

二审判决

江苏省宿迁市中级人民法院经审理认为：本案争议焦点主要有三：首先，我国境内拍卖企业适用《拍卖法》，从案涉《竞拍服务协议》第9.2条和实际的交易模式来看，××网仅是网络竞价技术平台的提供者，并非拍卖法律关系中的拍卖人，本案不应适用《拍卖法》相关规定，而应适用《合同法》相关规定。其次，××网仅是网络竞价技术平台的提供者，并非"拍卖"合同主体，本案的处理与××网不存在法律上的利害关系，故不应当追加××网参加诉讼。最后，基于张××购买的手表已出售他人的事实，案涉手表不适于强制履行，且客观上无法强制履行。同类手表在××公司存在多次成功拍卖的先例，故××公司在订立合同时应当知道案涉手表的价值，按照同类手表在××公司竞拍成功的均价赔偿亦未超出××公司可预见的损失范围。但张××不应从××公司的违约行为中获利，即××公司向张××赔偿的91251元中应当包含保证金赔付金额，故一审法院判决××公司赔偿91251元并无不当。

二、相关规定

《拍卖法》第2条："本法适用于中华人民共和国境内拍卖企业进行的拍卖活动。"

《拍卖法》第3条："拍卖是指以公开竞价的形式，将特定物品或者财产权利转让给最高应价者的买卖方式。"

《拍卖法》第10条："拍卖人是指依照本法和《中华人民共和国公司法》设立的从事拍卖活动的企业法人。"

《合同法》第94条(《民法典》第563条修正)："有下列情形之一的，当事人可以解除合同：(一)因不可抗力致使不能实现合同目的；(二)在履行期限届满前，当事人一方明确表示或者以自己的行为表明不履行主要债务；(三)当事人一方迟延履行主要债务，经催告后在合理期限内仍未履行；(四)当事人一方迟延履行债务或者有其他违约行为致使不能实现合同目的；（五）法律规定的其他情形。”

《合同法》第110条《（民法典》第580条修正）：“当事人一方不履行非金钱债务或者履行非金钱债务不符合约定的，对方可以请求履行，但是有下列情形之一的除外：（一）法律上或者事实上不能履行；（二）债务的标的不适于强制履行或者履行费用过高；（三）债权人在合理期限内未请求履行。”

《合同法》第113条第1款（《民法典》第584条第1款修正）：“当事人一方不履行合同义务或者履行合同义务不符合约定，给对方造成损失的，损失赔偿额应当相当于因违约所造成的损失，包括合同履行后可以获得的利益，但不得超过违反合同一方订立合同时预见到或者应当预见到的因违反合同可能造成的损失。”

《合同法》第130条（《民法典》第595条修正）：“买卖合同是出卖人转移标的物的所有权于买受人，买受人支付价款的合同。”

三、典型案例或做法

案号	裁判立场
王×与姚××网络购物合同纠纷案/重庆市巴南区人民法院（2020）渝0113民初10791号民事判决	被告的行为有违诚实信用原则。网络竞拍不同于线下拍卖，竞拍双方并未在竞拍前约定违约责任，但网络并非法外之地，如竞拍双方任意反悔的行为没有违约成本或违约成本太低，将不利于网络交易秩序的维护。在没有对涉案商品进行价值鉴定的情况下，仅凭被告对商品的描述，尚不足以确认涉案商品的价值为1600元，而且以商品描述价格与实际购买价格之间的差价作为损失，也与交易常理不符。综上考虑，本院酌情认定由被告支付原告违约金300元为宜。
谢××、广东××资产管理有限公司拍卖合同纠纷案/广东省广州市中级人民法院（2019）粤01民终18987号民事判决	广东××资产管理公司享有经生效判决确认的对佛山市×××文化艺术有限公司的债权和抵押权、保证担保等从权利，广东××资产管理公司依托××网资产竞价网络平台将上述债权进行公开竞价，谢××以最高应价竞得上述债权。上述活动符合拍卖行为的法律特征，且没有违反法律、行政法规的强制性规定，合法有效。一审判决认定本案为拍卖合同纠纷正确，谢××认为本案属于普通买卖合同纠纷，不适用拍卖法，缺乏法律依据，本院不予采纳。

续表

案号	裁判立场
浙江×宝网络有限公司等与××网络科技(福州)有限公司拍卖合同纠纷案/北京市丰台区人民法院(2023)京02民终108号二审民事判决	杨××、××网络科技(福州)有限公司公司依托浙江×宝网络有限公司经营的××网拍卖平台,按照相关平台规则进行商品竞价交易,因此杨××与××网络科技(福州)有限公司之间成立买卖合同法律关系。案涉商品属于奢侈二手手表类商品,其实际价值除由该品牌商品自身价值决定外,还受拍品是否为真品,手表使用年限、使用及维修保养情况,市场行情等诸多因素影响,在案涉商品的说明网页中未展示案涉商品价值鉴定报告、原始购买发票等足以证明拍品价值127300元的内容的情况下,参与竞价者仅有杨××一人,其经过一轮出价即以起拍价12800元竞得案涉手表,故此该价格亦能一定程度反映交易商品的市场价值。综上,判令××网络科技(福州)有限公司、浙江×宝网络有限公司向杨××支付15000元违约金,已足以体现对杨××预期利益损失的补偿及对相关主体违约行为的惩罚。杨××所提上诉请求,本院不予支持。

四、法理分析

本案的争议焦点有二:一是本案双方当事人之间法律关系的性质;二是原告能否主张继续履行,若不能继续履行,应如何确定××公司的赔偿责任范围。下文将就上述两个问题,结合审判实践作出简要分析。

首先,本案属于《民法典》的调整范围,应适用买卖合同相关法律规定。根据《拍卖法》第2条及第10条规定,拍卖人是指依照《拍卖法》和《公司法》设立的从事拍卖活动的企业法人。虽然本案符合拍卖的"公开竞价"和"最高应价者得"的基本特征,但从实际的交易模式来看,卖家通过××网发布竞拍广告,买家通过××网公开竞价,在此种交易模式中,××网仅是网络竞价技术平台的提供者,而非从事拍卖活动的企业,故不应适用《拍卖法》的相关规定。××公司在××交易平台通过公开竞价的方式将手表出卖给不特定买受人,买受人按照竞价规则确定最终成交价格并支付对价,符合买卖合同的基本特征,故可以参照适用买卖合同相关规定处理。

其次,张××不能请求××公司履行交付义务,可以请求解除合同。根据《民法典》第580条,法律上不能履行,或事实上不能履行,或者标的不适于强制履行的，非违约方不能主张履行非金钱债务。××公司在“拍卖”公告注明了“拍卖”手表的基本情况，“新旧程度为 98 新，整体成色较新、有不明显展示痕迹，接近未使用品”的描述具有明确的指向性，且表身带有的编号具有唯一性，故应认定案涉手表为特定物。基于所购手表为特定物且已出售他人的事实，××公司虽存在违约行为，但事实上已无法履行交付手表的合同义务，张××不能请求强制××公司履行交付义务，但因无法交付手表致使合同目的不能实现，张××可以主张解除合同。

最后，××公司应按照同类手表在其网店竞拍成功均价承担违约损害赔偿责任。根据《民法典》第 584 条并结合诚实信用原则，违约方应赔偿其在订立合同时预见到或者应当预见到的因违约给对方造成的损失范围。××公司应当预见到成交后若不交付手表将会导致张××无法取得案涉手表所有权，且因同类手表在××公司存在多次成功拍卖，××公司应当预见到张××无法取得案涉手表所有权可能受到的损失。因此××公司应按照同类手表在该公司竞拍成功均价赔偿张××91251 元。

值得注意的是，《拍卖法》规范的是委托人、拍卖人和竞买人三方法律关系，××网仅是技术提供方，商家也并非委托人，二者均不具备拍卖资质，因此网络竞拍只是买卖的一种特殊方式，应当适用《民法典》中买卖合同的相关规定。竞拍物作为特定物无法强制履行时竞拍人可以请求解除合同，主张违约损害赔偿，若拍定物价值难以确定时，除退还拍定价款外，应合理选定同类商品拍卖成交均价作为市场价赔偿，赔偿涉案商品的竞拍价与市场价之间的差额损失，以弥补消费者因无法强制履行所受损害，维护其合法权益。

返还不当得利制度在“误转账”案件中的适用

张萧晗*

误转账在经济往来中时有发生，按一般观念汇款人可以不当得利为由请求受领人返还误转款项。但若双方尚存在债权债务纠纷还能否按不当得利之债处理？本文将结合审判实践作出简要说明。

一、案情与裁判

案件名称：曾××、蔡××不当得利纠纷案

案件来源：福建省福鼎市人民法院(2022)闽0982民初2169号民事判决

案情简介：

2020年8月起，曾××(原告)雇佣蔡××(被告)出海捕鱼，双方对劳动报酬和工作期限进行口头约定。此后，曾××于2020年9月至2021年2月期间通过银行分五次各转账10000元给蔡××，并于2020年12月支付现金10000元给蔡××。此后，蔡××以曾××未支付结欠的工资10000元为由向福鼎市劳动监察大队反映，但双方未能达成一致意见。2022年7月9日，曾××通过福鼎市×××信用社转账给蔡××10000元。7月13日，曾××以误转为由要求蔡××返还，遭到蔡××的拒绝。曾××于2022年8月8日诉至法院。

法院判决

福建省福鼎市人民法院经审理认为：不当得利之债是指因他人没有法律根据，取得不当利益，受损失人有权请求其返还不当利益的债权债务关系。若原告的主张成立，则本案为给付型不当得利纠纷，曾××必须举证证明蔡××取得利益没有法律根据。曾××雇佣蔡××出海捕鱼，双方对劳动报酬是否结欠发生纠纷，故此后曾××向蔡××转账而发生的争议不应属于不当得利纠纷，

---

* 张萧晗，山东大学法学院硕士研究生，浙江新台州律师事务所疑案研究中心研究员。

而是基于雇佣关系而产生的劳动报酬纠纷，是否应当返还，需以劳动报酬纠纷另行起诉处理。综上，曾××主张不当得利返还的诉讼请求，不符合法律规定，不予支持。

二、相关规定

《民法典》第122条："因他人没有法律根据，取得不当利益，受损失的人有权请求其返还不当利益。"

《民法典》第985条："得利人没有法律根据取得不当利益的，受损失的人可以请求得利人返还取得的利益，但是有下列情形之一的除外：（一）为履行道德义务进行的给付；（二）债务到期之前的清偿；（三）明知无给付义务而进行的债务清偿。"

《民事诉讼法》（2021修正）第64条："当事人对自己提出的主张，有责任提供证据。当事人及其诉讼代理人因客观原因不能自行收集的证据，或者人民法院认为审理案件需要的证据，人民法院应当调查收集。人民法院应当按照法定程序，全面地、客观地审查核实证据。"

《最高人民法院关于适用〈中华人民共和国民事诉讼法〉的解释》（法释〔2022〕11号）第90条："当事人对自己提出的诉讼请求所依据的事实或者反驳对方诉讼请求所依据的事实，应当提供证据加以证明，但法律另有规定的除外。在作出判决前，当事人未能提供证据或者证据不足以证明其事实主张的，由负有举证证明责任的当事人承担不利的后果。"

三、典型案例或做法

案号	裁判立场
杨×与王×不当得利纠纷案/云南省西双版纳傣族自治州中级人民法院（2018）云28民终581号民事判决	本案原告主张自己当时并非意图向被告账户转账，但原告在手机上操作转账汇款需要其输入汇款账号及收款人姓名并核对后确认支付，原告也没有提供其本欲转账的收款账号和收款人姓名与被告的账号姓名具有相似性等可能导致误转的证据。并且，转账汇款事实发生时点与原告起诉时点之间的时间跨度已达二年以上，原告也无证据证明其曾经通过其他途径主张权利，与常理不符。

续表

案号	裁判立场
曾×与叶××不当得利纠纷案/广东省江门市蓬江区人民法院(2020)粤0703民初6873号民事判决	首先,在日常生活中,操作转账汇款时,输入对方账号后,会提示汇款人注意核对账户的准确性及核对对方的户名,除非账户或户名差别不大,否则存在错汇的可能性是极小的。原告在汇款时不可能不核对对方账户及户名就直接将40000元汇到对方账户。其次,原告称错误汇款,但对于该款项本应向何人汇出及汇款目的亦未能作出合理说明,亦没有提供相应的证据予以证实。因此,原告仅凭一张银行转账回单,只能证明被告收取40000元的事实,并不能证明上述款项是错误汇款,亦不能证明被告系非法取得该款项,故原告主张涉案款项为不当得利要求被告返还,缺乏事实和法律依据。
泸州××建筑工程有限公司与郑××不当得利纠纷案/四川省合江县人民法院(2020)川0522民初1925号民事判决	原告与被告下属××分公司签订了《砂、石采购协议》,双方之间买卖合同关系成立,并合法有效。双方约定系先款后货。被告按约向原告下属××分公司提供了货物,原告亦受其下属××分公司委托向被告支付了货款。原告又向被告的银行账户汇入40000元,汇款时注明用途为货款。原告现主张双方之间买卖合同已履行完毕,该40000元并非货款而系错误汇款,要求被告返还,但其提供的证据不足以证实《砂、石采购协议》已履行完毕,且原告在汇款时也明确载明其为货款,先行支付货款也符合双方的合同约定,故原告主张该笔40000元系不当得利,无充分证据证实,本院不予采纳和支持。该40000元应当在双方的买卖合同纠纷中进行品迭处理。

四、法理分析

误转账所产生的债权债务纠纷性质如何?应当如何界定是否存在误转账?而若双方此前尚存在劳动报酬纠纷,一方当事人向对方转账后还能否主张其误转账而请求返还不当得利?下文将结合审判实践作出简要分析。

首先,误转账可以构成不当得利之债。误转账通常是指汇款人将自己账户中的存款通过银行转入错误收款人账户,并且双方此前并不存在债权债务关系的情形。此时产生的债权债务纠纷,应当根据《民法典》第122条的规定进行处理,汇款人因误转账遭受了损失,而错误收款人却获得了利益,汇款人的损失与收款人的获益之间具有因果关系,且错误收款人取得汇款人的财产无法律上的原因，符合给付型不当得利的构成要件，汇款人（受损人）有权请求错误收款人（获益人）返还所取得的不当利益。此外，倘若存在《民法典》第985条所规定的排除情形，则不适用不当得利的相关规定。

其次，误转账的现实发生概率较低，且本案不能作此认定。在司法实践中，法院对“误转账”的认定相对严格，如在典型案例二中，法院认为，汇款人通常会对对方的账户及户名进行仔细核对，若非账户或户名差别不大，发生错汇的可能性极小；此外，汇款人对于本应收款的案外人的身份以及转账的目的亦需作出合理说明。由此可知，对于“误转账”的认定主要从收款人账户的差异大小、转账操作时是否仔细核对、是否存在真实的收款案外人等方面进行考察。本案中，原告主张其在对自己账户进行互转时误转入保存在其常用清单的被告账户而导致错汇，但转账汇款需要核对收款账号及收款人姓名后确认支付，同时原告也未提供本欲转账的收款账号、收款人姓名与被告的账号姓名具有相似性等可能发生误转情形的证据，无法认定原告在主观上存在真实的错误。

最后，即使认定本案原告确实误转账，是否成立不当得利仍需结合双方此前债权债务纠纷进一步考量。在双方不存在债权债务纠纷的情形下，误转账的汇款人当然可以不当得利为由请求错误受领人返还误转款项，但本案中，双方尚存在劳动报酬纠纷未决，是否成立不当得利的关键在于被告获利是否具有法律上的原因。原告“误转账”金额为10000元，而被告所主张未结劳动报酬金额也是10000元，数额上两者相当，此时是否具有法律上的原因关键在于劳动报酬纠纷的认定。若被告所主张的原告对其尚有未结的劳动报酬属实，那么在未结劳动报酬数额的范围之内，被告取得利益具有法律上的原因，从而排除不当得利的构成。

民法典专题

婚姻家庭编

夫妻一方对外侵权之债是否属于夫妻共同债务？

张晨晨*

在司法实践中，夫妻共同债务的认定是关乎夫妻双方以及债权人利益的重大问题。《民法典》婚姻家庭编对夫妻共同债务形成了“共债共签、为家庭日常生活、为夫妻共同生活或共同生产经营”的三种认定类型，但对夫妻一方因侵权所产生的债务是否属于夫妻共同债务没有作出明确规定，实践中对此也产生了不少争议。本文将结合审判实践对此作出简要论述。

一、案情与裁判

案件名称：蔡×与史×离婚后财产纠纷案

案件来源：北京市第一中级人民法院(2020)京01民终3001号民事判决

案情简介：

蔡×(上诉人，原审原告)与史×(被上诉人、原审被告)原系夫妻关系。在双方婚姻关系存续期间，蔡×曾于2017年11月30日在上班途中驾驶车辆发生交通事故，并给案外第三人刘××造成损害，后经北京市朝阳区人民法院判决蔡×对此案损失负全部责任①，需赔偿刘×修车费52000元。蔡×与史×后于2019年3月经法院判决离婚，且该判决已生效。2020年，蔡×又因与史×离婚后财产纠纷起诉至法院，主张其因交通事故需要赔偿给第三人刘×的52000元属于夫妻共同债务，要求史×承担该项债务的一半。

* 张晨晨，中国海洋大学法学院硕士，浙江新台州律师事务所疑案研究中心研究员。

① 参见刘××与蔡×机动车交通事故责任纠纷案，北京市朝阳区人民法院(2018)京0105民初24945号民事判决。

一审判决

北京市海淀区人民法院经审理认为：判断是否属于夫妻共同债务，需要考虑以下几个因素：一是双方是否具有举债之合意；二是所负的债务是否用于家庭日常生活。蔡×因驾驶车辆与他人发生交通事故，由此产生的债务不属于夫妻共同债务，应由其个人承担。故对蔡×主张的夫妻共同债务不予支持。

二审判决

北京市第一中级人民法院经审理认为：蔡×在婚姻关系存续期间因交通事故形成的侵权之债，虽不是蔡×与史×的共同意思表示，双方也没有实际分享该债务带来的利益，但从该债务的产生基础和原因来看，该侵权行为系发生在蔡×上班途中，蔡×的上班行为属于家庭劳动及生产生活的一部分，其上班所得的工资收益亦属于夫妻共同财产的组成部分，归家庭所有，蔡×因侵权行为产生的债务的基础和原因是为夫妻共同生活谋取利益，应属于夫妻共同债务的范畴。故蔡×在上班途中因交通事故对案外人的赔偿应属于夫妻共同债务，由双方共同负担，一审法院对本案夫妻共同债务的认定有误，予以更正。

二、相关规定

《侵权责任法》第 6 条第 2 款（《民法典》第 1165 条修正）："行为人因过错侵害他人民事权益，应当承担侵权责任。"

《最高人民法院关于审理涉及夫妻债务纠纷案件适用法律有关问题的解释》（法释〔2018〕2 号）第 3 条（《民法典》第 1064 条第 2 款修正）："夫妻一方在婚姻关系存续期间以个人名义超出家庭日常生活需要所负的债务，债权人以属于夫妻共同债务为由主张权利的，人民法院不予支持，但债权人能够证明该债务用于夫妻共同生活、共同生产经营或者基于夫妻双方共同意思表示的除外。"

《最高人民法院关于适用〈中华人民共和国婚姻法〉若干问题的解释（二）的补充规定》（法释〔2017〕6 号）①[《最高人民法院关于适用〈中华人民共和国民法典〉婚姻家庭编的解释（一）》法释〔2020〕22 号]第 34 条："夫妻一方与第三人串通，虚构债务，第三人主张权利的，人民法院不予支持。夫妻一方在从事赌博、

① 2020 年 12 月 29 日，最高人民法院印发《关于废止部分司法解释及相关规范性文件的决定》（法释〔2020〕16 号），决定废止 2017 年 2 月 28 日印发的《最高人民法院关于适用〈中华人民共和国婚姻法〉若干问题的解释（二）的补充规定》。

吸毒等违法犯罪活动中所负债务，第三人主张权利的，人民法院不予支持。”

三、典型案例或做法

案号	裁判立场
沈×诉杨×等机动车交通事故责任纠纷案/山东省淄博市中级人民法院(2019)鲁03民终4487号民事判决	山东省沂源县人民法院经审理认为：“鲁C3R×××号车是杨×、张×的夫妻共同财产，且该交通事故是在从事家事活动的过程中所发生，应当视为家庭生活的一部分，机动车的运行利益应当由夫妻共享，所产生的侵权之债亦应由夫妻共同承担，故该交通事故造成的损失属于夫妻共同债务。”
王×与李×离婚后财产纠纷案/北京市第一中级人民法院(2019)京01民终5215号民事判决	北京市第一中级人民法院经审理认为：“夫妻一方因侵权行为致人损害产生的债务，一般认定为一方个人债务。但该侵权行为系因家庭劳动、经营等家事活动产生或其收益归家庭使用的，应认定为夫妻共同债务。本案中，李×驾驶大货车系为从事运输赚取运费，发生交通事故时系李×与王×夫妻关系存续期间，其运费收益属夫妻共同财产，其因驾驶大货车发生的侵权行为致人损害产生的债务，也应属夫妻共同债务。”
潘××诉李××等机动车交通事故责任纠纷案/北京市海淀区人民法院(2016)京0108民初14325号民事判决	北京市海淀区人民法院经审理认为：“李××与王××系夫妻关系，涉案车辆虽登记在王××名下，但事发于李××驾车搭载王××上班途中，李××的驾车行为属于为夫妻二人共同利益的行为，因此产生的侵权之债应当认定为夫妻共同债务，故对潘××超出交强险限额的损失，应由李××与王××共同承担赔偿责任。”

四、法理分析

因夫妻一方的侵权行为导致债务产生的情形屡见不鲜，此类债务是否应当认定为夫妻共同债务对夫妻双方及受害人的利益都有重要影响。由于侵权纠纷中夫妻共同债务认定规则的缺失，司法实践中法院对此类案件的处理一直存在争议。笔者认为本案所涉及的侵权之债应属于夫妻共同债务，具体分析如下。

首先，夫妻一方因侵权行为致人损害产生的债务，原则上认定为一方个人债务。其一，根据《侵权责任法》第6条第1款的规定，行为人因过错侵害他人民事权益，应当承担侵权责任。侵权责任的承担以责任自负为原则，侵权行为人应当为自己的过错承担不利后果。除法律另有规定外，无过错者无需承担民事责任。其二，《侵权责任法》未规定夫妻一方因侵权行为导致第三人损害时由夫妻双方共同承担侵权责任的有关内容。因此，夫妻一方因侵权导致的第三人遭受损害的行为属于一般侵权行为，原则上应由实施侵权行为的配偶方承担对第三人的损害赔偿责任。

其次，夫妻一方"为夫妻共同生活目的"产生的侵权之债应认定为夫妻共同债务。《最高人民法院关于审理涉及夫妻债务纠纷案件适用法律有关问题的解释》（法释〔2018〕2 号）第 3 条规定了"为夫妻共同生活目的所负债务"的认定标准。本案所涉侵权之债虽然不是基于蔡×与史×的共同意思表示而发生，但从债务产生的原因来看，该侵权债务产生于蔡×"上班驾车途中"，而蔡×上班之目的是为夫妻共同利益，属于家庭劳动及生产生活的一部分。因此，本案中蔡×在从事基于夫妻共同利益的活动过程中对第三人刘××产生的侵权之债是"为夫妻共同生活目的所负债务"，属于夫妻共同债务，应由夫妻双方共同负担。

最后，本案所涉侵权之债不属于因"从事赌博、吸毒等违法犯罪活动"所负债务。《最高人民法院关于适用〈中华人民共和国婚姻法〉若干问题的解释（二）的补充规定》明确夫妻一方因在从事赌博、吸毒等违法犯罪活动中所负债务不属于夫妻共同债务。本规定是从协调夫妻双方利益和保护无辜配偶合法权益的角度出发，避免夫妻一方因从事违法犯罪行为给无辜配偶方带来巨大且不公平的经济压力。就此而言，即使是"为夫妻共同生活目的"而从事如赌博等违法犯罪行为所负债务也不能认定为夫妻共同债务。在主观意志上，"从事赌博、吸毒等违法犯罪活动"表现为明确的违法犯罪意图；而本案所涉侵权行为并不是行为人意欲从事的违法犯罪活动，而是基于一般过错在计划之外对他人造成损害的行为，两者存在本质区别。因此，本案中蔡×因侵权行为所产生的侵权之债不属于本规定明确的夫妻共同债务的排除情形。

离婚协议约定房产归属但未办理登记，能否排除金钱债权强制执行？

杨　婷

离婚财产分割协议约定房屋归一方所有，但未办理变更登记，是否发生物权变动？离婚后房屋因另一方的个人债务被法院强制执行，约定所有人提出的执行异议能否成立？本文将结合审判实践详述之。

一、案情与裁判

案件名称：原告付×诉被告吕×案外人执行异议之诉案

案情来源：上海市第一中级人民法院（2014）沪一中民二（民）初字第3号民事判决

案情简介：

付×（原告）与刘×（第三人）夫妻关系存续期间购买A、B两套房屋。其中A房屋产权登记在刘×名下，B房屋产权共同登记在付×与刘×名下。B房屋名下尚有银行抵押贷款，主贷人为刘×。2007年付×与刘×在民政部门登记离婚；2007年付×与刘×签订离婚协议，约定两套房屋归女方付×。该离婚协议目前留存于民政部门。上述离婚协议签订后，协议所涉的房屋产权未发生变更登记。

刘×与吕×（被告）之间的股权转让纠纷，法院经审理于2013年，判令刘×归还吕×2000万元并支付相应的利息，刘×及其保证人未履行该义务，遂吕×向法院申请执行。执行过程中，法院依法查封A、B两套房屋。付×对此提出异议，要求法院解除对系争房屋的查封并中止执行。法院于2014年裁定驳回付×提出的异议。付×提起诉讼。

一审判决

上海市第一中级人民法院经审理认为：双方在离婚协议中约定上述房屋产

权均归原告所有，这是第三人对自己在系争房屋产权中所拥有份额的处分，该处分行为未经产权变更登记并不直接发生物权变动的法律效果，也不具有对抗第三人的法律效力。在刘×对外尚存未履行债务的情况下，吕×作为刘×的债权人要求对刘×名下的财产予以司法查封并申请强制执行符合法律规定。

二、相关规定

《物权法》第 28 条（《民法典》第 229 条修正）："因人民法院、仲裁机构委员会的法律文书或者人民政府的征收决定等，导致物权设立、变更、转让或者消灭的，自法律文书或者人民政府的征收决定等生效时发生效力。"

《物权法》第 29 条（《民法典》第 230 条修正）："因继承或者受遗赠取得物权的，自继承或者受遗赠开始时发生效力。"

《物权法》第 30 条（《民法典》第 231 条修正）："因合法建造、拆除房屋等事实行为设立或者消灭物权的，自事实行为成就时发生效力。"

《物权法》第 9 条第 1 款（《民法典》第 209 条修正）："不动产物权的设立、变更、转让和消灭，经依法登记，发生效力；未经登记，不发生效力，但是法律另有规定的除外。"

《物权法》第 15 条第 1 款（《民法典》第 215 条修正）："当事人之间订立有关设立、变更、转让和消灭不动产物权的合同，除法律另有规定或者当事人合同另有约定外，自合同成立时生效；未办理物权登记的，不影响合同效力。"

《最高人民法院关于人民法院办理执行异议和复议案件若干问题的规定》（法释〔2015〕10 号）第 28 条[《最高人民法院关于人民法院办理执行异议和复议案件若干问题的规定》（2020 修正）（法释〔2020〕21 号）第 28 条修正]："金钱债权执行中，买受人对登记在被执行人名下的不动产提出异议，符合下列情形且其权利能够排除执行的，人民法院应予支持：（一）在人民法院查封之前已签订合法有效的书面买卖合同；（二）在人民法院查封之前已合法占有该不动产；（三）已支付全部价款，或者已按照合同约定支付部分价款且将剩余价款按照人民法院的要求交付执行；（四）非因买受人自身原因未办理过户登记。"

《最高人民法院关于人民法院民事执行中查封、扣押、冻结财产的规定》（法释〔2004〕15 号）第 14 条[《最高人民法院关于人民法院民事执行中查封、扣押、冻结财产的规定》（2020 修正）（法释〔2020〕21 号）第 12 条修正]："对被执行人与其他人共有的财产，人民法院可以查封、扣押、冻结，并及时通知共有人。共有人协议分割共有财产，并经债权人认可的，人民法院可以认定有效。查封、扣押、冻结的效力及于协议分割后被执行人享有份额内的财产；对其他共有人享有份额内的财产的查封、扣押、冻结，人民法院应当裁定予以解除。共有人提起析产诉讼或者申请执行人代位提起析产诉讼的，人民法院应当准许。诉讼期间中止对该财产的执行。”

三、典型案例或做法

案号	裁判立场
林×、梁×案外人执行异议之诉/广东省佛山市中级人民法院(2017)粤06民终6090号民事判决	《物权法》第9条第1款规定：“不动产物权的设立、变更、转让和消灭，经依法登记，发生效力；未经登记，不发生效力，但法律另有规定的除外。”虽然林×与卢×在《离婚协议书》中约定涉案房屋归林×所有，但林×并未办理涉案房屋的产权变更登记，仅凭《离婚协议书》不能产生物权变动效力。
何×与朱×、李×案外人执行异议之诉/辽宁省沈阳市中级人民法院(2022)辽01民终11968号民事判决	何×与李×于2004年7月登记结婚，于2016年6月登记离婚，案涉房屋于2003年7月31日登记于李×名下，即使双方在2016年6月通过离婚协议处理案涉房屋，但因未办理变更登记而不发生物权变动的法律效力。
钟×与王×、林×案外人执行异议纠纷案/上海市第一中级人民法院(2017)沪01民终7021号民事判决	在本案中，钟×与林×于1996年7月22日签订《离婚协议书》，约定讼争房产归钟×及其所生子女所有，该约定是就婚姻关系解除时财产分配的约定，在诉争房产办理过户登记之前，钟×及其所生子女享有的是将讼争房产的所有权变更登记至其名下的请求权。该请求权与王×的金钱债权请求权在若干方面存在不同，并因此具有排除执行的效力。

四、法理分析

离婚财产分割协议能否引起物权变动，付×对系争房屋享有何种权利，以及付×对系争房屋所享有之权利能否对抗法院强制执行的问题仍需进一步厘清，下文结合审判实践作出简要分析。

首先，系争房屋未进行变更登记，不发生物权变动。物权变动类型有二：基于法律行为的物权变动，及非基于法律行为的物权变动。《物权法》第28条至第30条规定了非基于法律行为的物权变动，离婚财产协议不在其列。且离婚财产分割协议是基于夫妻双方之合意而引起的物权变动，其自应属于基于法律行为的物权变动。根据《物权法》第 9 条之规定，基于法律行为的不动产物权的变更需经登记方才有效。本案中付×与刘×在签订离婚财产分割协议后并未进行房屋变更登记，故不发生物权变动之效力，系争房屋仍为付×与刘×共有。

其次，付×享有请求刘×对系争房屋过户登记的债权。根据《物权法》第 15 条之规定，未办理物权登记不影响合同效力。本案中付×与刘×基于真实意思签订离婚协议，明确约定房屋归属于付×，故即使未登记，付×仍享有请求刘×过户房屋的债权。有观点认为，离婚财产协议中约定的不动产归属人对该不动产具有物权期待权。根据《最高人民法院关于人民法院办理执行异议和复议案件若干问题的规定》（法释〔2015〕10 号）第 28 条之规定，物权期待权需满足四要件：(1)存在有效契约；(2)支付全部价款；(3)未办理不动产登记；(4)非因自身原因未办理登记。就本案而言，一方面，离婚财产分割协议并非买卖合同，能否类推适用物权期待权尚存争议；另一方面，付×与刘×迟迟未办理房屋变更登记是为减少按揭贷款转贷手续费和缓缴交易契税，其自身存在过错。故不宜认定本案付×享有系争房屋的物权期待权。

最后，付×对系争房屋的债权能够对抗第三人吕×，排除法院强制执行。本案中，法院直接以系争房屋未发生物权变动而驳回付×的执行异议，笔者认为这一做法有待商榷。第一，法院裁判忽视了付×对系争房屋享有债权这一事实。付×与吕×对系争房屋构成债权竞合，付×的请求能否成立需进一步分析两个债权的优先性。第二，从债权性质看，吕×的债权为并未指向特定财产的不具排他性的金钱债权。诉争房屋只是作为刘×的责任财产成为吕×的债权的一般担保，吕×并非信赖该产权登记而与刘×发生交易的善意第三人，付×之债权可与之对抗。第三，从债权成立时间看，付×与刘×于 2007 年签订离婚财产分割协议，吕×与刘×于 2012 年发生股权转让纠纷，付×对系争房屋享有债权的起始时间远早于吕×。且付×自离婚后一直居住于本案系争房屋中，对系争房屋实际占有。故付×与刘×不存在逃避债务之恶意。第四，离婚财产分割协议不同于一般之契约，其中的对价往往是隐形的。若因刘×离婚后产生的个人债务而直接将付×一直居住的房屋予以查封，对付×显失公平。

需指出的是，付×虽为系争房屋共有人，但根据《最高人民法院关于人民法院民事执行中查封、扣押、冻结财产的规定》（法释〔2004〕15 号）第 14 条第 1 款之规定，执行法院可以对被执行人与其他人共有的财产进行查封、扣押、冻结，即付×无权以其对系争房屋享有部分份额而排除法院的强制执行。

承租人所租房屋甲醛超标，能否单方解除房屋租赁合同？

段宪正

在房屋租赁合同法律关系中，出租人与承租人应当按照合同约定行使权利履行义务。承租人订立合同的目的是通过租赁标的物而获取其使用价值，出租人则负有保持租赁物在租赁期限内符合约定用途之义务。那么若所承租之房屋甲醛超标，承租人能否主张解除房屋租赁合同？如果可以解除，出租人又应当承担何种法律后果？本文将结合审判实践进行简要说明。

一、案情与裁判

案件名称：江××诉南京××房产经纪有限公司房屋租赁合同纠纷案

案情来源：江苏省南京市中级人民法院(2022)苏01民终418号民事判决

案情简介：

2021年3月21日，南京××房产经纪有限公司(被告、上诉人，以下简称"××公司")与江××(原告、被上诉人)签订《房屋租赁合同》，双方约定由××公司将其位于南京市江宁区×幢×室房屋出租给江××使用，同时约定了租金、保证金等其他内容。签约当日，江××便携妻子入住了案涉房屋，后江××妻子(已怀孕)身体出现不适，经医疗机构检查，诊断为慢性×××。江××认为其与室内甲醛超标有关，故自行委托了具有相应资质的检测机构对案涉房屋的空气质量进行检测。检测结果表明，案涉房屋甲醛超标、空气质量不合格。故江××向人民法院提起诉讼，主张解除房屋租赁合同，并要求××公司返还租金、保证金以及其他费用。

一审判决

江苏省南京市江宁区人民法院经审理认为：江××所委托的检测机构具有相应资质，对其出具的案涉房屋有害气体超标的检测结果予以认可。而××公司出租该房屋，侵害了承租人以安全健康为内容的人格权，致使江××的租赁目的无法实现。因此，案涉房屋不应用于出租，××公司亦无权收取租金。故判决房屋租赁合同于起诉状副本送达××公司时解除，并要求××公司退还江××所支付的全部款项。

二审裁定

江苏省南京市中级人民法院经审理认为：××公司作为上诉人，经合法传唤，无正当理由未到庭参加诉讼，故法院裁定本案按上诉人撤回上诉处理。

二、相关规定

《标准化法》第 2 条："……国家标准分为强制性标准、推荐性标准，行业标准、地方标准是推荐性标准。强制性标准必须执行。国家鼓励采用推荐性标准。"

《标准化法》第 10 条第 1 款："对保障人身健康和生命财产安全、国家安全、生态环境安全以及满足经济社会管理基本需要的技术要求，应当制定强制性国家标准。"

《民法典》第 143 条："具备下列条件的民事法律行为有效：(一)行为人具有相应的民事行为能力；(二)意思表示真实；(三)不违反法律、行政法规的强制性规定，不违背公序良俗。"

《民法典》第 563 条第 1 款："有下列情形之一的，当事人可以解除合同：……(四)当事人一方迟延履行债务或者有其他违约行为致使不能实现合同目的……"

《民法典》第 565 条第 2 款："当事人一方未通知对方，直接以提起诉讼或者申请仲裁的方式依法主张解除合同，人民法院或者仲裁机构确认该主张的，合同自起诉状副本或者仲裁申请书副本送达对方时解除。"

《民法典》第 566 条第 1 款："合同解除后，尚未履行的，终止履行；已经履行的，根据履行情况和合同性质，当事人可以请求恢复原状或者采取其他补救措施，并有权请求赔偿损失。"

《民法典》第 708 条："出租人应当按照约定将租赁物交付承租人，并在租赁期限内保持租赁物符合约定的用途。"

《民法典》第 731 条："租赁物危及承租人的安全或者健康的，即使承租人订立合同时明知该租赁物质量不合格，承租人仍然可以随时解除合同。"

三、典型案例或做法

案号	裁判立场
饶××诉××物资供应站等房屋租赁合同纠纷案/最高人民法院(2019)最高法民再97号民事判决	房屋租赁合同一般不因违反行政规章而影响其合同效力,但案涉房屋存在严重隐患或将造成重大安全事故,却仍出租用于酒店经营。这危及了不特定公众的人身及财产安全,属于损害社会公共利益、违背公序良俗的行为,故应当依法认定该房屋租赁合同无效。
王××、周××房屋租赁合同纠纷案/广东省广州市中级人民法院(2022)粤01民终11174号民事判决	案涉房屋所在区域实施疫情防控应急处置措施而限制人口流动,但这不必然导致承租人无法继续居住案涉房屋或其租赁目的无法实现。且承租人所提供的证据亦不足以证明因疫情原因导致该房屋无法正常使用,故承租人无权单方解除房屋租赁合同。
大连市×××投资管理有限公司、张××等房屋租赁合同纠纷案/辽宁省大连市中级人民法院(2022)辽02民终11072号民事判决	承租人关于案涉房屋存在门锁损坏从而导致无法居住的主张举证不足。且经查明,即使门锁存在一定故障,也未达到无法开关门保障基本安全和居住的程度,况且承租人可以通过物业维修或自行维修解决。因此,不能就此认定出租人存在不能实现合同目的的根本违约行为。

四、法理分析

承租人所租房屋甲醛超标,能否单方解除房屋租赁合同?若可以解除,出租人又应当承担何种法律后果?下文将结合审判实践作出简要分析。

首先,江××与××公司之间签订的《房屋租赁合同》有效。依据《民法典》第143条之规定,民事法律行为生效需要满足以下要件。第一,本案中江××与××公司签订的《房屋租赁合同》系双方真实的意思表示,且双方均具有相应的民事行为能力。第二,案涉房屋内的甲醛超标,违反了《室内空气质量标准》(GB/T18883—2002),但标准并不具备法律属性,不能将标准纳入法律、行政法规的范畴。所以违反了《室内空气质量标准》(GB/T18883—2002),不能认定其违反法律、行政法规的强制性规定。第三,《室内空气质量标准》(GB/T18883—2002)属于推荐性标准,依据《标准化法》第2条以及第10条之规定,该标准不需强制执行,也并非保障人身健康和生命财产等的基本需要。而公序良俗是维护公共利益的基本需要,故违反《室内空气质量标准》(GB/T18883—2002)也难以认定其违背公序良俗。除此之外，××公司在出租房屋时，并未进行空气质量检测，导致房屋甲醛超标可能造成承租人身损害。××公司对此存在过失，违反了民事法律规范，但不能因此否定《房屋租赁合同》的效力。换言之，出租人行为违法但并不影响租赁合同的效力。当然，承租人之后有权追究出租人的违约责任或侵权责任，以维护自身合法权益。综上所述，《房屋租赁合同》符合民事法律行为的有效要件，其依法成立并生效。

其次，江××可以单方解除《房屋租赁合同》。江××与××公司签订的《房屋租赁合同》合法有效，对双方具有法律拘束力，双方应当按照合同约定全面履行自己的义务。依据《民法典》第708条之规定，出租人××公司不仅负有交付租赁物之义务，而且应当保持租赁物在租赁期限内符合约定之用途，即负有适租义务。然而本案中，案涉房屋甲醛超标、空气质量不合格，可能致使承租人的健康权遭受损害，且江××妻子所患疾病亦可能与室内甲醛超标有关。故××公司所出租之房屋不能用于居住，不符合双方约定之用途，江××的租赁目的无法实现。依据《民法典》第563条第1款第4项之规定，××公司出租甲醛超标的房屋致使不能实现合同目的，已经构成根本违约，故江××可以单方解除《房屋租赁合同》。此外，依据《民法典》第731条之规定，租赁物危及承租人健康的，承租人可以随时解除合同。由此亦可以得出，江××有权单方解除《房屋租赁合同》。

最后，××公司应当返还江××所支付的租金、保证金以及其他费用。依据《民法典》第565条第2款之规定，江××以提起诉讼的方式主张解除《房屋租赁合同》，合同自起诉状副本送达××公司时解除，也即《房屋租赁合同》于2021年7月3日解除。此时，《房屋租赁合同》已经部分履行，依据《民法典》第566条第1款之规定，合同解除后，尚未履行的，终止履行；已经履行的，根据履行情况和合同性质，当事人可以请求恢复原状或者采取其他补救措施，并有权请求赔偿损失。第一，关于尚未履行的部分，双方终止履行，江××不必再支付后续租金，××公司也不需再履行相应的义务。第二，关于已经履行的部分，其法律后果则需依合同履行情况和合同性质而定。由于××公司出租有害气体超标的房屋，该房屋无法用于居住，××公司未履行适租义务，故××公司无权收取租金。所以，××公司应当返还江××已经支付的4个月租金4400元、保证金1100元以及物业管理费1056元，共计6556元。

值得注意的是，在违反强制性标准的情形之下，合同的效力不应当通过“违反法律、行政法规的强制性规定”的路径来进行认定，而是需要通过其是否“违背公序良俗”进行判断。举重以明轻，本案所违反的是推荐性标准，更应当如此。此外，仅违反推荐性标准是否就不违背公序良俗？此问题尚存争议，有待进一步探讨和研究。但本案显然是肯定了合同的有效性，认为其不违背公序良俗。

民法典专题

侵权责任编

利用 cookie 精准投放广告，是否侵犯用户个人信息？

王　耕*

在网络服务商普遍采用 cookie 技术的大背景下，网络平台利用 cookie 技术搜集、存储的网络用户浏览信息，是否构成个人信息？若构成，网络平台根据上述信息所进行的精准投放广告，又是否侵犯网络用户的个人信息权？本文将结合审判实践作出简要说明。

一、案情与裁判

案件名称：北京××网讯科技公司与朱×隐私权纠纷案

案情来源：江苏省南京市中级人民法院(2014)宁民终字第 5028 号民事判决

案情简介：

2013 年，朱×(原告、被上诉人)在浏览相关网站过程中发现，利用"××搜索引擎"搜索相关关键词后，特定网站上会出现与关键词相关的广告。朱×认为北京××网讯科技公司(被告、上诉人，以下简称"××网讯公司")未经其同意，擅自利用 cookie 技术记录和跟踪了其搜索的关键词，并利用这些记录对自身进行了精准广告投放。其认为该种行为已经侵害了自身个人信息、隐私权，让其感到恐惧；故此起诉至法院。

一审判决

江苏省南京市鼓楼区人民法院经审理认为：一方面，××网讯公司擅自利用 cookie 技术来收集朱×信息进行商业利用的行为，发生在未经朱×同意情形下，故此侵犯了朱×隐私权。另一方面，由于朱×未能证明实际侵害结果，故法

---

* 王耕，山东大学法学院硕士，浙江新台州律师事务所疑案研究中心研究员。

院仅支持了停止××网讯公司侵权的诉讼请求。

二审判决

江苏省南京市中级人民法院经审理认为：第一，××网讯公司收集、利用的网络信息是已具备匿名化特征的非可识别性信息。第二，××网讯公司个性化推荐广告的终端是浏览器，而不是具体的网络个人。第三，考虑到cookie普遍应用、用户已事前默许同意《使用××网讯公司前必读》等因素，判定××网讯公司的个性化推荐行为并不侵犯朱×的隐私权。

二、相关规定

《电信和互联网用户个人信息保护规定》（以下简称《保护规定》）（工业和信息化部令第24号，2013年公布）第4条："本规定所称用户个人信息，是指电信业务经营者和互联网信息服务提供者在提供服务的过程中收集的用户姓名、出生日期、身份证件号码、住址、电话号码、账号和密码等能够单独或者与其他信息结合识别用户的信息以及用户使用服务的时间、地点等信息。"

《侵权责任法》第36条第1款（《民法典》第1194条修正）："网络用户、网络服务提供者利用网络侵害他人民事权益的，应当承担侵权责任。"

《最高人民法院关于审理利用信息网络侵害人身权益民事纠纷案件适用法律若干问题的规定》（下文简称《规定》）（法释〔2014〕11号）第12条第1款："网络用户或者网络服务提供者利用网络公开自然人基因信息、病历资料、健康检查资料、犯罪记录、家庭住址、私人活动等个人隐私和其他个人信息，造成他人损害，被侵权人请求其承担侵权责任的，人民法院应予支持。"

《民法典》第1034条第2款："个人信息是以电子或者其他方式记录的能够单独或者与其他信息结合识别特定自然人的各种信息，包括自然人的姓名、出生日期、身份证件号码、生物识别信息、住址、电话号码、电子邮箱、健康信息、行踪信息等。"

《信息安全技术个人信息安全规范》（以下简称《规范》）（全国信息安全标准化技术委员会GB/T 35273—2020）3.2条："个人敏感信息包括身份证件号码、个人生物识别信息、银行账户、通信记录和内容、财产信息、征信信息、行踪轨迹、住宿信息、健康生理信息、交易信息、14岁以下（含）儿童的个人信息等。"

《规范》附录A.1个人信息举例："……个人上网记录，指通过日志储存的个人信息主体操作记录，包括网站浏览记录、软件使用记录、点击记录等……"

《最高人民法院、最高人民检察院关于办理侵犯公民个人信息刑事案件适用法律若干问题的解释》(以下简称《解释》)(法释〔2017〕10号)第1条:“刑法第二百五十三条之一规定的‘公民个人信息’……包括姓名、身份证件号码、通信通讯联系方式、住址、账号密码、财产状况、行踪轨迹等。”

三、典型案例或做法

案号	裁判立场
陈×诉杭州××有限公司网络服务合同纠纷案/浙江省杭州市中级人民法院之杭州互联网法院成立两周年十大影响力案件	对用户信息进行的cookie记录,能单独或与其他信息结合识别特定自然人个人身份,故属于个人信息。
张×等非法获取公民个人信息案/江苏省泗洪县人民法院(2012)洪刑初字第05056号刑事判决	个人信息的本质特征在于隐私性和识别性。手机定位可以指向特定信息主体、能够显示出被害人的活动轨迹,因此属于刑法中的公民个人信息。
程××诉赵××买卖微信账号合同纠纷案/江苏省江阴市人民法院(2020)苏0281民初7297号民事判决	微信账号不仅绑定了自然人的姓名、身份证号、手机号、银行卡号等信息,还以微信头像、朋友圈、微信运动等形式记载了自然人的个人特征、社会关系、行踪信息等,这些信息能够单独或者与其他信息结合识别特定自然人,故此是个人信息。

四、法理分析

网络用户的浏览记录是否属于个人信息?若属于,那么平台利用cookie技术为用户提供的个性化投放广告行为,是否侵犯了用户个人信息?下文将结合当时审判实践和最新立法动态作出简要分析。

首先,××网讯公司通过cookie技术收集到的信息不属于个人信息。原因在于:一方面,依据《保护规定》(工业和信息化部令第24号,2013年公布)第4条,当时个人信息的“可识别性”认定更倾向于“直接可识别性”标准,而本案朱×通过搜索引擎所形成的检索关键词记录,虽反映了朱×网络轨迹及上网偏好,但该数据信息的“匿名化”特征使其并不符合个人信息的“直接可识别性”要求。另一方面,虽然朱×长期固定使用同一浏览器,但网讯公司在提供个性化推荐服务中,并没有将搜索关键词记录和朱×的个人身份信息联系起来。质言之,××网讯公司个性化投放广告的信息终端是浏览器,并未定向识别使用该浏览器的网络用户身份。

其次，××网讯公司利用 cookie 向用户浏览器精准投放广告的行为，并不侵犯用户的个人信息。原因在于：第一，该行为并不符合当时《规定》（法释〔2014〕11 号）第 12 条所强调的“利用网络公开个人隐私和个人信息”“造成损害”两构成要件。一方面，《侵权责任法》第 36 条只为网络侵权案件提供了原则性指引，而本案发生前刚刚施行的《规定》（法释〔2014〕11 号）则细化并解释了该条款，故此符合本案情形的《规定》（法释〔2014〕11 号）第 12 条应优先适用。另一方面，××网讯公司精准投放广告所应用的检索关键词及算法，均在计算机系统内部完成、并未有任何公开展示行为，加之朱×也未证明自身已遭受的实质性损害，故不符合第 12 条。第二，精准投放广告的个性化推荐服务，在客观上为用户过滤了海量信息，故此网络用户在免费享受该服务便利性的同时，亦应对其不便性持有一定的宽容度。第三，推荐服务只发生在服务器与特定浏览器之间，并未涉及用户。个性化推荐服务只有网络用户主动登录××网讯公司合作网站时才会触发，并非由××网讯公司或合作网站直接向网络用户的私有领域主动推送。

最后值得注意的是，当时法院判决并不必然适用于当下类似案件。原因在于：第一，法院当时论证逻辑不严谨。特定用户使用唯一且固定 IP 地址作为自己信息源，内含的账号密码足以实现精准识别，因此不能当然认为个人网络踪迹信息符合“匿名化”特征。即便认同 cookie 信息符合了匿名化，这也不意味着该类信息“不可识别”。使用存储 cookie 信息的浏览器用户，通常为长期使用某一固定浏览器的特定用户，故 cookie 信息与特定用户之间具有确定的关联性。尤其在技术快速发展的今天，完全存在利用 cookie 信息直接或间接识别网络用户个人身份的可能。第二，随着《民法典》《规范》（全国信息安全标准化技术委员会 GB/T 35273—2020）的生效，个人信息的识别范围呈现扩大趋势。《保护规定》（工业和信息化部令第 24 号，2013 年公布）第 4 条便指出个人信息包括“用户使用服务的时间、地点等信息”，《规范》（全国信息安全标准化技术委员会 GB/T 35273—2020）附录 A.1 则明确指出，个人信息包括“网络浏览记录在内的个人上网记录”。第三，结合《解释》（法释〔2017〕10 号）和侵犯个人信息的刑事判决可知，账号密码、手机定位信息等均属于个人信息。举轻以明重，包含账号密码等多种重要信息在内的 cookie 信息更应纳入民法个人信息范畴。

未经死者其他近亲属同意而达成的“不公平”和解协议，效力如何？

杨　婷

因第三人原因致他人触电身亡，如何认定侵权责任？部分近亲属未经死者其他近亲属同意即与加害人达成的和解协议效力如何？和解协议约定赔偿金额与理应赔偿额差距过大时，能否以显失公平而主张撤销？本文将结合审判实践详述之。

一、案情与裁判

案件名称：王×1、王×2等与房×等触电人身损害责任纠纷案

案情来源：江苏省宿迁市中级人民法院(2019)苏13民终2901号民事判决

案情简介：

房×、孙×等五人(被告、被上诉人)系合伙关系，于2018年9月17日在伐木过程中因树木刮到电线致电线杆折断，并导致李×触电死亡。2018年9月18日，王×1(原告、上诉人)与房×等五人在中扬派出所的主持下签订《和解协议》，约定：(1)房×等五人补偿死者李×家属王×1人民币170000元。(2)李×的家属同意对所有在场买树人员谅解。(3)李×的家属不再对所有在场买树人员主张民事赔偿。(4)双方就此事达成和解，补偿款交付后协议生效。协议签订后，房×等五人将170000元交至中扬派出所，但王×1暂未领取。被树木砸倒的电线杆及电线的实际用电人为王×1，案涉电线为三相380伏低压供电，登记用电人为双河××站。

2019年7月9日，王×1(李×丈夫)、王×2(李×女儿)、王×3(李×儿子)及解×(李×母亲，其父已去世)共四人(原告、上诉人)将房×等五人及电力公司诉至法院，请求撤销《和解协议书》，并请求各被告赔偿原告各项损失合计1518976.5元。

一审判决

江苏省宿迁市宿城区人民法院经审理认为：致李×受害的电线杆、电线属于受电设施，应由所有人或使用人进行维护管理，供电方并无维护管理义务及安装触电保护器的义务，宿迁供电公司无需承担赔偿责任。王×1已与房×等五人达成和解协议，且房×等已按和解协议履行义务，故王×1再次主张其承担赔偿责任无事实及法律依据，不予支持。王×1系王×2、王×3的监护人，受害人李×死亡后，王×1作为受害人一方签订和解协议并无不当，王×1的行为后果应及于王×2、王×3，故王×2、王×3再次主张赔偿，亦无事实及法律依据，不予支持。因解×系成年人，房×等无证据证明王×1签订协议书时有权代理解×，故解×的诉请应予支持。判决房×等于判决生效之日起十日内赔偿解×411927元，驳回王×1、王×2、王×3、解×的其他诉讼请求。

二审判决

江苏省宿迁市中级人民法院经审理认为：本案中王×1、王×2、王×3请求撤销《和解协议》构成重复起诉。《和解协议》系双方当事人的真实意思表示，内容不违反法律规定，合法有效。王×1作为完全民事行为能力人，应当能够意识到在协议上签字的法律后果，并对自己的行为承担相应的责任。该协议应当对王×2、王×3发生法律效力，王×2、王×3均无权再次要求房×等支付赔偿款。

二、相关规定

《电力法》(2018修正)第60条第3款："因用户或者第三人的过错给电力企业或者其他用户造成损害的，该用户或者第三人应当依法承担赔偿责任。"

《侵权责任法》第16条(《民法典》第1179条修正)："侵害他人造成人身损害的，应当赔偿医疗费、护理费、交通费等为治疗和康复支出的合理费用，以及因误工减少的收入。造成残疾的，还应当赔偿残疾生活辅助具费和残疾赔偿金。造成死亡的，还应当赔偿丧葬费和死亡赔偿金。"

《侵权责任法》第18条(《民法典》第1181条修正)："被侵权人死亡的，其近亲属有权请求侵权人承担侵权责任。被侵权人为单位，该单位分立、合并的，承继权利的单位有权请求侵权人承担侵权责任。被侵权人死亡的，支付被侵权人医疗费、丧葬费等合理费用的人有权请求侵权人赔偿费用，但侵权人已支付该费用的除外。"

《最高人民法院关于审理人身损害赔偿案件适用法律若干问题的解释》(法释〔2003〕20号)第17条[《最高人民法院关于审理人身损害赔偿案件适用法律若干问题的解释》(2022修正)(法释〔2022〕14号)已删除]:“受害人遭受人身损害,因就医治疗支出的各项费用以及因误工减少的收入,包括医疗费、误工费、护理费、交通费、住宿费、住院伙食补助费、必要的营养费,赔偿义务人应当予以赔偿。受害人因伤致残的,其因增加生活上需要所支出的必要费用以及因丧失劳动能力导致的收入损失,包括残疾赔偿金、残疾辅助器具费、被扶养人生活费,以及因康复护理、继续治疗实际发生的必要的康复费、护理费、后续治疗费,赔偿义务人也应当予以赔偿。受害人死亡的,赔偿义务人除应当根据抢救治疗情况赔偿本条第一款规定的相关费用外,还应当赔偿丧葬费、被扶养人生活费、死亡补偿费以及受害人亲属办理丧葬事宜支出的交通费、住宿费和误工损失等其他合理费用。”

《最高人民法院关于适用〈中华人民共和国刑事诉讼法〉的解释》(法释〔2012〕21号)第497条[《最高人民法院关于适用〈中华人民共和国刑事诉讼法〉的解释》(法释〔2021〕1号)第588条修正]:“符合刑事诉讼法第二百七十七条规定的公诉案件,被害人死亡的,其近亲属可以与被告人和解。近亲属有多人的,达成和解协议,应当经处于同一继承顺序的所有近亲属同意。被害人系无行为能力或者限制行为能力人的,其法定代理人、近亲属可以代为和解。”

三、典型案例或做法

案号	裁判立场
楚××、王××等触电人身损害责任纠纷案/湖南省湘潭县人民法院(2022)湘0321民初1466号民事判决	县供电公司系10千伏电力线路的经营者和管理人,该线路为架空高压线,楚××在该高压线下触电死亡,县供电公司未能证明损害是因受害人的故意或者不可抗力造成的,故应当承担侵权责任。涉案高压线经过的事发地为水田和池塘边,经本院现场勘查县电力公司在事发地附近的电线杆下未设置警示标志,具有明显过错。死者作为具有完全民事行为能力的成年人,应当知道在高压线下钓鱼存在人身危险性,而忽视自身安全,导致了触电死亡的后果,其对损害后果的发生存在重大过失,依法应当减轻被告的责任。

续表

案号	裁判立场
褚××与××水运有限公司海上人身损害责任纠纷案/浙江省高级人民法院(2015)浙海终字第137号民事判决	双方和解协议明确约定:双方其他无争议,褚××今后不得就受伤一事再向薛×乙、××海运有限公司、××水运有限公司等任何个人、单位提出任何形式的主张或要求。从该协议的约定内容和履行情况看,褚××对于案外人薛×甲代表薛×乙签字并履行协议无异议,对于该协议系针对其与××水运有限公司海上人身损害赔偿纠纷的一次性解决有清楚的认识。尤其在褚××有代理律师的情况下,可以认为其签字系在接受了律师专业意见的基础上作出,应为其真实意思表示,并非受欺诈所作出。之后褚××也收到了全部赔偿款项,并自动撤诉。褚××认为系受欺诈签订和解协议而撤诉,未提供相应证据证明,不予支持。
赵××等诉牛××触电人身损害责任纠纷案/河南省郑州市中级人民法院(2015)郑民三终字第961号民事判决	原审法院依法酌定供电公司承担45%的赔偿责任。赵××等的合理损失有:丧葬费18979元、死亡赔偿金265178.2元,共计284157.2元。按照上述责任比例,供电公司赔偿原告损失127870.7元。根据赵××等及供电公司所承担的赔偿责任,及赵××等所承受的精神痛苦等,原审法院依法酌定供电公司给付赵××等精神抚慰金20000元。赵××等虽与供电公司达成赔偿协议,但赔偿数额明显低于受害人家属可取得数额,据此可认定前述协议显失公平,对赵××要求撤销和解协议的诉讼请求,原审法院依法予以支持。

四、法理分析

本案责任主体、和解协议效力以及是否构成重复起诉等问题均有待进一步厘清,下文将结合审判实践作出简要分析。

第一,关于本案责任主体。房×等五人在伐木过程中因树木刮到电线致电线杆折断,并导致李×触电死亡,该行为对李×构成共同侵权,房×等应当承担连带责任。争议在于供电公司是否对李×的死亡承担赔偿责任。《侵权责任法》第28条规定,损害是因第三人造成的,第三人应当承担侵权责任。同时《电力法》第60条第3款也规定,因第三人的过错给用户造成损害的,该第三人应依法承担赔偿责任。据此,供电公司能否因第三人原因而免除其赔偿责任?《侵权责任法》第28条作为不完全法条,具体适用需结合其他具体法律或规章。而《电力法》第60条第2款明确电力企业免责事由有二:不可抗力与用户自身过错，则规定于该条第3款的第三人原因，自然不再属于电力企业的免责事由。如此，尽管李×触电死亡系因房×等第三人原因所致，但并不能当然排除供电公司的赔偿责任。又因《侵权责任法》第73条规定高压设施致人损害的高度危险责任适用无过错责任原则，故本案中供电公司应当据此承担相应赔偿责任。

第二，关于房×等赔偿范围及金额。《侵权责任法》第16条规定，侵害他人造成人身损害的，应当赔偿医疗费、护理费、交通费等为治疗和康复支出的合理费用，以及因误工减少的收入。侵害他人造成死亡的，应当赔偿丧葬费和死亡赔偿金。此外，王×1等人能否请求赔偿被扶养人生活费？《侵权责任法》未对此提及，但《最高人民法院关于审理人身损害赔偿案件适用法律若干问题的解释》(法释〔2003〕20号)(以下简称《人身损害司法解释》)第17条明确了受害人因伤致残的可请求被扶养人生活费赔偿。笔者认为，既然因伤致残可以请求赔偿被扶养人生活费，举轻以明重，致人死亡当然可以请求被扶养人生活费赔偿。这也符合立法者最大限度保护受害人之立法目的——2022年修正的《人身损害司法解释》(法释〔2022〕14号)第16条明确规定："被扶养人生活费计入残疾赔偿金或者死亡赔偿金。"据此，本案中房×等的赔偿项目及具体金额如下：丧葬费29903元；近亲属治丧误工费871元；死亡赔偿金922000元(47200/年×20)；王×3抚养费220965元、王×2抚养费147310元，共计1321049元。

第三，关于《和解协议》效力问题。首先，《和解协议》显失公平，王×1有权撤销。一方面，客观上，《和解协议》约定赔偿金额与房×等理应赔偿金额差距过大，双方利益失衡。如上文所述，房×等理应赔偿李×近亲属1321049元，而《和解协议》约定赔偿金额为170000元，与理应赔偿金额相差110万余元。二者利益严重失衡。另一方面，主观上，王×1在签订《和解协议》时极度痛苦且缺乏经验，处于弱势地位。9月17日，李×触电死亡，9月18日，房×等即与王×1在中扬派出所的主持下签订《和解协议》。协议签订之日与李×死亡仅隔一天时间，王×1作为死者近亲属尚处于极度精神痛苦中，加之其本身对致人死亡的赔偿范围及金额较为陌生，且未咨询律师，其对《和解协议》中的赔偿金额并无清醒认知。此种境遇下，房×等与之签订《和解协议》，系利用王×1处于危困状态、缺乏判断能力而作出的显失公平行为，根据《民法总则》第151条规定，受损害方王×1有权请求人民法院或者仲裁机构予以撤销。

其次，《和解协议》效力及于王×2、王×3，但不及于解×。本案中，王×1、王×2、王×3及解×均为死者李×之近亲属，对赔偿金享有相应权益，属《和解协议》权利人一方。签订和解协议本质是合同行为，上述权利人应当就其合同意思先行达成一致，再与房×等就和解事项进行协商。《最高人民法院关于适用〈中华人民共和国刑事诉讼法〉的解释》（法释〔2012〕21号）第497条明确规定："近亲属有多人的，达成和解协议，应当经处于同一继承顺序的所有近亲属同意。"本案中王×1作为王×2与王×3的法定监护人，可直接代理其未成年子女签订协议。解×作为完全民事行为能力人，王×1未经其同意即与房×等签订《和解协议》，则该协议未经解×追认对解×不生效力，解×有权另行主张其权益。

重大疾病患者在术后死亡，如何认定医院的侵权责任？

王　超*

重病患者术后多器官功能衰竭，进而引发感染性休克，最终患者发生死亡。法院根据患者家属的申请，委托鉴定机构出具鉴定意见，结合《民法典》如何分析医院的不当诊疗行为以及该行为与患者死亡之间的因果关系？如何认定医院的侵权责任？如何认定医院存在过错？如何确定医院应当承担的赔偿责任？本文将结合审判实践详述之。

一、案情与裁判

案件名称：邹××、王××等医疗损害责任纠纷案

案情来源：江西省赣州市章贡区人民法院(2022)赣0702民初4645号民事判决

案情简介：

2021年4月14日，患者王××因病进入被告赣州市××医院(南院)(被告，以下简称“医院”)处肝胆胰外科住院诊疗，入院进行初步诊断。2021年4月21日患者进行了腹腔内肝胆部、肠部等的手术。之后进行了剖腹探查，腹腔止血及腹腔内血肿清创术手术。此后进行了暂时性气管切开手术。6月6日患者王××因多器官功能衰竭，内环境差，循环难以维持，经抢救无效死亡，死亡原因为感染性休克。患者死亡后，其妻子邹××、女儿王××(原告)与医院协商赔偿事宜未果，遂致讼。

另查明，两原告申请对被告的案涉诊疗行为是否存在过错等进行鉴定，江西省赣州市章贡区人民法院依法委托江西××医学司法鉴定所进行鉴定，并出

* 王超，山东大学法学院硕士研究生，浙江新台州律师事务所疑案研究中心研究员。

具医疗损害司法鉴定意见书，该鉴定意见认为：医院在对患者王××的诊疗过程中存在"对手术风险评估不足、肝癌术中止血不彻底和抗休克诊疗措施不力"的医疗过错，该过错与患者死亡损害后果之间存在一定因果关系，其原因力大小评定为次要原因。

法院判决

江西省赣州市章贡区人民法院经审理认为：公民的生命权受法律保护。本案中原告邹××及王××系死者王××的近亲属，有权针对案涉医疗事故提起诉讼。根据鉴定意见，医院在本起医疗事故中存在过错，与患者死亡后果存在因果关系，应承担次要责任。因此，本院确定被告对原告的损失承担30%的赔偿责任，其余损失由两原告自行承担。

二、相关规定

《民法典》第1218条："患者在诊疗活动中受到损害，医疗机构或者其医务人员有过错的，由医疗机构承担赔偿责任。"

《民法典》第1219条："医务人员在诊疗活动中应当向患者说明病情和医疗措施。需要实施手术、特殊检查、特殊治疗的，医务人员应当及时向患者具体说明医疗风险、替代医疗方案等情况，并取得其明确同意；不能或者不宜向患者说明的，应当向患者的近亲属说明，并取得其明确同意。医务人员未尽到前款义务，造成患者损害的，医疗机构应当承担赔偿责任。"

《民法典》第1221条："医务人员在诊疗活动中未尽到与当时的医疗水平相应的诊疗义务，造成患者损害的，医疗机构应当承担赔偿责任。"

《民法典》第1222条："患者在诊疗活动中受到损害，有下列情形之一的，推定医疗机构有过错：（一）违反法律、行政法规、规章以及其他有关诊疗规范；……"

《民事诉讼法》第66条："证据包括：……（七）鉴定意见；……证据必须查证属实，才能作为认定事实的根据。"

《医疗事故处理条例》第49条："医疗事故赔偿，应当考虑下列因素，确定具体赔偿数额："（一）医疗事故等级；（二）医疗过失行为在医疗事故损害后果中的责任程度；（三）医疗事故损害后果与患者原有疾病状况之间的关系。不属于医疗事故的，医疗机构不承担赔偿责任。"

三、典型案例或做法

案号	裁判立场
余×惠、李×1、李×2诉重庆××医院医疗事故损害赔偿纠纷抗诉案/最高人民法院(2013)民抗字第55号民事判决	最高人民法院再审认为:李×富死亡的原因系脓毒败血症继发全身多器官功能衰竭所致,主要与其个人体质和所患疾病有关;但重庆××医院在对前来就诊的患者李×富进行治疗的过程中,其医疗行为存在过错,并与患者死亡之间存在一定的因果关系,应当承担次要责任。二审判决根据鉴定机构的鉴定意见,结合本案实际情况,确定重庆××医院对李×富死亡造成的经济损失承担40%的赔偿责任,是正确的。原审判决对于住院伙食补助费、陪护费、丧葬费、交通费数额的认定,具有事实和法律依据;对精神损害抚慰金数额的确认也符合重庆××医院在本案中承担次要责任的实际情况,法院予以维持。余×惠、李×1、李×2要求增加精神损害抚慰金的主张法律依据不足,法院不予支持。
贺×娜、李×莲、贺×强等与××市中心医院医疗损害责任纠纷案/陕西省渭南市临渭区(渭南县)人民法院(2021)陕0502民初7071号民事判决	本院认为,本案经渭南市中级人民法院委托,依程序共同选定陕西××司法鉴定中心,该鉴定中心依据经双方当事人进行质证并认可的鉴材病历,作出司法鉴定意见书,对该司法鉴定结论予以采信。根据该司法鉴定意见书,被告医院的过错与贺××死亡结果的发生有因果关系(轻微参与度),故由被告医院承担20%责任。根据原告提供的贺××在渭南市第二医院住院病历显示是诊疗左侧踝关节骨折,与本案无关联性,对被告医院认为根据西安市临潼区人民法院(2021)陕0115民初3134号民事调解书本案原告为重复赔偿的辩称不予支持。
孙××、付×等医疗损害责任纠纷案/辽宁省沈阳市铁西区人民法院(2021)辽0106民初10178号民事判决	患者在诊疗活动中受到损害,医疗机构及其医务人员有过错的,由医疗机构承担赔偿责任。本案中,经鉴定沈阳××医院对被鉴定人付×海的诊疗过程存在医疗过错,该医疗过错与被鉴定人死亡的损害后果存在因果关系;建议原因力为次要同等原因。故本院确定被告应对付×海因医疗过错产生的损害后果承担50%的赔偿责任。被侵权人死亡的,其近亲属有权请求侵权人承担侵权责任。因付×海于死亡,二原告作为付×海的近亲属,有权请求被告承担侵权责任。

四、法理分析

本案中,结合《民法典》如何分析医院的不当诊疗行为以及该行为与患者死亡之间的因果关系?如何认定医院过错?如何认定医院的侵权行为?如何确定医院应当承担的赔偿责任？结合侵权责任的构成要件作出如下分析。

首先，医院存在不当的诊疗行为，且该行为与患者死亡存在因果关系。具体分析如下，第一，依据《民法典》第1218条规定，患者受到损害，要认定医院是否存在违法行为，应当以医院是否违反诊疗义务为前提。第二，本案中，术前，医院在手术风险评估不准确的情况下进行手术，未充分履行相应的检查义务和告知义务，违反了手术风险评估制度；术中和术后，医院止血不彻底和抗休克措施不力的行为，未尽到与当下医疗水平相对应的诊疗注意义务，故医院存在不当的诊疗行为。第三，不当诊疗行为和患者死亡之间存在因果关系。若没有遭受上述不当诊疗行为，患者的生存时间会得到延长，正是医院在术中止血不彻底和所采取的抗休克措施不力的行为加速了患者死亡，故医院的不规范诊疗行为与患者死亡之间存在因果关系。故医院存在不当诊疗行为且与患者死亡之间存在因果关系。

其次，医院的过错应当根据其是否违反诊疗义务进行认定。其一，对于医疗过错要从主观上是否尽到注意义务和客观上是否违反注意义务认定医方是否尽到注意义务，本案中，医院的诊疗行为违反了《民法典》第1219和1221条中规定的注意义务，认定医院存在医疗过失；其二，依据《民事诉讼法》第66条，司法鉴定意见是证据的一种形式，其来源合法，可以作为认定案件事实的根据，本案中的司法鉴定意见可以证明医院存在医疗过失。因此，依据《民法典》1218条规定，医院应当承担侵权责任。

最后，根据医院的过错和原因力大小认定医院的赔偿责任。本案中，患者出现感染性休克并死亡的原因有二，一是患者自身的体质问题，患者重病且日渐加重，免疫功能低下，手术后各器官勉强维持正常运转，考虑到患者身体健康状况，其发生多器官衰竭进而诱发感染性休克的概率较大，故自身体质问题为主要原因；二是医院的过错。在典型案例一中，最高人民法院根据司法鉴定意见书认定医院的行为为次要原因，其主要原因与患者个人体质和所患疾病有关，故最高人民法院认定医院承担次要责任。由于自身体质对死亡的影响应由患者承担，而医院仅需要承担因其过错造成的损害，结合司法鉴定意见以及依据《医疗事故处理条例》第49条，本案中，医院的过错存在于手术风险评估、术中和术后诊疗措施的实施方面，其违反诊疗义务的行为是导致死亡结果的次要原因，故法院根据医院的过错程度、违反诊疗义务的行为与死亡结果之间的次要因果关系，认定医院应当承担赔偿责任。

当事人对鉴定结论有异议，医院的侵权责任如何认定？

张　坤[*]

当事人对鉴定机构出具的鉴定结论有异议，鉴定结论的证明力和医院的侵权责任如何认定？本文将结合具体案例作出简要分析。

一、案情与裁判

案件名称：苏×华等诉广西××大学第一附属医院医疗损害责任纠纷案

案情来源：北京市第一中级人民法院(2022)京 01 民终 3381 号民事判决

案情简介：

2011 年 3 月 25 日，苏×因右胁部隐痛就诊于广西××大学第一附属医院(被告，上诉人，以下简称“附属医院”)，于 4 月 2 日进行肝癌切除术治疗。5 月 12 日在介入治疗室进行支架手术，苏×于 6 月 9 日呼吸停止，被宣布抢救无效死亡。

胡××、苏×华、苏×晨(原告，被上诉人)认为附属医院、山东××医疗器械有限公司(被告，以下简称“器械公司”)在对苏×的诊疗中存在过错，两者共同造成了患者死亡的损害结果。之后，北京×大司法鉴定所出具的鉴定意见为：附属医院对苏×的诊疗行为存在过错，其过错与苏×的死亡后果之间存在一定因果关系，建议附属医院的责任关联度为轻微责任至次要责任范围。另外，北京×正司法鉴定所在原审法院委托下出具鉴定意见书：器械公司在苏×的医疗过程中不存在医疗过错。原告对鉴定意见的责任比例不予认可，故向北京市海淀区人民法院起诉，请求判令附属医院、器械公司共同按 100％的民事赔偿责任赔偿费用，且请求判令附属医院、器械公司共同按 100％的民事责任承担

* 张坤，山东大学法学院硕士研究生，浙江新台州律师事务所疑案研究中心研究员。

患者在附属医院发生的住院医疗费(尚欠部分)。

一审判决

北京市海淀区人民法院经审理认为:一方面,附属医院对苏×的诊疗行为存在过错,其过错与苏×的死亡后果之间存在一定因果关系,附属医院承担30%的赔偿责任。因原告未举证证明器械公司存在过错,且本案在原审中亦有鉴定机关出具鉴定意见表明器械公司在苏×的医疗过程中不存在医疗过错,故器械公司不承担侵权责任。另一方面,附属医院应赔偿原告相关费用,有关赔偿费用计算标准以广西壮族自治区的标准为准。

二审判决

北京市第一中级人民法院经审理认为:因现没有证据表明鉴定机构及鉴定人员不具有鉴定资质、鉴定程序违法等应重新鉴定的情形,故本院对该鉴定意见予以采信。结合实际情况,一审法院酌情认定附属医院承担30%的赔偿责任并无不当,由此判定的精神损害抚慰金亦无不当之处。故此,附属医院的上诉请求不能成立,应予驳回;一审判决认定事实清楚,适用法律正确,应予维持。

二、相关规定

《侵权责任法》第54条(《民法典》第1218条):"患者在诊疗活动中受到损害,医疗机构或者其医务人员有过错的,由医疗机构承担赔偿责任。"

《侵权责任法》第55条(《民法典》第1219条修正):"医务人员在诊疗活动中应当向患者说明病情和医疗措施。需要实施手术、特殊检查、特殊治疗的,医务人员应当及时向患者说明医疗风险、替代医疗方案等情况,并取得其书面同意;不宜向患者说明的,应当向患者的近亲属说明,并取得其书面同意。医务人员未尽到前款义务,造成患者损害的,医疗机构应当承担赔偿责任。"

《侵权责任法》第58条(《民法典》第1222条修正):"患者有损害,因下列情形之一的,推定医疗机构有过错:(一)违反法律、行政法规、规章以及其他有关诊疗规范的规定;(二)隐匿或者拒绝提供与纠纷有关的病历资料;(三)伪造、篡改或者销毁病历资料。"

《最高人民法院关于审理医疗损害责任纠纷案件适用法律若干问题的解释》(法释〔2020〕17号)第8条:"当事人依法申请对医疗损害责任纠纷中的专门性问题进行鉴定的,人民法院应予准许。当事人未申请鉴定,人民法院对前款规定的专门性问题认为需要鉴定的,应当依职权委托鉴定。"

《最高人民法院关于审理医疗损害责任纠纷案件适用法律若干问题的解释》(法释〔2020〕17号)第11条:“委托鉴定书,应当有明确的鉴定事项和鉴定要求。鉴定人应当按照委托鉴定的事项和要求进行鉴定。下列专门性问题可以作为申请医疗损害鉴定的事项:(一)实施诊疗行为有无过错;(二)诊疗行为与损害后果之间是否存在因果关系以及原因力大小;(三)医疗机构是否尽到了说明义务、取得患者或者患者近亲属明确同意的义务;(七)其他专门性问题。鉴定要求包括鉴定人的资质、鉴定人的组成、鉴定程序、鉴定意见、鉴定期限等。”

《最高人民法院关于审理医疗损害责任纠纷案件适用法律若干问题的解释》(法释〔2020〕17号)第26条:“本院以前发布的司法解释与本解释不一致的,以本解释为准。本解释施行后尚未终审的案件,适用本解释;本解释施行前已经终审,当事人申请再审或者按照审判监督程序决定再审的案件,不适用本解释。”

《最高人民法院关于适用〈中华人民共和国民事诉讼法〉的解释》(法释〔2022〕11号)第90条(以下简称《民诉法解释》):“当事人对自己提出的诉讼请求所依据的事实或者反驳对方诉讼请求所依据的事实,应当提供证据加以证明,但法律另有规定的除外。在作出判决前,当事人未能提供证据或者证据不足以证明其事实主张的,由负有举证证明责任的当事人承担不利的后果。”

《民诉法解释》(法释〔2022〕11号)第108条:“对负有举证证明责任的当事人提供的证据,人民法院经审查并结合相关事实,确信待证事实的存在具有高度可能性的,应当认定该事实存在。”

三、典型案例或做法

案号	裁判立场
余××、李×1、李×2诉重庆××医院医疗事故损害赔偿纠纷抗诉案/最高人民法院(2013)民抗字第55号民事判决	李××死亡的原因主要与其个人体质和所患疾病有关;但被告重庆××医院在对前来就诊的患者李××进行治疗的过程中,其医疗行为存在过错,并与患者死亡之间存在一定的因果关系,应当承担次要责任。根据鉴定机构的鉴定意见,结合本案实际情况,确定重庆××医院对李××死亡造成的经济损失承担40%的赔偿责任。

续表

案号	裁判立场
高××诉邳州市××医院过失诊疗损害赔偿纠纷案/江苏省邳州市人民法院(2014)邳民初字第4836号民事判决	被告邳州市××医院在诊疗过程中存在多种过错，在无法明确区分邳州市××医院诊疗过错行为对高××损害后果原因力具体份额的情况下，法院判令邳州市××医院对高××的损害承担主要的赔偿责任更为合理。为增强被告邳州市××医院医疗人员的医疗责任心及风险防范意识，规范其医疗行为，进一步提高其医疗技术水平，避免类似医疗损害的发生，并从有效保护患者的角度考虑，酌情确定被告对原告的损失承担60%的赔偿责任。
张×等诉山东××医院有限责任公司医疗损害责任纠纷案/山东省潍坊市中级人民法院(2022)鲁07民终6763号民事判决	张×等人要求被告山东××医院有限责任公司承担侵权责任，则应当对山东××医院有限责任公司具有过错以及其过错行为与患者张××的死亡具有因果关系承担证明责任。张×等人主张山东××医院有限责任公司诊疗行为存在过错，但并未就此提交充分证据加以证明，亦未进行尸检或申请医疗损害鉴定，故其主张不能成立。

四、法理分析

本案争议焦点是，原告对鉴定结论有异议时，法院如何认定鉴定结论的证明力和医院的侵权责任，下文将结合审判实践作出分析。

首先，本案司法鉴定符合法律规定，法院认定鉴定意见书具有证据能力。依照《最高人民法院关于审理医疗损害责任纠纷案件适用法律若干问题的解释》(法释〔2020〕17号)第26条规定，该解释施行后尚未终审的案件，适用该解释，本案于2022年审结，故应适用该解释。依照该解释第8条和第11条，原告申请就附属医院、器械公司的行为是否存在过错等专门性问题进行鉴定，鉴定人按照委托要求进行了鉴定。本案并无证据表明存在鉴定人员不具有鉴定资质、鉴定程序违法、鉴定依据明显不足等应重新鉴定的情形，故鉴定意见书具有证据能力，可以作为法官认定过错和因果关系的参考依据。

其次，法院认定鉴定结论具有证明力，附属医院应承担侵权责任，器械公司不承担责任。一方面，依据《侵权责任法》第54条和第55条规定，附属医院应履行足够的告知义务，但其在本案中未向患者告知原发性肝癌不同治疗方法的利弊，造成患者损害，法院认定附属医院存在过错，应该承担赔偿责任。另一方面，依据《侵权责任法》第58条，附属医院关于肝癌切除手术没有术前讨论，未尽到审慎注意义务，该行为违反诊疗规范，由此推定附属医院的诊疗行为存在过错，而附属医院未能举证其不存在过错。参考鉴定意见，附属医院未履行足够的审慎注意义务，导致苏×死亡风险增加，换言之，如果医方能够尽早发现和诊断，或者早一些外请专家会诊，对苏×的病情控制会更有利，治愈可能性会增加。医方的过错行为减少了苏×的存活可能性，因此法院认定医方诊疗行为与苏×死亡后果之间存在相当因果关系。依照2022年《民诉法解释》第108条的规定，法院经审查并结合相关事实确信鉴定意见中的待证事实有高度可能性，故认定鉴定结论具有证明力。最终法院认定附属医院构成侵权，应承担赔偿责任。另外，依照2022年《民诉法解释》第90条的规定，本案在原审中有鉴定机关出具鉴定意见表明器械公司在医疗过程中不存在过错，原告未提供证据证明其反驳意见，应承担不利后果，故法院认定器械公司不承担责任。

最后，根据院方的过错和原因力大小，酌定附属医院承担30%的赔偿责任。虽然鉴定意见建议院方的责任关联度为轻微责任至次要责任范围(具体参与度建议为10%～35%)，但需要注意的是，过错参与度是司法鉴定中的一项鉴定事项，而医院对损害赔偿的承担比例是法院在裁判过程中的一项判决事项，两者并非简单的依从关系。参考典型案例一，最高人民法院认为李××的死亡原因主要与其个人体质和所患疾病有关，但重庆××医院医疗行为存在过错，并与患者死亡之间存在着一定的因果关系，应当承担次要责任。加害人只对其行为的原因力所及的损害负责，受害人特殊体质造成的损害应由受害人承受。具体到本案，法院综合考虑苏×自身长期患病，院方在诊疗中未尽告知义务和审慎注意义务存在过错，并且诊疗行为与苏×死亡存在一定的因果关系，属于次要原因，故酌定附属医院承担30%的赔偿责任，并无不当。

多名未成年人共同实施侵权行为时如何承担侵权责任?

张樱颍*

二人以上基于共同故意而针对同一对象共同实施侵权行为、造成同一损害结果的，属于共同侵权行为，应当承担连带责任。未成年人有无责任能力？数名未成年人实施共同侵权行为时能否承担侵权责任？其监护人如何承担侵权责任？本文将结合审判实践作出简要说明。

一、具体案情

案件名称：甘肃21岁男子被8名未成年人活埋案

案情来源：《甘肃21岁男子被8名未成年人活埋！惊人细节曝光！律师发声》，2022年8月10日，https://baijiahao.baidu.com/s? id=1740756263091971186&wfr=spider&for=pc①

案情简介：

2022年7月30日，永昌县公安局接到木县居民毛×报警称，其子毛××（男，21岁）于7月29日13时许外出失联，请求帮助寻找。接报后，永昌县公安局迅速开展查找及相关工作。8月1日凌晨1时许，获取失联人员疑似被侵害的相关线索后，立即启动命案侦破机制，开展侦查工作，当日将郭××（男，14岁）等8名犯罪嫌疑人全部抓获归案。经查，受害人毛××经同学介绍与犯罪嫌疑人郭××女友相识后，郭××对受害人跟踪其女友不满产生报复念头，遂纠集吴×等8人（均系未成年人）于7月29日至30日多次对毛××进行殴打致其昏迷后掩埋，犯罪嫌疑人对殴打受害人的部分过程拍摄了视频。根据犯罪嫌

* 张樱颍，山东大学法学院硕士研究生，浙江新台州律师事务所疑案研究中心研究员。

① 本案例尚未开展审判，尚无判决全文。

疑人供述，在永昌县城关镇一山坡处找到毛××被掩埋的尸体。目前，永昌县公安局已依法对8名犯罪嫌疑人刑事拘留，犯罪嫌疑人对犯罪事实供认不讳，案件正在进一步侦办中。

二、相关规定

《民法典》第1168条："二人以上共同实施侵权行为，造成他人损害的，应当承担连带责任。"

《民法典》第1188条："无民事行为能力人、限制民事行为能力人造成他人损害的，由监护人承担侵权责任。监护人尽到监护职责的，可以减轻其侵权责任。有财产的无民事行为能力人、限制民事行为能力人造成他人损害的，从本人财产中支付赔偿费用；不足部分，由监护人赔偿。"

《民法典》第19条："八周岁以上的未成年人为限制民事行为能力人，实施民事法律行为由其法定代理人代理或者经其法定代理人同意、追认；但是，可以独立实施纯获利益的民事法律行为或者与其年龄、智力相适应的民事法律行为。"

三、典型案例或做法

案号	裁判立场
覃×、邹××生命权、健康权、身体权纠纷案/广西壮族自治区玉林市中级人民法院（2020）桂09民终2266号民事判决	梁×1、廖××、温×、梁×2、陈×等五人属于实施共同侵权行为或教唆、帮助他人实施侵权行为的人，梁×1等五人应当对黄×遭受的人身伤亡承担连带赔偿责任。其中，梁×1直接捅伤黄×的行为过错最为明显，应承担主要的赔偿责任，其余四人则按照各自过错分别承担相应的赔偿责任。此外，由于陈×未满18周岁，其父母也应当与其共同承担赔偿责任。
董×等与左××生命权、健康权、身体权纠纷案/北京市高级人民法院（2017）京民再66号民事判决	原告左××与被告董×、董××因事发生口角，后推搡期间被告二人致左××受伤，经鉴定造成原告十级伤残。本院经审理认为在左××受伤过程中，董××、董×二人存有共同侵权的主观故意，实施了共同侵权行为，构成了共同侵权，故原审判决关于二人应承担连带赔偿责任的认定符合相关法律规定。

续表

案号	裁判立场
岳××与付××、葫芦岛市×××九年一贯制学校及一审被告、二审被上诉人齐××、匡××、马×生命权、健康权、身体权纠纷案/辽宁省高级人民法院(2015)辽审三民申字第381号民事判决	被告齐××被付××及案外人等人殴打后双方产生矛盾，付××又纠集多人与齐××、岳××、匡××、马×相互殴打，进而导致付××重伤的后果。原审判决认定岳××等四人构成共同侵权行为并判决其法定代理人对付××的经济损失承担连带责任并无不当，因此驳回岳××的再审申请。

四、法理分析

多个行为人主观上具有共同侵害他人权益的意思联络，客观上针对同一对象共同实施侵权行为，且各侵权行为结合造成同一损害结果的，属于共同侵权行为，各行为人应当对损害结果承担连带责任。限制民事行为能力人的责任能力有限，在实施共同侵权行为时应由其监护人承担替代责任，各监护人应对被侵权人承担连带责任。具体分析如下。

首先，郭××等8人殴打并活埋被害人的行为属于共同侵权行为。本案中，郭××事前纠集吴×共8人共同进行报复，可知8人事前具有共同侵害他人权利的意思联络，主观上具有共同故意。郭××等8人共同殴打被害人致其昏迷并掩埋，客观上各自针对同一对象实施加害行为，造成被害人死亡这一损害结果，各行为之间存在关联性且损害结果具有整体性。并且8人实施的侵权行为整体与被害人死亡的结果之间存在因果关系，因此郭××等8人的行为属于共同侵权行为。

其次，郭××等8人均系限制民事行为能力人，应由监护人承担替代责任。我国《民法典》第1188条规定，限制民事行为能力人造成他人损害的，由其监护人承担侵权责任。本案中郭××等8人均系14岁左右的未成年人，属于限制民事行为能力人，其缺乏充分对自己行为法律后果的认识和控制能力，为保证被害人能够得到充足救济，需由限制民事行为能力人的监护人承担替代责任。因此，本案中应由郭××等人的监护人承担替代责任。此外，根据《民法典》1188条第2款规定，若郭××等人有财产的，应先从本人财产中支出赔偿费用，不足部分由监护人赔偿。

最后，郭××等8人的监护人对被侵权人应当承担连带责任。根据《民法典》第1168条规定，郭××等8人实施共同侵权行为，应当承担连带责任。依前文所述，郭××等8人的监护人承担替代责任，因此郭××等8人的监护人应对被侵权人承担连带责任，被侵权人可向任一监护人主张全部赔偿责任。而各监护人内部则应按照郭××等8人在共同侵权行为中的过错程度以及对损害结果的原因力大小来确定各自的责任大小，进而确定各自的赔偿数额，实际承担了超出其应承担份额的赔偿责任的监护人有权向其他监护人追偿。

值得注意的是，为了有效对抗犯罪、使未成年人为自己严重的犯罪行为承担责任，2021年《刑法修正案(十一)》修改了刑法第17条规定，下调了承担刑事责任的年龄，但根据我国《民法典》的规定，未成年人的侵权责任由监护人替代承担。本案中郭××等8人可能需要对自己行为承担刑事责任，但其行为在民法上仍应由其监护人承担替代责任，可见对于刑事责任与民事责任的承担需要分别判断，不可混为一谈。

行为人滥伐林木造成生态破坏，应当承担何种责任？

段宪正

在环境污染、生态破坏侵权领域，生态环境修复作为一种新型的责任承担方式，在司法实践中获得了较为普遍的适用。那么行为人滥伐林木应当承担何种法律责任？是否应当承担生态环境修复责任？若符合其构成要件，又该如何保障生态修复的法律效果？本文将结合审判实践进行简要说明。

一、案情与裁判

案件名称：浙江省遂昌县人民检察院诉叶××生态破坏民事公益诉讼案

案情来源：浙江省丽水市中级人民法院（2020）浙11民初35号民事判决

案情简介：

2018年，叶××（被告）雇请他人于浙江省遂昌县×××山场清理枯木，并滥伐活松树89株。经鉴定，该山场为国家三级公益林，叶××滥伐的立木蓄积量为22.9964立方米，折合材积13.798立方米，同时经林业专家出具了相应的修复意见：应补植2～3年生木荷、枫香等阔叶树容器种1075株（后因季节原因，改植生杉木苗）。故浙江省遂昌县人民检察院认为，叶××滥伐公益林山场林木，损害了生态系统整体功能以及公共利益，遂向丽水市中级人民法院提起民事公益诉讼，同时提出了先予执行申请。

一审裁定

浙江省丽水市中级人民法院经审理认为：一方面，被告叶××滥伐林木的事实清楚，权利义务明确。另一方面，森林生态环境修复需要考虑季节性要求，且及时采取修复措施能够避免损失进一步扩大。故法院对公益诉讼起诉人的先予执行申请予以准许，要求被告叶××先行补植特定树苗。

一审判决

浙江省丽水市中级人民法院经审理认为：被告叶××违反有关规定，在公益林场滥发林木，数量较大，破坏了林业资源和生态环境，损害了社会公共利益。故法院对公益诉讼起诉人要求叶××承担生态环境修复责任的主张予以支持，判决被告叶××补植、抚育特定树苗，并保证相应的存活率，否则承担生态修复环境费用。

二、相关规定

《森林法》(2009 修正)第 23 条第 1 款[《森林法》(2019 修正)第 39 条第 1 款]："禁止毁林开垦和毁林采石、采砂、采土以及其他毁林行为。"

《森林法》(2009 修正)第 32 条第 1 款[《森林法》(2019 修正)第 56 条第 1 款]："采伐林木必须申请采伐许可证，按许可证的规定进行采伐……"

《环境保护法》第 64 条："因污染环境和破坏生态造成损害的，应当依照《中华人民共和国侵权责任法》的有关规定承担侵权责任。"

《侵权责任法》第 4 条第 1 款："侵权人因同一行为应当承担行政责任或者刑事责任的，不影响依法承担侵权责任。"

《最高人民法院关于审理环境民事公益诉讼案件适用法律若干问题的解释》(法释〔2015〕1 号)第 20 条[《最高人民法院关于审理环境民事公益诉讼案件适用法律若干问题的解释》(法释〔2020〕20 号)第 20 条修正]："原告请求恢复原状的，人民法院可以依法判决被告将生态环境修复到损害发生之前的状态和功能。……人民法院可以在判决被告修复生态环境的同时，确定被告不履行修复义务时应承担的生态环境修复费用；也可以直接判决被告承担生态环境修复费用……"

《民法典》第 1234 条："违反国家规定造成生态环境损害，生态环境能够修复的，国家规定的机关或者法律规定的组织有权请求侵权人在合理期限内承担修复责任。侵权人在期限内未修复的，国家规定的机关或者法律规定的组织可以自行或者委托他人进行修复，所需费用由侵权人负担。"

《民事诉讼法》(2017 修正)第 106 条[《民事诉讼法》(2021 修正)第 109 条]："人民法院对下列案件，根据当事人的申请，可以裁定先予执行：……(三)因情况紧急需要先予执行的。"

三、典型案例或做法

案号	裁判立场
湖南省益阳市人民检察院诉夏××等15人生态破坏民事公益诉讼案/湖南省高级人民法院(2020)湘民终1862号民事判决	对于破坏生态环境的犯罪行为，不仅要依法追究刑事责任，还要承担相应的民事责任。人民法院在另案追究非法采砂违法犯罪行为刑事责任的同时，发挥民事公益诉讼的审判功能，判令行为人承担生态环境修复费用。
中国生物多样性保护与绿色发展基金会与郑州××××置业有限公司等环境公益诉讼再审案/最高人民法院(2021)最高法民申5796号民事裁定	具备修复的可行性是适用生态环境修复责任规定的前提。案涉墓葬属于人文遗迹，系文化生态环境的重要组成部分，但由于案涉墓葬已被损毁，无法恢复到原有状态，故不宜再适用修复生态环境的责任承担方式。
北京市人民检察院第四分院诉朱×1、朱×2环境污染民事公益诉讼案/北京市第四中级人民法院(2020)京04民初277号民事判决	法院适用生态环境修复责任的规定要保障修复的有效性。案涉法院在判令行为人承担生态环境修复责任的同时，要求对修复工程进行效果评估。经评估确已修复生态环境功能的，才可认定行为人已经履行生态环境修复责任，从而保障生态环境修复责任的实现。

四、法理分析

行为人滥伐林木应当承担何种法律责任？是否应当承担生态环境修复责任？若符合其构成要件，又该如何保障生态修复的法律效果？下文将结合审判实践和最新立法动态作出简要分析。

首先，叶××滥伐林木行为导致责任聚合。行为人滥伐林木既要承担民事责任，又可能涉及行政责任、刑事责任的承担问题，因此首先要厘清三者之间的关系。叶××未经许可，在公益林场滥伐活松树89株，显然违反了《森林法》第23条第1款和第32条第1款之规定。一方面，经检察院认定，叶××的行为并未达到刑法中“滥伐林木罪”的责任标准，不需追究其刑事责任。另一方面，依据《环境保护法》第64条以及《侵权责任法》第4条第1款之规定，即使叶××需承担行政责任或刑事责任，也不影响其承担民事侵权责任。故检察院提起民事公益诉讼，要求叶××承担侵权责任。

其次，叶××应当承担生态环境修复责任。《民法典》侵权责任编第 7 章“环境污染和生态破坏责任”采取二元区分结构，分别规定了“环境侵权责任”和“生态环境修复责任”两种类型的侵权责任。前者要求造成他人损害，即侵害私益；而后者要求造成生态环境损害，即侵害公益。本案中，叶××于公益林场滥伐林木，显然损害了公共利益及生态环境，但并未造成他人人身或财产权益损害，故可能承担侵害公益的侵权责任，因此要进一步考察叶××的行为是否符合生态环境修复责任的构成要件。案涉法院当时主要依据的是《最高人民法院关于审理环境民事公益诉讼案件适用法律若干问题的解释》（法释〔2015〕1 号）第 20 条的规定，而当下《民法典》第 1234 条对生态环境修复责任进行了明确：违反国家规定造成生态环境损害，生态环境能够修复的，行为人应当承担修复责任。可见，承担生态环境修复责任应当满足四个要件：违反国家规定的行为；损害生态环境的结果；行为与结果之间存在因果关系；生态环境修复的可行性。因此，叶××违反《森林法》规定滥伐林木而损害生态环境的行为，符合生态环境修复责任的构成要件，其应当承担生态环境修复责任。

最后，保障生态环境修复的法律效果。环境污染、生态破坏侵权纠纷涉及生态系统整体功能以及公共利益，其最迫切、最主要的需求是以各种手段修复被污染、破坏的生态环境，这也是实现生态环境修复的关键所在。结合本案而言，一是要充分考虑生态环境修复的季节性、时效性和紧迫性。法院依据《民事诉讼法》第 106 条第 3 项“因情况紧急需要先予执行的”规定，准许了公益诉讼起诉人先予执行的申请，要求叶××在适当的时节及时履行生态环境修复义务，可避免生态环境损害的进一步扩大。二是要保障生态环境修复的质量和效果。鉴于生态修复是一个长期性、技术性的工程，法院依据专业修复意见，判令叶××在补植树苗的同时，需连续抚育 3 年且保证一定的成活率，最大限度地恢复生态系统的功能，进而保障生态环境修复的法律效力。三是若未履行修复义务，行为人应当承担相应的修复费用。依据《民法典》第 1234 条和《最高人民法院关于审理环境民事公益诉讼案件适用法律若干问题的解释》（法释〔2015〕1 号）第 20 条之规定，如果叶××不履行或者无法履行修复义务，可委托专业的机构和人员进行替代修复，而由其直接承担修复的费用。

值得注意的是，以往的审判实践常常依据《侵权责任法》第 15 条第 5 项“恢复原状”之规定，再结合《最高人民法院关于审理环境民事公益诉讼案件适用法律若干问题的解释》（法释〔2015〕1 号）第 20 条，判决侵权人承担修复责任，这事实上是对“恢复原状”的扩张解释，本案亦是如此。如今《民法典》第 1234 条明确规定了“生态环境修复责任”，且在此之前，2020 年《最高人民法院关于审理环境民事公益诉讼案件适用法律若干问题的解释》（法释〔2020〕20 号）第 9 条、第 18 条、第 20 条以及《最高人民法院关于审理环境侵权责任纠纷案件适用法律若干问题的解释》（法释〔2020〕17 号）第 13 条、第 14 条，均将“恢复原状”改为“修复生态环境”，这体现了立法上对恢复原状责任与生态环境修复责任的区分。

非法倾倒污泥造成生态损害，能否提起生态环境损害赔偿诉讼？

段宪正

生态环境损害赔偿诉讼作为一种新型的、特殊的环境民事诉讼类型，一般适用于对生态环境造成严重影响的案件。那么以分工合作的方式非法倾倒污泥造成生态环境损害，能否通过生态环境损害赔偿诉讼进行救济？各行为人又该如何承担责任？本文将结合审判实践进行简要说明。

一、案情与裁判

案件名称：江西省九江市人民政府诉江西正×××有限公司、杭州连×××有限公司、李×等生态环境损害赔偿诉讼案

案情来源：江西省九江市中级人民法院(2019)赣04民初201号民事判决

案情简介：

2017～2018年，江西正×××有限公司(被告，以下简称"正×公司")与杭州塘×××有限公司(以下简称"塘×公司")等签订合同，由正×公司运输、处置多家公司生产过程中产生的污泥，并收取相应的污泥处理费用。然而，正×公司并无污泥处理资质及能力。正×公司的实际负责人李×(被告)前后多次倾倒所收购的污泥，或与丰城市志×××有限公司(现已注销，实际负责人为夏××)合作倾倒，抑或交由张××、舒××等人(被告)倾倒至九江市区多处地块。杭州连×××有限公司(被告，以下简称"连×公司")明知张××非法转运污泥，仍放任其持有加盖公司公章的空白合同处置污泥。经鉴定，上述被倾倒的污泥共计1.48万吨，造成土壤、水及空气严重污染，损害了生态环境，所需修复费用1446.288万元。在检察院追究其刑事责任的同时，九江市人民政府(原告)与涉案人进行磋商。与部分涉案人磋商无果后，九江市人民政府遂提起了生态环境损害赔偿诉讼。

法院判决

江西省九江市中级人民法院经审理认为：被告正×公司、连×公司、李×、张××、夏××、舒××、黄×、陈××、马××以分工合作的方式非法转运、倾倒污泥造成生态环境损害，侵害了社会公共利益，应当承担生态环境损害赔偿责任。判决相关被告应当承担同一地块的共同修复责任、共同承担评估鉴定等费用，并在省级或以上媒体向社会公开赔礼道歉。

二、相关规定

《最高人民法院关于审理环境侵权责任纠纷案件适用法律若干问题的解释》(法释〔2015〕12号)第2条[《最高人民法院关于审理环境侵权责任纠纷案件适用法律若干问题的解释》(法释〔2020〕17号)第2条]："两个以上污染者共同实施污染行为造成损害，被侵权人根据侵权责任法第八条规定请求污染者承担连带责任的，人民法院应予支持。"

《最高人民法院关于审理生态环境损害赔偿案件的若干规定(试行)》(法释〔2019〕8号)第1条[《最高人民法院关于审理生态环境损害赔偿案件的若干规定(试行)》(法释〔2020〕17号)第1条]："具有下列情形之一，省级、市地级人民政府及其指定的相关部门、机构，或者受国务院委托行使全民所有自然资源资产所有权的部门，因与造成生态环境损害的自然人、法人或者其他组织经磋商未达成一致或者无法进行磋商的，可以作为原告提起生态环境损害赔偿诉讼：……(三)发生其他严重影响生态环境后果的。……"

《最高人民法院关于审理生态环境损害赔偿案件的若干规定(试行)》(法释〔2019〕8号)第11条[《最高人民法院关于审理生态环境损害赔偿案件的若干规定(试行)》(法释〔2020〕17号)第11条]："被告违反法律法规污染环境、破坏生态的，人民法院应当根据原告的诉讼请求以及具体案情，合理判决被告承担修复生态环境、赔偿损失、停止侵害、排除妨碍、消除危险、赔礼道歉等民事责任。"

《最高人民法院关于审理生态环境损害赔偿案件的若干规定(试行)》(法释〔2019〕8号)第12条[《最高人民法院关于审理生态环境损害赔偿案件的若干规定(试行)》(法释〔2020〕17号)第12条]："受损生态环境能够修复的，人民法院应当依法判决被告承担修复责任，并同时确定被告不履行修复义务时应承担的生态环境修复费用。……"

《最高人民法院关于审理生态环境损害赔偿案件的若干规定(试行)》(法释〔2019〕8号)第14条[《最高人民法院关于审理生态环境损害赔偿案件的若干规定(试行)》(法释〔2020〕17号)第14条]:"原告请求被告承担下列费用的,人民法院根据具体案情予以判决:……(二)为生态环境损害赔偿磋商和诉讼支出的调查、检验、鉴定、评估等费用;(三)合理的律师费以及其他为诉讼支出的合理费用。"

三、典型案例或做法

案号	裁判立场
屏边苗族自治县林业和草原局生态环境损害赔偿诉讼二审案/云南省高级人民法院(2022)云民终399号民事裁定	生态环境损害赔偿诉讼系特定主体于特定情形之下提起的环境诉讼。提起生态环境损害赔偿诉讼既需符合《最高人民法院关于审理生态环境损害赔偿案件的若干规定》第1条关于起诉主体与起诉条件的规定,亦需依据第5条之规定向法院提交相应的证明材料。
聊城××化工有限公司、濮阳市人民政府环境污染责任纠纷再审案/最高人民法院(2021)最高法民申5845号民事裁定	原被告双方进行磋商是提起生态环境损害赔偿诉讼的前置条件。濮阳市人民政府成立磋商小组,并与聊城××化工有限公司进行了磋商。但双方未达成一致意见,且经聊城××化工有限公司同意,终结了磋商程序。故上述磋商程序符合法律规定,磋商程序合法有效。
重庆市大足区生态环境局与张××、吴××等生态环境损害赔偿诉讼案/重庆市第一中级人民法院(2022)渝01民初3262号民事判决	行为人共同实施生态环境损害侵权行为,应依法承担连带责任。吴××将案涉废碱液交付给杨××,杨××则与张××一同倾倒案涉废碱液,造成生态环境损害。故认定三人共同实施损害生态环境的侵权行为,构成共同侵权,应当承担连带责任。

四、法理分析

以分工合作的方式非法倾倒污泥造成生态环境损害,能否通过生态环境损害赔偿诉讼进行救济?各行为人又该如何承担责任?下文将结合审判实践作出简要分析。

首先,九江市人民政府有权提起生态环境损害赔偿诉讼。若要提起生态环境损害赔偿诉讼,需满足《最高人民法院关于审理生态环境损害赔偿案件的若干规定》(法释〔2019〕8号)第1条所规定之条件。结合本案言之:第一,九江市人民政府作为地市级人民政府，系生态环境损害赔偿诉讼的起诉主体之一。第二，本案造成了土壤、水及空气污染，严重损害了生态环境，所需修复费用之数额更是巨大，符合本条第 3 项“发生其他严重影响生态环境后果”之情形。第三，九江市人民政府与正×公司、连×公司、李×等磋商未达成一致，已完成生态环境损害赔偿诉讼的前置程序。此外，由于塘×公司与九江市人民政府磋商一致，双方达成了《生态环境损害赔偿磋商协议》，故九江市人民政府无需对塘×公司提起诉讼。因此，九江市人民政府最终以正×公司、连×公司、李×等为被告，提起了生态环境损害赔偿诉讼。

其次，正×公司、连×公司、李×等就其共同实施的污染行为成立环境共同侵权。依据《最高人民法院关于审理环境侵权责任纠纷案件适用法律若干问题的解释》（法释〔2015〕12 号）第 2 条之规定，两个以上污染者共同实施污染行为造成损害，可以请求污染者承担连带责任。可见，成立环境共同侵权需要满足以下要件：一是须有两个以上污染者；二是基于共同意思而实施污染行为；三是存在损害结果；四是行为与结果之间具有因果关系。本案中，九名被告以分工合作的方式非法转运、倾倒污泥，造成生态环境污染，符合环境共同侵权的构成要件。具体言之，正×公司无污泥处理资质而非法接手污泥，且由其实际负责人李×负责运输和倾倒。连×公司明知张××非法处置其产生的污泥，而放任其使用公司公章以及空白合同。而夏××、舒××、黄×、陈××、马××也具体参与了污泥的运输与倾倒。需要说明的是，本案中不同的被告多次向不同的地块转运、倾倒污泥，只有相关联的被告在其共同的意思联络下所实施的污染行为，才构成环境共同侵权。比如：3 号地块的污泥由李×以正×公司的名义接手，且系李×交由黄×、舒××、陈××负责倾倒，故上述五名被告基于意思联络而对 3 号地块共同实施了污染行为，构成环境共同侵权，应当承担连带责任。

最后，九江市人民政府可以请求共同侵权人修复生态环境、支付相关费用，并公开赔礼道歉。本案中，被告正×公司、连×公司、李×等非法转运、倾倒污泥，造成生态环境损害，应当承担相应的生态环境损害赔偿责任。第一，依据《最高人民法院关于审理生态环境损害赔偿案件的若干规定》（法释〔2019〕8 号）第 12 条之规定，受污染地块能够被修复，但由于同一地块的不同污泥已混同，无法分开修复，同时依据环境共同侵权的责任原则，应由相关被告对同一地块共同承担生态修复义务。若未履行该修复义务，相关被告则应当共同承担生态修复费用。第二，依据《最高人民法院关于审理生态环境损害赔偿案件的若干规定》(法释〔2019〕8 号)第 14 条之规定,被告应当共同支付环评编制费 20 万元,风险评估费 10 万元以及律师费 4 万元。第三,《最高人民法院关于审理生态环境损害赔偿案件的若干规定》(法释〔2019〕8 号)第 11 条之规定,赔礼道歉是生态环境损害赔偿责任的承担方式之一,但由于赔礼道歉属于非财产性责任,不能适用连带责任形态,故法院酌情判决各被告在省级或以上媒体向社会公开赔礼道歉。

同一律所的不同律师能否担任双方当事人的代理人?

段宪正

关于律师担任案件代理人的问题,既适用《律师法》的特别规定,也适用民法上关于代理的一般规定。那么在同一案件中同一律师事务所的不同律师,能否担任双方当事人的代理人?担任之后又可能产生何种后果?本文将结合审判实践进行简要说明。

一、案情与裁判

案件名称:杨××、唐××民间借贷纠纷案

案情来源:最高人民法院(2016)最高法民申3404号民事裁定

案情简介:

自2011年5月起,唐××(被告、上诉人、被申请人)向杨××(原告、上诉人、再审申请人)陆续借款多次,后双方因对借款结欠金额产生争议,遂引发诉讼。在审理过程中,双方均明知对方委托的代理人与己方委托的代理人均系江西××律师事务所的律师,但双方均坚持不解除与江西××律师事务所的委托代理合同关系,并且各自向法院提交了书面《豁免函》,同意由同一律师事务所不同律师继续代理本案诉讼。一二审法院均准许了双方诉讼代理人参加本案诉讼活动。后杨××申请再审并主张:二审法院严重违反法律规定,允许不能担任代理人的同一律所律师担任同一案件的利益冲突双方的代理人,剥夺了当事人的辩论权利。

再审裁定

最高人民法院经审理认为:一、二审法院在审理过程中,对于由同一律师事务所的不同律师代理本案,听取了案件双方当事人的意见,在双方均坚持要求不变更代理律师以及各自向法院提交了《豁免函》情况下,方被准许。此外,《律

师法》并未就上述情形作出禁止性规定，《律师执业行为规范》虽有规定，但该文件是全国律师协会制定的行业性规范，而不属于法律、行政法规的强制性规定，故杨××的此项申请理由不能成立。

二、相关规定

《律师法》第25条：“律师承办业务，由律师事务所统一接受委托，与委托人签订书面委托合同……”

《律师法》第39条：“律师不得在同一案件中为双方当事人担任代理人，不得代理与本人或者其近亲属有利益冲突的法律事务。”

《民法典》第168条：“代理代理人不得以被代理人的名义与自己实施民事法律行为，但是被代理人同意或者追认的除外。代理人不得以被代理人的名义与自己同时代理的其他人实施民事法律行为，但是被代理的双方同意或者追认的除外。”

《律师执业管理办法》(2008年颁布)第27条[《律师执业管理办法》(2016年修正)第28条]：“律师不得在同一案件中为双方当事人担任代理人，不得代理与本人及其近亲属有利益冲突的法律事务……”

《律师执业行为规范》(2011年修正)第50条[《律师执业行为规范》(2017年修正)第51条]：“有下列情形之一的，律师及律师事务所不得与当事人建立或维持委托关系：……(五)在民事诉讼、行政诉讼、仲裁案件中，同一律师事务所的不同律师同时担任争议双方当事人的代理人……”

《律师协会会员违规行为处分规则》(2004年颁布)第11条：“个人会员有下列行为之一的，由省、自治区、直辖市及设区的市律师协会给予训诫、通报批评、公开谴责：……(二十九)其他应受处分的违规行为。”

《律师协会会员违规行为处分规则》(2004年颁布)第14条：“团体会员有下列行为之一的，由省、自治区、直辖市及设区的市律师协会给予训诫、通报批评、公开谴责：……(二十三)应当给予处分的其他行为。”

《律师协会会员违规行为处分规则》(2017年修正)第20条：“具有以下利益冲突行为之一的，给予训诫、警告或者通报批评的纪律处分；情节严重的，给予公开谴责、中止会员权利三个月以下的纪律处分：……(五)在民事诉讼、行政诉讼、仲裁案件中，同一律师事务所的不同律师同时担任争议双方当事人的代理人……”

三、典型案例或做法

案号	裁判立场
廖××、湖南××公路工程总公司建设工程施工合同纠纷案/湖南省常德市中级人民法院(2022)湘07民终151号民事判决	《律师法》第39条仅规定了律师不得在同一案件中为双方当事人担任代理人，而未就同一律师事务所的不同律师不得担任争议双方当事人的代理人作出禁止性规定。《律师职业行为规范》虽有直接规定，但该文件系全国律师协会制定的行业性规范，不属于法律、行政法规的强制性规定。
天津×××建筑工程有限公司等与赵××等买卖合同纠纷案/北京市第一中级人民法院(2022)京01民终4512号民事判决	关于同一律师事务所在同一案件中接受原被告双方的委托，法律和司法解释并无禁止性规定。一审法院允许同一律师事务所的律师同时作为双方诉讼代理人参加诉讼可能存在利益冲突，虽有不当，但并不属于《民事诉讼法》第177条第1款第4项规定的严重违反法定程序的情形。
北京市平谷区××镇××村民委员会等生命权、身体权、健康权纠纷案/北京市第三中级人民法院(2022)京03民终1890号民事裁定	双方当事人在本案诉讼中存在利益冲突，但均委托了同一律师事务所的律师进行案件代理，且在一审期间并未出具《豁免函》。但对于上述程序问题，一审法院未向双方当事人进行释明和审查，属于违反法定程序。

四、法理分析

在同一案件中同一律师事务所的不同律师，能否担任双方当事人的代理人？担任之后又可能产生何种后果？下文将结合审判实践和最新立法动态作出简要分析。

首先，案涉律师、案涉律师事务所的行为并不违反《律师法》《律师执业管理办法》。同一律师事务所的不同律师能否担任双方当事人的代理人？这首先涉及律师执业过程中的利益冲突问题。而关于律师执业利益冲突问题，《律师法》第39条仅规定：律师不得在同一案件中为双方当事人担任代理人，不得代理与本人及其近亲属有利益冲突的法律事务。至于由司法部颁布的《律师执业管理办法》，该办法第 27 条也仅是对《律师法》第 39 条的重复，并未就律师执业利益冲突的情形作出进一步的扩张。可见，相关法律法规均未对同一律师事务所的不同律师担任双方当事人的代理人之情形作出禁止性规定，故案涉律师、案涉律师事务所的行为并不违反有关律师执业的法律法规。

其次，案涉律师、案涉律师事务所的行为亦不构成《民法典》中的双方代理。在律师代理问题上，《律师法》与《民法典》其实是特别法与一般法的关系，其既不能违反《律师法》中律师执业利益冲突的特别规定，也需符合《民法典》中代理制度的一般规定。《民法典》第 168 条禁止代理人与自己同时代理的其他人实施民事法律行为(也即双方代理)，但被代理的双方同意或追认的除外。本案中是由不同的律师担任双方当事人的代理人，故案涉律师显然不构成双方代理。那么案涉律师事务所同时接受双方当事人的委托又是否构成双方代理？律师事务所以合伙企业和个人独资企业为主，一般属于非法人组织，虽不具备法人资格，但能够以自己的名义从事民事活动。依据《律师法》第 25 条之规定，律师事务所统一接受当事人的委托，并签订《委托合同》。之后由律师事务所指派具体律师，以律师事务所的名义处理委托事务。但此时并不产生代理权。当事人还需向律师出具《授权委托书》，单方授予律师以代理权。因此，授权行为才是代理权产生的基础，并非委托合同。综上所述，律师事务所无代理权，更谈不上其滥用代理权，其并不构成双方代理。

最后，案涉律师、律师事务所不需承担法律责任，但可能受到行业处分。因同一律师事务所的不同律师担任双方当事人的代理人并未违反法律法规，故不产生相应的法律责任。但是，由中华全国律师协会制定的《律师执业行为规范》第 50 条第 5 项却明确禁止了此种行为。并且此种行为属于“直接利益冲突”的情形，不能通过委托人签署知情同意书以示豁免。因此，即使本案中已向法院出具了《豁免函》，却依旧是违反了《律师执业行为规范》第 50 条之规定。《律师执业行为规范》系行业规范，虽无法律约束力，但属于行业自律的范畴，在行业内部具有一定的惩戒权。依据《律师协会会员违规行为处分规则》第 11 第、第 14 条之规定，案涉律师、案涉律师事务所可能会受到律师协会的训诫、通报批评或公开谴责。此外，2017 年最新修正的《律师协会会员违规行为处分规则》第 20 条第 5 项更是明确了对于此种行为的处分。

值得注意的是，相比《民法通则》中滥用代理权的规定，《民法典》第 168 条增加了关于禁止“自己代理”和“双方代理”的规定，且明确二者均属于效力待定的民事法律行为。从民法代理制度的角度而言，即使是由同一律师同时担任双方当事人的代理人，但只要双方当事人同意或追认，其代理行为仍是有效的。但又基于《律师法》第 39 条关于律师执业利益冲突的特别规定，最终应当被认定为无效。反观本案，由同一律师事务所的不同律师担任双方当事人的代理人，则既不违反民法代理制度的一般规定，也不为《律师法》所特别禁止。

因破坏古迹、建筑群、遗址等人文遗迹造成的人文资源生态损失应当如何确定？

刘帅芃

人文遗迹承载灿烂文明，传承历史文化，维系民族精神，兼具人文价值和生态价值，对于人文遗迹的破坏，不仅损害了人文生态资源，也损害了广大公众的人文生态资源权益，那么对于传统村落的破坏是否属于对生态环境的破坏？检察机关对破坏传统村落行为能否提起环境民事公益诉讼？相应的人文生态资源损失应当如何确定？本文将结合审判实践作出简要说明。

一、案情与裁判

案件名称：江西省金溪县人民检察院诉徐××、方××人文遗迹保护民事公益诉讼案

案情来源：最高人民法院发布15个2021年度人民法院环境资源审判典型案例

案情简介：

2020年4月11日晚，被告徐××、方××驾驶三轮摩托车到金溪县琉璃乡波源村西岸组一门楼偷盗一块“甲第里”石匾，两人在盗窃石匾过程中造成石匾被摔断，经重庆市××设计院福建分院评估，“甲第里”门楼修复工程费用9812元，“三公旧第”门楼修复工程费用为9372761元。经专家评估，两被告盗窃古建筑构件的行为，造成人文生态环境服务功能损失共计310617元。2020年4月27日晚，徐××、方××驾驶三轮摩托车到合市镇湖坊村下洋组一门楼偷盗一块“三公旧第”石匾，两人在盗窃石匾过程中造成石匾摔断以及门楼整体性垮塌。徐××将两次盗得的石匾卖给黄××。被告徐××、方××的盗窃行为，严重损毁被盗门楼的历史、艺术、文化价值，损害了社会公共利益，且至今未恢复原状或者赔偿损失，应承担相应的民事侵权责任。现金溪县人民检察院向金

溪县人民法院提起附带人文遗迹保护民事公益诉讼，诉请两被告承担“甲第里”门楼修复费、“三公旧第”门楼修复费、人文生态环境服务功能损失以及鉴定费用。

一审判决

江西省金溪县人民法院经审理认为：人文遗迹属于我国环境法保护的范畴。传统村落是中国农耕文明留下的宝贵文化遗产，归属于人文遗迹，是环境的重要组成部分。对传统村落的保护应当重视其生态价值和文化价值的保护。同时，对传统村落的保护必须着眼于整体性保护，方能实现传统村落的可持续发展。因破坏古迹、建筑群、遗址等人文遗迹造成生态资源损害的，侵权人应当承担侵权责任。案涉“甲第里”“三公旧第”牌匾及其依存建筑具有浓厚的地域文化特征，且包涵了丰富的历史信息，属于不可再生的文化遗产。经具有文物工程设计资质的重庆市××设计院福建分院对两块牌匾依存建筑所做的修复设计预算，被告徐××、方××应当连带赔偿“甲第里”门楼修复费用和“三公旧第”门楼修复费用，合计修复费用103539.61元，根据《最高人民法院关于审理环境民事公益诉讼案件适用法律若干问题的解释》第21条的规定，被告徐××、方××连带赔偿人文生态资源损失300000元，承担鉴定及评估费用11200元。

二、相关规定

《环境保护法》第2条：“本法所称环境，是指影响人类生存和发展的各种天然的和经过人工改造的自然因素的总体，包括大气、水、海洋、土地、矿藏、森林、草原、湿地、野生生物、自然遗迹、人文遗迹、自然保护区、风景名胜区、城市和乡村等。”

《环境保护法》第64条：“因污染环境和破坏生态造成损害的，应当依照《中华人民共和国侵权责任法》的有关规定承担侵权责任。”

《民法典》第1165条：“行为人因过错侵害他人民事权益造成损害的，应当承担侵权责任。”

《民法典》第1168条：“二人以上共同实施侵权行为，造成他人损害的，应当承担连带责任。”

《民法典》第1229条：“因污染环境、破坏生态造成他人损害的，侵权人应当承担侵权责任。”

《民法典》第1235条：“违反国家规定造成生态环境损害的，国家规定的机关或者法律规定的组织有权请求侵权人赔偿下列损失和费用:(一)生态环境受到损害至修复完成期间服务功能丧失导致的损失;(二)生态环境功能永久性损害造成的损失;(三)生态环境损害调查、鉴定评估等费用;(四)清除污染、修复生态环境费用;(五)防止损害的发生和扩大所支出的合理费用。”

《民事诉讼法》(2017 **修正**)**第** 55 **条**[**《民事诉讼法》**(2021 **修正**)**第** 58 **条**]:“对污染环境、侵害众多消费者合法权益等损害社会公共利益的行为,法律规定的机关和有关组织可以向人民法院提起诉讼。人民检察院在履行职责中发现破坏生态环境和资源保护、食品药品安全领域侵害众多消费者合法权益等损害社会公共利益的行为,在没有前款规定的机关和组织或者前款规定的机关和组织不提起诉讼的情况下,可以向人民法院提起诉讼。前款规定的机关或者组织提起诉讼的,人民检察院可以支持起诉。”

《民事诉讼法》(2017 **修正**)**第** 79 **条**[**《民事诉讼法》**(2021 **修正**)**第** 82 **条**]:“当事人可以申请人民法院通知有专门知识的人出庭,就鉴定人作出的鉴定意见或者专业问题提出意见。”

《最高人民法院关于适用〈民事诉讼法〉的解释》(**法释**〔2020〕20 **号**)**第** 122 **条**[**《最高人民法院关于适用〈民事诉讼法〉的解释》**(**法释**〔2022〕11 **号**)**第** 122 **条**]:“当事人可以依照民事诉讼法第八十二条的规定,在举证期限届满前申请一至二名具有专门知识的人出庭,代表当事人对鉴定意见进行质证,或者对案件事实所涉及的专业问题提出意见。具有专门知识的人在法庭上就专业问题提出的意见,视为当事人的陈述。人民法院准许当事人申请的,相关费用由提出申请的当事人负担。”

《最高人民法院关于适用〈民事诉讼法〉的解释》(**法释**〔2020〕20 **号**)**第** 284 **条**[**《最高人民法院关于适用〈民事诉讼法〉的解释》**(**法释**〔2022〕11 **号**)**第** 282 **条**]:“环境保护法、消费者权益保护法等法律规定的机关和有关组织对污染环境、侵害众多消费者合法权益等损害社会公共利益的行为,根据民事诉讼法第五十八条规定提起公益诉讼,符合下列条件的,人民法院应当受理:(一)有明确的被告;(二)有具体的诉讼请求;(三)有社会公共利益受到损害的初步证据;(四)属于人民法院受理民事诉讼的范围和受诉人民法院管辖。”

《最高人民法院关于审理环境民事公益诉讼案件适用法律若干问题的解释》(2020 **修正**)(**法释**〔2020〕20 **号**)**第** 15 **条**:“当事人申请通知有专门知识的人出庭,就鉴定人作出的鉴定意见或者就因果关系、生态环境修复方式、生态环境修复费用以及生态环境受到损害至修复完成期间服务功能丧失导致的损失等专门性问题提出意见的，人民法院可以准许。前款规定的专家意见经质证，可以作为认定事实的根据。”

《最高人民法院关于审理环境民事公益诉讼案件适用法律若干问题的解释》（2020 修正）（法释〔2020〕20 号）第 21 条：“原告请求被告赔偿生态环境受到损害至修复完成期间服务功能丧失导致的损失、生态环境功能永久性损害造成的损失的，人民法院可以依法予以支持。”

《最高人民检察院、最高人民法院关于检察公益诉讼案件适用法律若干问题的解释》（2020 修正）（法释〔2020〕20 号）第 20 条人民检察院对破坏生态环境和资源保护，食品药品安全领域侵害众多消费者合法权益，侵害英雄烈士等的姓名、肖像、名誉、荣誉等损害社会公共利益的犯罪行为提起刑事公诉时，可以向人民法院一并提起附带民事公益诉讼，由人民法院同一审判组织审理。人民检察院提起的刑事附带民事公益诉讼案件由审理刑事案件的人民法院管辖。

三、典型案例或做法

案号	裁判立场
孙×林等 15 人盗掘古墓葬刑事附带民事公益诉讼案/最高人民法院发布 15 起依法保护文物和文化遗产典型案例	被告孙×林等 15 人在青海省都兰县热水墓群血渭一号大墓东北角、东侧平台处及血渭牧场（俗称羊圈墓）多次进行盗掘，窃得大量文物。孙×林、夏×、苏×奎、索×等 15 名被告人违反国家文物管理制度，多次盗掘具有历史、艺术、科学价值的古墓葬，盗掘行为严重损毁古墓葬本体结构，严重破坏古墓葬的历史、艺术、科学价值，严重损害国家和社会公共利益。考虑到被破坏古墓葬的历史价值、科研价值难以评估，并结合各附带民事诉讼被告的经济能力，确定本案公益赔偿金为 40.88 万元，判决各被告分别缴纳 81498.18 元至 218.18 元不等。

续表

案号	裁判立场
王×等3人盗掘古墓葬刑事附带民事公益诉讼案/最高人民法院发布15起依法保护文物和文化遗产典型案例	被告王×、王×1、王×枫多次至江苏省苏州市虎丘区何山、横山、吴山岭、华山西峰、华山东峰、观山，以及吴中区羊肠岭、凤凰山等处盗掘古墓葬，共计盗掘古墓葬14座。经鉴定，被盗古墓葬系苏州地区商周至清代古代墓葬，对苏州地方的历史、文化具有较高的研究价值，盗掘行为对古墓葬本体造成了直接、严重的破坏，也对古墓葬群的自然、人文环境造成了损害。经法院主持调解，王×、王×1、王×枫与公益诉讼起诉人（检察机关）达成附带民事赔偿协议，支付古墓修复费用及鉴定评估费用共计82349.59元。
贵州省江口县人民检察院诉陈×平生态破坏民事公益诉讼案/最高人民法院发布15起依法保护文物和文化遗产典型案例	被告陈×平在贵州梵净山景区排队前往梵净山金顶时，使用登山手杖在省级文物保护单位"梵净山金顶摩崖"石壁处进行刻划。经鉴定，刻划行为造成上述文物和景观价值不可逆损害，经济损失在50000元以上。贵州省江口县人民法院一审认为，陈×平在世界自然遗产地梵净山内的省级文物保护单位"梵净山金顶摩崖"处刻划，对文物造成了不可逆损害，也对梵净山的整体生态环境造成了破坏，陈×平的刻划行为不仅造成了文物遗迹不可逆的损害，贬损了该文物的艺术价值及科学研究价值，破坏了景区的整体生态环境，也侵害了社会公共利益，产生了严重不良社会影响，依法应当承担生态环境修复责任。

四、法理分析

本案系环境资源案件中的生态保护案件，焦点问题主要为：传统村落是否属于生态环境的一部分？若属于，检察机关对破坏传统村落行为能否提起环境民事公益诉讼？本案人文生态资源损失如何确定？

首先，对传统村落的毁坏属于破坏生态环境。传统村落是中国农耕文明留下的宝贵文化遗产，归属于人文遗迹，是环境的重要组成部分，人文遗迹属于我国环境法保护的范畴，根据《环境保护法》第2条的规定，环境是指影响人类生存和发展的各种天然的和经过人工改造的自然因素的总体，其中包括人文遗迹，人文遗迹属环境要素之一，与其他影响人类生存和发展的各种天然的和经过人工改造的自然因素，共同组成我国环境保护法所称的环境。该法条将环境分为自然环境和人工环境。人工环境指经过人类活动改造过的环境。人文遗迹在科学、文化、历史、美学、教育等方面具有极高的价值，一旦遭到破坏很难修复。“甲第里”门楼位于金溪县琉璃乡波源村，该村系“江西省传统村落”。“三公旧第”牌匾位于金溪县合市镇湖坊村下洋组，湖坊村下洋组与“中国传统村落”珊珂村、仲岭村距离相近，具备地域文化特色及传统村落风貌。对传统村落的保护应当重视其生态价值和文化价值的保护。案涉“甲第里”“三公旧第”牌匾及其依存建筑具有浓厚的地域文化特征，且包涵了丰富的历史信息，“甲第里”门楼属于不可再生的古建筑资源，该门楼牌匾被盗及损坏，改变了原有古建筑风貌，斩断了原有历史文化传承。“三公旧第”门楼承载着一定的历史、文化、艺术、社会、经济价值，对研究当地明清古建筑群以及江西农耕文化具有一定的史料参考价值。虽然文化遗产属于精神文明范畴，但都是通过一定的物质载体来体现。徐××、方××的盗窃行为，严重损毁被盗门楼的历史、艺术、文化价值，构成对人工环境即人文遗迹，亦即对生态环境的破坏，该行为损害了社会公共利益，属于生态环境资源保护领域损害社会公共利益的行为，且至今未恢复原状或者赔偿损失，应承担相应的民事侵权责任。检察机关请求本案两被告依法承担破坏人文遗迹造成的生态环境损害赔偿责任，人民法院应予支持。

其次，检察机关对破坏传统村落行为可以提起环境民事公益诉讼。本案系环境资源案件中的生态保护案件，因破坏古迹、建筑群、遗址等人文遗迹造成生态资源损害的，侵权人应当承担侵权责任。“甲第里”门楼和“三公旧第”门楼牌匾被盗及损坏，严重损毁被盗门楼的生态价值和历史文化价值，损害了社会公共利益。本案涉及生态资源的公共利益保护，根据《民事诉讼法》第 55 条、《最高人民法院关于适用〈中华人民共和国民事诉讼法〉的解释》(法释〔2022〕11 号)第 282 条的规定，人民检察院在履行职责中发现破坏生态环境和资源保护等损害社会公共利益的行为，在没有前款规定的机关和组织或者前款规定的机关和组织不提起诉讼的情况下，可以向人民法院提起诉讼。在没有法律规定的机关和组织提起诉讼的情况下，检察机关可以作为起诉主体提起环境民事公益诉讼，并且根据《最高人民法院关于审理环境民事公益诉讼案件适用法律若干问题的解释》(法释〔2020〕20 号)(以下简称《环境民事公益诉讼司法解释》)第 20 条的规定，人民检察院对破坏生态环境和资源保护等损害社会公共利益的犯罪行为提起刑事公诉时，可以向人民法院一并提起附带民事公益诉讼，由人民法院同一审判组织审理。人民检察院提起的刑事附带民事公益诉讼案件由审理刑事案件的人民法院管辖。本案中，江西省金溪县人民检察院已就徐××、方

××偷盗“甲第里”石匾和“三公旧第”石匾以盗窃罪向金溪县人民法院提起刑事公诉，同时有权以徐××、方××为被告一并提起民事公益诉讼。

最后，关于本案人文生态资源损失的确定问题。本案所造成的损失既包含具有直观性和直接性的直接经济损失即门楼牌匾修复费用，也包含具有无形性的人文生态资源损失，人文生态资源损失既包含服务功能损失，也应包含永久性功能损失。本案因无鉴定机构可以对人文生态资源损失进行鉴定，遂法院委托两名专家出具了《专家评估意见》。根据《民事诉讼法》第 79 条、《最高人民法院关于适用〈中华人民共和国民事诉讼法〉的解释》（法释〔2022〕11 号）第 122 条以及《环境民事公益诉讼司法解释》第 15 条的规定，本案中《专家评估意见》的出具主体、形成程序均合法，依法可以作为本案认定事实的根据，且两被告对该修复费用并无异议，故予以支持。根据《专家评估意见》，“甲第里”门楼修复预算为 9812 元，“三公旧第”门楼修复预算为 93727.61 元。案涉“甲第里”“三公旧第”牌匾及其依存建筑属于不可再生的文化遗产。被盗牌匾的原物已难以追回，而且经过修复后人文生态价值必有贬损，原生态的古村落传统风貌的完整性和传统村落历史文化的传承功能已不可逆地遭到破坏，对当地人文生态资源造成了损害，这种损害严重影响了当地人民群众的人文情怀、历史情感，这种无形的人文生态资源损失难以用金钱衡量。综合考虑金溪县地方经济发展水平、“甲第里”石匾所在地波源村系“江西省传统村落”、两被告的主观过错及其家庭经济条件、对传统村落整体性的破坏程度以及专家依据专业知识出具的人文生态环境服务功能损失费用意见等情况，根据《环境民事公益诉讼司法解释》第 21 条以及《民法典》第 1235 条的规定，酌定两被告承担因破坏人文生态资源所造成的损失 300000 元以及鉴定和评估费用 11200 元。

食品标签存在瑕疵的，受害人能否主张惩罚性赔偿？

张伊静*

《食品安全法》第148条第2款规定："生产不符合食品安全标准的食品或者经营明知是不符合食品安全标准的食品，消费者除要求赔偿损失外，还可以向生产者或者经营者要求支付价款十倍或者损失三倍的赔偿金；增加赔偿的金额不足一千元的，为一千元。但是，食品的标签、说明书存在不影响食品安全且不会对消费者造成误导的瑕疵的除外。"其中，食品标签瑕疵但书条款是在2015年法律修订时新增的。对于食品标签瑕疵应当如何适用？食品标签瑕疵中"不影响食品安全"和"不会对消费者产生误导"应如何理解？本文将结合审判实践作出简要说明。

一、案情与裁判

案件名称：刘××、荆州××有限公司××分公司买卖合同纠纷案

案情来源：湖北省高级人民法院(2018)鄂民再235号民事判决

案情简介：

刘××(原告、再审申请人)于2016年9月26日在荆州××有限公司××分公司(被告、再审被申请人)购买湖北省××有限公司生产的××麻糖8包，其产品标签显示"执行标准：db42/t278－2004"，共支出40元。刘××以产品执行标准已作废为由起诉。

一审判决

湖北省荆州市荆州区人民法院经审理认为：涉案产品虽然包装上标注存在瑕疵，但从检验报告看，孝感市食品药品检验检测中心对被告生产的××麻糖

* 张伊静，山东大学法学院硕士研究生，浙江新台州律师事务所疑案研究中心研究员。

进行抽样检验，检验结果为符合规定。食品安全标准应当包括与食品安全有关的标签、标识、说明书的要求，但标识错误不等同于食品不符合安全标准。原告不能举证证明涉案产品不符合食品安全标准。判决驳回刘××的诉讼请求。

二审判决

湖北省荆州市中级人民法院经审理认为：依照《食品安全法》第148条的规定，刘××的上诉请求应当符合二点：一是该商品不符合食品安全标准，二是该商品对刘××造成了损失。本案中证据表明，该商品虽然使用了标识错误的包装，但商品本身符合食品安全标准，刘××亦没有提供证据证实因该商品受到了损害，刘××的上诉理由不能成立，不予支持。判决驳回上诉，维持原判。

二、相关规定

《民法典》第1207条："明知产品存在缺陷仍然生产、销售，或者没有依据前条规定采取有效补救措施，造成他人死亡或者健康严重损害的，被侵权人有权请求相应的惩罚性赔偿。"

《食品安全法》第67条："预包装食品的包装上应当有标签。标签应当标明下列事项：（一）名称、规格、净含量、生产日期；（二）成分或者配料表；（三）生产者的名称、地址、联系方式；（四）保质期；（五）产品标准代号；（六）贮存条件；（七）所使用的食品添加剂在国家标准中的通用名称；（八）生产许可证编号；（九）法律、法规或者食品安全标准规定应当标明的其他事项。"

《食品安全法》第148条第2款："生产不符合食品安全标准的食品或者经营明知是不符合食品安全标准的食品，消费者除要求赔偿损失外，还可以向生产者或者经营者要求支付价款十倍或者损失三倍的赔偿金；增加赔偿的金额不足一千元的，为一千元。但是，食品的标签、说明书存在不影响食品安全且不会对消费者造成误导的瑕疵的除外。"

《食品安全法》第150条："食品安全，指食品无毒、无害，符合应当有的营养要求，对人体健康不造成任何急性、亚急性或者慢性危害。"

《食品生产经营监督检查管理办法》（国家市场监督管理总局令第49号）第37条："认定标签、说明书瑕疵，应当综合考虑标注内容与食品安全的关联性、当事人的主观过错、消费者对食品安全的理解和选择等因素。有下列情形之一的，可以认定为食品安全法第一百二十五条第二款规定的标签、说明书瑕疵：（一）文字、符号、数字的字号、字体、字高不规范，出现错别字、多字、漏字、繁体字，或者外文翻译不准确以及外文字号、字高大于中文等的；（二）净含量、规格的标示方式和格式不规范，或者对没有特殊贮存条件要求的食品，未按照规定标注贮存条件的；（三）食品、食品添加剂以及配料使用的俗称或者简称等不规范的；（四）营养成分表、配料表顺序、数值、单位标示不规范，或者营养成分表数值修约间隔、“0”界限值、标示单位不规范的；（五）对有证据证明未实际添加的成分，标注了“未添加”，但未按照规定标示具体含量的；（六）国家市场监督管理总局认定的其他情节轻微，不影响食品安全，没有故意误导消费者的情形。”

三、典型案例或做法

案号	裁判立场
××有限公司西安××商场与常××买卖合同纠纷案/陕西省西安市中级人民法院（2017）陕01民终9245号民事判决	标签瑕疵是否适用惩罚性赔偿的判断标准应当结合标签、说明书是否存在影响食品安全以及是否会对消费者造成误导两个方面综合评判。本案中常×并无证据证明涉案白酒存在影响食品安全的情况，并且涉案白酒的生产日期是在贵州酒类地方标准废止之前，在无相反证据的前提下，涉案白酒不存在影响食品安全的情况。常××在购买白酒时以普通人的注意义务不会因标签瑕疵造成误导。基于以上分析，本案中涉案白酒存在的标签瑕疵不符合适用惩罚性赔偿的法律规定。
范××与北京××有限公司买卖合同纠纷案/北京市第一中级人民法院（2022）京01民终10831号民事判决	从范××所举证据不足以证明涉案商品存在“有毒、有害，不符合应当有的营养要求，及可能对人体健康造成任何急性、亚急性或者慢性危害”的情形，并结合范××存在曾多次购买茶叶后起诉，认定范××对食品标签的内容应具有高于一般消费者的认知能力，涉案商品的标签瑕疵不会对其造成食用安全方面的误导，最终认为本案不应适用食品安全法中有关十倍赔偿的规定并无不当。
赵××、昌邑市××啤酒经销处产品责任纠纷案/山东省潍坊市中级人民法院（2022）鲁07民终10496号民事判决	被上诉人销售的涉案啤酒已被作出行政处罚，可以认定被上诉人销售的啤酒存在标签瑕疵，但不能据此认定标签瑕疵必然导致涉案啤酒存在有毒、有害，不符合应当有的营养要求以及可能对身体健康造成任何急性、亚急性或者慢性危害，故上诉人提交的证据不能认定涉案啤酒属于不符合食品安全标准的食品，不能适用食品安全法规定的惩罚性赔偿。

四、法理分析

食品标签瑕疵但书条款是对食品消费领域适用惩罚性赔偿的限缩性补充，对食品标签瑕疵应当如何适用？下文将结合审判实践作出简要分析。

首先，对于食品是否符合食品安全标准应当进行形式审查。形式审查即仅需对涉案食品的实际情况与标准内容进行比对，两者不一致，即为不符合食品安全标准。不需考虑不一致的内容是属于“与食品安全有关的标签、标识、说明书的要求”的形式标准还是《食品安全法》第26条中所称的其他实质标准，不需对不一致的内容是否属于“与卫生、营养等食品安全要求有关”进行实质审查。在本案中，涉案产品标签显示的执行标准db42/t278－2004已作废。此外，涉案产品标签上未对质量等级进行标注，亦不符合现行有效标准db42/t278－2009的要求。由此可见，涉案产品标签标注情况和标准内容不符，应当认为存在不符合食品安全国家标准的情形。

其次，食品标签瑕疵免于惩罚性赔偿的条件是“不影响食品安全”且“不会对消费者造成误导”，两者缺一不可。食品安全，就是食品无毒、无害，即对人体健康不造成任何急性、亚急性或者慢性危害。如果食品标签的瑕疵没有对人体健康产生危害或者不存在敏感因素，不涉及添加剂、农残、营养成分、配料表和食品生产企业联系方式等和食品安全相关内容的，就有可能得以豁免惩罚性赔偿。如果不涉及对食品功能、成分、执行标准、配料等与食品安全有关的误导，则可能豁免惩罚性赔偿。本案中，涉案食品同日生产的孝感××麻糖抽样检测的出厂检验报告项目检验结果均为合格，原告也自认涉案产品已经全部食用完毕，其身体并未出现不适。由此可见，标签瑕疵并未对食品安全本身造成影响。涉案产品印刷作废标准、未标注质量等级等标签瑕疵不会对原告造成误导。因此，本案免于食品消费领域的惩罚性赔偿。

总之，惩罚性赔偿的基本情形是：生产者生产不符合食品安全标准的食品或经营者在明知的条件下经营不符合食品安全标准的食品。食品标签瑕疵虽然属于不符合食品安全标准的情形，但对于不影响食品安全且不会对消费者造成误导的瑕疵应免除惩罚性赔偿。对标签瑕疵的认定应考虑标签内容与食品安全的关联度、是否给健康带来危害或存在敏感因素、是否导致对食品特性误解、是否无法确认标签原本意思等因素。

食品药品案件如何适用惩罚性赔偿？

张伊静

惩罚性赔偿是与补偿性赔偿相对应的赔偿制度，是指判决作出的赔偿数额超出实际损失数额的赔偿。它具有补偿受害人损失、惩罚不法行为等多重功能，在公益保护方面具有重要作用。在食品药品安全领域，我国同时存在食品安全、消费者保护和产品责任三种惩罚性赔偿规则，存在适用范围交叉的现象。此时，该适用哪一种惩罚性赔偿规定呢？本文将结合审判实践作出简要说明。

一、案情与裁判

案件名称：颜××、程××诉周××、吉林××有限责任公司等侵权责任纠纷案

案情来源：《最高人民法院公报》2019 年第 1 期(总第 267 期)

案情简介：

受害人苏××2010 年 8 月在门诊检查，初步诊断为“右乳上方肿块恶性”，后未再继续检查。此后，苏××遇见周××(被告、被上诉人)，即将其在医院检查发现右乳长有肿块的情况告知了周××，周××遂向苏××推荐其经营的系列保健产品，并邀其参加相关产品的推介会、培训会。苏××通过了解“××宝”等保健产品宣传资料及参与上述宣传活动后，轻信“××宝”等保健产品对其体内肿块具有治疗作用，遂通过周××购买服用。2010 年 10 月至 2011 年 7 月期间，苏××购买大量该系列产品。2012 年 12 月 28 日，苏××因病情恶化住院治疗，于 2013 年 1 月 5 日死亡。受害人之母、之女(原告、上诉人)以周××、生产者×药公司及经营者××生物公司(被告、被上诉人)为被告向法院提起诉讼。

一审判决

安徽省宣城市中级人民法院经审理认为：根据《食品安全法》第 54 条、《保健食品管理办法》，保健食品广告应以行政主管部门核准的保健功能为准，不得更改和扩大。被告周××向受害人苏××推销使用的宣传资料的内容与涉案产品说明书载明的功效不一，且不同程度地明示或暗示涉案产品具有抗肿瘤、消除疾病等药理作用，违反了法律的强制性规定，周××明知上述宣传资料的内容与其功效不符，仍向苏××销售涉案产品，其行为属虚假宣传行为。周××经销的产品系被告××生物公司销售，且周××根据××生物公司的授权在特定区域内从事经营活动，结合其他案件事实，××生物公司作为销售涉案产品的的经营主体，其行为亦构成虚假宣传。原告称苏××贻误诊疗时机，与周××等被告夸大宣传涉案产品的功效存在关联并致苏××死亡，未能举证证明，应承担不利后果。本案纠纷性质为虚假广告宣传引发的财产损失赔偿纠纷，与产品缺陷造成的人身权益和财产损害赔偿纠纷的性质不一，原告主张周××等被告承担给付精神损害抚慰金的民事责任，没有事实依据和法律依据。被告销售或经销涉案产品过程中，违反法定义务，违规宣传案涉保健产品的功效，致使苏××误识误信后购置 49760 元产品的事实清楚，根据《消费者权益保护法》第 54 条的规定，颜××、程××主张周××、××生物公司按双倍货款承担赔偿责任，符合法律规定。

二审判决

安徽省高级人民法院经审理认为：判决驳回上诉，维持原判。

二、相关规定

《民法典》第 1207 条：“明知产品存在缺陷仍然生产、销售，或者没有依据前条规定采取有效补救措施，造成他人死亡或者健康严重损害的，被侵权人有权请求相应的惩罚性赔偿。”

《消费者权益保护法》第 55 条：“经营者提供商品或者服务有欺诈行为的，应当按照消费者的要求增加赔偿其受到的损失，增加赔偿的金额为消费者购买商品的价款或者接受服务的费用的三倍；增加赔偿的金额不足五百元的，为五百元。法律另有规定的，依照其规定。经营者明知商品或者服务存在缺陷，仍然向消费者提供，造成消费者或者其他受害人死亡或者健康严重损害的，受害人有权要求经营者依照本法第四十九条、第五十一条等法律规定赔偿损失，并有权要求所受损失二倍以下的惩罚性赔偿。”

《食品安全法》第73条第1款：“食品广告的内容应当真实合法，不得含有虚假内容，不得涉及疾病预防、治疗功能。食品生产经营者对食品广告内容的真实性、合法性负责。”

《食品安全法》第148条第2款：“生产不符合食品安全标准的食品或者经营明知是不符合食品安全标准的食品，消费者除要求赔偿损失外，还可以向生产者或者经营者要求支付价款十倍或者损失三倍的赔偿金；增加赔偿的金额不足一千元的，为一千元。但是，食品的标签、说明书存在不影响食品安全且不会对消费者造成误导的瑕疵的除外。”

《最高人民法院关于审理食品安全民事纠纷案件适用法律若干问题的解释（一）》（法释〔2020〕14号）第10条：“食品不符合食品安全标准，消费者主张生产者或者经营者依据食品安全法第一百四十八条第二款规定承担惩罚性赔偿责任，生产者或者经营者以未造成消费者人身损害为由抗辩的，人民法院不予支持。”

三、典型案例或做法

案号	裁判立场
谢×、吴××等健康权纠纷案/广东省饶平县人民法院（2021）粤5122民初1098号民事判决	被告向原告宣传的内容与涉案保健品、食品产品说明书载明的功效不一致，不同程度地明示或暗示涉案保健品、食品具有抗癌等药理作用。被告明知上述保健品、食品并不具备治疗癌症效果，仍向原告推销、销售，其行为属虚假宣传行为。原告主观上对保健品产品属性为“保健品”、保健品、食品不能替代药物的注意事项是知情的，其未及时寻医就诊，系其自身对病情性质的错误预估和判断所致。本院对原告延误治疗与被告的虚假宣传是否存在因果不予认定。根据《消费者权益保护法》第55条第1款，被告应按三倍货款承担赔偿责任。

续表

案号	裁判立场
陈××与亳州市××有限公司、上海××有限公司产品责任纠纷案/安徽省亳州市谯城区人民法院(2020)皖1602民初4805号民事判决	本案争议的焦点为陈××身体不适与服用亳州市××有限公司生产的涉案产品有无因果关系。从陈××提供的《养生劝说》截图看，涉案产品成分配料品种多是食药同源的中药材，且涉案产品标明是“茶”，且在产品外包装上标明“本品不能替代药物治疗”，陈××的门诊病历也未载明造成其身体不适、病情加重的成因，陈××针对其诉讼请求所举证据不足以证明其主张的事实，故对其诉讼请求，本院不予支持。
王××、姜×侵权责任纠纷案/辽宁省大连市中级人民法院(2020)辽02民终4867号民事判决	原告王××举证的被告姜×向其宣传的说明书不同程度地明示或暗示案涉保健食品具有抑制病毒、抗癌、抗发炎、降血脂、抑肿瘤、宜糖尿病等药理作用，极易误导消费者，违反了法律的强制性规定，故被告姜×的行为属虚假宣传行为。原告王××应当承担其身体损害与食用保健品存在因果关系的举证责任，而本案原告王××已经提供的证据不足以证明其主张，应当承担不利后果，故对该项诉讼请求不予支持。

四、法理分析

食品药品领域的惩罚性赔偿被规定在《食品安全法》《消费者权益保护法》和《民法典》中，案件易产生法律适用选择的问题。下文将结合审判实践作出简要分析。

首先，缺陷产品导致消费者死亡或者健康受到严重损害时，当事人有权选择请求权。此时，当事人既可以依据《消费者权益保护法》第55条第2款提出诉讼请求，也可以依据《食品安全法》第148条第2款提出诉讼请求，还可以依据“产品缺陷惩罚性赔偿”规则提出诉讼请求。在构成要件重叠时，产生请求权竞合，从规范目的看，无法得出选择一请求权排除其他请求权适用，应当允许当事人根据个案选择。根据《民法典》侵权责任编和《消费者保护法》第55条第2款的规定，本案中原告无法举证受害人死亡、贻误诊疗时机与被告违规宣传之间的因果关系及参与度，应当承担不利后果，恶意产品致害责任不能成立。根据《食品安全法》第96条的规定，原告无法证明食品不符合安全标准，《食品安全法》中的惩罚性赔偿责任同样不能成立。

其次，应当区分虚假广告宣传引发的财产损失赔偿纠纷与虚假广告所涉及的产品存在产品缺陷而造成的人身权益和财产损害赔偿纠纷。前者被规定在

《消费者保护法》第55条第1款，属于违约惩罚性赔偿，只要构成商品欺诈或者服务欺诈就可主张，后者性质为侵权责任，应当具备产品缺陷、明知、严重后果和因果关系的要件。本案原告所主张的赔偿额包括双倍赔偿货款和连带赔偿误工费、护理费、医药费、丧葬费、死亡赔偿金、被抚养人生活费、精神损害抚慰金等，实则分属不同性质。有虚假广告宣传行为则会引发违约损害赔偿纠纷；如果虚假广告宣传的产品因产品缺陷造成人身损害，则构成侵权损害赔偿纠纷。

最后，欺诈行为成立，经营者应当承担违约惩罚性赔偿。欺诈一般认为是经营者在提供商品或者服务中，采取虚假或其他不正当手段欺骗、误导消费者，使消费者合法权益受到损害的行为。本案中，被告向受害人推销所使用的宣传册中含有大量与涉案产品说明书载明功能不同的内容，文字内容不同程度地明示或暗示涉案产品具有消除疾病等药理作用，违反了法律的强制性规定，且被告主观明知其行为属虚假宣传行为，属于有欺诈的故意并实施了欺诈行为。根据《消费者权益保护法》第55条第1款的规定，原告所主张的被告按双倍货款承担赔偿责任，符合法律规定。

证券虚假陈述，签字会计师也要承担无限连带责任？

张伊静

2021年，“××药业财务造假案”引发社会热议，证券特别代表人诉讼制度、独立董事责任制度等都引发了极大关注。近日，北京市高级人民法院的一则终审裁定更是让会计师执业风险成为社会关注的焦点。××药业财务造假案涉案会计师事务所广东××会计师事务所（特殊普通合伙）暂无财产可供执行证监会行政处罚罚没款，法院裁定证监会有权追加会计师事务所合伙人杨××为被执行人。这意味着，杨××将以个人全部财产对会计师事务所未缴纳罚款金额（5130万元）承担无限连带责任。虚假陈述案件中，对会计师责任应该如何理解？作为涉案会计师事务所合伙人和造假财报的签字会计师要承担何种责任？本文将结合审判实践作出简要说明。

一、案情与裁判

案件名称：杨××等非与执行审查执行案

案情来源：北京市高级人民法院（2023）京执复184号执行裁定

案情简介：

北京金融法院在执行中国证券监督管理委员会（以下简称“中国证监会”）与广东××会计师事务所（特殊普通合伙）行政非诉执行一案［执行依据：（2021）京74行审11号行政裁定书；执行案号：（2022）京74执118号］过程中，因被执行人会计师事务所无财产可供执行，中国证监会向法院提出追加被执行人合伙人、涉案审计项目签字注册会计师杨××为被执行人的申请。

法院判决

北京市高级人民法院经审理认为：依据《最高人民法院关于民事执行中变更、追加当事人若干问题的规定》第14条第1款的规定，作为被执行人的合伙企业，不能清偿生效法律文书确定的债务，申请执行人申请变更、追加普通合伙人为被执行人的，人民法院应予支持。杨××系被执行人会计师事务所（特殊普通合伙）的普通合伙人，在(2022)京74执118号案件中该合伙企业作为被执行人不能清偿生效法律文书确定的债务，故申请执行人中国证监会有权申请追加杨××为该案被执行人。杨××作为执业人员应当承担的行政责任与其作为合伙人应当承担的民事责任并行不悖。判决驳回复议申请人杨××的复议申请，维持北京金融法院(2022)京74执异200号执行裁定。

二、相关规定

《证券法》第160条第1款："会计师事务所、律师事务所以及从事证券投资咨询、资产评估、资信评级、财务顾问、信息技术系统服务的证券服务机构，应当勤勉尽责、恪尽职守，按照相关业务规则为证券的交易及相关活动提供服务。"

《证券法》第163条："证券服务机构为证券的发行、上市、交易等证券业务活动制作、出具审计报告及其他鉴证报告、资产评估报告、财务顾问报告、资信评级报告或者法律意见书等文件，应当勤勉尽责，对所依据的文件资料内容的真实性、准确性、完整性进行核查和验证。其制作、出具的文件有虚假记载、误导性陈述或者重大遗漏，给他人造成损失的，应当与委托人承担连带赔偿责任，但是能够证明自己没有过错的除外。"

《行政处罚法》第29条："对当事人的同一个违法行为，不得给予两次以上罚款的行政处罚。同一个违法行为违反多个法律规范应当给予罚款处罚的，按照罚款数额高的规定处罚。"

《合伙企业法》第57条："一个合伙人或者数个合伙人在执业活动中因故意或者重大过失造成合伙企业债务的，应当承担无限责任或者无限连带责任，其他合伙人以其在合伙企业中的财产份额为限承担责任。合伙人在执业活动中非因故意或者重大过失造成的合伙企业债务以及合伙企业的其他债务，由全体合伙人承担无限连带责任。"

《最高人民法院关于民事执行中变更、追加当事人若干问题的规定》（法释〔2020〕21号）第14条："作为被执行人的合伙企业，不能清偿生效法律文书确定的债务，申请执行人申请变更、追加普通合伙人为被执行人的，人民法院应予支持。作为被执行人的有限合伙企业，财产不足以清偿生效法律文书确定的债务，申请执行人申请变更、追加未按期足额缴纳出资的有限合伙人为被执行人，在未足额缴纳出资的范围内承担责任的，人民法院应予支持。”

三、典型案例或做法

案号	裁判立场
梅××等与胡××执行异议之诉/北京市第三中级人民法院(2022)京03民终16954号民事判决	××投资作为被执行人，财产不足以清偿生效法律文书确定的债务。梅××自2014年成为××投资有限合伙人，其出资期限至2019年4月届满。现梅××未能提供证据证明其已在出资期限内足额缴纳出资。梅××在出资期限届满后退出合伙企业，其退出合伙时本案债权债务已经发生。一审法院判令梅××应在尚未缴纳出资的范围内依法承担责任并无不当。判决驳回上诉，维持原判。
詹××与裴××、吕×等劳动争议、人事争议执行审查案/辽宁省沈阳市和平区人民法院(2017)辽0102执异194号执行裁定	被执行人的追加，是人民法院在民事执行程序中因出现法定原因，将与被执行人有义务关联的案外人，依法增加为被执行人的一项法律制度。被执行人的追加必须严格依照法律规定，经法定程序进行。申请执行人现提供的证据无法证明被申请人裴××、张×、李××、王×、吕×系××会计师事务所(特殊普通合伙)辽宁分所的普通合伙人，故追加其为被执行人证据不充分。裁定驳回申请人的申请。
徐×、××矿山设备等买卖合同纠纷执行复议案/云南省昭通地区(市)中级人民法院(2022)云06执复110号执行裁定	《最高人民法院关于民事执行中变更、追加当事人若干问题的规定》第14条第1款的规定并不以是否出资、是否持股为条件，而威信县××煤矿作为普通合伙企业，其合伙人为××有限公司、曹×、吴×、徐×，且威信县××煤矿不能清偿生效法律文书确定的债务，申请执行人××矿山设备申请追加××有限公司、曹×、吴×、徐×为被执行人，符合法律规定，依法应予支持。

四、法理分析

根据2021年中国证监会出具的行政处罚，杨××已经被给予警告，并处以10万元罚款，杨××对会计师事务所的罚没款承担连带责任的法律依据为何呢？

首先，因故意或者重大过失造成合伙企业债务的合伙人应当承担无限责任或连带责任。根据《合伙企业法》第57条，因故意或者重大过失造成合伙企业债务的合伙人，应当承担无限责任或者无限连带责任，其他合伙人以其在合伙企业中的财产份额为限承担责任。杨××是被执行人会计师事务所的合伙人，也是涉××药业项目的直接负责人员，对被执行人应承担的责任有重大过失，应承担无限连带赔偿责任。

其次，申请执行人有权追加普通合伙人为被执行人。根据《最高人民法院关于民事执行中变更、追加当事人若干问题的规定》第14条的规定，被执行的合伙企业不能清偿债务的情况下，申请执行人有权申请变更、追加普通合伙人为被执行人。作为被执行人的合伙企业不能清偿生效法律文书确定的债务的情况下，申请执行人中国证监会有权申请追加普通合伙人杨××为被执行人。

最后，作为执业人员应当承担的行政责任与作为合伙人应当承担的民事责任并行不悖。2021年，中国证监会在行政处罚决定书中对杨××给予警告并处以10万元的罚款，系对审计未勤勉尽责违法行为的行政处罚。对涉案会计师事务所责令改正，没收业务收入1425万元，并处以4275万元罚款，合计5700万元罚没款也系行政处罚，但杨××因《合伙企业法》对普通合伙企业债务承担无限连带责任，属于民事责任，与10万元罚款并行不悖，不构成一事两罚。

总之，从这一案件不难看出全面注册制时代监管部门对中介机构严监管的态度。在会计师事务所、注册会计师存在未保持职业怀疑、未勤勉尽责时，将会面临连带赔偿责任的风险。

宠物受侵害，所有权人主张精神损害赔偿应否支持？

张伊静

《民法典》第1183条第2款规定，因故意或者重大过失侵害自然人具有人身意义的特定物造成严重精神损害的，被侵权人有权请求精神损害赔偿。在宠物受到侵权损害的案件中，所有权人多以该条文为依据，主张精神损害赔偿。喜爱的宠物受侵害，所有权人能否主张精神损害赔偿？对具有人身意义的特定物应该如何理解？本文将结合审判实践作出简要说明。

一、案情与裁判

案件名称：王××与北京××物业管理有限公司等违反安全保障义务责任纠纷案

案情来源：北京市第一中级人民法院(2022)京01民终10258号民事判决

案情简介：

2021年8月17日晚23时许，王××带领饲养的拉布拉多宠物犬在××花园四区公共绿地遛弯，并未给宠物犬拴绳，宠物犬掉入深井之中，后宠物犬死亡。深井位于小区公共绿地内，外围有矮树围绕，内部是平地，上面长满杂草。深井井口上面被土壤和杂草覆盖。事发时，深井周边无任何警示标识。××物业公司第二分公司是北京××物业公司的分公司，××物业公司第二分公司为××花园四区提供物业服务。根据《××花园物业管理服务协议》，××物业公司负有对房屋、设备、共用设施设备、绿化、环境卫生、保安、交通等项目进行维护、修缮、服务与管理的义务，负有维护物业公共安全环境和秩序的义务，制止违反《××花园物业管理公约》的行为。王××诉至法院要求北京××物业管理有限公司等赔偿购买狗的费用、养狗支出费用和精神损失费等。

一审判决

北京市昌平区人民法院经审理认为：北京××物业公司负有对房屋、设备、共用设施设备、绿化、环境卫生、保安、交通等项目进行维护、修缮、服务与管理的义务。物业公司未能及时发现并处理深井问题，未履行管理、维护、安保义务，有一定过错，物业公司应当承担相应的赔偿责任。被侵权人对损害的发生或者扩大有过错的，可以减轻侵权人的责任。该院认为，王××对于事情的发生亦有过错。王××违反了《北京市养犬管理条例》的规定：不得在重点管理区域饲养大型犬、大型犬不得出户遛犬、养犬人不得进入公共绿地，且并未对犬束犬链。因此，本院综合考虑本案的具体情况，酌情确定双方责任比例为各承担50%的责任。关于精神损失费，狗不是具有人格象征意义的物，该项诉讼请求，于法无据，本院不予支持。

二审判决

北京市第一中级人民法院经审理认为：一审法院已经综合考虑了物业公司未履行管理、维护、安保义务等方面存在的过错以及王××未对犬束犬链、事发地点位于公共绿地等因素，认定物业公司和王××分别承担50%的责任，并无不妥，本院予以确认。侵害具有特殊的人格象征意义的特定纪念物品可以请求精神损害赔偿，而本案中的宠物狗并不是具备人格象征意义的特定物，故一审法院未支持王××主张的精神损害赔偿并无不妥，本院不持异议。判决驳回上诉，维持原判。

二、相关规定

《民法典》第1183条第2款："因故意或者重大过失侵害自然人具有人身意义的特定物造成严重精神损害的，被侵权人有权请求精神损害赔偿。"

《民法典》第1198条第2款："宾馆、商场、银行、车站、机场、体育场馆、娱乐场所等经营场所、公共场所的经营者、管理者或者群众性活动的组织者，未尽到安全保障义务，造成他人损害的，应当承担侵权责任。因第三人的行为造成他人损害的，由第三人承担侵权责任；经营者、管理者或者组织者未尽到安全保障义务的，承担相应的补充责任。经营者、管理者或者组织者承担补充责任后，可以向第三人追偿。"

《民法典》第996条："当事人一方的违约行为，损害对方人格权并造成严重精神损害，受损害方选择请求其承担违约责任的，不影响受损害方请求精神损害赔偿。”

《民法典》第1173条：“被侵权人对同一损害的发生或者扩大有过错的，可以减轻侵权人的责任。”

《民法典》第942条第1款：“物业服务人应当按照约定和物业的使用性质，妥善维修、养护、清洁、绿化和经营管理物业服务区域内的业主共有部分，维护物业服务区域内的基本秩序，采取合理措施保护业主的人身、财产安全。”

《最高人民法院关于确定民事侵权精神损害赔偿责任若干问题的解释》（法释〔2020〕17号）第1条：“因人身权益或者具有人身意义的特定物受到侵害，自然人或者其近亲属向人民法院提起诉讼请求精神损害赔偿的，人民法院应当依法予以受理。”

三、典型案例或做法

案号	裁判立场
王×与张×等财产损害赔偿纠纷案/北京市门头沟区人民法院（2022）京0109民初5102号民事判决	关于精神损失费，鉴于精神损害赔偿原则上适用于自然人的人格权和身份权受到侵害，或者在特殊情况下“具有人身意义的特定物”受到侵害的情形，而本案中的宠物并不具备上述特性，故对其该项诉讼请求，本院不予支持。
北京××宠物用品有限公司与孙×财产损害赔偿纠纷案/北京市第三中级人民法院（2023）京03民终5623号民事判决	鉴于精神损害赔偿原则上限于自然人的人格权和身份权受到侵害，或者在特殊情况下对于“具有人格象征意义的特定纪念物品”受到侵害的情形下可以主张，而宠物狗并不具备此特性，故该项诉讼请求难以得到支持。
任××与陆××等财产损害赔偿纠纷案/上海市松江区人民法院（2023）沪0117民初4795号民事判决	对于原告主张的精神抚慰金，我国《民法典》规定，因故意或者重大过失侵害自然人具有人身意义的特定物造成严重精神损害的，被侵权人有权请求精神损害赔偿。本案中，尽管原告在饲养宠物狗期间投入了感情，其丢失对原告心理造成了一定程度的伤害，但该宠物犬并非具有人身意义的特定物，故原告该项主张缺乏法律依据，本院难以支持。

四、法理分析

宠物受到侵害时，宠物主人能否要求侵权人承担责任？主张精神损害赔偿的基本条件是什么？下文将结合审判实践作出简要分析。

首先，未尽安全保障义务产生损害，应当承担侵权责任。公共场所的经营者、管理者负有安全保障义务，物业公司作为物业管理区域范围内的管理者，对其物业管理区域内的不特定人负有安全保障义务。北京××物业公司基于物业服务合同约定和《民法典》第942条的规定，对业主或物业使用人承担安全保障义务人责任。但其并未及时对小区公共绿地进行管理维护，未能及时发现小区没有井盖的深井，应当履行而未履行管理、维护、安保义务，导致宠物犬坠入深井死亡，应当承担相应的赔偿责任。

其次，被侵权人对损害的发生或者扩大有过错的，可以减轻侵权人的责任。被侵权人作为受害人，如果对同一损害的发生或者扩大存在主观上的故意或者过失，应当对损害结果承担责任，并可以减轻侵权人的责任。王××违反《北京市养犬管理条例》的规定，对不得在重点管理区域饲养大型犬、不得出户遛大型犬的不作为义务不当为而为，对应当在公共绿地束犬链的作为义务当为而不为，违反了条例设定的法定义务，对损害的发生存在过错。因此，依据《民法典》第1173条的规定，北京××物业公司虽然承担赔偿责任，但由于被侵权人的过失，应当减轻侵权人的责任。

最后，具有人身意义的特定物应当严格限定范围，不能滥用精神损害赔偿。人身意义的特定物，需要具有人格意义或者身份意义。人格意义是在特定物中包含了人格利益要素，体现在人的主体构成要素上，身份意义是在其中包含了身份利益因素，体现在特定亲属身份要素上。具体而言，宠物如果要作为人身意义的特定物，应当对所有权人人格利益有明显的增加，或者能体现特定的亲属身份。前者如与孤寡老人相依为命的宠物、与盲人朝夕相伴的导盲犬，它们与所有权人的生命健康息息相关，后者如已故亲人饲养多年的宠物，与特定的亲属身份有关。本案中的宠物，不存在对所有权人的人格利益有明显增加的情形，也与特定的亲属身份无关，不具有人格利益要素或者身份利益要素，与人身意义的联结不够紧密，不属于具有人身意义的特定物，所有权人精神损害赔偿无法获得支持。

总之，因饲养的宠物受到侵害而产生的精神损害赔偿，只能在特定条件下考虑，如果缺乏人格利益要素或身份利益要素，造成损害也不能请求精神损害赔偿。

江××诉刘××生命权、身体权、健康权纠纷案评析

路凯凯、付琦、林勋琦、李锦媛、高富城、郭靖康
任奕霖、杨颖 、王耕、梁钰祺、杨婷、李秋颖*

引言

江××诉刘××生命权、身体权、健康权纠纷案，作为社会影响力较大的侵害生命权的侵权损害赔偿案件，自一审判决公布以来受到社会广泛关注。可以肯定的是，一审法院判决结果充分体现了法院在司法案件中对公平、正义的维护，对社会主义核心价值观的尊重。山东大学法学院 2020 级、2021 级研究生特此成立案例讨论小组，对该案一审判决书进行学习讨论，在借鉴该判决法律思维的同时，试图从责任构成、责任效果、法律思维三个角度进行法理分析，确保案件判决结果合乎情理的同时，使其法理支撑更为充分。下面是小组成员以一审判决为基础，对案件进行研读后，在参考相关文献、专著、判决的基础上，形成的学习讨论意见。如有不妥之处，还望大家批评指正。

一审判决后，刘××已经提起上诉。2022 年 12 月 30 日，山东省青岛市中级人民法院作出二审判决：驳回上诉，维持原判。

一、案情与裁判

案件名称：江××诉刘××生命权、身体权、健康权纠纷案

案情来源：山东省青岛市中级人民法院(2022)鲁 02 民终 1497 号民事判决

* 付琦：山东大学法学院 2020 级硕士研究生、现 2023 级博士研究生；路凯凯、林勋琦、李锦媛、高富城、郭靖康、任奕霖、杨颖、王耕、梁钰祺、杨婷、李秋颖：山东大学法学院硕士。

案情简介：

刘××与江×在日本留学时是好友。2016年9月2日，刘××与男友陈××分手后搬到江×公寓与其同住。2016年11月2日，陈××找到两人同住的公寓，江×提议报警，但刘××以合住公寓违反当地法律为由拒绝报警，并请求江×回来帮忙解围。江×返回公寓劝离陈××后返回学校。其间，陈××两次威胁刘××，但刘××未将恐吓信息告知江×。2016年11月2日23时许，刘××因害怕要求江×在地铁站等她一同回公寓。11月3日零时许，二人前后进入公寓，陈××携刀与走在后面的江×发生争执。走在前面的刘××打开房门，先行入室并将门锁闭。陈××手捅江×颈部十余刀后逃离现场。江×经抢救无效死亡。此后，江××与刘××因江×死亡原因等产生争议，刘××多次发表不当言论，对江××造成了一定程度的精神伤害。

一审判决

刘××引入侵害危险，没有对江×告知和提醒，并在收到不法侵害的紧迫危险时，置他人生命安全于不顾，具有明显过错，应承担相应民事责任。此外，江××失去爱女，因此遭受了巨大伤痛，且刘××在事发后发表刺激性言论，进一步伤害了江××的情感，依法应承担精神损害赔偿。因此，法院判决被告刘××于判决生效之日起十日内赔偿原告江××各项经济损失496000元及精神损害抚慰金200000元，并承担全部案件受理费。

二审判决

根据刘××的求助和江×的施助行为，可以认定同在异国他乡留学的两人之间已经形成以友情和信赖为基础、以求助和施助为内容的特定的救助民事法律关系。刘××在接受救助避免遭受陈××的纠缠侵害的同时，负有向江×如实告知其与陈××感情纠葛情况、陈××性格人品状况、陈××是否可能实施伤害其他人的极端行为等情况的义务。同时，面对所受到的侵害风险，负有及时寻求适当救济措施，在能力范围内进行防范及救助的义务。刘××对于江×未尽告知、善意提醒和救助义务，具有明显过错。其过错行为与江×的死亡后果之间具有法律上的因果关系。江××收到的社会捐赠，与刘××应承担的赔偿责任之间没有关联性，不影响刘××应承担的侵权责任。一审法院根据江××的诉讼请求，综合考虑侵权性质、事实情节、损害后果、事后态度等因素，所确定的200000元的精神损害赔偿数额，符合本案实际，并无不当。一审判决认定事实清楚，适用法律正确，审理程序合法，应予维持。

二、法理分析

(一)刘××侵权责任构成的认定

任奕霖:江××诉刘××侵权纠纷案判决自公布以来,学界对于侵权责任构成认定的讨论一片哗然。有学者认为刘××违反安全保障义务,应当参考适用《侵权责任法》第37条特殊侵权责任的规定;也有学者认为刘××的侵权行为是侵犯生命权的一般侵权行为,其请求权基础为《侵权责任法》第6条第1款关于一般过错侵权的法律规范。不同的请求权基础对侵权责任构成要件的认定标准会有所差异,该部分主要围绕刘××的侵权行为,讨论以下问题:(1)以《侵权责任法》第6条第1款为请求权基础,侵权责任构成应如何认定?(2)被告与陈××构成无意思联络的数人侵权,还是违反安全保障义务的侵权?

1.刘××行为是否符合一般过错侵权的责任构成?

(1)刘××的侵权行为形态

杨颖:刘××存在不作为侵权行为

侵权责任构成要件的行为,是指侵害他人民事权益的受意志支配的人之行为。依侵权行为的表现形态不同,当行为人违反作为义务时,不作为也会被认定为侵权行为。所谓"作为义务"是指行为人应积极采取某些行为,防止他人利益遭受不合理的损害危险的义务。构成不作为侵权的义务渊源主要有以下几种:法定义务、合同义务、先行行为引起的义务、基于诚信原则产生的义务。

在本案中,刘××违反的作为义务是基于先行行为引起的义务,"先行行为引起的义务"是指由于先行行为而使他人受保护的合法权益处于危险状态,行为人负有的采取有效措施排除危险或防止危害结果发生的特定积极作为义务。

第一,刘××的先行行为引入了危险源并升高了江×生命健康权被侵害的风险。在求助江×并与其同住的两个月期间,刘××一直处于与陈××的感情纠葛中,并拒绝了江×报警的提议,将江×引入了自己感情纠纷引发的危险之中;2016年11月2日,刘××与陈××的感情纠纷激化,陈××多次向刘××发送纠缠恐吓信息,刘××要求江×与其一同回公寓,致使江×被动处于生命健康权危险升高的状态。

第二,因先行为刘××产生了继续作为的义务。刘××的先行行为使江×的生命健康权处于遭受严重损害的危险状态,应负有对江×注意义务以及实施积极救助行为的义务。

第三，刘××未履行积极作为义务。其一刘××未履行诚实告知的注意义务，在已经预知到陈××人身危险性极大的情形下，未告知实际情况，致使江×处于选择机会被剥夺的状态；其二刘××未履行救助义务，面临陈××不法侵害的紧迫危险之时，刘××先行进屋并锁门，让江×独自面对陈××的不法侵害，其锁门的行为也使江×丧失进门躲避的机会，从而使江×的生命健康权被剥夺。由此可见，刘××未履行继续作为义务，其不作为应被认定为侵权行为。

路凯凯：刘××因未尽到适当救助义务，构成不作为的侵权

本案判决认为被救助者刘××对救助者江×负有安全保障义务，并不准确。我国的安全保障义务仅适用于经营者、活动组织者，安全保障义务主要是基于场所控制力形成的，此案明显不具备该条件，并不能作为被救助者相应义务的基础。此外，在有第三人施害的情况下，安全保障义务是有份额的补充责任，此案判决并没有提到。在一般情况下，被告面对危及人身安全的危险选择逃跑是自救，无可厚非。但在本案被告与被害人已经成为一个整体的特定情形下，其逃跑不再是自救，而是没有尽到法律上的防卫义务（即救助的作为义务），她选择了保护自己而放任被害人被伤害或者死亡结果的发生。因此，采用危险发生时的救助义务比较准确。

具体而言，本案判决是以刘××的在先行为作为义务来源进行论证，在先行为诱发或开启了某种危险状态，从而使行为人负有消除该危险状态或救助因此而受害之人的义务。刘××与陈××恋爱同居期间，多次发生争执，在明知陈××的极端性格和人身危险性的情况下，向江×求助并搬至其租住的公寓同住，因此开启了该种危险状态，置江×于险境。刘××与陈××系恋爱同居关系期间多次发生争执，刘××作为一个成年理性人，对陈××的极端性格和人身危险性比常人应有更深刻的认知。

本案中的江×对刘××实施了劝解、救助和保护行为，双方在友情基础上形成了一定的救助关系，那么，刘××作为危险引入者和被救助者，理所应当对江×负有必要的告知、注意义务和救助义务。但是，刘××在已经预知侵害危险时，并没有将事态的严重性和危险性告知江×，同时还阻止江×报警，可见其没有充分尽到善意提醒和诚实告知的注意义务。在面临陈××的不法侵害时，走在前面的刘××打开房门，先行入室并将门锁闭，将江×阻挡在自家门外，导致陈××在公寓门外，手持水果刀捅刺江×颈部十余刀。刘××先前的请求陪同行为，本就已经触发危险状态，其本身负有救助义务，但其不仅没有实施任何

救助行为，反而切断了江×唯一的逃生通道，最终导致了江×死亡结果的发生。

综上，刘××的先前行为触发了危险状态，其对江×负有救助义务或者消除危险状态的义务，但在客观上有能力提前告知江×规避危险的情况下，未尽到任何提醒和告知义务，在有能力打开房门为江×提供逃生通道的情况下，未实施任何私力救济，构成不作为的侵权。

(2)受害人遭受了哪些损害？

路凯凯：本案中既存在直接损害，也存在间接损害

损害是所有民事赔偿责任的必备构成要件。没有损害，就没有赔偿。唯有被侵权人因侵权行为遭受了损害，方能要求侵权人负损害赔偿义务，即成立侵权赔偿责任。客观上的损害是指任何物质的或精神的利益的非自愿的丧失。并非所有客观上的损害都能获得法律上的救济。① 王利明教授认为，任何人身或财产上的不利益，只有在法律上被认为具有补救的可能性和必要性时，才产生民事责任。② 只有那些具有可赔偿性的损害，才属于损害赔偿法意义上的损害，即所谓的“法律上的损害”。

本案中发生的损害可分为两类：一是直接性的损害，也称“具体损害”，是指对受害人的人身权益、财产权益本身所造成的损害。这种损害可以从客观形体上的变化中得以反映或者加以观察。《民法通则》第5条规定，公民、法人的合法的民事权益受法律保护，任何组织和个人不得侵犯。第98条规定，公民享有生命健康权。本案中，江×因左颈总动脉损伤失血过多，经抢救无效死亡。刘××不救助的行为侵害了江×的生命权，造成了人身损害。因为江×已死亡，只能由间接受害人江××主张死亡赔偿金、被扶养人生活费等请求权。此外，本案中江×死亡后江××遭受的失去至亲的痛苦同样属于直接损害，由于该损害无法精确地按照较为客观的市场价格加以估算，这就给予了本案的法官在精神损害赔偿数额确定上的较大的自由裁量权，本案法官根据行为情节、损害程度、社会影响，酌情判令刘××赔偿江××精神损害抚慰金20万元。刘××在江×因对其施救遇害死亡后，未能正确处理与江×母亲江××的关系，进一步加剧了江××的精神痛苦，加重了精神损害后果。一审法院根据江××的诉讼请求，综合考虑侵权性质、事实情节、损害后果、事后态度等因素，所确定的20

① 参见程啸：《侵权责任法教程》，中国人民大学出版社2020年版，第72页。

② 参见王利明：《侵权责任法研究》上卷，中国人民大学出版社2016年版，第354页。

万元的精神损害赔偿数额，符合本案实际，并无不当。

(3)如何认定违法行为与损害结果之间的因果关系？

付琦：刘××的行为与江×生命权被侵害的结果之间具有因果关系

本案适用的是《侵权责任法》第6条第1款，是一般侵权责任的请求权基础。对于刘××的行为与江×生命权受侵害的结果具有因果关系，本案判决表述为，“刘××先一步进入公寓并锁闭房门，致使江×被阻挡在门外而受到严重伤害失去生命”，并没有单独、展开论证。对因果关系的考察基本上分为两部分进行：第一层次的因果关系是责任成立的因果关系（普通法上称为事实因果关系），主要考察的就是加害行为与权益被侵害或损害之间是否存在客观上的联系；第二层次的因果关系是责任范围的因果关系（法律因果关系），该层次因果关系主要解决的是损害赔偿范围的问题。本案殊值讨论的是事实因果关系，关涉侵权责任成立与否的问题。

前文已述及，刘××的在先行为诱发或开启了某种危险状态，这一行为使江×的民事权益陷入了危险的状态，其就负有消除该危险状态或救助江×的作为义务。在逻辑上，事实因果关系的判定通常依据“若无，则不”(but-for)的认定检验方式。该标准通过提出一个假设的问题来判定被告的行为是否属于造成损害的必要条件。在不作为的案件中，该问题表述为：如果被告积极履行了作为义务，权益是否仍会被侵害？如果回答是，则不作为与权益被侵害之间没有因果关联。反之，就存在因果关联。具体到本案，需要考虑的是：如果刘××积极履行了基于先行行为的救助义务，江×生命权是否仍会受侵害？

表面来看，结合本案法院认定事实难以就此问题给出一个确定答案。但根据机会丧失理论，可以认为原告的损害不是其所遭受的损害，而是避免损害的机会。① 因此，通过盖然性的比较，本案中只要能够证明刘××的行为使江×丧失了一定比例的避免损害的机会，就可以认定原告完成了因果关系的证明责任。刘××在已经预知到侵害危险的情况下，没有将事态的严重性和危险性告知江×，而是阻止江×报警；案发时，在面临陈××实施不法侵害的紧急情况下，刘××先一步进入公寓并锁闭房门，致使江×被阻挡在门外，生命权受到侵害。这极大程度地使江×丧失了避免被侵害的机会。

我国学界与实务界均不要求受害人对因果关系的证明达到如同科学那样

① 参见陈聪富：《因果关系与损害赔偿》，(台北)元照出版有限公司2004年版，第197页。

精确的地步。[①] 只要求判明违法行为与损害结果之间在通常情形下存在可能性。法官依一般社会见解，按照当时社会所达到的知识和经验，只要一般人认为在同样情形有发生同样结果之可能性即可。显然，在理性一般人观念中，刘××的上述违法行为通常均会产生江×生命权受侵害的后果。本案虽未对存在因果关系展开详尽论述，但判决刘××承担相应的民事责任，亦是对刘××之行为与江×被害之间因果关系的肯定。

(4)刘××对损害的发生是否具有过错？

林勋琦：刘××的行为属于过失而非故意

“过错”是对行为人主观心理状态的否定性评价或非难，过错分为故意与过失。在侵权责任中，虽然并不是所有违反法律法规的行为都与行为人的过失相关。但由于刘××的先前行为导致其具有特定注意义务，刘××在违反了危险提示义务后，可以推定其具有过失。

就本案而言，刘××的行为属过失而非故意。过失包括两要素，其一是认识要素，即“可预见性”：行为人能够或应当预见到其行为会侵害他人的民事权益。其二是意愿要素，即“可避免性”：指行为人具有避免侵害他人民事权益的可能性。

在本案中，以被告所具过失为例。首先，对于江×的生命权侵害，本案是被告的间接侵权。其次，此处所指被告的过错主要涉及其未履行的义务，江×作为刘××的陪伴好友，是刘××在已经接到前男友的威胁时请求其来帮助自己的，正是被告的这一行为导致其具有后期的危险告知义务。由于没有履行自己的危险告知义务，导致了之后陷江×于巨大危险之中，是已经预见但是轻信能够避免的过失。在之后江×需要躲避来自陈××的生命威胁时，刘××选择了关紧房门，导致了江×失去了生存的一线生机，这也是刘××的行为具有违法性之体现。

刘××的行为具有违法性，对于刘××的行为，可否因具有紧急避险事由而推定其行为合法呢？答案是否定的，当避险行为造成第三人法益损害扩大的危险时，避险行为人必须采取措施阻止更为严重的后果出现。紧急避险中具有严格的限度条件，虽然紧急避险行为得以正当化，但是这种正当化是与一种利益权衡联系在一起的，这种权衡应当对被害人的利益给予最大的照顾。

---

① 参见王利明：《侵权责任法研究》上卷，中国人民大学出版社 2010 年版，第 385～386 页。

2.是无意思联络的数人侵权，还是违反安全保障义务的侵权？

任奕霖：抛开原告诉讼请求，判断当事人多因一果导致损害的问题，有两个思路值得探讨。第一种思路，根据《侵权责任法》第12条(《民法典》第1172条)规定，二人构成承担按份责任的无意思联络数人侵权。第二种思路，涉及我国《侵权责任法》第37条对违反安全保障义务产生的特殊侵权责任的规定。此种思路，当第三人介入导致损害时，受害人的损害是因第三人的加害行为所致，但是安全保障义务人对损害的发生也有一定的过错，其为第三人的加害行为提供了一定的便利，应当承担相应的补充责任。这两种思路，哪种更为合理？组内成员存在如下讨论。

李锦媛：被告与陈××构成承担按份责任的无意思联络数人侵权

本案判决模糊之处在于：在确定人身损害赔偿范围时，法院仅表明“依据行为人的过错程度、因果关系等因素”，判决被告承担部分损失。但因陈××亦存在侵权行为，故法院并未就二人原因力大小及其关系、过错大小作出进一步阐释，而这决定了二人侵权行为的类型。且结合赔偿金额来看，法院审判思路似乎亦倾向于认定二人构成承担按份责任的无意思联络数人侵权。

传统认为，承担按份责任的无意思联络数人侵权构成要件包括：两人以上分别实施侵权行为；造成同一损害后果；每个侵权行为都符合独立的侵权责任构成要件；每个行为都不足以造成全部损害，而是数行为结合所导致，即存在累积的因果关系。在肯定判决认可被告行为构成侵权基础之上，此处须着重说明因果关系要件。

在本案中，仅有被告行为并不足以导致损害结果发生。关键在于，表面上似乎陈××侵权行为是江×死亡的直接原因，但实则其行为亦须借助被告之不作为侵权行为，二者结合导致损害结果发生。2016年7月起，被告因与陈××发生争执而向江×求助，并到江×租住的公寓暂住。2016年8月25日晚，二人再起争执，被告再次搬到江×住所。两次行为仅是因情侣间争执而生，依一般理性人观念，尚无法得出可能对江×人身权益造成危险之结论。于江×而言，因二人是同乡好友，其是出于道义予以帮助，并无设定民事权利义务关系之意思表示，故二人间可构成情谊行为。在情谊行为中，二人会形成共同体关系，意味着情谊行为人可能会面临来自情谊受领人方的危险，情谊受领人也因此负有保护义务。但自陈××到江×公寓实施纠缠(即案发前一天)，被告却阻止江×报警，该行为将江×进一步引入陈××视线中。依一般理性人观念，被告已较为了解陈××个人性格，结合之前多次以自杀相威胁、跟踪尾随等行为，其本应采取更加理性手段从源头防止损害结果发生，但被告违反保护义务之行为为陈××侵权行为提供可能性。后被告又隐瞒陈××恐吓行为，并要求江×一同回公寓，进一步为陈××实施侵权行为提供可能性。在陈××与江×发生冲突时，被告先行入室并锁门，使得本已愤怒的陈××只能将矛头指向江×，最终导致损害结果发生。由此，被告在陈××侵权行为中起到一定贡献力，二人构成承担按份责任的无意思联络数人侵权。

高富城：刘××违反的并非是《侵权责任法》第 37 条的安全保障义务

依《侵权责任法》第 6 条第 1 款的规定，刘××承担的是一般过错责任。其过错来源于未履行风险告知义务和违反了因先行行为而产生的作为义务，但笔者认为不应将该义务定性为安全保障义务。依《侵权责任法》第 37 条的规定，安全保障义务的责任主体为住宿、餐饮娱乐、银行、交通运输等公共场所的经营者、管理者或者群众性活动组织者，刘××明显不属于本条规定中的责任主体。且从立法变迁的角度来看，《侵权责任法》与《最高人民法院关于审理人事损害赔偿案件适用法律若干问题的解释》相比，一是将“从事住宿、餐饮、娱乐等经营活动的自然人、法人、其他组织”改为“宾馆、商场、银行、车站、娱乐场所等公共场所的管理人”，二是将“其他社会活动的自然人、法人、其他组织”改为“群众性活动的组织者”。[①] 相比于《侵权责任法》，《民法典》将“宾馆、商场、银行、车站、娱乐场所等公共场所的管理人”修改为“宾馆、商场、银行、车站、机场、体育场馆、娱乐场所等经营场所、公共场所的经营者”。这体现了立法者的意图，即应科学、准确地界定安全保障义务的主体范围，且不能盲目地扩大该范围。结合本案，笔者认为，如一些学者所言，对安全保障义务的责任主体范围进行扩大解释这一方法并不可取，和立法者的初衷背道而驰。

笔者通过查询资料了解到本案中法官的做法并非孤例，重庆市第五中级人民法院在“蒋×林等诉刘×等生命权纠纷案”中（笔者以该案为例仅是说明“安全保障义务”这一概念在司法实务中存在使用上的错误。本案为多数人责任，与江×案并不相同），即认为“同饮者安全保障义务的正当性基础在于其共同饮酒的先行行为使对方处于醉酒等危险情形之中。同饮者在未尽注意义务的情

① 参见最高人民法院民法典贯彻实施工作领导小组主编：《中华人民共和国民法典侵权责任编理解与适用》，人民法院出版社 2020 年版，第 287 页。

况下，应对可预见的危害结果承担侵权责任”。就本案重庆市江津区人民法院的杨军法官在评议中也认为：“同饮者之间存在侵权法理论上的特殊关系，这是其承担救助等安全保障义务的身份前提。”这体现了司法实务中就“安全保障义务”这一概念的使用存在混乱和法律适用错误，安全保障义务应特指《侵权责任法》第37条中的义务。回归到本案，刘××因先行行为而承担的作为义务（一般侵权行为）不应被定性为安全保障义务（特殊侵权行为）。

任奕霖：刘××与陈××不构成无意思联络的数人侵权，应参照适用违反安全保障义务的侵权责任认定

承担按份责任的无意思联络的多数人侵权为多因一果形成的按份责任，是在同一层面上根据原因力大小进行的划分，强调数人对同一损害后果均有直接的原因力。第三人加害行为导致安全保障义务人违反安全保障义务的侵权，其注意义务存在层次上的划分。第三人行为对应承担的注意义务在先，安全保障义务人应当承担的安全保障义务在后，位阶不同才会产生安全保障义务人的补充责任。虽然我国《侵权责任法》第37条将安全保障义务人限定为“公共场所的管理人”和“群众性活动的组织者”，但是本案中刘××与陈××对于造成江×死亡的损害后果，其注意义务应当有层次上的划分。按照此种推论，其不同于承担按份责任的无意思联络的多数人侵权，而与违反安全保障义务的侵权责任构成具有相似性，参照适用违反安全保障义务的侵权责任加以认定更为合理。此外，由于我国《侵权责任法》没有规定不作为侵权责任的一般条款，在出现不作为侵权时，根据其性质参考适用该条款似乎并无不当。

本案中，刘××在受到陈××两次威胁后仍然要求江×前来陪同，该先行行为将江×置于危险中，因而产生类似“群众性活动组织者”安全保障义务的注意义务，可以参照适用《侵权责任法》第37条。

首先，对过错的认定。《侵权责任法》第37条在认定过错与违反安全保障义务的关系时，采纳“等同说”的观点，即未尽到安全保障义务本身就有过错。“等同说”以客观的行为判断对安全保障义务的违反，有利于简化侵权责任的认定。在确认过错的认定标准后，还应把握安全保障义务的内容。王利明教授曾指出安全保障义务主要包括三个方面：其一，保护义务，主要针对人身的保护义务；其二，警示义务，提醒潜在的受害人注意危险的存在；其三，防护义务，提供防护措施，对受害人进行保护。本案中，刘××明知危险的存在，在江×提出报警后却以其他理由拒绝，违反了适当的防护义务；刘××未将陈××的恐吓信

息告知江×，违反了警示义务；刘××在遇到陈××后，弃江×于不顾直接奔入房间锁门的行为，违反了保护义务。综上所述，刘××未尽到类似群众性活动组织者安全保障义务的注意义务，具有过错。

其次，对因果关系的认定。对于一般的侵权行为，应当采用相当因果关系说。但是，违反安全保障义务的情况下，即使安全保障义务人尽到安全保障义务，也仍然可能发生损害结果，不能简单运用相当因果关系说。特别是存在直接侵权人的情况下，只要安保义务人违反义务的行为对结果起到一定的作用就应当认定因果关系的存在，即证明存在一定关联性即可。本案中，即使刘××履行了安全保障义务，江×的死亡结果仍可能发生。如果运用一般侵权行为责任中“若无则不”的规则检验因果关系成立与否，显然会得到否定的答案。但是，不能否认的是，刘××的行为与陈××的杀人行为有一定的关联性，因此，即可认定刘××的行为与江×的死亡结果存在因果关系。

综上所述，如果参照适用《侵权责任法》第 37 条，对于最具争议的两个侵权责任构成要件——“过错”和“因果关系”的认定，其标准将与一般过错侵权责任构成要件的认定会有所不同。正因如此，从参照适用违反安全保障义务的侵权这一角度，判定刘××的侵权责任显得更具有说服力。

（二）被告应如何承担侵权责任？

任奕霖：对被告刘××侵权责任承担问题的讨论，包括对刘××侵权责任形态以及侵权责任承担方式的厘定。首先，由于侵权责任形态的确定取决于侵权行为形态，我们需要抛开江××（江×的母亲）的诉讼请求，以整个案件为出发点看待刘××的侵权行为，进而从责任承担角度展开探讨。其次，我国《侵权责任法》继承了《民法通则》第 134 条的规定，为被侵权人提供了多种可选择的救济方式。本案中，行为人之间形成了怎样的责任关系？形成连带责任、按份责任，还是补充责任？江×母亲可以请求刘××以哪些方式承担其侵权责任？除财产损害赔偿外，可否请求精神损害赔偿？是否可以请求赔礼道歉？刘××是否需要承担刑事责任？这些问题都有待厘清。以下为本学习小组成员对被告刘××责任承担问题交流探讨后形成的学习意见。

1.刘××应如何承担财产损害赔偿责任？

高富城：刘××应就作为义务的违反承担补充责任

笔者认为法官使用“安全保障义务”这一概念实际想说明的是，在第三人介入的情形下，一般过错责任中侵权人的责任承担问题。但在解决过程中却导致了新的问题，即概念使用的混乱。其实，就该问题可以其他路径合理解决。如金可可教授所言[①]，对《侵权责任法》第37条第2款进行类推适用。众所周知，现代民法并不禁止类推适用，容许类推适用制度的正当性首先在于它契合"法律适用的正义"，即"同案同判，类案类判"。[②]《民法总则》第10条规定了法官的裁判依据，即成文法和习惯。但在法官不得拒绝裁判民事案件的前提下，在无成文法和习惯法可依时，类推适用显得尤为必要，既弥补了法律规定不周延的漏洞，又利于在司法中平等保护当事人。类推适用的前提是法律没有明文规定或者存在法律漏洞。[③] 回归到本案，"具有全部原因力的直接作为侵权（故意）+过失不作为侵权"模式的责任承担问题在《侵权责任法》中并未予以明确，存在类推适用的必要性。

且本案中刘××和陈××的责任承担模式和《侵权责任法》第37条第2款的规定之间存在共性（即类推适用的合理性）：一是因为第三人的行为造成他人的损害，二是符合补充责任的特点。具言之，补充责任人承担责任的原因在于其未尽到对第三人的保护义务，其行为往往表现为未能预防和制止他人的侵权行为，即不作为。与补充责任人不同，直接责任人往往是基于自己的意志主动实施加害行为，即其行为表现为作为。[④] 作为是一个危险的行动，增大了事实构成的现实危险，不作为则是不会带来危险的行为，因此原则上作为的责任要重于不作为责任。本案中陈××是积极加害的作为侵权，而刘××是未履行先行行为义务的不作为侵权，二者并存时让前者承担全部赔偿责任，让后者承担补充责任，体现了法律对作为和不作为行为并存时的区分判断。且前者的主观过错状态是故意，后者的主观过错状态是过失，故意的过错程度要重于过失。由此客观行为状态和主观过错状态结合后，二者的责任不应处于同一阶层，可归责的强度存在较大差别。而不处于同一阶层的归责模式有补充责任和不真正连带责任两类，考虑到不真正连带责任在实践中不宜被滥用（如果终局责任人无法确认或者缺乏赔偿能力，那么其他责任人需承担全部赔偿责任）。本案中的责任承担模式应与补充责任存在更大的共性。因此，本案和《侵权责任法》第

---

① 参见金可可：《江××诉刘××生命权侵害纠纷案若干法律问题简析》，2022年1月13日，https://mp.weixin.qq.com/s/YO-ixiSTmeNXu141bn-Pxw。

② 参见谢鸿飞：《民法典规范的类推适用》，《检察日报》2020年11月30日。

③ 参见谢鸿飞：《民法典规范的类推适用》，《检察日报》2020年11月30日。

④ 参见匡俊、张楠：《侵权补充责任的体系冲突与整合》，《时代法学》2021年第5期。

37 条第 2 款共性的法律意义超过了二者间的差异，故存在类推适用的合理性。

综上，本案类推适用《侵权责任法》第 37 条第 2 款既有必要性又有合理性。另外需要说明的是，有学者认为本案应当适用《民法总则》第 6 条中的公平原则，刘××承担的是公平责任，笔者难以认同。如谢鸿飞教授所言，虽然适用民法基本原则可推导出当事人权利义务的具体内容，但此时法官的自由裁量权之幅度远远超出类推适用的范畴，几乎等同于运用法理，为遏制法院滥用自由裁量权，类推适用应优先于民法基本原则，即民法法源的适用顺序应为“成文法—习惯法—类推—民法基本原则”。

由此，经类推适用后，刘××承担的应是补充责任。其构成要件为：其一，第三人的加害行为是损害结果发生的直接原因。其二，义务主体未采取防范或制止第三人加害行为或者防止损害后果进一步扩大的必要措施。其三，义务主体未尽义务，客观上为损害的发生或扩大提供了便利和条件，因而在未尽作为义务与损害结果的发生之间建立起了间接因果关系。另外，类推适用《侵权责任法》第 37 条第 2 款的规定后，刘××承担的是“相应的”补充责任，即对陈××没有承担的侵权责任，刘××并非完全承担，而是在结合案情的前提下，在与其过错相匹配的范围内承担补充赔偿责任。义务主体承担补充赔偿责任后可以向第三人追偿。在补充赔偿责任履行完毕后，刘××可就该赔偿款向陈××追偿。不过需要注意的是，该赔偿款应扣除刘××因不当言论侵害江××人格尊严而负担的精神损害赔偿额。

李锦媛：刘××应对其侵权行为承担按份责任

依前述，二人行为构成按份责任的无意思联络数人侵权。但被告责任份额为何取决于其过错与原因力大小的判定，此涉及法官自由裁量权。本案在判决结果上值得赞同。陈××作为完全民事行为能力人，对自身行为应具有识别与控制能力，在被告关门后直接将矛头指向江×，故应对江×之死负有主要责任。被告则是在将江×置于危险境地中起到一定贡献力，系间接作用，故被告过错较小，承担次要责任。

须指明，如认定二人承担按份责任，将涉及诉讼主体问题。但目前通说认为，按份责任案件适用普通共同诉讼，原告可以单独起诉某一主体，也可将其当作共同被告起诉。故仅起诉刘××不影响得出上述结论，仅是该判决对陈××无既判力。

2.被告是否应支付抚慰金?

郭靖康:刘××应支付抚慰金

支付抚慰金是承担精神损害赔偿责任的主要方式。[①] 根据《侵权责任法》第22条的规定[②],适用精神损害赔偿责任的条件有二:一是侵害他人人身权益;二是造成的精神损害足够严重。因此,判断刘××是否应支付抚慰金要从上述两个条件进行分析。判决书中提到判决精神损害赔偿主要依据的事实包括"江×在救助刘××的过程中遇害,江××失去爱女,因此遭受巨大伤痛"以及"刘××在事发后发表刺激性言论,进一步伤害江××的情感",此涉及刘××的两个行为:一是未尽到注意义务和安全保障义务导致江×死亡的行为;二是事后发表刺激性言论的行为。这两个行为是否都符合承担精神损害赔偿责任的要件?下文作简要论述。

就刘××导致江×死亡的行为而言,如果允许江母请求精神损害赔偿,首先要确定该行为侵犯了江母的何种权益。首先,按文义理解,《侵权责任法》第22条规定的人身权益应包括人格权益和身份权益[③],江××身为江×的母亲,与江×之间自然存在身份利益,因此,刘××致江×死亡可视为对江××身份利益的侵害,该行为满足"侵害人身权益"的要件。其次,在本案这种侵害致死的场合,近亲属与受害人之间的身份利益一经损害不可修复,近亲属所承受的失亲之痛,乃人之常情,对其严重性程度之高也存在社会共识,故条件二也得以满足。因此,针对刘××导致江×死亡这一行为,江××享有精神损害赔偿请求权。

至于刘××事后发表刺激性言论的行为,应从侵害江××人格尊严的角度予以考虑。人格尊严通常是指公民作为民事主体所享有的应当受到社会和他人最起码的尊重。[④] 结合本案,笔者认为,江××在痛失爱女之后,对女儿的思念之情应当得到刘××的尊重,特别是在团圆佳节,江××对女儿的相关消息都会异常敏感。作为被救助者的刘××非但没有心怀感恩安抚亲属,反而在节

---

① 参见程啸:《侵权责任法》,法律出版社2021年版,第854页。

② 《侵权责任法》第22条规定:"侵害他人人身权益,造成他人严重精神损害的,被侵权人可以请求精神损害赔偿。"

③ 参见叶金强:《精神损害赔偿制度的解释论框架》,《法学家》2011年第5期。

④ 参见程黎明、孙静芳:《学校对因教师言语不当致学生精神分裂的责任承担》,《人民司法》2010年第24期。

日期间有意向江××发送“阖家团圆”“新年快乐”等信息以达到刺激江××的目的，其行为存在明显过错。而且，刘××的一系列行为进一步伤害了江××的感情，使其在精神上承受更大的痛苦，满足了侵权行为所要求的损害和因果关系要件。因此，刘××的行为构成对江××人格尊严的侵害，应承担侵权责任。还要说明的是，刘××的言论本身有违常理人情，再加上通过网络的形式发表，导致该言论被大量转载，产生了广泛的社会影响，给江××造成的损害可谓足够严重。① 同理，刘××事后发表刺激性言论的行为亦构成对江××权益的侵害，故而其精神损害赔偿的请求应予以支持。

正是基于上述两种侵权行为及其造成损害之严重，法院适当突破了以往的惯例，判决了较高数额的抚慰金。但是，判决书中并未对如何得出200000元的抚慰金数额进行详细论证，也未明确两种侵权行为各自的精神损害赔偿数额是多少，突破以往的惯例是否遵循了程序上的要求也无从知晓，尚属本判决的遗憾之处。

根据《最高人民法院关于确定民事侵权精神损害赔偿责任若干问题的解释》（以下简称《解释》）第10条的规定，精神损害赔偿数额主要取决于侵权人的过错程度、行为方式、行为后果、受诉法院所在地的平均生活水平等六项因素。② 然而，鉴于我国经济、社会和文化发展所固有的地区不平衡性，《解释》对赔偿的具体标准未作规定。③ 而《山东高级人民法院关于审理人身损害赔偿案件若干问题的意见》（以下简称《意见》）在2001年确定的3000元到5000元的标准随

① 参见《邱×华诉孙×、加×宝（中国）饮料有限公司一般人格权纠纷案》，2016年10月9日，https://www.chinacourt.org/article/detail/2016/10/id/2320407.shtml。法院认为孙×的言论是对邱×云烈士的人格贬损和侮辱，属于故意的侵权行为，且该言论通过公众网络平台快速传播，已经造成了严重的社会影响，伤害了社会公众的民族和历史感情，同时损害了公共利益，也给邱×云烈士的亲属带来了精神伤害。

② 《最高人民法院关于确定民事侵权精神损害赔偿责任若干问题的解释》（法释〔2001〕7号）第10条规定：“精神损害的赔偿数额根据以下因素确定：（一）侵权人的过错程度，法律另有规定的除外；（二）侵害的手段、场合、行为方式等具体情节；（三）侵权行为所造成的后果；（四）侵权人的获利情况；（五）侵权人承担责任的经济能力；（六）受诉法院所在地平均生活水平。法律、行政法规对残疾赔偿金、死亡赔偿金等有明确规定的，适用法律、行政法规的规定。”

③ 参见陈现杰：《〈关于确定民事侵权精神损害赔偿责任若干问题的解释〉的理解与适用》，《人民司法》2001年第4期。

着经济发展水平的提高确已不合时宜。[①] 即使按照《山东省高级人民法院关于印发全省民事审判工作会议纪要的通知》（鲁高法〔2011〕297 号）的标准[②]，本案判决 200000 元的抚慰金也明显过高，理应进行更加充分的论证，遗憾的是，判决书仅以“本院根据行为情节、损害程度、社会影响”一笔带过，也未对两种侵权行为各自占据多少比例进行分析。此外，根据《意见》第 85 条第 2 款的规定[③]，如果要提高精神损害的赔偿标准，须在判决前呈报省高院复核，而本判决也未明确判付如此高额的抚慰金是否严格遵循了程序要求。

3.能否适用赔礼道歉责任？

郭靖康：不应再适用赔礼道歉责任。

赔礼道歉是指侵权行为人向受害人承认错误，表示歉意，以求得受害人原谅的民事责任方式。[④] 一般认为，赔礼道歉责任的适用有助于恢复受害人所遭受的精神痛苦，具有填补精神损害和抚慰受害者的功能。[⑤] 从这一点上看，赔礼道歉与抚慰金的功能相吻合。但是相较于抚慰金，赔礼道歉在抚慰精神痛苦方面具有无可替代的作用，其没有借助于其他手段例如货币，而是直接修复、还原了被侵权人的精神完整性。[⑥] 基于此，司法解释以及实践中也并没有排斥二者的并行适用。具体到本案，是否还有适用赔礼道歉责任的必要？下文作简要

---

① 《山东高级人民法院关于审理人身损害赔偿案件若干问题的意见》（2001 年 2 月 22 日）第 85 条第 1 款规定：“自然人的生命权、健康权、身体权等物质性人格权和自然人的名誉权、姓名权、肖像权、荣誉权、人格尊严权、人身自由权、隐私权等精神性人格权因受到不法侵害，造成受害人精神利益损害而请求精神损害赔偿或精神损害抚慰金赔偿（残疾赔偿金、死亡赔偿金及其他情形的赔偿金）的，具体赔偿标准规定如下：(1)侵害人是自然人的，一般性精神损害赔偿标准为一千元—三千元；严重精神损害，赔偿标准为三千元—五千元；(2)侵害人是法人或其他社会组织的，一般按照公民赔偿标准的五—十倍予以赔偿。”

② 《山东省高级人民法院关于印发全省民事审判工作会议纪要的通知》（鲁高法〔2011〕297 号）第 6 条第 10 款第 2 项规定：“近年来，随着经济社会的发展变化，人民群众生活水平的不断提高，会议认为应对精神损害抚慰金的赔偿标准予以适当调整。具体调整标准如下：侵权人是自然人的，一般精神损害，赔偿标准为 1000 元－5000 元；严重精神损害，赔偿标准为 5000 元－10000 元。侵权人是法人或其他社会组织的，一般按照自然人赔偿标准的五至十倍予以赔偿。损害后果特别严重的，可在上述基础上适当提高赔偿标准。”

③ 《山东高级人民法院关于审理人身损害赔偿案件若干问题的意见》第 85 条第 2 款：“侵害人侵害行为特别恶劣、受害人的伤害程度特别严重或社会影响特别大的，可根据实际需要，适当提高上述赔偿标准，但判决前必须呈报省法院复核。”

④ 参见最高人民法院民法典贯彻实施工作领导小组主编：《中华人民共和国民法典总则编理解与适用》（下），人民法院出版社 2020 年版，第 901 页。

⑤ 参见葛云松：《民法上的赔礼道歉责任及其强制执行》，《法学研究》2011 年第 2 期。

⑥ 参见郑晓红、韦之、杨德嘉：《“赔礼道歉”责任与适用问题探讨》，《中国版权》2019 年第 3 期。

阐述。

笔者认为无需再判决刘××承担赔礼道歉责任。首先，在江××未提出相应诉讼请求的情况下判令刘××赔礼道歉违反处分原则。处分原则要求法院紧紧围绕当事人的诉讼请求进行裁判，本案中江××未提出赔礼道歉的诉讼请求，同时在媒体上明确表示不接受刘××的道歉[①]，此时若法院主动适用赔礼道歉责任违背了当事人的意愿，不符合处分原则。其次，从赔礼道歉责任的定义及其功能可以看出，其适用确需以受害者同意并接受道歉为前提，如果受害者不接受道歉，自然无法实现其缓解精神痛苦的作用，法院即使判决赔礼道歉也无法实现其填补损害的效果。因此，考虑到当事人的意愿以及设置赔礼道歉责任的初衷，法院不宜判决赔礼道歉。

4.刘××的行为是否需要承担刑事责任？

李锦媛：刘××对其行为无需承担刑事责任

依三阶层理论，首要应当评价的是构成要件符合性。在该阶层中，对危害行为的评价至关重要。因此，结合本案事实来看，应予回答的问题是：被告行为是否可能构成不作为犯罪？

传统认为，不作为犯罪构成要件有三：行为人负有某种作为义务；行为人主观上具有履行该义务之能力而未履行；因未履行而导致的危害结果存在回避可能性。

首先，就第一个要件而言，被告先行行为导致其负有作为义务，且该先行行为必须是对法益侵害造成紧迫危险方能被刑法所评价。就本案现有证据来看，从2016年7月到2016年10月，被告因陈××纠缠行为而多次寻求江×帮忙，虽一定程度上将江×置于危险中，但该“危险”不具有紧迫性，尚不足以引入刑法中加以评价。2016年11月2日15时许（即案发前几小时内），陈××再次上门纠缠，江×将其劝阻，且被告阻止江×报警。时隔一小时后，陈××发信息威胁被告称：“我会不顾一切。”但被告仍未将该情况告知江×。因被告对陈××性格已较为了解，且特意让江×与其一同回家，故被告此时应当预见到陈××可能实施针对其的不法危害行为。故该行为已对江×之人身安全造成紧迫危险，被告也因此处于保证人地位。至于其后让江×于地铁站等待，二人共同回

① 《刘×案一审终于判了，江×妈妈：我不接受道歉》，2022年1月10日，https://www.163.com/dy/article/GTC45HRC0528CSE1.html。

公寓之行为使得该紧迫性进一步加大。

其次，被告不具有履行能力。通常认为，判断被告是否具有履行能力应采取主客观结合之标准，即客观上依社会一般人观念判断行为人是否具有履行能力；主观上要考察行为人个人能力（即所称“期待可能性”）。就客观方面而言，案发时二人已进入公寓二楼过道，此时已是一个相对排他性领域，而陈××此时恰隐藏在二楼与三楼转角处。依原告方律师公示的江×公寓照片来看，尚未有有效工具可以抵御陈××不法侵害行为。故在危险已经急剧紧迫性情形下，依一般观念无法要求被告采取其他救助措施，否则自身面临死亡之危险。就主观方面而言，期待可能性是指在案发时，可以在多大程度上期待行为人实施合法行为而非违法行为。如何判断期待可能性，存在三种学说：一是行为人标准说，即认为人的心理活动因客观情况不同而有所异，故应当以行为人自身能力为标准，判断其是否可能实施合法行为。二是平均人标准说，即将通常人或平均人置于行为当时的行为人地位与情境中，判断行为人是否可能作出合法行为。三是国家标准说，即应当以国家法律秩序所期待的来判断行为人能否实施合法行为。三种学说各有千秋，但站在法体系统一的立场来看，笔者坚持平均人标准说。期待可能性本是对行为人主观意志的一种判断，与罪过密切相关。而刑法中的罪过与民法中的故意或过失存在一致性，民法中对过失之判断虽然经过类似演变，但依一般理性人作为判断标准已成为通说，也即相当于刑法中的“平均人标准说”。故从简化、统一法体系角度来看，“平均人标准说”优势更为明显。回归到本案，陈××当时手持9.3厘米的水果刀直接冲向被告，被告作为一名女性，且当时公寓过道狭窄，身边亦无其他工具用作抵抗，故于此背景下很难期待被告作出合法行为，否则可能导致的结果是被告与江×均会面临死亡之危险。综上，被告不具有履行能力，因第二个要件不成立，也就无须考虑危害结果是否存在回避可能性。

故被告虽具有作为义务，但因不具有履行能力而无法构成不作为犯罪。

（三）江×索赔案判决的法律思维

王耕、梁钰祺：谈江×索赔案判决的法律思维问题

本案判决书努力实现国法、天理、人情三统一，虽值得赞赏，但总体而言，却未对法律论证之请求权基础部分进行充分阐释。尤其是在如此巨大舆情的背景下，仅借助较多的道德说理、诚实守信等原则性规定，便酌情判决了经济损失

赔偿和精神损害抚慰金的数额。即便是有想发挥法律冗余作用之目的[①]，也不禁让人思考本案是否存在人为加重处罚的问题，难谓合法合理。特别是本案判决书的字词所至，皆能体现法官的拳拳之心。更让人思考，作为中立法官在已有明显情感偏向、却又未对法理部分详细说明的前提下，法官对于道德因素的考量是否发挥了更加重要的作用。全文5242字，刨除掉道德说理和法律原则，请求权基础部分的论证说理大约有700字到800字，而且还存在请求权规范引用争议、损害赔偿原因说理不清等问题。

1.请求权规范引用争议

能否准确引用请求权直接影响着案件判决的合法性、合理性，本案法官为了说明刘××需承担民事赔偿责任，既提到了《侵权责任法》第6条第1款的过错责任承担原则[②]，又重点援引了《侵权责任法》第37条的安全保障义务。[③] 这不禁令人生疑，本案定性的话，到底是违反了先行义务而承担过错责任，还是违反了安全保障义务而承担责任？我们需注意到安全保障义务是特定主体承担的场合责任，其属于特殊侵权；而本案是先前行为导致的救助义务不履行，其属于不作为侵权，故笔者认为本案适用《侵权责任法》第6条第1款的过错责任承担原则更为合理。当然，本案也侧面反映出了我国对于安全保障义务认定存在扩大解释的倾向，我们也需注意到这种倾向并不符合立法本意。[④]

对于如何适用法律进行判决这一问题，笔者认为首先要通盘考虑所有可能成立的请求权基础，而非只局限于一个请求权基础。[⑤] 关于该点，本案判决虽已努力考虑到了《侵权责任法》的第6条、第37条，但笔者认为即便如此，也并没有穷尽相关的请求权基础，至少本案还存在采纳《民法总则》第183条进行判决

---

① 参见桑本谦：《法律上的冗余：也谈江×索赔案》，2022年1月14日，https://mp.weixin.qq.com/s/_0t5JCQPQfR9EVPrjtCS4Q。

② 《侵权责任法》第6条第1款（《民法典》第1165条第1款）规定："行为人因过错侵害他人民事权益，应当承担侵权责任。"

③ 《侵权责任法》第37条（《民法典》第1198条）："宾馆、商场、银行、车站、娱乐场所等公共场所的管理人或者群众性活动的组织者，未尽到安全保障义务，造成他人损害的，应当承担侵权责任。因第三人的行为造成他人损害的，由第三人承担侵权责任；管理人或者组织者未尽到安全保障义务的，承担相应的补充责任。"

④ 参见杨立新：《不作为侵权行为所涉民法典重点条文释义及案例评析》，2022年1月13日，https://mp.weixin.qq.com/s/h4SebbuvdVC_ZcI7SjQwlg。

⑤ 参见王泽鉴：《法律思维与民法实例》，中国政法大学出版社，第171页。

的可能性。[1] 本案虽发生于《民法总则》《民法典》尚未生效的 2016 年 11 月 2 日，但根据《最高人民法院关于适用〈中华人民共和国民法典〉时间效力的若干规定》（法释〔2020〕15 号）的规定，若适用《民法典》更有利于维护社会和经济秩序，更有利于弘扬我国的社会主义核心价值观[2]，其可以例外溯及既往。考虑到本案判决在多处都提到了要重点弘扬扶危济困、诚信友善等美德，故此笔者认为适用该请求权基础进行判决也有一定的合理性。[3]

其次，我们也要妥善处理好与案例相关的请求权基础间的关系，援引最适当的请求权基础，而非简单粗暴地罗列相关法条。因为若能在判决书中详细说明法条背后的立法目的、内在关联及区别，这不仅可以让当事人信服判决，也能更有效发挥法律的教育、预防作用，达到“名正言顺事成”的完美效果。而令人遗憾的是，本案判决书未能有效阐释清楚本案中过错责任与安全保障义务间的关系。当然，笔者也知晓学界对于安全保障义务的界定还有所争议，故此法官极有可能是受限于文本、字数等限制而未深度讨论该问题。但笔者认为既然法院判决已将安全保障义务的范围从《民法典》中的特定经营者、管理者、组织者扩展到本案这种情形，后续说理还是应该说明两请求权基础构成何种关系。笔者认为本案判决所援引的《侵权责任法》第 6 条、第 37 条构成请求权竞合关系，因为请求权竞合是指以同一给付目的的数个请求权并存、当事人可以择一行使的情形；且若其中一个请求权因目的达到而消灭，其他请求权也会因此归于消灭。[4]

最后，笔者建议大家借助概念或者一些典型实例来理解请求权竞合、请求权聚合等特殊情形。例如王泽鉴先生就明确指出，请求权聚合是指当事人可以同时一并主张数种以不同给付为内容的请求权之情形，其典型实例为，若救助落水者不幸自身受伤，其不仅可以请求被救助者赔偿医疗费，其还能请求赔偿

---

① 《民法总则》第 183 条规定：“因保护他人民事权益使自己受到损害的，由侵权人承担民事责任，受益人可以给予适当补偿。没有侵权人、侵权人逃逸或者无力承担民事责任，受害人请求补偿的，受益人应当给予适当补偿。”

② 《最高人民法院关于适用〈中华人民共和国民法典〉时间效力的若干规定》（法释〔2020〕15 号）第 2 条规定：“民法典施行前的法律事实引起的民事纠纷案件，当时的法律、司法解释有规定，适用当时的法律、司法解释的规定，但是适用民法典的规定更有利于保护民事主体合法权益，更有利于维护社会和经济秩序，更有利于弘扬社会主义核心价值观的除外。”

③ 参见贺剑：《贺剑评江×案：忘恩负义，不应只是道德评价》，2022 年 1 月 16 日，https://mp.weixin.qq.com/s/udW8Gv3Mb7oCaO8UlUwgXA。

④ 参见王泽鉴：《法律思维与民法实例》，中国政法大学出版社 2003 年版，第 167 页。

衣物等所受损害。[①]

2.赔偿金额的法律解释不清

(1)经济损失

本案判决书中写道:“本院综合考量本案的事发经过、行为人的过错程度、因果关系等因素,对江××主张的有证据支持的各项经济损失1240279元,酌情支持496000元。”而按照一般侵权理论,该部分的民事赔偿包括死亡赔偿金、丧葬费、误工费等费用,但按照青岛市城镇居民可支配收入55905元/年×20年计算死亡赔偿金的方法,该项金额单笔就已达到1118100元。故此即便前文已经论述到刘××与陈××二人构成无意思联络的数人侵权而应承担按份责任,或者刘××仅应承担违反安全保障义务的补充责任,即并非由刘××承担全部损失,而是应按照其与陈××的过错程度来承担相应经济损失。在此情况下,对于刘××未履行通知及救助义务的不作为加害行为到底发挥了多大作用,其应承担多大过错更是非常需要进行详细的阐释。

而本案判决却未对其中的过错程度认定进行详细说理,实乃重大缺憾。我们应认识到,对于该种只给结论不说原因的行为并不值得提倡。退一步说,即便本案在法律说理上存在困难,法官也应该使用法律解释、法律填补等方法进行说明,哪怕此时只进行道德说理,也比模糊判案、一笔带过更合适。特别是该部分经济损失可以相对细化的前提下,仍选择模糊赔偿,这些倾向都值得我们法律人关注并反思。

(2)精神损害赔偿

对于江×母亲江××所主张的30万元精神损害赔偿,法院仅根据行为情节、损害程度、社会影响,便酌情判令刘××赔偿江××精神损害抚慰金20万元,个人认为有些说理不清。原因在于根据《最高人民法院关于确定民事侵权精神损害赔偿责任若干问题的解释》(法释〔2020〕17号)第10条[②]、《山东高级

---

① 参见王泽鉴:《法律思维与民法实例》,中国政法大学出版社2003年版,第166页。

② 《最高人民法院关于确定民事侵权精神损害赔偿责任若干问题的解释》(法释〔2020〕17号)第10条规定:“精神损害的赔偿数额根据以下因素确定:(一)侵权人的过错程度,法律另有规定的除外;(二)侵害的手段、场合、行为方式等具体情节;(三)侵权行为所造成的后果;(四)侵权人的获利情况;(五)侵权人承担责任的经济能力;(六)受诉法院所在地平均生活水平。法律、行政法规对残疾赔偿金、死亡赔偿金等有明确规定的,适用法律、行政法规的规定。”

人民法院关于审理人身损害赔偿案件若干问题的意见》[①]、山东省青岛市城阳区人民法院之前类似判决[②]，本案判决 20 万元的赔偿额明显超过了以往的惯例，法官理应进行更加充分的论证，而判决书却又一次一笔带过。比如，这 20 万元的精神损害赔偿包括两方面：一方面是刘××致江×死亡的行为满足“侵害江××人身权益并导致其精神遭受严重损害”的要件[③]，故江××有权主张因近亲属死亡所造成的精神损害赔偿。另一方面是刘××事后发表刺激性言论的行为，的确也侵害了江××的人格尊严。但是，判决书中并未对如何得出最终 20 万元的抚慰金数额进行详细论证，也未明确两种侵权行为各自的作用程度、精神损害赔偿数额是多少进行说明，此属本判决的不足之处，值得我们反思。

当然，笔者也深知精神损害赔偿标准现在还处于比较模糊状态，故此时更应借助法律解释、道德说理对其合理性进行详细说明，而非仅在大处弘扬“扶危济困、诚信友善”的美德，本案在巨大舆情背景下，重点讨论的问题应该是赔多少、赔多少的原因何在。而本案却对此处选择了轻视甚至忽视，在法律层次模糊损害赔偿责任的基础上，用更模糊的道德标准判决赔偿金额，也难谓很好地实现了社会效果，并非真正实现法律效果与政治效果、社会效果的三统一。

3.判决案件须客观公正

桑本谦教授认为法律需要发挥其“冗余作用”，原告的代理词中也提到了避免“彭宇案”的发生，但社会对于舆论案件的过度关注、对于案件判决后社会效果的过度重视，正在削弱我们法律人对于法律原因的重视程度。与具体的法律说理相比，叠加的道德论证由于缺乏理性逻辑常常难以让人信服，故此我们应

---

① 《山东高级人民法院关于审理人身损害赔偿案件若干问题的意见》第 85 条第 1 款规定：“自然人的生命权、健康权、身体权等物质性人格权和自然人的名誉权、姓名权、肖像权、荣誉权、人格尊严权、人身自由权、隐私权等精神性人格权因受到不法侵害，造成受害人精神利益损害而请求精神损害赔偿或精神损害抚慰金赔偿（残疾赔偿金、死亡赔偿金及其他情形的赔偿金）的，具体赔偿标准规定如下：(1)侵害人是自然人的：一般性精神损害赔偿标准为一千元一三千元；严重精神损害，赔偿标准为三千元一五千；(2)侵害人是法人或其他社会组织的，一般按照公民赔偿标准的五一十倍予以赔偿。”

② 在北大法宝输入关键词：“山东省青岛市城阳区人民法院”“案由：生命权、身体权、健康权纠纷”“全文：精神损害赔偿”，共找到 24 个案例。在支持精神损害赔偿诉讼请求的案件里，判决的最高精神损害赔偿额为 5000 元。将检索范围扩大到“山东省青岛市中级人民法院辖区”也仅有个别案例判决了 30000 元到 50000 元不等的精神损害抚慰金。

③ 《最高人民法院关于确定民事侵权精神损害赔偿责任若干问题的解释》（法释〔2020〕17 号）第 1 条规定：“因人身权益或者具有人身意义的特定物受到侵害，自然人或者其近亲属向人民法院提起诉讼请求精神损害赔偿的，人民法院应当依法予以受理。”

准确认识到，道德是辅助法律实现正义的工具而非主要手段，尤其是在法律面临政治、社会舆论、道德的三重压力之下，我们更应当保持司法独立性。赔偿金额的多少因为关涉原告的具体诉求，故也应是本案着重处理的地方，即法院判决更应当对于赔偿金额等细节问题进行详细的法律说理，应当向公众解释赔偿金额是如何依照法律计算得出的，而不是单列出赔偿金额便就此了事。

本案判决书中字词的使用，体现了法官强烈的感情色彩，不禁让笔者生疑，法官此时是否还能够保持中立、客观，其在多种压力夹击之下是否还能依照法律独立审判案件？或者说法官虽努力保持自身的客观公正，但就部分细节问题行使自由裁量权时，已经不可避免地受到了自身内心道德、外部舆论压力的影响。

综上所述，我们法律人应更加重视请求权的选择，在说理论证部分虽可以引德入法辅助论证，但是也应该建立在法律主导的前提下。特别是在受舆论影响的案件中，一时的情理更需坚定的法理支持才能长久，更需要精准、充分的法律论证，才能为真正实现政治效果、社会效果提供坚实基础。

杨婷：本案如何兼顾法律与道德这两项评判标准？

一般而言，当前现实制约、影响或促进司法活动的“角力”主要是三套话语体系：一为政治话语系统，二为法律话语系统，三为道德话语系统。[①] 就法律与道德关系的处理，应是，当我们强调法律的实质正义目标时，不应简单地用道德的逻辑和标准去替代法律的逻辑及标准；而当我们强调法律相对于道德、正义的独立性时，也不应忽视对法律自身道德性的培育。[②] 整体而言，司法裁判兼顾法律与道德，要求法官的眼光必须要努力穿行、往复于法律话语系统和道德话语系统之间，多次来回往返于情—理—法之间，为“常识、常理、常情”等道德话语系统交融于法律解释并影响司法运作开启一个公共的制度性空间，从而为法律话语系统和道德话语系统之间的有效沟通营造一个“理想的交谈情境”。

本案广受舆论关注，一审判决作出后，再次掀起讨论热潮。称赞者认为，一审判决体现了法律的人文关怀，契合了惩恶扬善的法律价值，这是“正义的胜利”“道德的胜利”。而另一方面，也有否定者认为，本案的法理论证并不充分，

---

① 参见姜涛：《道德话语系统与压力型司法的路径选择》，《法律科学》（西北政法大学学报）2014 年第 6 期。

② 参见孙笑侠、麻鸣：《法律与道德：分离后的结合——重温哈特与富勒的论战对我国法治的启示》，《浙江大学学报》（人文社会科学版）2007 年第 1 期。

判决书第二部分“关于刘××应否支付精神损害抚慰金”，明确将道德作为刘××承担民事责任的理由支撑，且对道德的考量明显多于对法律的考量，该种做法系将法律判决简单地等同于道德评判，或值得警示。

《最高人民法院关于深入推进社会主义核心价值观融入裁判文书释法说理的指导意见》（以下简称《指导意见》）（法〔2021〕21 号）第 1 条规定，深入推进社会主义核心价值观融入裁判文书释法说理，应当坚持以下基本原则：……（三）政治效果、法律效果和社会效果的有机统一。《指导意见》将法律效果置于社会效果之前，即表明法律效果仍应为司法裁判的优先效果，法治最基本的要求仍是根据法律进行决断，社会效果和政治效果只是法官判断的考量因素。[①] 本案判决书中将道德说理作为刘××承担民事责任的主要理由，系将道德作为超越法律的理由而存在。但实际上，不道德有时在法律上并无责任，见死不救者之行为与损害结果若无因果关系，则其见死不救行为本身可能仅会被评价为不道德，而不能据此使其承担侵权责任。本案关键在于分析刘××是否存在救助义务，其行为与江×之死是否存在因果关系，以及结合具体法律规定和地方赔偿标准对刘××最终赔偿金额加以认定。

本案判决书对刘××不作为侵权之论证值得肯定，但对刘××因其行为承担民事责任之因果关系及最终赔偿金额的法理论证并不充分，需予以加强完善。而论证过程中，仍应以法律而非道德作为主要支撑。正如学者所言，在司法过程中，对民意的尊重也需要法治手段来完成，而不是以民意来消解法治的权威。缺乏法律程序的民意采纳、舆论监督等所谓的社会效果，对司法民主不仅没有建设性作用，反而会破坏民主的法治保障。

综上，本案兼顾法律与道德，积极作用明显，但对于法律与道德的考量与把握需作进一步改进。就司法裁判来说，除非法律是非正义的，否则一般情况下，均应以充分、强力的法理分析来论证裁判结果，道德仅应为辅助考量因素，如此，才能维护司法裁判中法律的权威性与独立性。

李秋颖：个案公平正义之实现是道德与法律的目标

法律与道德同为社会调控方式，但法律规则不等于道德原则，二者调整范围不完全相同，法律主要调整人的行为和社会关系，而道德的调整范围比法律

---

① 参见陈金钊：《被社会效果所异化的法律效果及其克服——对两个效果统一论的反思》，《东方法学》2012 年第 6 期。

广泛得多，几乎涉及人们生产生活交往中的一切领域，包括人的外在行为和内在动机。道德是法律的价值基础和有效补充，法律承载道德理念和原则，二者相互配合相互协调，维持和谐稳定的社会秩序。正义作为一种价值追求和目标，在法律文明开始的早期就被看作法律的应有之义，也是道德的核心要义。个案公平正义之实现是道德与法律的目标，道德和法律的终极价值都是维护公平正义、保障人权和人性尊严。

法律可以分为法律规则和法律原则，法律原则贯穿整个体系，为法律规则提供指导，它赋予法官很大程度上的自由裁量权，法律规则与法律原则在内容、适用范围以及适用方式等方面存在差异，法律原则可以适用于司法毋庸置疑，司法实践中适用法律原则的情况主要是法律存在漏洞或者适用现有法律规则将导致明显不公。而法律原则适用条件有三：一是穷尽规则，“穷尽法律规则，方得适用法律原则”。二是实现个案正义，“法律原则不得径行适用，除非旨在实现个案正义”。三是更强理由，“若无更强理由，不适用法律原则”。[①] 对于道德与法律的适用则遵循法律优先于道德、通过法律适用道德的准则。毫无疑问，法律规则与原则中蕴含着道德评价，但是司法实践中不能直接运用道德标准对行为进行定性。

本案中，法律说理部分认为江×和刘××之间存在救助关系，刘××引入了危险但并未尽到注意义务和安全保障义务，其行为构成对江×生命权的侵犯，应当根据其过错承担损害赔偿责任。该判决说理通过适用法律体现了司法机关对于提供帮助且受害的一方的肯定与维护，体现了法律对于公平正义的追求。本案适用一般侵权法律规定可以对刘××的行为进行定性和处罚，无需适用法律原则进行认定，更无须援引道德标准对刘××的行为进行定性。但为了使得判决理由与人民群众产生共鸣，发挥司法裁判对主流价值观的维护功能，本案判决中还对扶危济困和诚信友善的价值观进行了运用，体现了法律背后的道德支撑。也对民法中的诚实信用和公序良俗原则进行了适用，诚信原则与公序良俗原则原来皆为道德观念，涵盖范围较广，将其直接引入法律规则系道德的法律化，可以补充和验证实在法，而且也可以作为法律解释的标准，同时使法

---

① 参见舒国滢：《法律原则适用中的难题何在》，《苏州大学学报》（哲学社会科学版）2004 年第 6 期。

律体系更加完整。[1] 在本案中，法律判断与道德判断得出的结论并不矛盾，可以通过法律原则和道德规则补强法律规则适用说理，让判决结果更加令人接受，同时也起到了弘扬社会主义核心价值观的作用。

本案中，法官以社会道德为指引，通过法律适用和说理进行判决，维护了社会公平正义。但正如前文述所该判决虽然合理，甚至是一项创举，符合社会效果、道德要求，但在法律说理、法律效果方面存在不足。一是并未明晰刘××对江×承担的是何种侵权责任，刘××对江×的义务是否应当是“安全保障义务”也存在争议。二是法院酌情支持的损害赔偿数额是如何进行计算的也未说明，在法律说理方面存在明显不足。本案说理试图通过道德标准弥补现有法律难以惩罚刘××的不足，以追求个案的正义和社会的认可，但在上述责任性质和赔偿数额的计算中受到道德标准的影响，出现了模糊和争议。

虽然法律与道德具有同样的追求和目标，但在司法裁判中二者应当有明确界限，在存在法律规则和法律原则的情况下，应当优先适用法律规则，道德不应当成为确定行为性质的主要依据，司法裁判中道德标准的过度应用将有损法律的效力。只有通过立法程序上升为法律的道德标准才能成为约束和惩罚人民背德行为的法律依据，道德不能泛法律化，更应当正确区分舆论的“公平正义”与司法的公平正义，避免舆论影响司法公正。

---

① 参见沈敏荣:《诚信原则与道德的法律化》,《学术论坛》1999 年第 1 期。

劳动法专题

放弃社保声明能免除用人单位对工伤职工的责任吗？

李秋颖*

为劳动者缴纳社会保险是用人单位的法定义务，但是现实情况中，不少用人单位选择与劳动者签订免责协议或者自愿放弃缴纳社保的声明，逃避其为员工缴纳社保的责任，当双方签订免责协议后，劳动者因公负伤，用人单位能凭借免责协议逃避对职工的工伤保险责任吗？本文将结合审判实践作出简要说明。

一、案情与裁判

案件名称：北京××清洁服务有限公司上海分公司与上海市××区人力资源和社会保障局行政确认纠纷上诉案

案情来源：上海市第三中级人民法院(2019)沪03行终101号行政判决

案情简介：

贾××(第三人)的妻子汪××在北京××清洁服务有限公司上海分公司(原告、上诉人，以下简称"××清洁公司")担任保洁员一职，工作时间为7时至19时，2017年6月16日6时13分许，汪××骑电瓶车上班途中与吴×驾驶的货车相撞身亡。经道路交通事故认定，汪××与吴×承担事故的同等责任。2018年5月31日，汪××的丈夫贾××向上海市××区人力资源和社会保障局(被告、被上诉人，以下简称"××区人社局")提出工伤认定申请，××区人社局于2018年8月1日作出认定工伤决定，认定汪××受到的事故伤害属于工伤认定范围，予以认定为工伤。××清洁公司不服，向上海铁路运输法院起诉，请求撤销认定工伤决定。另查明，汪××入职后签订《自动放弃缴纳社保声明》。

一审判决

上海铁路运输法院经审理认为：案件的争议在于，汪××向××清洁公司

* 李秋颖，山东大学法学院硕士，浙江新台州律师事务所疑案研究中心研究员。

提交的放弃缴纳社保声明能否构成××清洁公司主张应不予认定工伤的理由。法院认为，缴纳社会保险是法律明确规定的用人单位的义务，不可由员工或者用人单位自由处分，且是否缴纳社保与被诉认定工伤决定并无关联，故对××清洁公司的主张不予采信，判决驳回××清洁公司的诉讼请求。

二审判决

上海市第三中级人民法院经审理认为：根据《社会保险法》的相关规定，职工应当参加基本养老保险、基本医疗保险、工伤保险、失业保险，由用人单位和职工共同缴纳相关保险费。这是保障公民在年老、疾病、工伤、失业等情况下依法从国家和社会获得物质帮助的权利，也是法律明确规定的用人单位和个人的义务，并不是由职工和用人单位自由协商处分的权利。而且是否缴纳社会保险费与认定工伤并无直接关联，××人社局受理工伤申请以及认定工伤并不以伤（亡）者是否缴纳社会保险为依据。故对××清洁公司主张的汪××放弃缴纳社保声明不予认定工伤的理由本院不予采信。原审判决驳回上诉人的诉讼请求正确，应予维持。

二、相关规定

《劳动法》（2009 修正）第 72 条[《劳动法》（2018 修正）第 72 条]：“社会保险基金按照保险类型确定资金来源，逐步实行社会统筹。用人单位和劳动者必须依法参加社会保险，缴纳社会保险费。”

《劳动合同法》第 26 条第 1 款：“下列劳动合同无效或者部分无效：（一）以欺诈、胁迫的手段或者乘人之危，使对方在违背真实意思的情况下订立或者变更劳动合同的；（二）用人单位免除自己的法定责任、排除劳动者权利的；（三）违反法律、行政法规强制性规定的。”

《社会保险法》第 33 条[《社会保险法》（2018 修正）第 33 条]：“职工应当参加工伤保险，由用人单位缴纳工伤保险费，职工不缴纳工伤保险费。”

《社会保险法》第 41 条[《社会保险法》（2018 修正）第 41 条]：“职工所在用人单位未依法缴纳工伤保险费，发生工伤事故的，由用人单位支付工伤保险待遇。用人单位不支付的，从工伤保险基金中先行支付。从工伤保险基金中先行支付的工伤保险待遇应当由用人单位偿还。用人单位不偿还的，社会保险经办机构可以依照本法第六十三条的规定追偿。”

《工伤保险条例》第 2 条第 1 款：“中华人民共和国境内的企业、事业单位、社会团体、民办非企业单位、基金会、律师事务所、会计师事务所等组织和有雇工的个体工商户应当依照本条例规定参加工伤保险，为本单位全部职工或者雇工缴纳工伤保险费。”

《工伤保险条例》第14条第6项：“职工有下列情形之一的，应当认定为工伤：……（六）在上下班途中，受到非本人主要责任的交通事故或者城市轨道交通、客运轮渡、火车事故伤害的。”

《工伤保险条例》第17条第2款：“用人单位未按前款规定提出工伤认定申请的，工伤职工或者其近亲属、工会组织在事故伤害发生之日或者被诊断、鉴定为职业病之日起1年内，可以直接向用人单位所在地统筹地区社会保险行政部门提出工伤认定申请。”

《工伤保险条例》第62条第2款：“依照本条例规定应当参加工伤保险而未参加工伤保险的用人单位职工发生工伤的，由该用人单位按照本条例规定的工伤保险待遇项目和标准支付费用。”

三、典型案例或做法

案号	裁判立场
天津××物业管理有限公司与王××劳动争议纠纷上诉案/天津市第一中级人民法院(2017)津01民终2899号民事判决	无论原告所称被告在他处以个人名义缴纳社会保险，或是原、被告签订过于法相悖的免责协议，均不能成为免除原告为被告缴纳社会保险这一法定义务的理由。在原告未为被告缴纳社会保险的情况下，被告发生工伤，原告作为用人单位应当承担向被告支付工伤保险待遇的责任。
李××、福建省××建设工程有限公司劳动争议纠纷案/广西壮族自治区东兴市人民法院(2021)桂0681民初878号民事判决	原告在工作时间、工作场所因工作原因导致的事故伤害，被××市人力资源和社会保障局依法认定为工伤，原告依法享有依照《工伤保险条例》的规定享受工伤保险待遇的权利。《免责协议书》免除了被告自身责任，排除了原告的主要权利，违反了《劳动合同法》《工伤保险条例》的相关规定，该协议书无效。
大连××贸易有限公司、唐××劳动争议案/辽宁省大连市中级人民法院(2021)辽02民终1312号民事判决	大连××贸易有限公司与唐××通过签订免责协议的方式不缴纳社会保险费用不符合法律规定，是无效的约定。

四、法理分析

用人单位在劳动者入职时与劳动者签订免责协议或者自愿放弃缴纳社保的声明，以逃避其为员工缴纳社保的责任，但劳动者因公负伤后，用人单位能凭借免责协议逃避对职工的工伤保险责任吗？下文将结合审判实践作出简要分析。

首先，汪××入职时签订的《自愿放弃缴纳社保声明》因违反法律的强制性规定而无效。汪××在××清洁公司担任保洁员，双方签订了劳动合同，汪××接受公司的管理，双方构成劳动关系。依据《劳动法》第 72 条和《社会保险法》第 33 条等法律法规，为员工缴纳社会保险是用人单位的法定义务。××清洁公司作为用人单位应当为汪××缴纳社会保险，无论劳动者要求还是同意用人单位不为其缴纳社保费用，都不能免除用人单位缴纳社保的责任和不履行该法定义务产生的责任。《自愿放弃缴纳社保声明》因违反了法律的强制性规定而无效。

其次，汪××在上班途中因非本人主要责任的交通事故死亡的情况构成工伤。汪××工作时间为 7 时到 19 时，在 6 时 13 分许骑电动车上班途中与货车相撞，承担事故的同等责任。依据《工伤保险条例》第 14 条的规定，该交通事故的发生并非汪××负主要责任，汪××在上班途中因该交通事故死亡，构成工伤。另外，用人单位是否为员工缴纳社保并非工伤认定的前提条件，只要劳动者与用人单位构成劳动关系，且符合《工伤保险条例》中关于工伤认定和视同工伤的情形，个人或者其近亲属在事故伤害发生之日或者被诊断、鉴定为职业病起一年内向社会保险行政部门提出工伤认定申请即可认定为工伤，用人单位是否缴纳社保并不影响工伤的认定，只对后续社保待遇的支付有影响。

最后，××清洁公司仍需承担支付工伤保险待遇的责任。无论是××清洁公司意图通过让员工签订《自愿放弃缴纳社保声明》来免除自己为员工缴纳社保的责任，还是该员工自愿放弃缴纳社保，该声明因违反法律的强制性规定而无效。××清洁公司仍负有为汪××缴纳社会保险的义务，依据《社会保险法》的 41 条和《工伤保险条例》第 62 条的规定，未参加工伤保险的，由用人单位支付员工的工伤保险待遇，××清洁公司应当参加工伤保险而未参加，员工汪××发生工伤事故，××清洁公司仍需承担支付工伤保险待遇的责任。若××清洁公司不能支付该工伤保险待遇，可以由工伤保险基金先行垫付，再向用人单位追偿。

值得注意的是，实践中，用人单位为了降低用人成本，劳动者为了获得更多的实际工资，双方往往协商或者用人单位要求劳动者出具免责协议或者主动放弃缴纳社保的声明，但是该行为违反了《劳动法》第 26 条的规定，对国家法律的执行和劳动者权益的保护都产生了不利影响，用人单位和劳动者都应当遵守工伤保险制度，避免因小失大。

外卖骑手送餐途中突发疾病身亡，谁来担责？

李秋颖

互联网时代平台用工成为重要用工方式，外卖骑手、网约车司机等灵活就业人员越来越多。实践中，外卖平台多将配送等服务外包给外包公司，由外包公司招聘骑手提供配送服务，当外卖骑手在送餐途中因突发疾病未得到及时救治身亡，外包公司是否应当承担责任？平台是否应当承担责任？本文将结合审判实践作出简要说明。

一、案情与裁判

案件名称：外卖骑手深夜送餐途中猝死引发生命权纠纷案

案情来源："法治日报"微信公众号，https://mp.weixin.qq.com/s/hnVbAroZrvuUARH4smyUAA

案情简介：

刘××（原告）生前系××平台外卖骑手，2021年5月19日凌晨，刘××照常外出送餐，然而送餐途中不幸突发疾病，因当时已是深夜，刘××倒地数小时无人发现，最终因脑干出血导致中枢性呼吸循环功能障碍而身亡。

经查明，外卖平台公司（被告）与××信息技术公司（被告）签订了《外包服务合作协议》，送餐员的相关配送业务由××信息技术公司负责，要求追加××信息技术公司参加诉讼，原告亲属亦表示要求××信息技术公司承担赔偿责任。法院依法审查后同意其申请，追加××信息技术公司为共同被告。另查明，在外卖员送餐途中，外卖平台可以定位到每一位骑手的实时位置。

法院判决

北京市朝阳区人民法院经审理认为：尽管该信息技术公司与刘××之间所签订的合同名为合作协议，但实际上，该信息技术公司与刘××间的法律关系符合雇佣关系的特征,因此,××信息技术公司作为刘××的雇主,应当积极履行用工主体责任。本案中,作为用工方公司在配送工作量的调配、配送异常情况的发现和跟进处理,以及在配送人员配送过程中异常情况的掌握和及时救助上,均存在劳动保护措施不完善之处,刘××在配送过程中发病死亡,与其劳务活动存在直接内在联系,因此,××信息技术公司应对此承担主要责任。就平台运营方公司而言,运营方公司作为平台运营主体,能够实时掌握刘××的配送情况,对配送异常是可以及时发现、跟踪及处理的,但显然运营方公司在配送异常情况的发现、跟进、处理机制上,以及将异常信息及时反馈给配送人员所属配送公司方面仍存在不完善之处,导致刘××的异常情况未能得到及时处理,因此平台运营方公司亦应当承担与其过错相应的责任。最后,就刘××而言,其对于自身身体情况应当有充分、全面的了解,当感到身体不适时,应及时停止超负荷接单,以避免意外情况的发生。法院认定刘××自身承担10%的责任、平台运营方公司承担20%的责任,××信息技术公司承担70%的责任。

二、相关规定

《民法典》第1165条第1款:“行为人因过错侵害他人民事权益造成损害的,应当承担侵权责任。”

《民法典》第1172条:“二人以上分别实施侵权行为造成同一损害,能够确定责任大小的,各自承担相应的责任;难以确定责任大小的,平均承担责任。”

《民法典》第1192条第1款:“个人之间形成劳务关系,提供劳务一方因劳务造成他人损害的,由接受劳务一方承担侵权责任。接受劳务一方承担侵权责任后,可以向有故意或者重大过失的提供劳务一方追偿。提供劳务一方因劳务受到损害的,根据双方各自的过错承担相应的责任。”

《最高人民法院关于审理人身损害赔偿案件适用法律若干问题的解释》(法释〔2022〕14号)第2条第1款:“赔偿权利人起诉部分共同侵权人的,人民法院应当追加其他共同侵权人作为共同被告。赔偿权利人在诉讼中放弃对部分共同侵权人的诉讼请求的,其他共同侵权人对被放弃诉讼请求的被告应当承担的赔偿份额不承担连带责任。责任范围难以确定的,推定各共同侵权人承担同等责任。”

《关于维护新就业形态劳动者劳动保障权益的指导意见》(人社部发〔2021〕56号)第3条:“平台企业采取劳务派遣等合作用工方式组织劳动者完成平台工

作的，应选择具备合法经营资质的企业，并对其保障劳动者权益情况进行监督。平台企业采用劳务派遣方式用工的，依法履行劳务派遣用工单位责任。对采取外包等其他合作用工方式，劳动者权益受到损害的，平台企业依法承担相应责任。”

三、典型案例或做法

案号	裁判立场
董×诉上海××机器人有限公司、上海××物流有限公司健康权纠纷案/上海市嘉定区人民法院发布10个数字经济司法研究及实践(嘉定)基地首批典型案例之六	根据事发时机器人公司的员工操作叉车卸货、原告应机器人公司员工要求帮忙卸货的事实，结合行业惯例和利益平衡等因素，法院认定机器人公司负有卸货义务。在卸货过程中机器人公司员工让原告帮忙在叉车上踩一下以使叉车保持平衡，导致原告摔下受伤，法院认定原告和机器人公司构成无偿帮工法律关系，帮工人即原告在帮工活动中受伤，被帮工人即机器人公司作为受益方，应当承担赔偿责任。
上海××信息科技有限公司与××网络科技(上海)有限公司、江×提供劳务者受害责任纠纷案/上海市第二中级人民法院(2018)沪02民终5147号民事判决	原告提供送餐的服务并从被告处获得报酬，应当允许原告在法律规定的范围内行使其权利，法院应尊重双方的意思自治，法院依法确定原、被告之间系劳务关系。但原告在受伤前未能有效控制车速，且未佩戴安全帽，在受到惊吓后未能采取妥当处置的措施，刹车太急导致摔倒。上述情形均系原告对其损害的发生存在过错，可以减轻上海××信息科技有限公司的责任。
北京××科技有限公司等与王×提供劳务者受害责任纠纷案/北京市第三中级人民法院(2020)京03民终14274号民事判决	北京××科技有限公司(以下简称“××公司”)与王×之间存在一定程度的控制、支配关系，并按月支付王×的劳动报酬，且王×所提供的安装服务是××公司生产经营活动的组成部分，故应当认定双方为劳务关系，××公司应当在本案中承担相应的赔偿责任。××公司主张其注册协议中的免责声明条款，即××公司旗下App与注册安装工人不存在劳动关系或劳务关系，如发生工伤或给第三方造成损害由注册安装工人自行承担相应责任，不符合相关法律规定，法院不予采纳。

四、法理分析

近年来外卖骑手在送餐途中发生交通事故导致他人受伤的情况屡见不鲜，也引发了社会对于新业态下用工关系的关注。“外卖业”作为一种新业态，在劳动、劳务关系等的认定上有别于传统行业，当外卖骑手在送餐途中因突发疾病未得到及时救治身亡，平台应当承担责任吗？外包公司应当承担何种责任？具体分析如下。

首先，××信息技术公司与骑手刘××成立劳务关系，对刘××死亡承担过错责任。刘××与××信息技术公司签订了名为合作协议的合同，但是该公司负责对配送人员进行岗位培训，根据法律规定为配送人员缴纳相关税费，并根据约定足额支付配送人员的报酬，配送人员也接受××信息技术公司的管理，双方之间符合劳务关系的特征。依据《民法典》第1192条的规定，刘××因提供劳务受伤，双方按照各自的过错承担相应的责任。刘××在凌晨同时配送多单，××信息技术公司作为雇主在配送工作量的调配、配送异常情况的发现和跟进处理，以及在配送人员配送过程中异常情况的掌握和及时救助上均存在劳动保护措施不完善之处，对刘××的死亡承担主要责任。刘××在深夜工作，感到身体不适应当及时停止工作前往医院就医，因此刘××对自己突发疾病未得到及时救助死亡也存在一定的过错，承担10%的责任。

其次，刘××与平台不成立劳动、劳务关系。平台与××信息技术公司签订了《外包服务合作协议》，将配送工作外包给××信息技术公司，刘××与××信息技术公司签订协议提供配送服务。平台并未与骑手直接签订合同，也不直接管理骑手，刘××与平台之间不存在从属关系，双方并不构成劳动关系，平台无需对刘××的死亡承担工伤保险责任。同样，与骑手签订合作协议的是××信息技术公司，其报酬由××信息技术公司支付，骑手与平台也不构成事实上的劳务关系，因此，平台也不承担《民法典》1192条规定的接受劳务一方的过错责任。

最后，平台对刘××因突发疾病未得到及时救助而身亡承担一般过错责任。依据人力资源社会保障部、最高人民法院联合发布的《关于维护新就业形态劳动者劳动保障权益的指导意见》（人社部发〔2021〕56号）第3条的规定，对采取外包等其他合作用工方式，劳动者权益受到损害的，平台企业依法承担相应责任。平台与××信息技术公司的不作为对刘××的死亡构成数人侵权，按照各自的过错承担按份责任。第一，平台对刘××突发疾病但未得到及时救助而死亡具有过错。刘××作为平台的配送人员，平台能够通过定位等信息监测刘××的工作状况，当刘××状态异常时，平台应当及时核对配送人员的状况以防止意外事件的发生。但是该平台在配送异常情况的发现、跟进、处理机制以及将异常信息及时反馈给配送人员所属配送公司等方面仍存在不完善之处，未及时发现刘××的异常情况，平台对刘××的死亡具有过错。第二，平台的不作为行为与刘××的死亡具有因果关系。平台对骑手配送异常的监督处理不到位导致刘××突发疾病后无人救助，该不作为行为与刘××因未得到即时救助身亡具有因果关系。最终，法院认定刘××自身承担10%的责任、平台运营方公司承担20%的责任，××信息技术公司承担70%的责任。

值得注意的是，司法实践中对平台与众包骑手的关系认定存在诸多争议，对于骑手在提供配送服务途中受伤或者致他人损害的责任承担问题也未有定论，在灵活用工成为常态的情形下，平台从业人员的劳动权益保障需要得到更多的关注。

劳动者违反公司规章制度，公司能否解除劳动合同？

李秋颖

劳动者违反用人单位规章制度，用人单位与其解除劳动合同的行为是否合法有效？本文将结合审判实践作出简要说明。

一、案情与裁判

案件名称：边××与天津市××置业有限公司××假日酒店劳动合同纠纷案

案情来源：天津市滨海新区人民法院(2018)津0116民初84428号民事判决书

案情简介：

边××(原告)于2015年6月23日入职××置业有限公司××假日酒店(被告，以下简称"××公司")处，从事餐饮部厨房管事员职务。在职期间双方签订了两份书面劳动合同，期限分别为2015年6月23日至2018年6月22日、2018年6月23日至2024年6月22日。2018年8月3日，被告作出与原告解除劳动合同的决定，解除理由为原告存在私自将公司物品(酸奶3个、桃子5个)带出公司的严重违纪行为，原告认可确实存在上述行为，但不认为上述行为构成严重违纪。同日，被告以电话、短信方式通知原告解除劳动合同并要求前来公司领取解除通知，9日，被告向原告邮寄了解除劳动合同通知书，原告拒收了文件。另查明，(2017)津02民终3567号民事判决书确认了被告公司《你的指南》已经民主程序议定且经公示。被告的规章制度《你的指南》第68页第1项规定，第一次发生诸如"盗窃或企图盗窃酒店或员工个人财物"等行为即可以解除劳动合同，第3项规定，第一次发生诸如"无部门经理签发的许可，擅自将酒店的财物如餐具、食品、饮料、水果等带出酒店"等行为即可解除劳动合同，原告签收了该规章制度。另外，边××于2018年8月6日向天津港保税区劳动人事争议仲裁委员会提起仲裁，原告不服仲裁结果，故起诉至院。

法院判决

天津市滨海新区人民法院经审理认为：本案争议焦点系××公司与边××解除劳动合同是否为违法解除。首先，关于《你的指南》是否经过民主程序议定，已经生效判决予以确认，原告亦对上述指南签字确认，该指南应成为本案的处理依据。其次，本案中，原告认可其存在私自带出公司的酸奶3个、桃子5个的行为，且根据《你的指南》，无部门经理签发的许可，擅自将酒店的财物如餐具、食品、饮料、水果等带出酒店，第一次即可解除劳动合同。原告虽陈述其私自拿取酒店物品的行为系由于其身体不适，拿取的也是公司的餐厅客人吃剩的物品，但对其主张未提供充分证据予以证实，同时，原告上述主张也并不能成为原告可以私拿公司物品的合法理由。被告依据规章制度与原告解除劳动合同符合《劳动合同法》第39条第2项之规定，该解除行为合法有效，被告无需向原告支付违法解除劳动合同赔偿金。

二、相关规定

《劳动合同法》第4条："用人单位应当依法建立和完善劳动规章制度，保障劳动者享有劳动权利、履行劳动义务。用人单位在制定、修改或者决定有关劳动报酬、工作时间、休息休假、劳动安全卫生、保险福利、职工培训、劳动纪律以及劳动定额管理等直接涉及劳动者切身利益的规章制度或者重大事项时，应当经职工代表大会或者全体职工讨论，提出方案和意见，与工会或者职工代表平等协商确定。在规章制度和重大事项决定实施过程中，工会或者职工认为不适当的，有权向用人单位提出，通过协商予以修改完善。用人单位应当将直接涉及劳动者切身利益的规章制度和重大事项决定公示，或者告知劳动者。"

《劳动合同法》第39条第2项："劳动者有下列情形之一的，用人单位可以解除劳动合同：……（二）严重违反用人单位的规章制度的。"

《劳动法》（2009修正）第3条第2款[《劳动法》（2018修正）第3条第2款]："劳动者应当完成劳动任务，提高职业技能，执行劳动安全卫生规程，遵守劳动纪律和职业道德。"

《劳动法》（2009修正）第28条[《劳动法》（2018修正）第28条]："用人单位依据本法第二十四条、第二十六条、第二十七条的规定解除劳动合同的，应当依照国家有关规定给予经济补偿。”

《劳动法》(2009 修正)第 79 条[《劳动法》(2018 修正)第 79 条]:“劳动争议发生后,当事人可以向本单位劳动争议调解委员会申请调解;调解不成,当事人一方要求仲裁的,可以向劳动争议仲裁委员会申请仲裁。当事人一方也可以直接向劳动争议仲裁委员会申请仲裁。对仲裁裁决不服的,可以向人民法院提起诉讼。”

三、典型案例或做法

案号	裁判立场
翁××与无锡××股份有限公司劳动合同纠纷上诉案/江苏省无锡市中级人民法院(2017)苏 02 民终 4227 号民事判决	劳动者严重违反用人单位的规章制度的,用人单位可以解除劳动合同。翁××早在填写申报表之前就已经知晓其父亲翁×在江×公司工作的事实,但其在填写申报表时并未将该情况如实填写,属于申报承诺书中未主动申报的情形,该情形符合解除劳动合同的条件,无锡××股份有限公司据此解除劳动合同并无不当。
××保险有限公司上海分公司与李××劳动争议纠纷上诉案/北京市第二中级人民法院(2013)二中民终字第 07324 号民事判决	因李××被××保险有限公司上海分公司处以四次严重违纪处分,且连续旷工三天以上,构成××保险有限公司上海分公司《员工手册》中所规定的可以解除劳动关系的情形,××保险有限公司上海分公司据此以李××严重违反规章制度为由与李××解除劳动合同,具有事实及法律依据,应为合法解除劳动合同。
徐×与××扶梯公司劳动合同纠纷案/江苏法院发布 2011 年度劳动争议十大典型案例之六	法院认为,徐×在油漆房这样一个禁烟场所吸烟不仅造成严重的安全生产隐患,而且是严重违反规章制度的行为,××扶梯公司单方解除与徐×的劳动合同并无不当,也不应支付徐×主张的违法解除劳动合同的赔偿金。

四、法理分析

依据《劳动法》第 3 条的规定,劳动者应当遵守劳动纪律。那么当劳动者违反了用人单位经民主程序制定的规章制度,用人单位以劳动者严重违反用人单位的规章制度为由解除劳动关系时,该行为是否合法有效?下文将结合审判实践作出简要分析。

首先,被告公司规章合法有效。《你的指南》是××公司的劳动规章,依据《劳动合同法》第 4 条的规定,用人单位在制定劳动纪律等直接涉及劳动者切身利益的规章制度或者重大事项时，应当经职工代表大会或者全体职工讨论，与工会或者职工代表平等协商确定。若职工认为规章内容不适当，也有权向用人单位提出。××公司规章《你的指南》经民主程序议定且经公示，该规章合法有效。另外，公司已经履行告知义务，边××签收该规章，未对该规章内容提出反对意见，表明了其对规章内容的认可，因此边××应当遵守该制定程序合法、内容合理且经公示和告知的指南。

其次，原告行为严重违反公司规章。劳动者是否严重违反公司规章可以从主观过错、行为后果等方面进行分析。第一，边××故意违反公司规章。××公司的规章制度规定第一次发生“无部门经理签发的许可，擅自将酒店的财物如餐具、食品、饮料、水果等带出酒店”的行为即可解除与员工的劳动合同。边××在知晓该规章的情况下私自将公司物品带出公司，主观上具有违反公司规章的故意。第二，边××的行为构成根本违约。边××作为厨房管事员具有较高的忠实诚信义务，不得擅自取用公司财物，其构成根本违约。边××私拿财物的行为导致双方信赖基础丧失，合同目的难以实现，××公司难以信任其能担任管事员职务，难以继续维持与边××的劳动关系。第三，该行为损害了公司的正常管理秩序。××公司禁止擅自将酒店财物带出酒店，虽然边××私自带出的物品价值有限，但其行为违反了公司的管理制度，若不严格处理会导致违规行为的频繁发生，影响公司的正常经营和管理秩序。所以边××私自带出酒店财物的行为严重违反了公司规章，公司可以解除劳动合同。

最后，公司解除劳动合同的行为合法。依据《劳动合同法》第 39 条的规定，边××擅自将公司财物带出公司的行为严重违反公司规章，尽管边××第一次实施该违法行为，但是单位规章明确规定擅自将酒店财物带出酒店一次即可以解除劳动合同，且公司依照《劳动合同法》第 4 条的规定履行了公示和告知程序。因此，公司解除与边××的劳动合同的行为合法。另外，因严重违反公司规章解除合同不属于《劳动法》第 28 条规定的应当给予经济补偿的情形，因此××公司也无需给予适当经济补偿或者支付违法解除劳动合同赔偿金。

劳动者因第三人侵权造成工伤，能同时获得误工费赔偿和停工留薪期间的工资吗？

李秋颖

劳动者因第三人侵权遭受损害，且该损害构成工伤，第三人已经向劳动者赔偿误工费用，用人单位还需要支付劳动者停工留薪期间的工资吗？本文将结合审判实践作出简要说明。

一、案情与裁判

案件名称：吴江市××纺织有限公司与周××工伤保险待遇纠纷上诉案

案情来源：江苏省苏州市中级人民法院(2019)苏05民终10330号民事判决

案情简介：

周××(被告、被上诉人)于2015年10月至吴江市××纺织有限公司(以下简称"××公司"，原告、上诉人)工作，××公司为周××缴纳了社会保险。2018年7月9日，周××在下班途中驾驶普通二轮摩托车与张××驾驶电动自行车发生碰撞，导致两车受损、周××与张××受伤。苏州市吴江区公安局交通警察大队就本起事故作出认定书，认定张××负主要责任，周××负次要责任。周××于2018年7月10日至7月16日在吴江区第四人民医院住院治疗，后周××又两次至该院接受门诊治疗。2018年7月16日、7月30日、8月14日，吴江区第四人民医院分别为周××开具了病假证明。2018年7月31日，经交警部门调解，周××与张××达成协议，周××的医药费8000元，由张××承担4800元，周××承担3200元，另张××赔偿周××误工费、营养费等合计3800元。同年10月30日，苏州市吴江区人力资源和社会保障局认定周××受到的伤害属于工伤。

2019年4月19日，周××向苏州市吴江区劳动人事争议仲裁委员会(以下简称“仲裁委”）申请仲裁，请求××公司支付其一次性伤残补助金 30571.8 元、一次性医疗补助金 30000 元、一次性就业补助金 15000 元、医药费 239.4 元、停工留薪期工资 7028 元。在仲裁庭审中，周××当庭增加诉讼请求，要求从申请仲裁之日起与××公司解除劳动关系。仲裁委裁决周××与××公司的劳动关系于 2019 年 4 月 19 日解除，××公司支付周××一次性伤残就业补助金 15000 元、停工留薪期工资 7028 元，共计 22028 元，驳回周××的其他仲裁请求。××公司在法定期间内向一审法院起诉。

一审判决

苏州市吴江区人民法院经审理认为：根据法律规定，职工因工作遭受事故伤害需要暂停工作接受工伤医疗的，在停工留薪期间内，原工资福利待遇不变，由所在单位按月支付，停工留薪期工资应当凭伤者就诊的签订服务协议的医疗机构出具的休假证明确定。停工留薪期工资与误工费系基于不同的法律关系而产生，伤者可以兼得。

二审判决

苏州市中级人民法院经审理认为：关于××公司认为周××系因第三人侵权构成工伤，其已经获得误工费赔偿，故不能同时享有停工留薪期工资。本院认为，一方面，现行法律并未禁止工伤职工同时享受工伤保险待遇和人身损害赔偿；另一方面，工伤保险待遇与民事侵权赔偿二者性质不同，前者属公法领域，基于社保法律关系发生，后者属私法领域，基于民事法律关系发生，不宜径行替代。

二、相关规定

《侵权责任法》第 16 条(《民法典》第 1179 条)：“侵害他人造成人身损害的，应当赔偿医疗费、护理费、交通费等为治疗和康复支出的合理费用，以及因误工减少的收入。造成残疾的，还应当赔偿残疾生活辅助具费和残疾赔偿金。造成死亡的，还应当赔偿丧葬费和死亡赔偿金。”

《侵权责任法》第 26 条(《民法典》第 1173 条)：“被侵权人对损害的发生也有过错的，可以减轻侵权人的责任。”

《工伤保险条例》第 14 条第 1 款第 6 项：“职工有下列情形之一的，应当认定为工伤：……(六)在上下班途中，受到非本人主要责任的交通事故或者城市轨道交通、客运轮渡、火车事故伤害的。”

《工伤保险条例》第33条第1款:"职工因工作遭受事故伤害或者患职业病需要暂停工作接受工伤医疗的,在停工留薪期内,原工资福利待遇不变,由所在单位按月支付。"

《最高人民法院关于审理人身损害赔偿案件适用法律若干问题的解释》(法释〔2003〕20号)第12条第2款[《最高人民法院关于审理人身损害赔偿案件适用法律若干问题的解释》(法释〔2022〕14号)第3条第2款]:"因用人单位以外的第三人侵权造成劳动者人身损害,赔偿权利人请求第三人承担民事赔偿责任的,人民法院应予支持。"

《最高人民法院关于审理道路交通事故损害赔偿案件适用法律若干问题的解释》(法释〔2012〕19号)第27条[《最高人民法院关于审理道路交通事故损害赔偿案件适用法律若干问题的解释》(法释〔2020〕17号)第24条]:"公安机关交通管理部门制作的交通事故认定书,人民法院应依法审查并确认其相应的证明力,但有相反证据推翻的除外。"

《最高人民法院关于审理工伤保险行政案件若干问题的规定》(法释〔2014〕9号)第8条第3款:"职工因第三人的原因导致工伤,社会保险经办机构以职工或者其近亲属已经对第三人提起民事诉讼为由,拒绝支付工伤保险待遇的,人民法院不予支持,但第三人已经支付的医疗费用除外。"

三、典型案例或做法

案号	裁判立场
××建筑公司与周××工伤保险待遇纠纷案/江苏省扬州市中级人民法院发布2021年度十大典型案例之七	周××因工致残,××建筑公司应当依法承担相应工伤保险责任。劳动者因第三人侵权造成人身损害并构成工伤,侵权人已经赔偿的,劳动者有权请求用人单位支付除医疗费之外的工伤保险待遇。××建筑公司向周××支付护理费差额、一次性伤残就业补助金、停工留薪期工资等费用合计57652.21元。
山东××电工新材料科技有限公司、赵××劳动合同纠纷案/山东省泰安市中级人民法院(2022)鲁09民终3255号民事判决	本院认为,一方面,现行法律并未禁止工伤职工同时享受工伤保险待遇和人身损害赔偿;另一方面,工伤保险待遇与民事侵权赔偿二者性质不同,前者属公法领域,基于社保法律关系发生,后者属私法领域,基于民事法律关系发生,不宜径行替代。

续表

案号	裁判立场
何××、无锡××型钢有限公司劳动合同纠纷案/江苏省无锡市中级人民法院(2022)苏02民终3805号民事判决	本院认为，何××在下班途中发生交通事故属于第三人侵权行为造成的工伤。何××可以按照民法典和工伤保险的有关规定分别主张权益。误工费和停工留薪期工资，虽然是因治疗伤情无法上班而发生的费用，但是是分别基于民法典和工伤保险的不同规定，无锡××型钢有限公司主张不可兼得没有法律依据，本院对于无锡××型钢有限公司的上诉请求不予支持。

四、法理分析

工伤保险待遇包括工伤医疗待遇、伤残待遇、停工留薪期间的工资等，《最高人民法院关于审理工伤保险行政案件若干问题的规定》(法释〔2014〕9号)第8条仅规定，劳动者不能同时享受第三人赔偿的医药费和工伤保险待遇中的医疗待遇。但《侵权责任法》第16条规定，造成他人人身损害应当赔偿因误工减少的收入。那么用人单位以外的第三人造成劳动者损害，且构成工伤的，劳动者能否同时获得误工费赔偿和工伤保险中停工留薪期间的工资？下文将结合审判实践作出简要分析。

首先，周××因第三人侵权遭受损害，且该伤害构成工伤。根据法院查明的事实可知，周××与××公司之间存在劳动关系，××公司为周××缴纳了社保。周××在下班途中与第三人张××相撞发生交通事故，交警大队作出的事故认定书认定张××对交通事故负主要责任，周××负次要责任，经法院审查在无其他相反证据推翻的情况下，法院认可其证明力。依据《工伤保险条例》第14条的规定，劳动者在上下班途中，受到非本人主要责任的交通事故伤害的认定为工伤，因此周××在下班途中遭受的因第三人原因发生的、本人负次要责任的交通事故伤害构成工伤。

其次，周××有权请求第三人赔偿因误工减少的收入和医疗费等合理费用。依据《侵权责任法》第16条和《最高人民法院关于审理人身损害赔偿案件适用法律若干问题的解释》(法释〔2003〕20号)第12条的规定，侵害他人造成人身损害的应当赔偿因误工减少的收入和医疗费等合理费用。本案中，第三人张××与周××相撞导致周××受伤，周××作为被侵权人有权请求侵权人张××就其侵权行为承担损害赔偿责任，请求其赔偿因误工减少的收入和医疗费等合理费用。双方经交警部门调解达成协议，侵权人承担周××60%的医药费，并赔偿误工费等3800元。该调解协议程序正当，内容合法，法院认可该协议的效力。

最后，第三人承担损害赔偿责任不影响用人单位支付停工留薪期间的工资。《工伤保险条例》第33条规定，职工因工作遭受事故伤害需要暂停工作接受工伤医疗的，在停工留薪期内，原工资福利待遇不变。工伤保险待遇与民事侵权赔偿二者性质不同，前者属公法领域，基于社保法律关系发生，后者属私法领域，基于民事法律关系发生，不宜用民事侵权赔偿径行替代工伤保险待遇。依据《最高人民法院关于审理工伤保险行政案件若干问题的规定》，因第三人造成工伤的职工从第三人处获得民事赔偿后仍可以享受工伤保险待遇，但第三人已经支付的医疗费用除外。本案中，周××已经从第三人处得到误工费，但用人单位也需支付其停工留薪期间的工资。

值得注意的是，《民法典》第1179条继承了《侵权责任法》第16条的规定，《最高人民法院关于审理人身损害赔偿案件适用法律若干问题的解释》虽经过两次修改，但也仍然保留了因第三人造成损害的，劳动者有权请求第三人承担民事赔偿责任的条款。但是《民法典》和《工伤保险条例》都未明文规定除医疗费用以外的侵权损害赔偿和工伤保险待遇竞合时的赔偿原则，为统一各地司法实践，做到“同案同判”，需通过立法对此问题加以明确。

单位与受伤的雇员签订一次性赔偿协议并履行完毕，雇员能否再请求撤销？

杨　婷

提供劳务时受伤致十级伤残，单位与之签订一次性赔偿协议，该协议效力如何？事后能否再增加赔偿额而通过诉讼请求撤销该协议？本文将结合审判实践作出简要说明。

一、案情与裁判

案件名称：陈×诉河×公司海事海商纠纷案

案情来源：武汉海事法院(2020)鄂72民初259号民事判决

案情简介：

2017年5月13日，河×公司(被告)作为甲方、陈×(原告)作为乙方签订《劳务合同书》，约定甲方雇请乙方从事炊事员工作。2018年1月24日，陈×工作时摔倒，经诊断为腰1椎体轻度压缩骨折，并于2018年2月10日、9月10日住院治疗，分别支付医疗费用6001.8元、4571.65元。2018年11月12日，陈×对所受损伤进行鉴定，为十级伤残，后续治疗费为2000元，误工时间为150日，护理时间为60日，营养时间为60日。陈×为此支付鉴定费2280元。

2019年4月16日，河×公司作为甲方、陈×作为乙方签订《协议》，约定甲方支付给乙方两次住院期间的医疗费用、一次性伤残补助金、一次性医疗补助金、停工留薪期待遇、剩余工资等费用共计51800元；乙方不得再向甲方提出与此事相关的任何补偿和赔偿，如果乙方对此协议反悔，自愿赔偿甲方违约款20000元。2019年4月22日，河×公司通过公司员工银行账户向陈×转账支付60000元。

陈×于2019年10月10日以河×公司为被告向重庆市万州区人民法院提起诉讼，请求撤销《协议》，判令被告赔偿原告各项经济损失合计172954.56元，并由被告承担诉讼费用。

法院判决

武汉海事法院经审理认为：首先，原告签订《协议》时不存在重大误解，原告签订《协议》之前已经自行申请鉴定机构对其伤情进行鉴定，鉴定机构亦已出具《司法鉴定意见书》，原告对其伤情理应存在客观的认识。其次，《协议》内容不存在显失公平的情形。本案中，从《协议》签订的时间、地点及参与人员来看并无哪一方具有明显优势。原告作为成年人，为了尽早解决纠纷而自愿与被告达成《协议》，并不属于显失公平的情形，且双方约定的赔偿金额均未偏离赔偿标准的金额范围。原告陈×主张对其父母赡养费用无事实和法律依据，其请求撤销《协议》并要求被告赔偿各项经济损失 172954.56 元的理由不能成立，本院不予支持。

二、相关规定

《最高人民法院关于审理人身损害赔偿案件适用法律若干问题的解释》（法释〔2003〕20 号）第 11 条［《最高人民法院关于审理人身损害赔偿案件适用法律若干问题的解释》（法释〔2022〕14 号）已删除］：“雇员在从事雇佣活动中遭受人身损害，雇主应当承担赔偿责任……”

《劳动合同法》第 26 条第 1 款：“下列劳动合同无效或者部分无效：（一）以欺诈、胁迫的手段或者乘人之危，使对方在违背真实意思的情况下订立或者变更劳动合同的；（二）用人单位免除自己的法定责任、排除劳动者权利的；（三）违反法律、行政法规强制性规定的。”

《最高人民法院关于审理劳动争议案件适用法律若干问题的解释（三）》（法释〔2010〕12 号）第 10 条第 1 款（已失效）[①]**：**“劳动者与用人单位就解除或者终止劳动合同办理相关手续、支付工资报酬、加班费、经济补偿或者赔偿金等达成的协议，不违反法律、行政法规的强制性规定，且不存在欺诈、胁迫或者乘人之危情形的，应当认定有效。”

---

① 2020 年 12 月 29 日，最高人民法院印发《关于废止部分司法解释及相关规范性文件的决定》（法释〔2020〕16 号），决定废止 2010 年 9 月 13 日印发的《最高人民法院关于审理劳动争议案件适用法律若干问题的解释（三）》。

《合同法》第 54 条第 1 款（《民法典》第 147～151 条修正）："下列合同，当事人一方有权请求人民法院或者仲裁机构变更或者撤销：（一）因重大误解订立的；（二）在订立合同时显失公平的。"

《最高人民法院关于审理人身损害赔偿案件适用法律若干问题的解释》（法释〔2003〕20 号）第 17 条［《最高人民法院关于审理人身损害赔偿案件适用法律若干问题的解释》（法释〔2022〕14 号）已删除］："受害人遭受人身损害，因就医治疗支出的各项费用以及因误工减少的收入，包括医疗费、误工费、护理费、交通费、住宿费、住院伙食补助费、必要的营养费，赔偿义务人应当予以赔偿。受害人因伤致残的，其因增加生活上需要所支出的必要费用以及因丧失劳动能力导致的收入损失，包括残疾赔偿金、残疾辅助器具费、被扶养人生活费，以及因康复护理、继续治疗实际发生的必要的康复费、护理费、后续治疗费，赔偿义务人也应当予以赔偿……"

《最高人民法院关于审理人身损害赔偿案件适用法律若干问题的解释》（法释〔2003〕20 号）第 28 条第 1 款［《最高人民法院关于审理人身损害赔偿案件适用法律若干问题的解释》（法释〔2022〕14 号）第 17 条修正］："被扶养人生活费根据扶养人丧失劳动能力程度，按照受诉法院所在地上一年度城镇居民人均消费性支出和农村居民人均年生活消费支出标准计算。被扶养人为未成年人的，计算至十八周岁；被扶养人无劳动能力又无其他生活来源的，计算二十年。但六十周岁以上的，年龄每增加一岁减少一年；七十五周岁以上的，按五年计算。"

《最高人民法院执行工作办公室关于和解协议已经履行完毕的不应再恢复执行原生效法律文书问题的函》（法经〔1996〕19 号）："……查此执行和解协议系双方当事人在平等、自愿的条件下，自主处分权力和承诺义务，共同协商达成的。意思表示真实，所列条款协商一致，执行和解协议是合法有效的。此和解协议于签订的当日下午履行完毕，应视为该协议执行终结。"

三、典型案例或做法

案号	裁判立场
张××等与林××机动车交通事故责任纠纷案/广东省深圳市中级人民法院(2005)深中法民一终字第3908号民事判决	本案中,双方当事人在发生交通事故后,在交警部门主持下,经过反复的利益衡量和充分的自由协商,对于赔偿项目和金额均做出一定的让步,最终达成调解协议,并签订了交通事故调解书,该调解书应当认定系发生交通事故后赔偿义务人自愿给付赔偿权利人的一次性赔偿,是双方当事人互谅互让的结果,不存在重大误解情形,应当严格遵守。
周××等与黄××撤销人身损害赔偿协议纠纷案/陕西省西安市中级人民法院(2012)西民二终字第02225号民事判决	黄××受伤后一直昏迷,经评定为一级伤残,其后续治疗、护理及相关费用明显数额巨大,而涉案协议及补充协议所约定的继续治疗费55000元明显不足,且该协议约定,黄××死亡后,其家属才能获得15万元的"困难补助费",另约定了不对等的违约金,双方签订的人身损害赔偿协议及补充协议有悖公平原则,应予撤销。
李××诉××县文化体育局雇员受害赔偿案/云南省昭通地区(市)中级人民法院(2007)昭中民二终字第467号民事判决	当事人通过本单位介绍,为企业提供劳务,由企业直接向其支付劳动报酬,两者的主体地位是平等的,双方没有行政上的隶属关系。符合雇佣关系中的雇员与雇主关系的法律特征,根据《最高人民法院关于审理人身损害赔偿案件若干问题的解释》第11条第1款的规定,雇员在从事雇佣活动中遭受人身损害,雇主应当承担赔偿责任。

四、法理分析

河×公司与陈×签订的一次性赔偿协议是否有效,以及陈×是否有权撤销该协议等问题皆有待进一步厘清,下文将结合审判实践作出简要分析。

第一,《协议》是否有效?约定"赔偿后伤者不得再向其主张任何补偿"之条款效力如何?

河×公司应当对陈×承担人身损害赔偿责任。由于陈×与河×公司仅签订《劳务合同书》,双方间构成劳务关系而非劳动关系,故陈×只得请求人身损害赔偿,而不能请求工伤赔偿。依据《最高请求人民法院关于审理人身损害赔偿案件适用法律若干问题的解释》(法释〔2003〕20号)第11条之规定,雇员在从事雇佣活动中遭受人身损害,雇主应当承担赔偿责任。现陈×作为雇员在工作时遭受人身损害,河×公司作为雇主理应承担无过错赔偿责任。河×公司与陈

×签订赔偿协议，当事人意思表示真实，且协议内容不违反法律或社会公共利益，该《协议》有效。关于一次性赔偿协议中“协议生效后，乙方不得再向甲方提出与此事相关的任何补偿和赔偿”这一条款的效力问题，笔者认为不宜直接以“雇主免除自己责任、排除劳动者权利”而认定其无效，仍应从其是否存在重大误解或显失公平的情形来判断。理由在于，《劳动合同法》第 26 条第 1 款第 2 项规定，用人单位免除自己的法定责任、排除劳动者权利的，劳动合同无效或者部分无效。而《最高人民法院关于审理劳动争议案件适用法律若干问题的解释（三）》（法释〔2010〕12 号）第 10 条对劳动者与用人单位就赔偿金等达成的民间调解协议效力之规定，并未将“用人单位免除自己的法定责任、排除劳动者权利的”作为调解协议的无效要件，即使有“用人单位免除自己的法定责任、排除劳动者权利的”内容，只要不构成“显失公平情形”，也不影响其有效。举重以明轻，既然在对用人单位要求更为严苛的劳动关系中的调解协议都不存在“排除劳动者权利”的无效要件，那么劳务关系中的调解协议自不宜有此无效要件。本案中，河×公司与陈×签订的协议约定，“协议生效后，乙方不得再向甲方提出与此事相关的任何补偿和赔偿”。这一条款虽有剥夺陈×权利之嫌，但是否有效仍应从其是否构成重大误解或显失公平来判断。

第二，陈×撤销协议之主张能否成立？

依据《合同法》第 54 条之规定，合同存在重大误解、显失公平或欺诈胁迫之情形方能撤销。首先，本案中一次性赔偿协议不存在显失公平之情形。河×公司与陈×签订协议时双方地位平等，后者完全出于自愿签订该协议。就赔偿数额而言，根据《最高人民法院关于审理人身损害赔偿案件适用法律若干问题的解释》（法释〔2003〕20 号）第 17 条的规定，陈×可得受偿项目包含：医疗费、误工费、护理费、交通费、住宿费等，残疾赔偿金、残疾辅助器具费、被扶养人生活费等，以及因康复护理、继续治疗实际发生的必要的康复费、护理费、后续治疗费。除扶养人生活费外，其余项目一次性赔偿协议均已覆盖，且数额合理。至于该扶养人生活费，根据《最高人民法院关于审理人身损害赔偿案件适用法律若干问题的解释》（法释〔2003〕20 号）第 17 条第 2 款及第 28 条的规定，伤残与扶养费并非绝对捆绑关系，是否赔偿需结合扶养人劳动能力丧失程度、被扶养人情况等因素予以确定。本案中，陈×系十级伤残，司法实践中多数认为此种情形不会使人丧失劳动能力，故一般不予赔偿。由此，协议约定赔偿数额合理，不存在显失公平之情形。其次，本案中一次性赔偿协议不存在重大误解之情形。陈

×在对伤情进行司法鉴定后与河×公司签订协议，且协议签订时其具有完全行为能力的成年子女也在场并对协议内容表示同意。对于协议签订时陈×未主张的扶养人生活费，系其对法律认识不足之体现，虽有误解但因扶养费并不实际发生，故就其撤销协议之请求，不予支持。

第三，本案陈×与河×公司已经达成和解协议，是否还能再行起诉？

我国《民事诉讼法》规定了“一事不再理”，但该规则仅适用于处理诉与诉之间的关系，故目前和解协议排除诉讼并无法律依据。有学者提出将“一事不再理”原则扩展适用到全部民事纠纷解决方式上形成广义的“一事不再理”，即同一民事纠纷，只能以一种纠纷解决方式终结——达成和解协议后，不得再行诉讼，反之亦如此。笔者赞同此观点，一方面，民事和解协议相比于裁判、仲裁，其更多基于当事人的自主合意，在当事人同意的情况下，即使和解协议所阐述事实与实际有所偏离，也并不影响其效力。若达成协议后允许再行诉讼，则法院根据事实通过三段论式分析，极有可能作出与和解协议不同之裁判结果进而否定协议之全部或部分内容，致私力救济与公立救济无法有效衔接而脱节。另一方面，若允许当事人随意再行诉讼，和解协议将成一纸空文，不存效力，使其价值荡然无存。据此，当事人不得就已签订和解协议之纠纷再行起诉，但可就和解协议本身之效力或履行再行诉讼，本案陈×属前种情形，但囿于上述理论仅为学术探讨无法律依据，故法院理应受诉不得驳回。

综上，河×公司与陈×所签协议合法有效，陈×主张撤销无法律依据。值得注意的是，《民法典》出台后，修正后的《最高人民法院关于审理人身损害赔偿案件适用法律若干问题的解释》(法释〔2022〕14号)删去《最高人民法院关于审理人身损害赔偿案件适用法律若干问题的解释》(法释〔2003〕20号)第11条之规定，《民法典》第1191条规定了个人为单位提供劳务过程中给他人造成损害的责任承担问题，但并未涉及个人因提供劳务而受伤的情形。1192条规定个人之间形成的劳务关系，而未涉及个人与单位之间的劳务关系。这一变化使得个人在与单位形成的劳务关系中因个人劳务受伤的赔偿问题成为空白。

商法、经济法专题

有限责任公司股东对外赠与股权的，其他股东能否行使优先购买权？

张晨晨

对有限责任公司来讲，股权对外转让是影响公司生存与发展的重要问题。《公司法》第71条规定了股权转让及股东的优先购买权，但对股权无偿转让时其他股东能否行使优先购买权以及如何行使的问题并没有作出明确规定，实践中对此也产生不少争议。本文将结合审判实践对此作出简要论述。

一、案情与裁判

案件名称：宁国市××发展有限责任公司、张××、黄××与徐×、舒××、杨××股东名册记载纠纷案

案件来源：安徽省宣城市中级人民法院(2017)皖18民终492号民事判决

案情简介：

宁国市××发展有限责任公司(上诉人、原审被告，以下简称"××公司")系有限责任公司，其股东为徐×(被上诉人、原审原告)、张××(上诉人、原审第三人)、黄××(上诉人、原审第三人)。2016年3月5日，徐×向张××、黄××发出转让股份通知，称其将无偿转让4%的股份给舒××(被上诉人、原审原告)、杨××(被上诉人、原审原告)。3月28日，张××主张行使优先权。经测算，张××行使优先权需支付××公司各项资产价值总额的4%，即股权的对价312万元。4月15日，张××称徐×对外转让是无偿的，要求在此条件下行使优先的权利。4月18日，徐×与舒××、杨××签订《股权转让协议》，分别向舒××、杨××无偿转让2%的股份。10月12日，徐×、舒××、杨××以张××不同意转让却又无购买股份的意思表示为由，诉至法院。

一审判决

安徽省宁国市人民法院经审理认为：徐×将其持有的××公司4%的股权

转让给舒××、杨××，属股东向股东以外的人转让股权，应经其他股东过半数同意。张××、黄××在第二次庭审中表示愿以40万元购买徐×4%的股权，可知二人已同意徐×转让其股权。同时，在同等条件下，张××、黄××享有优先购买权。然案涉转让系无偿转让，缺乏判断“同等条件”的基础。徐×要求以审计结果作为交易对价，较为适宜。但张××、黄××仅愿以40万元购买，视为张××、黄××无意购买案涉股权。因此，徐×与舒××、杨××签订的《股权转让协议》，系当事人真实意思表示，内容不违反法律法规强制性规定，合法有效。舒××、杨××应各自受让××公司2%的股权。

二审判决

安徽省宣城市中级人民法院经审理认为：徐×将持有的××公司4%的股权无偿转让给舒××、杨××，张××、黄××作为公司另两名股东，依据公司法规定精神，有权主张以公平合理的价格优先购买。但经徐×依法通知，张××、黄××不愿以公平合理的方式确定并支付优先购买的对价，依法应视为同意徐×向舒××、杨××无偿转让股权。

二、相关规定

《公司法》(2013修正)第71条[《公司法》(2018修正)第71条]：“有限责任公司的股东之间可以相互转让其全部或者部分股权。股东向股东以外的人转让股权，应当经其他股东过半数同意。股东应就其股权转让事项书面通知其他股东征求同意，其他股东自接到书面通知之日起满三十日未答复的，视为同意转让。其他股东半数以上不同意转让的，不同意的股东应当购买该转让的股权；不购买的，视为同意转让。经股东同意转让的股权，在同等条件下，其他股东有优先购买权。两个以上股东主张行使优先购买权的，协商确定各自的购买比例；协商不成的，按照转让时各自的出资比例行使优先购买权。公司章程对股权转让另有规定的，从其规定。”

《最高人民法院关于适用〈中华人民共和国公司法〉若干问题的规定(四)》(法释〔2017〕16号)第18条[《最高人民法院关于适用〈中华人民共和国公司法〉若干问题的规定(四)》(法释〔2020〕18号)第18条]：“人民法院在判断是否符合公司法第七十一条第三款及本规定所称的‘同等条件’时，应当考虑转让股权的数量、价格、支付方式及期限等因素。”

三、典型案例或做法

案号	裁判立场
陈××与上海××实业有限公司纠纷案/上海市杨浦区人民法院(2021)沪0110民初2418号民事判决	上海市杨浦区人民法院经审理认为:“股权赠与也属于股权转让……股权的对外赠与涉及新股东的加入,必然破坏有限责任公司的人合性……应尊重其他股东的优先购买权。本案中……其他股东放弃向其支付相当于赠与股权价值的对价,从而视为同意赠与的证据。”
周×与周××股权转让纠纷案/江苏省南京市中级人民法院(2019)苏01民终10393号民事判决	江苏省南京市中级人民法院经审理认为,股权赠与协议是周×、周××真实意思表示,依法成立……协议签订后至2016年10月8日,鑫×公司除周×、叶×以外的股东未就该协议所涉股权主张优先购买权,该协议并无履行障碍。
窦××与盛×股权转让纠纷案/江苏省常州市武进区人民法院(2020)苏04民终370号民事判决	江苏省常州市武进区人民法院经审理认为,本案诉讼过程中,第三人(其他股东)均表示对意向协议书的签署并不知情,第三人(其他股东)也不同意协议内容。因此,被告盛×向原告窦××赠与3%的股权,未完成法律规定和公司章程规定的程序性条件,可能侵害其他股东的先买权。

四、法理分析

根据《公司法》第71条的规定可知,股东行使优先购买权的条件包括三点:一是股权向股东以外第三人转让;二是转让已经过其他股东过半数同意或视为同意;三是以同等条件购买。本案中,股东对外赠与股权属于股权向第三人转让,公司另外两名股东仅愿以低于股权评估所确定的价格购买的视为同意转让,仅主张以前述低价购买不属于优先购买权行使的同等条件。具体分析如下。

首先,本案所涉股权赠与属于向股东以外第三人转让股权。《公司法》第71条第2款规定,优先购买权只能在股东向股东以外的人转让股权时行使,此处的“转让”是否包括无偿转让还需进一步明晰,该问题是判断本案其他股东能否行使优先购买权的关键。按照文义解释,股权转让是指股权归属的变动,这种变动与转让的形式无关,应包括无偿转让。从目的解释来看,优先购买权的设立旨在维护有限责任公司的人合性,防止因第三方任意加入公司而对原有股东之间的信任关系造成破坏。因股权无偿转让亦是第三方加入公司、参与公司经营的途径，所以股权转让应包括无偿转让的形式。另外，尽管排除无偿转让情形能够最大程度保护股东的处分权，但这会引发股东以向外赠与股权的方式来损害公司利益的风险，故股权无偿转让情形下应适用优先购买权。

其次，徐×向股东以外的第三人赠与股权，已经过其他股东的过半数同意。根据《公司法》第 71 条第 3 款的规定，公司章程如果没有另行规定，股权对外转让应当经股东过半数同意；异议股东既不同意转让又不购买的，应视为同意转让。这里“购买”的含义按照体系解释应理解为同等条件下的购买，不愿以同等条件购买的视为同意对外转让。本案中，公司股东徐×将股权无偿转让给第三人时，已告知公司另外两名股东张××、黄××可以股权评估所确定的同等条件 312 万元主张购买，但二人表示仅愿以 40 万元的价格购买，否则不同意转让。这种非以同等条件所确定的价格购买的，属于既不同意转让又不购买的情形，应视为同意转让。所以，股东徐×对外转让股权已经过公司其他股东的过半数同意，其有权将该股权无偿转让给第三人。

最后，在股权赠与情形下，以协商、资产评估的方式能够确定优先购买权的同等条件。为保护转让股东的利益，《公司法》第 71 条第 3 款明确股东的优先购买权必须在同等条件下行使。同时，《最高人民法院关于适用〈中华人民共和国公司法〉若干问题的规定（四）》（法释〔2017〕16 号）第 18 条规定，“同等条件”需考虑转让股权的数量、价格、支付方式及期限等因素。但本案中股东徐×是以赠与的方式转让股权，受赠人无需支付任何对价，此时“同等条件”的认定需作进一步解释。为了平衡各交易方之间利益，在异议股东和转让股东对转让股权的价格无法达成合意时，可对公司各项资产价值总额进行测算，通过确定转让股权份额占总股权份额的百分比来计算转让股权应支付的对价，以确定同等条件下的价格，符合立法目的。因此，本案中徐×以股权评估所确定的价格认定同等条件的主张能够得到法院支持，张××、黄××主张以前述低价购买的，不属于优先购买权行使的同等条件。

机动车立标被第三人故意损坏，车主如何进行索赔？

张晨晨

机动车立标被第三人故意损坏，车主能否向保险公司索赔？保险公司向车主赔付后，能否向第三人代位追偿？第三人承担的立标损害赔偿费用应当如何计算？本文将结合实践案例对此作出简要论述。

一、基本案情

案情简介：

2022年12月4日，福建福州一男子经过×停车场时，看到一辆劳斯莱斯的飞天女神立标（以下简称“小金人”）显露在外面，于是欲“把玩”一下小金人，结果该男子触碰后小金人便缩进装置内。男子不死心，又继续用力拽动，随后小金人继续上升、下沉，重复三次后，男子离开。事发后，车主将车辆送至4S店检修，经检查，小金人的升降机构已被损坏，表面镀金亦有脱落，维修费用至少需要27万元。目前，车主已经报警。

二、相关规定

《中国保险行业协会机动车商业保险示范条款》（2020版）第6条：“保险期间内，被保险人或被保险机动车驾驶人（以下简称“驾驶人”）在使用被保险机动车过程中，因自然灾害、意外事故造成被保险机动车直接损失，且不属于免除保险人责任的范围，保险人依照本保险合同的约定负责赔偿。”

《民法典》第1165条第1款：“行为人因过错，侵害他人民事权益，造成损害的，应当承担侵权责任。”

《保险法》第60条第1款：“因第三者对保险标的的损害而造成保险事故的，保险人自向被保险人赔偿保险金之日起，在赔偿金额范围内代位行使被保险人对第三者请求赔偿的权利。”

《民法典》第 1184 条：“侵害他人财产的，财产损失按照损失发生时的市场价格或者其他合理方式计算。”

《中国保险行业协会机动车商业保险示范条款》（2020 版）第 11 条第 1 项：“下列损失和费用，保险人不负责赔偿：（一）因市场价格变动造成的贬值、修理后因价值降低引起的减值损失；……”

三、典型案例或做法

案号	裁判立场
林××诉中国×××财产保险股份有限公司中山中心支公司财产保险合同纠纷案/广东省中山市第二人民法院（2014）中二法民二初字第 935 号民事判决	广东省中山市第二人民法院经审理认为，“碰撞”是指保险机动车与车体以外的固态物体的意外直接撞击，“意外”则应是对保险机动车一方即被保险人而言。现被保险人林××是在凌晨时发现车辆被砸，并立即向公安机关及被告中国×××财产保险股份有限公司中山支公司报案，该事故对于原告林××而言是突发的意外。据此，可以认定涉案车辆的损失属于保险条款约定的“碰撞”，属于被告中国×××财产保险股份有限公司中山支公司的保险责任范围，其应向原告林××赔偿事故损失。
黄××与×××财产保险股份有限公司惠州中心支公司财产损失保险合同纠纷案/广东省惠州市惠城区人民法院（2018）粤 1302 民初 1893 号民事判决	广东省惠州市惠城区人民法院经审理认为，因第三方损害保险车辆而造成保险事故的，保险人可以直接向被保险人索赔。本案中，投保的车辆被第三方损坏，作为保险人的被告应按合同约定承担保险责任，向原告赔付后依法可向第三方追偿。
中国××财产保险股份有限公司温州分公司与金××财产损失保险合同纠纷上诉案/浙江省温州市中级人民法院（2016）浙 03 民终 6145 号民事判决	浙江省温州市中级人民法院经审理认为，《保险条款》附则部分对“碰撞”的定义为“指被保险机动车于外界与外界物体直接接触并发生意外撞击，产生撞击痕迹的现象”。涉案车辆被他人用石块砸坏受损符合保险条款约定的与外界物体发生撞击的情形，属于保险条款约定的保险责任范围，保险公司应向金××承担涉案车辆在本次事故造成的损失。

四、法理分析

本案中，该男子的反复拽动行为导致案涉车辆立标的损坏，车主能否请求保险公司对损失进行赔付、保险公司赔付后能否向该男子代位追偿以及第三人承担的损害赔偿费用应当如何计算等问题有待进一步厘清，下文将结合上述实践案例作出简要分析。

首先，车主有权请求保险公司承担保险合同所约定的赔付义务。若本案车主已为案涉车辆购买车辆损失险，则车主可选择请求保险公司对其所受损失进行赔付。根据《中国保险行业协会机动车商业保险示范条款(2020版)》第6条的规定，在被保险人或被保险机动车驾驶人使用被保险机动车过程中，因意外事故造成被保险机动车直接损失，且不属于免除保险人责任的范围的，保险人有义务依照本保险合同的约定负责赔偿；同时，该示范条款释义部分将“意外事故”解释为对被保险人而言的不可预料、无法控制的突发性事件，亦对不属于“意外事故”的情形进行了列举，未将第三人人为损坏的情形排除在外。因此，根据该示范条款对“意外事故”的释义以及对保险人责任免除情形的列举都无法将人为因素导致的损害排除在保险人应承担的保险责任范围之外，在本文第三部分所引用的典型案例一、三中，法院亦是将人为导致保险标的损害认定为意外事故并判决保险公司向被保险人赔付。具体到本案，该男子的反复拽动行为造成的车辆立标的损坏对车主而言属于意外事故，且根据上述条款此类人为损坏车标的行为不属于保险人责任免除的情形。综上，本案事故属于保险公司应当承担的保险责任的范围，保险公司应对车主的损失按照保险合同的约定进行赔付。

其次，保险公司按约定赔付后有权向该男子追偿。其一，该男子的行为构成侵权。在过错认定方面，该男子在第一次触发立标防盗装置使其下沉后，并未选择离开，而是在能预料到其后行为会使立标装置受损的情况下，继续强行拽动使立标反复下沉，最终导致损害后果的发生。在因果关系认定方面，该男子反复、强行拽动立标的行为直接导致该装置升降结构受到破坏、表面镀金发生脱落，其行为与损害后果的发生之间存在直接因果关系。因此，男子后续的多次强行拽动的行为属于侵权行为，根据《民法典》第1165条第1款的规定，车主有权请求该男子承担侵权损害赔偿责任。其二，保险公司与该男子承担不真正连带责任，并由该男子承担最终赔偿责任。根据上述分析可知，该男子因侵权行为向车主承担侵权损害赔偿责任，保险公司因保险合同的约定向车主承担保险责任，该男子与保险公司之间形成了不真正连带责任关系，车主有权选择任一责任主体请求赔偿。根据《保险法》第60条第1款的规定，发生保险事故造成保险标的价值损失的，由造成事故的第三者与保险公司承担不真正连带责任，造成事故的第三者承担最终赔付义务。因此，本案中保险公司对该损失按照保险合同的约定赔付后，取得对该男子的代位追偿权，有权在赔偿金额范围内依法向其代位追偿。

最后，第三人承担的赔偿金额应包括立标维修费用和车辆交易价值减损费用。一方面，民法基础理论以物的部分与物分离是否会毁损或者变更性质为标准，将物的构成分为重要成分和非重要成分。由于立标作为车辆的外部标志，与车分离时既不会损毁车辆也不会变更车辆性质，故立标属于车辆的非重要成分，即立标可以独立作为物权客体来保护其价值。另一方面，根据《民法典》第1184条的规定，侵害他人财产的，财产损失按照损失发生时的市场价格或者其他合理方式计算。因此，车主车辆的立标被他人损坏后，应由侵权人按照损失发生时的市场价格赔偿车主修复立标所需的维修费用。但是，本案所涉车辆的立标相较于一般车辆车标具有较强显著性，价值也远远高于一般车辆车标，虽然案涉立标经维修后车辆的使用价值并未降低，但这种损坏会导致车辆本身的交易价值减损。所以，根据我国对财产损害赔偿遵循的“损失填平规则”，该男子给车主造成的损失既包括立标维修费，也包括车辆本身因立标维修导致的客观上无法恢复至事故发生前状态的损失。

值得注意的是，本文最后部分对损害赔偿金额的计算仅适用于第三人承担侵权责任的情形，由于《中国保险行业协会机动车商业保险示范条款（2020版）》第11条第1项作出了“因市场价格变动造成的贬值、修理后因价值降低引起的减值损失”保险人不负责赔偿的示范性规定，所以除保险公司与被保险人之间另有约定外，保险公司对因维修导致的车辆价值减损费用一般不予赔偿。

持股方转让登记于夫妻一方名下的股权是否构成无权处分？

张晨晨

由于我国《民法典》与《公司法》中对夫妻婚姻关系存续期间所得、登记在一方名下的有限责任公司股权是否属于夫妻共同财产没有作出明确规定，这导致司法实践对该问题产生不少争议。夫妻婚姻关系存续期间所得、登记于夫妻一方名下的股权是否属于夫妻共同财产？持股一方擅自转让股权是否构成无权处分？持股一方转让股权行为的效力如何？本文将结合司法实践对上述问题作出简要论述。

一、案情与裁判

案件名称：沈××与叶×雷、叶×波等合同纠纷案

案件来源：浙江省台州市中级人民法院(2013)浙台商终字第642号民事判决

案情简介：

沈××(上诉人、原审原告)与叶×雷(被上诉人、原审被告)于2003年7月10日登记结婚，自2011年6月起，二人夫妻关系恶化。叶×波(被上诉人、原审被告)系叶×雷胞弟，刘××(被上诉人、原审被告)系叶×波妻子。2012年，叶×雷前后将其所持有的仁×宝公司50%的股份按注册资金50万元的价格分别以40万元价格转让给被告叶×波40%的股份，以10万元价格转让给被告刘××10%的股份，并办理了工商过户转让手续。沈××以叶×波、刘××在明知两人夫妻关系恶化的事实，恶意串通，以明显不合理的低价受让股份，且未经其同意，严重损害了原告的合法权益为由，向法院提起诉讼，请求确认叶×雷与叶×波、刘××于2012年10月12日签订的仁×宝公司的股权转让协议无效。

一审判决

浙江省温岭市人民法院经审理认为：被告叶×雷在夫妻关系存续期间，经

其他股东同意将其名下所持有的仁×宝公司50%的股份转让给被告叶×波40%、被告刘××10%的股份。双方之间签订的股份转让合同系双方当事人真实意思的表示，内容合法，而被告叶×波、刘××已按约支付价款，并办理了工商登记手续，故应认定合法有效。

二审判决

浙江省台州市中级人民法院经审理认为：根据《婚姻法》第17条的规定，夫妻在婚姻关系存续期间所得的生产、经营的收益，归夫妻共同所有。本案中，因被上诉人叶×雷并未举出夫妻之间就双方婚姻关系存续期间所得的财产有特别约定的证据，故叶×雷在仁×宝公司拥有的股份在转让之前属于夫妻共同所有的财产。因此，被上诉人叶×雷如要处分本案诉争的股权应当征得沈××的同意，本案叶×雷转让股权行为未征得妻子沈××同意，构成无权处分。同时，叶×雷同叶×波、刘××签订的股权转让协议的效力取决于上诉人沈××是否追认以及被上诉人叶×波、刘××的受让行为是否构成善意取得，本案股权受让人叶×波、刘××系叶×雷的弟弟及弟媳，其没有理由不知道本案股权转让期间叶×雷与沈××夫妻感情恶化的事实，不应当认为其二人具有主观善意。综上，原审法院认定事实基本清楚，但适用法律有误，判处不当，应当予以纠正。

二、相关规定

《公司法》(2013修正)第32条第2款[《公司法》(2018修正)第32条第2款]："记载于股东名册的股东，可以依股东名册主张行使股东权利。"

《婚姻法》第17条(《民法典》第1062条修正)："夫妻在婚姻关系存续期间所得的下列财产，归夫妻共同所有：(一)工资、奖金；(二)生产、经营的收益；(三)知识产权的收益；(四)继承或赠与所得的财产，但本法第十八条第三项规定的除外；(五)其他应当归共同所有的财产。夫妻对共同所有的财产，有平等的处理权。"

《最高人民法院关于适用〈中华人民共和国婚姻法〉若干问题的解释(一)》(法释〔2001〕30号)[①][以下简称《婚姻法解释(一)》]第17条："婚姻法第十七条

① 2020年12月29日，最高人民法院印发《关于废止部分司法解释及相关规范性文件的决定》(法释〔2020〕16号)，决定废止2001年12月24日印发的《最高人民法院关于适用〈中华人民共和国婚姻法〉若干问题的解释(一)》。

关于'夫或妻对夫妻共同所有的财产，有平等的处理权'的规定，应当理解为：……(二)夫或妻非因日常生活需要对夫妻共同财产做重要处理决定，夫妻双方应当平等协商，取得一致意见。他人有理由相信其为夫妻双方共同意思表示的，另一方不得以不同意或不知道为由对抗善意第三人。"

《物权法》第106条(《民法典》第311条修正)："无处分权人将不动产或者动产转让给受让人的，所有权人有权追回；除法律另有规定外，符合下列情形的，受让人取得该不动产或者动产的所有权：(一)受让人受让该不动产或者动产时是善意的；(二)以合理的价格转让；(三)转让的不动产或者动产依照法律规定应当登记的已经登记，不需要登记的已经交付给受让人。受让人依据照前款规定取得不动产或者动产的所有权的，原所有权人有权向无处分权人请求损害赔偿损失。当事人善意取得其他物权的，参照适用前两款规定。"

《合同法》第51条："无处分权的人处分他人财产，经权利人追认或者无处分权的人订立合同后取得处分权的，该合同有效。"

《民法典》第597条："因出卖人未取得处分权致使标的物所有权不能转移的，买受人可以解除合同并请求出卖人承担违约责任。"

三、典型案例或做法

案号	裁判立场
韩×与上海垦丰××石油化工有限公司执行异议之诉上诉案/最高人民法院(2023)最高法民终45号民事判决	最高人民法院经审理认为："对个人财产还是夫妻共同财产难以确定的，主张权利的一方有责任举证。当事人举不出有力证据，人民法院又无法查实的，按夫妻共同财产处理。本案中韩×已经举证证明案涉公司股权均形成于其与马×的婚姻存续期间，且两份公证书已经证明相关股权系夫妻共同财产，上海垦丰××石油化工有限公司亦无相反证据。韩×主张案涉股权系马×生前与韩×的夫妻共同财产，具备事实根据和法律依据。"
孙××与葛××等股权转让纠纷上诉案/江苏省无锡市中级人民法院(2010)锡商终字第0138号民事判决	无锡市中级人民法院经审理认为："夫妻在婚姻关系存续期间所得的生产、经营的收益，归夫妻共同所有，葛×与孙××系夫妻，葛×在夫妻关系存续期间以共有资产出资与他人设立了平×公司，则葛×在平×公司的50%股权属于夫妻共同所有的财产。在共同共有关系存续期间，部分共有人擅自处分共有财产的，一般认定无效；但第三人善意、有偿取得该项财产的，应当维护第三人的合法权益，对其他共有人的损失，由擅自处分共有财产的人赔偿。"

续表

案号	裁判立场
张××诉武×天、武×文股权转让纠纷案/北京市朝阳区人民法院（2013）朝民初字第03916号民事判决	北京市朝阳区人民法院经审理认为："天×盛公司20%的股权系武×天与张××婚姻关系存续期间取得的财产，属于夫妻共同共有，武×天将天×盛公司20%的股权转让给武×文时，其与张××的婚姻关系仍在存续，故武×天转让股权的行为属于对夫妻共同财产做重要处理，应当取得共同共有人的同意。武×天擅自转让股权属于无权处分行为，侵害了共同共有人张××的合法权益，武×文受让武×天名下天×盛公司20%股权的行为亦不构成善意取得。"

四、法理分析

《民法典》中夫妻共同财产规则与《公司法》商事外观主义原则存在冲突，这使得司法实践中对于持股方转让登记于夫妻一方名下股权的效力问题处理产生不少争议。夫妻婚姻关系存续期间所得、登记在一方名下的股权是否属于夫妻共同财产？持股一方转让股权是否需要得到配偶的同意？持股一方擅自转让股权行为的效力如何？我国现行法律及司法解释对上述问题没有作出明确规定，相关问题有待进一步厘清。下文将结合审判实践和最新立法动态作出简要分析。

首先，叶×雷于夫妻关系存续期间获得、登记于其名下的股权属于夫妻共同财产。其一，根据《婚姻法》第17条的规定，夫妻对财产归属无特别约定的，夫妻关系存续期间一方获得的生产、经营的收益属于夫妻共同财产。本案中，被告叶×雷拥有的仁×宝公司的股权，是其与沈××婚后的投资，双方对财产归属没有特别约定，应当属于夫妻共同财产。其二，虽然《公司法》第32条第2款规定了记载于股东名册的股东可依名册行使权利的内容，但该款强调的是对商事交易中善意第三人信赖利益的保护，属于商事行为"外观主义原则"。故根据该规定仅能得出股东名册对股权持有主体具有推定效力，并不能以此推断名册记载的股东就是股权实际所有人。因此，夫妻关系存续期间所得股权的归属应当遵循《婚姻法》对夫妻共同财产的规定，即使仅登记在一方名下也不会改变夫妻共有的属性，本案中叶×雷于婚姻关系存续期间获得的仁×宝公司的股权应属于夫妻共同财产。

其次，叶×雷未经沈××同意转让股权的行为属于无权处分。《婚姻法》第

17条第2款规定，夫妻对共同财产享有平等的处理权。同时《婚姻法司法解释（一）》第17条对该款作出了解释，其中第2项指出："对于夫或妻非因日常生活需要对夫妻共同财产做出重要处理决定，夫妻双方应当平等协商，取得一致意见。"也就是说，夫妻作为家庭财产的共有人，对共有财产享有平等的占有、使用、收益和处分的权利，除实施日常家事代理行为外，任何一方处分财产应当征得配偶方同意，否则构成无权处分。本案中，叶×雷转让股权行为时，其与沈××的婚姻关系仍在存续，且转让股权的行为明显不属于因处理日常生活需要做出的重要决定，故转让行为应当征得沈××同意，叶×雷擅自转让的行为构成无权处分。

最后，双方签订的股权转让协议合法有效，但受让人对案涉股权不构成善意取得。其一，叶×雷与叶×波、刘××签订的股权转让协议系双方当事人真实意思表示，且协议内容明确，不违反《公司法》等法律、行政法规的强制性规定。双方签订的股权转让协议合法有效，不因转让行为未经沈××同意而影响协议的效力。其二，在合同有效的前提下，受让人能否取得标的物取决于受让行为是否构成善意取得。《物权法》第106条规定了受让人善意取得标的物的成立要件，包括受让人主观善意、价格合理、不动产已登记或动产已交付。一般来讲，按照《公司法》商事主义外观原则，受让人基于对登记制度的信赖，只要股权转让符合公司法规定的程序，便可以认定受让人主观善意，转让行为有效。但是，本案中受让人叶×波、刘××系叶×雷之胞弟、弟媳，二人作为叶×雷的亲属有理由知悉其股权属于夫妻共同财产且夫妻关系发生恶化，应当认定受让人主观不具有善意，不能适用善意取得。

值得注意的是，二审法院主张的"合同效力取决于上诉人沈××是否追认以及被上诉人叶×波、刘××的受让行为是否构成善意取得"的结论是按照审理时具有法律效力的《合同法》第51条规定的内容得出的，按照该规定，无处分权的人处分他人财产，如果处分行为没有经权利人追认或者订立合同后仍没有取得处分权的，合同应认定为无效。但是，现《民法典》第597条已经对该问题重新作出明确规定，出卖人未取得处分权致使标的物所有权不能转移的，不会导致转让合同的无效，仅由出卖人承担违约责任。

转基因产品标识不明显是否属于欺诈?

张琳晗*

为保障消费者知情权,《农业转基因生物安全管理条例》规定转基因产品标识应当“明显”。什么是判断转基因产品标识“明显”与否的依据?消费者认为产品不符合其理解的“明显”,能否主张商家构成消费欺诈?本文将结合审判实践作出简要说明。

一、案情与裁判

案件名称:张×因与昆明×××超市有限公司、××××食品营销有限公司、××××(防城港)有限公司、林×、谢××产品责任纠纷案

案情来源:云南省昆明市中级人民法院(2016)云01民终782号民事判决

案情简介:

2014年8月,张×(原告、上诉人)到昆明×××超市有限公司(被告、被上诉人,以下简称“超市”)购买了食用油,该产品配料表下方印制有转基因标识,字样高度未小于1.8毫米,文字颜色与产品标签中其他强制性标示的文字颜色相同。该产品的委托生产者为××××食品营销有限公司(被告、被上诉人,以下简称“食品公司”),生产者为××××(防城港)有限公司(被告、被上诉人,以下简称“防城港公司”),林×(被告、被上诉人)、谢××(被告、被上诉人)是该产品的形象代言人。张×认为涉案产品标识不明显,请求法院确认涉案产品转基因标识不明显,确认被上诉人有欺诈行为,并请求退还货款。

一审判决

云南省昆明市五华区人民法院经审理认为:涉案产品转基因标识符合我国

* 张琳晗,山东大学法学院硕士研究生,浙江新台州律师事务所疑案研究中心研究员。

现行规范性文件的强制性要求，达到“明显”标准。基于此，被告并未故意告知张×虚假信息，也未故意隐瞒涉案产品为转基因食品的情况，故张×认为被告构成欺诈的主张不能成立，一审法院判决驳回原告张×的诉讼请求。

二审判决

云南省昆明市中级人民法院经审理认为：本案诉争产品的转基因标识不仅符合《农业转基因生物安全管理条例》及《农业转基因生物标识管理办法》(2004年农业部令第38号)的规定，而且从消费者的认知角度出发，该标识位于产品标签中消费者较为关注信息的正下方，字体及颜色相对明显、醒目。在其他法律法规及规范性文件中未对转基因标识进行具体要求的情况下，涉案产品标识符合《农业转基因生物标签的标识》(2007年农业部869号公告)(以下简称《标识》)中对转基因标识的具体规定，因此并未存在欺诈的情形，故驳回上诉，维持原判。

二、相关规定

《合同法》第12条第1款(《民法典》第470条第1款)：“第12条第1款 合同的内容由当事人约定，一般包括以下条款：(一)当事人的名称或者姓名和住所；(二)标的；(三)数量；(四)质量；(五)价款或者报酬；(六)履行期限、地点和方式；(七)违约责任；(八)解决争议的方法。”

《合同法》第39条(《民法典》第496条)：“采用格式条款订立合同的，提供格式条款的一方应当遵循公平原则确定当事人之间的权利和义务，并采取合理的方式提请对方注意免除或者限制其责任的条款，按照对方的要求，对该条款予以说明。格式条款是当事人为了重复使用而预先拟定，并在订立合同时未与对方协商的条款。”

《消费者权益保护法(2013修正)》(以下简称《消法》)第16条第1款：“经营者向消费者提供商品或者服务，应当依照本法和其他有关法律、法规的规定履行义务。”

《农业转基因生物安全管理条例(2011修订)》(以下简称《管理条例》)第28条第1款[《管理条例》(2017修订)第27条第1款]：“在中华人民共和国境内销售列入农业转基因生物目录的农业转基因生物，应当有明显的标识。”

《标识》第3条第1款：“农业转基因生物标识应符合《管理条例》和《农业转基因生物标识管理办法》的规定，并符合相关标准的规定。

《标识》第 2 款第 2 项："标识应紧邻产品的配料清单或原料组成，无配料清单和原料组成的应标注在产品名称附近。"

《标识》第 4 款第 1 项 ："当包装的最大表面积大于或等于 $10cm^2$ 时，文字规格应符合以下要求：——高度不小于 1.8mm。——不小于产品标签中其他最小强制性标示的文字。"

《标识》第 5 款："文字颜色应符合下列要求之一：a)与产品标签中其他强制性标示的文字颜色相同。b)当与产品标签中其他强制性标示的文字颜色不同时，应与标签的底色有明显的差异，不得利用色差使消费者难以识别。"

《关于贯彻执行〈中华人民共和国民法通则〉若干问题的意见（试行）》（法（办）发〔1988〕6 号）第 68 条[《最高人民法院关于适用〈中华人民共和国民法典〉总则编若干问题的解释》（法释〔2022〕6 号）第 21 条]："一方当事人故意告知对方虚假情况，或者故意隐瞒真实情况，诱使对方当事人作出错误意思表示的，可以认定为欺诈行为。"

三、典型案例或做法

案号	裁判立场
常××与陕西××××生活超市有限公司、××××食品营销有限公司产品责任纠纷案/陕西省西安市中级人民法院（2015）西中民四终字第 00264 号民事判决	常××在陕西××××生活超市有限公司购买的食用调和油，其标识符合唯一对转基因产品标识作出具体要求的《标识》（2007 年农业部 869 号公告），该标识内容符合相关法律规定，不能认定为欺诈行为。
楚××与云南×××百货有限公司、云南×××油脂有限公司产品责任纠纷案/云南省昆明市五华区人民法院（2014）五法北民初字第 437 号民事判决	虽然原告认为按照通常理解，"明显、醒目"的标准应当是一眼就能看到，但被告涉案产品上的转基因标识符合我国现行规范性文件的强制性要求。被告并未故意告知原告虚假信息，也未故意隐瞒涉案产品为转基因食品的情况，故不构成欺诈。
钮×与××××商业有限公司买卖合同纠纷案/江苏省南通市中级人民法院（2018）苏 06 民终 950 号民事判决	上诉人认为涉案产品标识不显著仅出于自己的主观判断。涉案产品标识符合《标识》（2007 年农业部 869 号公告）这一唯一对转基因产品标识作出具体要求的国家标准的规定，应认定不存在瑕疵。

四、法理分析

标识转基因产品是保障消费者知情权的要求。如何判断转基因产品标识是否符合相关法律中规定的“明显”？若不符合消费者理解的“明显”，是否构成消费欺诈？下文将结合审判实践作出简要分析。

首先，标识转基因产品是经营者依法履行告知义务的要求。根据《消法》第8条、第20条之规定可知，消费者享有知情权，经营者应依法履行告知义务。《消法》第16条第1款作为引致条款，规定经营者履行义务应当依照本法和其他有关法律、法规的规定。而依据《管理条例》第1条之规定，其立法宗旨是加强转基因生物安全管理，保障人体健康，这表明其立法目的是保障消费者权益，并且法律内容中对生产经营者履行告知义务作出要求。因此，可以由《消法》中的引致条款规定引致至具体规定转基因产品生产经营者告知义务的行政法规《管理条例》。《管理条例》第28条对需标识的转基因产品范围作出限制，规定在中华人民共和国境内销售列入农业转基因生物目录的农业转基因生物应当进行标识。本案中，涉案产品加工原料为转基因大豆、转基因油菜籽，二者都在农业转基因生物标识目录中，属于应当进行标识的转基因产品范围。被告应依法标识涉案产品，尽到告知义务。

其次，转基因产品标识应当“明显”，并符合《标识》的具体要求。《管理条例》第28条规定转基因生物标识应当“明显”；第23条规定转基因产品生产、加工应按照相应的标准。《标识》(2007年农业部869号公告)是关于转基因产品标识的国家标准，其第3条第1款规定农业转基因生物标识应符合《管理条例》及相关标准的规定。根据《标识》(2007年农业部869号公告)的主要内容可以发现，其是对《管理条例》《农业转基因生物标识管理办法》(2004年农业部令第38号)中标识相关规定的具体延伸，主要对转基因产品标识在文字高度、颜色、位置等进行了规定。本案中，被告生产经营的转基因产品即本案中涉案产品的转基因标识位于产品标签中消费者较为关注的“生产期、保质期、配料表”等信息的正下方，在文字高度与在颜色上均符合规定，依据《管理条例》《标识》(2007年农业部869号公告)的规定，涉案产品标识满足“明显”的要求，被告已经尽到了告知义务。

最后，被告行为不构成消费欺诈。根据《最高人民法院关于贯彻执行〈中华人民共和国民法通则〉若干问题的意见(试行)》[法(办)发〔1988〕6号]第68条和《欺诈消费者行为处罚办法》(国家工商行政管理局令[第50号])第2条之规定，消费欺诈应当同时满足四个要件：经营者主观上要有欺骗、误导消费者的故意；客观上要有采取虚假或者其他不正当手段欺骗、误导消费者的行为；消费者应有损害结果；损害结果与违法行为间应有因果关系。《欺诈消费者行为处罚办法》(国家工商行政管理局令[第 50 号])第 3 条和第 4 条规定了欺诈消费者的具体情形。本案存在以下情况，第一，被告的行为不符合法律规定的消费欺诈具体情形。第二，虽然根据《合同法》第 12 条第 1 款和第 39 条第 2 款之规定，本案中原被告之间的买卖合同标的、质量、价款等合同内容都为被告所预先拟定，属于可重复使用的格式条款。但依《合同法》第 39 条第 1 款之规定，只有对免除或者限制拟定者责任的格式条款，拟定者负有说明义务。在本案中，原被告之间并不存在免除或限制被告责任的格式条款，故被告对格式条款内容不负有说明义务。被告按照法律规定标识转基因产品，缺乏构成消费欺诈的故意与违法行为，并未“故意隐瞒”或“故意虚构”事实来“欺骗、误导”消费者。第三，消费者的错误认识并非基于被告的欺诈，而是由于自己的过失，被告行为与消费者的损害后果并无直接的因果关系。因此，原告认为被告构成消费欺诈的主张不成立，被告履行义务符合买卖合同约定，不存在违约。

值得注意的是，虽然司法实践中以《管理条例》《标识》为依据判断转基因产品标识是否“明显”，基于此判定生产经营者是否构成消费欺诈。但许多学者认为目前关于转基因产品标识的规定不能使消费者有效识别转基因产品，提议设定阈值标识制度，认为应对转基因食品标识的色彩、字号、位置的设定标准予以明确，色彩与字号应以易为消费者发现与辨识为宜，并由工商行政管理部门统一设计转基因产品标志，使消费者易于识别转基因产品。

行政法专题

行政机关制作的会议纪要是否具有可诉性?

张　坤

会议纪要属于行政机关常见的公文形式,其具有内部性、不公开性和抽象性,但行政机关在实践中存在使会议纪要外部化、公开化和具体化的情况,对当事人权利义务产生直接影响,此时会议纪要是否具有可诉性?本文将结合案例具体分析之。

一、案情与裁判

案件名称:上海××房地产开发发展有限公司诉上海市 A 区人民政府等不履行行政补偿法定职责案

案情来源:上海市第二中级人民法院(2020)沪 02 行初 99 号行政判决

案情简介:

上海市 A 区改建公路的工程涉及××商业广场原先使用的部分市政及绿化用地,A 区政府(被告)于 2016 年 3 月组织召开专题会议讨论此问题,会议纪要写明原则上同意对上海××房地产开发发展有限公司(以下简称"××公司",原告)有关诉求给予一定补偿,并记录了具体补偿范围,明确了具体负责协商补偿的主体为 B 镇政府、A 区建管委及 A 区土储中心(被告)。之后,该会议纪要经政府工作人员口头向原告宣读。但被告嗣后未就涉案会议纪要确定的补偿事项进行评估,亦未对原告作出任何补偿。

原告于 2019 年向法院提起诉讼,请求法院判决被告未履行涉案会议纪要确定职责的行为违法,责令被告在一定期限内履行涉案会议纪要确定的职责。被告辩称,涉案会议纪要系内部文件,不对外产生法律效力,不具有可诉性。

法院判决

上海市第二中级人民法院经审理认为,涉案会议纪要经政府工作人员向原告口头宣读后，从内部行政行为转化为外部行政行为，对原告的权利义务产生实际影响，属于行政诉讼的受案范围。该会议纪要议定的事项符合行政允诺的特征，能够成为行政机关履行法定职责的依据。法院最终责令被告依法履行涉案会议纪要所确定的对原告实施补偿的职责。

二、相关规定

《行政诉讼法》第26条第1款："公民、法人或者其他组织直接向人民法院提起诉讼的，作出行政行为的行政机关是被告。"

《行政诉讼法》第72条："人民法院经过审理，查明被告不履行法定职责的，判决被告在一定期限内履行。"

《最高人民法院关于适用〈行政诉讼法〉的解释》（法释〔2018〕1号）第1条："公民、法人或者其他组织对行政机关及其工作人员的行政行为不服，依法提起诉讼的，属于人民法院行政诉讼的受案范围。"

三、典型案例或做法

案号	裁判立场
××小区业主委员会与××县人民政府其他行政纠纷案/浙江省高级人民法院（2018）浙行终1569号行政判决	一般而言，会议纪要本身并不对外直接发生法律效力，通常不具有可诉性。只有在会议纪要直接设定了一定的权利和义务并且实际得到了直接实施的情况下，其才具有可诉性。如果尚需有关行政机关以自己的名义再作出后续的法律行为，会议纪要之内容才能得以实现，则后续的法律行为才是真正产生法律效果的可诉之行政行为。
吉××等诉××市人民政府行政决定案/江苏省高级人民法院（2003）苏行终字第025号行政判决	《会议纪要》的内容实际上已直接给予了公交总公司在规划区内免交交通规费的利益，不应认定为抽象行政行为。该《会议纪要》赋予了一方当事人权利，虽未向利益相对方直接送达，但相关内容在其后已经得到执行，城区交通局已将《会议纪要》的内容书面告知了吉××等人，因此应当认定××市政府在《会议纪要》中作出的有关公交车辆在规划区免征规费的行为是一种可诉的具体行政行为。

续表

案号	裁判立场
梁××诉南宁市××区人民政府会议纪要案/广西壮族自治区南宁市邕宁区(县)人民法院(2006)邕行初字第2号行政判决	会议纪要决定了原告退休证的效力、职工身份及补贴待遇等事项,有关职能部门实质上按照会议纪要决定的内容来执行,没有另外行文作出相应的决定。该会议纪要对原告的人身权和财产权产生了实质性影响,符合具体行政行为特征,属于具体行政行为。

四、法理分析

行政机关制作的涉案会议纪要是否属于行政诉讼受案范围,会议纪要在何种情况下具有可诉性?下文将结合审判实践作出简要分析。

首先,会议纪要是否直接影响了当事人的权利义务。行政机关会议纪要是记载会议情况和议定事项的内部文件,应当只记录解决问题的精神和原则,属于行政机关内部行政行为。依照《最高人民法院关于适用〈行政诉讼法〉的解释》(法释〔2018〕1号)第1条的规定,行政相对人可对其不服的行政行为提起诉讼,该行政行为指的是行政机关的具体行政行为。本案中,涉案会议纪要明确同意对原告给予一定补偿,确定了补偿范围、计算补偿数额的方法、具体实施补偿工作的主体与步骤以及补偿金额的列支方式,并已由政府工作人员对原告进行宣读。故该会议纪要已经外部化和具体化,其直接设定了原告取得行政补偿的权利,足以引起原告与四被告之间行政法律关系的变动,并且被告可直接依照实施。因此,涉案会议纪要属于行政诉讼受案范围,依据《行政诉讼法》第26条第1款的规定,应作出补偿的A区政府、A区建管委、B镇政府、A区土储中心为本案适格被告。

其次,若会议纪要需依托后续行政法律行为来实施,则不可诉。需要明确的是,只有在行政机关会议纪要直接设定了一定的权利和义务并且实际得到直接实施的情况下,才具有可诉性。如果尚需有关行政机关以自己的名义作出后续的法律行为,会议纪要的内容才能得以实现,则后续得到直接实施的法律行为才是真正产生法律效果的可诉行政行为。在“××小区业主委员会与××县人民政府其他行政纠纷案”中,虽然会议纪要是县政府针对小区项目形成的处理意见,但该会议纪要并未对当事人权利义务产生实际影响,真正可诉的是后续××县国土资源局的房屋登记行为。而本案中,涉案会议纪要直接设定了原告的权利，并经宣读而外部化，不需要后续法律行为即可依照实施，故本案会议纪要具有可诉性。

最后，会议纪要是否具有强制执行力。在 2003 年最高人民法院公报案例“吉××诉××市人民政府行政决定案”[①]中，法院便明确了具有强制执行力的会议纪要具有可诉性的裁判规则。本案中，一方面，涉案会议纪要不属于行政指导行为。行政指导是指行政机关在进行行政管理的过程中所作出的具有咨询、建议、训导等性质的行为，不具有行政强制执行力。而涉案会议纪要关于补偿范围、职能部门和履职内容都是明确要求执行，具有强制执行力，B 镇政府、A 区建管委及 A 区土储中心应积极与原告协商补偿。另一方面，涉案会议纪要构成行政允诺。行政主体的法定职责既可以源于法律、法规、规章以及其他规范性文件的规定，也可以是行政合同的约定和行政机关允诺的自我约束。A 区政府以会议纪要向原告允诺给予补偿，属于其职权范围，嗣后怠于履行，违背其法定职责，故法院依据《行政诉讼法》第 72 条强制被告履行补偿职责。

---

① 参见吉××等诉××市人民政府行政决定案，江苏省高级人民法院(2003)苏行终字第 025 号行政判决。

行政机关能否以政策变化为由行使行政优益权解除协议？

董媛媛*

行政优益权是指协议履行中出现将可能严重损害国家利益、社会公共利益的情形时，行政机关单方解除或变更协议的权力。实践中，行政机关与行政相对人签订协议，委托相对人实施行政管理事项，协议履行期间政策发生变化，继续履行将严重损害社会公共利益，行政机关能否通知相对人协议解除？本文将结合审判实践作出简要说明。

一、案情与裁判

案件名称：××停车管理有限责任公司与北京市门头沟区城市管理委员会行政协议解除通知案

案情来源：北京市第一中级人民法院(2019)京01行终73号行政判决

案情简介：

2013年4月7日，北京市门头沟区人民政府常务会议纪要中指出："原则同意区市政市容委制定的《委托专业停车经营企业管理路侧停车工作方案》……会议要求区市政市容委要与专业停车经营企业订立委托协议，明确委托管理内容及双方权责。"同年4月19日，原北京市门头沟区市政市容管理委员会(以下简称"区市政市容委")与××停车管理有限责任公司(以下简称"××停车公司")订立《门头沟区机动车停车委托管理协议》，约定了门头沟区停车委托管理的范围，委托管理期限为2013年6月1日至2023年6月1日。2017年4月27日出台的《北京市路侧停车管理改革方案》(以下简称"20号文")中规定："改革路侧停车管理模式。取消路侧停车管理特许经营，由各区政府采取购买服务方

* 董媛媛，山东大学法学院博士研究生，浙江新台州律师事务所疑案研究中心研究员。

式……实施路侧停车管理工作。”同年7月25日，北京市缓解交通拥堵工作推进小组印发《北京市路侧停车管理改革工作实施方案》和《北京市路侧停车电子收费系统建设三年工作计划》（以下合称“3号文”），其中规定：“按照路侧停车管理改革方案要求，由各区采取政府购买服务的方式，通过招投标选取1—2家企业，负责本行政区域内路侧停车管理工作……”2017年8月17日，区市政市容委向××停车公司作出《解除通知》，主要内容为：“委托管理协议已经无法继续实际履行，因此现通知贵公司委托管理协议于本通知送达之日解除……”××停车公司不服诉至法院，请求：1.撤销区市政市容委作出的解除通知；2.对3号文的合法性进行审查。二审中门头沟城管委提交解除通知所依据的20号文。

一审判决

北京市门头沟区人民法院经审理认为：根据《行政诉讼法》第26条第6款的规定，本案应由门头沟城管委作为被告参加诉讼。区市政市容委向××停车公司发出解除通知的行为，属于《行政诉讼法》第12条第1款第11项规定的情形，依法属于行政诉讼受案范围。3号文中关于路侧停车管理改革的规定既符合法律、法规和规章中有关城市道路管理工作应当符合道路交通安全畅通的要求，也能够确保路侧停车的规范化管理，有效改善出行环境尤其是最大限度满足群众对停车位的需求，应当认为该文件具有上位法依据且与上位法不存在冲突，故对其合法性予以确认。本案中，门头沟城管委主张基于政策的重大调整，出于公共利益的考虑解除政府特许经营协议。对于该主张应予认可。鉴此，一审法院驳回了××停车公司的诉讼请求。

二审判决

北京市第一中级人民法院经审理认为：北京市人民政府出于公共利益的考虑作出20号文，改变了路侧停车管理体制，取消了路侧停车管理的特许经营模式。故因公共利益所带来的客观事实变化，致使委托管理协议无继续履行，进而原区市政市容委单方解除该协议的行为，并不存在违法情形。××停车公司主张，该通知未引用具体的法律法规和相应条款。经查，原区市政市容委在该通知中已明确引用20号文的具体内容，故该通知亦不存在缺乏法律依据的情形。××停车公司主张该通知中未告知起诉期限和诉权，属于程序违法。根据法律规定，行政机关作出行政行为时未告知当事人诉权及起诉期限，会导致当事人起诉期限予以延长的后果，以此保护当事人的诉讼权利，并不构成行政程序违法。故驳回上诉，维持原判。

二、相关规定

《行政诉讼法》第 26 条第 6 款:"行政机关被撤销或者职权变更的,继续行使其职权的行政机关是被告。"

《行政诉讼法》第 12 条第 1 款第 11 项:"人民法院受理公民、法人或者其他组织提起的下列诉讼:……(十一)认为行政机关不依法履行、未按照约定履行或者违法变更、解除政府特许经营协议、土地房屋征收补偿协议等协议的……"

《行政诉讼法》第 53 条:"公民、法人或者其他组织认为行政行为所依据的国务院部门和地方人民政府及其部门制定的规范性文件不合法,在对行政行为提起诉讼时,可以一并请求对该规范性文件进行审查。前款规定的规范性文件不含规章。"

《最高人民法院关于审理行政协议案件若干问题的规定》(以下简称《行政协议解释》)(法释〔2019〕17 号)第 1 条:"行政机关为了实现行政管理或者公共服务目标,与公民、法人或者其他组织协商订立的具有行政法上权利义务内容的协议,属于行政诉讼法第十二条第一款第十一项规定的行政协议。"

《行政协议解释》(法释〔2019〕17 号)第 16 条第 1 款:"在履行行政协议过程中,可能出现严重损害国家利益、社会公共利益的情形,被告作出变更、解除协议的行政行为后,原告请求撤销该行为,人民法院经审理认为该行为合法的,判决驳回原告诉讼请求;给原告造成损失的,判决被告予以补偿。"

《行政协议解释》(法释〔2019〕17 号)第 27 条第 2 款:"人民法院审理行政协议案件,可以参照适用民事法律规范关于民事合同的相关规定。"

《合同法》第 94 条(《民法典》第 563 条修正):"有下列情形之一的,当事人可以解除合同:(一)因不可抗力致使不能实现合同目的;(二)在履行期限届满之前,当事人一方明确表示或者以自己的行为表明不履行主要债务;(三)当事人一方迟延履行主要债务,经催告后在合理期限内仍未履行;(四)当事人一方迟延履行债务或者有其他违约行为致使不能实现合同目的;(五)法律规定的其他情形。"

《最高人民法院关于适用〈合同法〉若干问题的解释(二)》(法释〔2009〕5 号)(以下简称《合同法解释二》)第 26 条(《民法典》第 533 条修正):"合同成立以后客观情况发生了当事人在订立合同时无法预见的、非不可抗力造成的不属于商业风险的重大变化,继续履行合同对于一方当事人明显不公平或者不能实现合同目的，当事人请求人民法院变更或者解除合同的，人民法院应当根据公平原则，并结合案件的实际情况确定是否变更或者解除。”

三、典型案例或做法

案号	裁判立场
安丘市人民政府与潍坊××置业发展有限公司行政协议纠纷案/最高人民法院（2017）最高法行申7679号行政裁定	安丘市政府主张行政协议无效，实际上是要通过行使行政优益权单方解除行政协议。该政府主张涉诉合同书中的优惠政策应当以长安路道路建设成本为限，但该项主张已对于合同的具体条款作出了限缩解释，减损了协议相对人的合同项下应获得的利益，属于不当行使行政优益权，也无充分证据证明税收优惠超出道路建设成本会导致公共利益受到损害的事实。故本院对该项主张不予支持。
钱××、济南市历城区人民政府城乡建设行政管理：房屋拆迁管理纠纷案/最高人民法院（2019）最高法行申749号行政裁定	由于钱××的家庭成员中钱×洁并非农村集体经济组织成员且曾享受过房改房政策，根据《雪山片区四村整合拆迁安置办法》第9条第6项的规定，原户口及现户口在被征地拆迁村的非农村集体经济组织成员在外有房改房和福利分房的，不予安置、不能购买安置房。因此，双方签订的案涉拆迁安置补偿协议存在重大问题，历城区人民政府据此可以对该协议进行单方面变更，这是属于行使行政优益权的表现，亦是维护国家利益、社会公共利益所必需，否则即可能导致国有资产的流失。
湖北××饮料有限公司诉荆州经济技术开发区管理委员会等行政协议纠纷案/最高人民法院（2017）最高法行申3564号行政裁定	一审和二审法院一方面认定湖北××饮料有限公司的行为已符合合同约定解除条件，另一方面又以行政优益权肯认荆州经济技术开发区管理委员会（以下简称“开发区管委会”）作出的单方终止行为，存在对于行政优益权的不当理解。若因为相对方违约致使合同目的不能实现，行政机关可以依照《合同法》规定或者合同约定采取相应措施，尚无行使行政优益权的必要，开发区管委会作出《合同自行终止通知书》，并非基于行政优益权，仍是基于《合同法》规定和合同约定。

四、法理分析

本案中，区市政市容委能否行使行政优益权解除协议，需厘清解除通知是否为行政诉讼受案范围、该机关是否满足优益权行使要件此两个问题。

首先，本案属于行政诉讼受案范围，门头沟城管委应作为被告参诉。依据《行政协议解释》第1条的规定，行政机关为实现行政管理或者公共服务目标，与相对人协商订立的具有行政法上权利义务内容的协议，属于《行政诉讼法》第12条第1款第11项规定的行政协议。本案中，区市政市容委与××停车公司订立协议，委托其行使停车经营管理权，该协议是为实施路侧停车管理而与法人订立的协议，属于《行政诉讼法》规定的协议范围，故××停车公司以该机关作出的解除协议通知违法而提起的诉讼属于行政诉讼受案范围。依据《行政诉讼法》第26条第6款的规定，区市政市容委被撤销后，应由门头沟城管委作为被告参诉。

其次，因政策变化，继续履行案涉协议将严重损害社会公共利益。依据《行政诉讼法》第53条的规定，法院根据××停车公司请求对解除通知所依据的3号文和20号文进行审查，前一文件为后一文件的配套执行文件，两文件将政府委托停车管理工作的方式由特许经营改为政府购买服务，符合《道路交通安全法》《道路交通安全法实施条例》《北京市机动车停车管理办法》等法律、法规和规章中有关路侧停车管理的规定，且此改革符合《北京城市总体规划(2016年—2035年)》中关于加强交通治理的总体要求，故而认定其合法性。因此，案涉协议违背了地方整体发展规划，若继续履行将对地方发展造成实质性障碍，严重损害社会公共利益。

最后，区市政市容委有权行使行政优益权解除协议并承担补偿义务。依据《行政协议解释》第16条的规定，行政优益权的行使要件有二：一是协议履行将严重损害国家利益或社会公共利益，二是行政机关变更或解除协议的行为合法。法律效果有二：协议变更或解除和行政补偿义务。依据《行政协议解释》第27条第2款的规定，审理行政协议案件可参照适用民事法律规范有关民事合同的规定。较之行政法的公共利益标准，民法解除权的要件更为明确，参照民法规范利于准确限定协议解除之情形，强化相对人权益保障。本案中，协议继续履行将严重损害公共利益，不属于《合同法》第94条的法定解除事由，行政机关亦不能以情势变更为由起诉或反诉请求解除协议。不过，前已论及解除通知具有合法性，故区市政市容委满足优益权行使要件，门头沟城管委作为继续行使其职权的行政机关，应依法补偿××停车公司因协议解除造成的损失。

值得一提的是，最高人民法院在发布此典型案例时指出，行政协议履行的过程中，情势变更致使继续履行将严重损害国家利益或社会公共利益，当事人依法又不能改变或否定该情势时，行政机关应当首先考虑对行政协议予以变更，尽量维持其法律效力，仅在变更无法实现目的时选择解除。

未“合理处理”已公开个人信息的侵权行为认定

林小彤*

已公开个人信息包括信息主体自行公开或以其他合法方式公开的个人信息。根据《民法典》和《个人信息保护法》的相关规定，在合理范围内处理已公开个人信息原则上不需要经过信息主体的事前明示同意，但信息主体拒绝或处理行为可能产生重大影响的除外。但信息处理行为的合理性有哪些影响因素？其判断标准如何确定？本文将结合审判实践详述之。

一、案情与裁判

案件名称：麦××诉北京×××科技有限公司等网络侵权责任纠纷案

案情来源：广州互联网法院(2022)粤0192民初20966号民事判决

案情简介：

麦××(原告)系执业律师，于2022年8月发现被告北京×××科技有限公司、北京××信息技术有限公司设立的微信小程序“法××法律大数据”及其网站未经同意公开了原告的姓名、联系方式等个人信息，并编造、篡改胜诉率、执业年限等信息后公开。原告于2022年9月向广东省互联网人民法院提起诉讼，要求二被告赔礼道歉、赔偿损失(含经济损失、精神损失、合理维权费用)共计2万元。被告辩称，律师执业信息属于已公开的商业信息，收集和汇编属于合理处理行为；且平台在2022年8月30日中午即已将相关小程序撤下，其公开的信息错误对原告产生的影响较为轻微，难以造成损害。

法院判决

广州互联网法院经审理认为：公开原告个人信息的小程序为“法××法律

---

* 林小彤，中国海洋大学法学院硕士研究生，浙江新台州律师事务所疑案研究中心研究员。

大数据”，其备案主体为“北京×××科技有限公司”（被告一），该公司由“北京××信息技术有限公司”（被告二）全资控股。被告于案涉小程序中公开的信息来源包括被告从公开渠道获取个人信息后直接转载、经算法计算后转载、经原告工作人员杜撰。根据已公开个人信息处理规则，被告未经原告事前同意即处理其已公开个人信息的合理范围，应以处理目的和处理方式作为评价依据。被告在处理目的上存在扩大自身商业影响力的商业目的；在处理方式上利用自动化决策对原告进行了用户画像并公开结果，对原告产生重大影响。故其个人信息处理行为超出法定合理范围，应当取得信息主体事前同意。被告公开原告的姓名、照片、执业年限等个人信息并虚构了原告在案涉小程序中成功承揽业务次数的相关信息，其行为均未经过原告的授权，构成了对原告个人信息权益的侵害行为并造成损害结果，应当承担向原告麦××赔礼道歉、赔偿经济损失的侵权责任。但案涉微信小程序测试上线在网时间、影响范围、过错程度均较小，被告的侵权行为不足以造成原告严重精神损害，故不支持原告赔偿精神损失的诉讼请求。

二、相关规定

《个人信息保护法》第6条第1款：“处理个人信息应当具有明确、合理的目的，并应当与处理目的直接相关，采取对个人权益影响最小的方式。”

《个人信息保护法》第8条：“处理个人信息应当保证个人信息的质量，避免因个人信息不准确、不完整对个人权益造成不利影响。”

《个人信息保护法》第13条：“符合下列情形之一的，个人信息处理者方可处理个人信息：(一)取得个人的同意；(二)为订立、履行个人作为一方当事人的合同所必需，或者按照依法制定的劳动规章制度和依法签订的集体合同实施人力资源管理所必需；(三)为履行法定职责或者法定义务所必需；(四)为应对突发公共卫生事件，或者紧急情况下为保护自然人的生命健康和财产安全所必需；(五)为公共利益实施新闻报道、舆论监督等行为，在合理的范围内处理个人信息；(六)依照本法规定在合理的范围内处理个人自行公开或者其他已经合法公开的个人信息；(七)法律、行政法规规定的其他情形。依照本法其他有关规定，处理个人信息应当取得个人同意，但是有前款第二项至第七项规定情形的，不需取得个人同意。”

《个人信息保护法》第27条：“个人信息处理者可以在合理的范围内处理个

人自行公开或者其他已经合法公开的个人信息；个人明确拒绝的除外。个人信息处理者处理已公开的个人信息，对个人权益有重大影响的，应当依照本法规定取得个人同意。”

《个人信息保护法》第73条第2款：“自动化决策，是指通过计算机程序自动分析、评估个人的行为习惯、兴趣爱好或者经济、健康、信用状况等，并进行决策的活动。”

《民法典》第1036条第2款：“处理个人信息，有下列情形之一的，行为人不承担民事责任：(二)合理处理该自然人自行公开的或者其他已经合法公开的信息，但是该自然人明确拒绝或者处理该信息侵害其重大利益的除外；”

《民法典》第1038条第1款：“信息处理者不得泄露或者篡改其收集、存储的个人信息；未经自然人同意，不得向他人非法提供其个人信息，但是经过加工无法识别特定个人且不能复原的除外。”

《信息安全技术　个人信息安全规范》(GT/T35273－2020)3.8：“用户画像是指通过收集、汇聚、分析个人信息，对某特定自然人个人特征，如职业、经济、健康、教育、个人喜好、信用、行为等方面作出分析或预测，形成其个人特征模型的过程。”

三、典型案例或做法

案号	裁判立场
梁××与北京××××科技有限公司网络侵权责任纠纷案/北京市第四中级人民法院(2021)京04民终71号民事判决	处理已公开个人信息的合理性判断应考虑处理目的和手段。商业化利用是数字经济背景下维持数据利用和开发的驱动力和经济保障，商业化目的与已公开个人信息处理目的正当与否无必然联系。信息处理者对已公开个人信息进行商业化利用时，不具有窥探隐私等不当目的，未采取篡改等违反法律禁止性规定和社会公序良俗，则属于合理处理已公开个人信息。
北京××网络技术有限公司诉×××网络科技(北京)有限公司不正当竞争纠纷案/北京知识产权法院(2020)京73民终2980号民事判决	已公开个人信息抓取行为及后续使用行为是否具有不正当性，首先需考虑其抓取该部分数据的行为是否系使用了合法正当的行为手段，如系正当，则考虑其后续使用行为是否正当。抓取手段不得采取绕开信息处理者或原始数据平台技术措施等非正常甚至破坏性的技术手段。而合理的使用行为不得减损信息主体的控制利益。

续表

案号	裁判立场
单×诉江西×××发展有限公司个人信息保护纠纷案/江西省南昌市青山湖区人民法院(2022)赣0111民初4656号民事判决	信息处理者合理处理已公开个人信息不承担民事责任，但二次处理行为如增加了原始个人信息的可识别性，则超出合理使用范围，需经信息主体明确同意。

四、法理分析

理论与实务界对可适用《个人信息保护法》第27条，以免除信息主体事前授权的已公开个人信息“合理处理”行为的认定标准存在争议。在处理对象构成“已公开个人信息”的前提下，处理行为应满足处理目的和手段合理性的要求。下文将结合审判实践和最新立法动态作出简要分析。

首先，“已公开个人信息”包括自行公开的个人信息和其他已经合法公开的个人信息。根据《个人信息保护法》第4条的规定，已公开个人信息仍应具有可识别性。本案中，被告处理的姓名、职业、联系方式、执业年限等信息，可以单独或者相互结合识别出麦××这一特定的自然人，属于原告的个人信息。个人信息是否“已公开”，应根据《个人信息保护法》第27条，在客观上满足“不特定范围非设限公开”标准[①]的前提下，区分“个人自行公开或者其他已经合法公开的个人信息”。构成“自行公开”需信息主体主观上对其行为的性质及结果具备可预见性与非排斥性。本案中，麦××在“知乎”“法律快车”等公开网站发布其姓名、联系方式、就职律所等个人信息的行为，是原告在能够认识到发布的相关信息可被不特定公众获取的事实后，为发展律师业务而主动实施的行为。故上涉个人信息构成自行公开的个人信息。而构成“其他合法方式公开”，虽不强调信息主体的主观意愿，但要求原始公开行为具备合法性。[②] 本案中，原告麦××的执业证号、办案信息等个人信息于“12348中国法律服务网”“中国裁判文书网”等开放访问的国家公示网站及大数据平台公开的行为，属于司法裁判文书公开、律师执业信息公示行为，因属于《个人信息保护法》第13条第3款、第5款

---

① 参见曹×与北京××××旅游股份有限公司、北京××××影视文化传播有限公司隐私权纠纷，湖北省宜昌市西陵区人民法院(2020)鄂0502民初2497号民事判决。

② 参见程啸:《公开的个人信息处理的法律规制》,《中国法学》2022年第3期。

规定的个人信息处理同意豁免事由而具备公开的合法性，无需取得原告授权。故上涉个人信息构成合法公开的个人信息。

其次，已公开个人信息的处理目的应具备合理性。根据《个人信息保护法》第 6 条的规定，个人信息处理行为应当具备合理的处理目的，且处理目的构成对处理方式和范围合理性的限制性影响因素。因信息主体对二次处理目的不存在事前知情和认可，其合理性判断应通过与原始公开目的进行比较确定。[①]《个人信息保护法》删除了《个人信息保护法（草案二次审议稿）》中对处理目的为“被公开时用途”的严格限制，体现了立法者认同二次处理目的应与原始公开目的保持关联性，但并不要求二者完全相同。[②] 司法实践亦有相同观点：法院认为基于公益目的公开的个人信息可进行商业化利用，但不得具有侵害信息主体权益的不正当目的。[③] 本案中，被告的个人信息处理目的不满足合理性要求，并非因其存在扩大自身商业影响力的商业化处理目的，而是因其存在为进行虚假宣传而放任原告的人格权益受损的侵害性目的。

最后，已公开个人信息的处理手段应具备合理性。本案被告共实施了三类行为。其一，被告在获取原告姓名、电话号码、执业证照片等个人信息后直接转载。此类纯粹的转载行为不存在破坏个人信息客观性、真实性的侵权性质，且造成新损害的风险有限[④]，属于合理的处理手段。其二，被告获取原始信息后，通过算法计算出胜诉率、执业年限等具有评价性的个人信息并公开。此类行为属于《个人信息保护法》《信息安全技术　个人信息安全规范》(GB/T35273—2020)规定的自动化决策行为。自动化决策是通过算法自动分析输入的个人信息，并得出评价性结果（即用户画像）的行为，本身不具有违法性。但自动化决策可形成对信息主体的个人形象及社交活动存在重大影响可能的评价性结果[⑤]，且囿于计算所依据信息的有限性和算法本身的局限性，该结果存在不符合客观事实的较大可能，难以满足处理影响最小化要求。该分析亦符合《个人信息保护法》第 27 条“对个人权益有重大影响的”已公开个人信息处理行为应取

---

① 参见解正山：《论已公开个人信息的“合理处理”》，《学习与探索》2022 年第 9 期。

② 参见程啸：《公开的个人信息处理的法律规制》，《中国法学》2022 年第 3 期。

③ 参见梁××与北京××××科技有限公司网络侵权责任纠纷案，北京市第四中级人民法院(2021)京 04 民终 71 号民事判决。

④ 参见马新彦、刘睿佳：《已公开个人信息弱化保护的解释论矫正》，《吉林大学社会科学学报》2022 年第 3 期。

⑤ 参见赵艺、杨洁：《论依法公开个人信息的“合理”处理》，《人权》2023 年第 1 期。

得信息主体事前明确同意的规定。故本案被告利用已公开个人信息进行自动化决策并公开结果的处理手段，因具有对原告造成重大影响的可能，超出合理处理的范围。其三，被告公司的工作人员杜撰并公开了原告与案涉小程序间存在合作关系的信息。此行为违反了《个人信息保护法》第 8 条、《民法典》第 1038 条规定的个人信息安全保障义务。故本案被告篡改、杜撰个人信息并予以公开手段具有违法性，不属于合理手段。综上，被告实施的三种处理手段中，除单纯转载外的自动化决策行为及公开杜撰信息的处理手段均不具备合理性。

生态环保专题

××市环保联合会与锦×公司等环境污染侵权赔偿纠纷案

张平华　付琦　侯圣贺*

摘要：××市环保联合会与锦×公司等环境污染侵权赔偿纠纷案（最高人民法院(2015)民申字第1366号）是环境污染和生态破坏侵权、环境污染公益诉讼的经典案例。该案涉及生态环境修复责任的请求权主体的认定、侵权因果关系的认定、生态环境自净与生态环境修复责任的承担等问题，展现了法院对这些问题的积极应对与审判思路。其中，生态环境修复责任的请求权主体应为国家规定的机关和法律规定的组织两大类；在侵权因果关系的认定方面，当事人“买卖”副产酸的行为实质为委托，该案因果关系的判断采取了推定方式；造成的损害超过环境的自净能力与恢复能力，达到功能上的破坏或退化，由此承担侵权责任。

关键词：环境污染和生态破坏侵权；生态环境修复责任；请求权主体；环境公益诉讼

引言

环境是人类赖以生存的各种自然因素的总体，切实保护和改善环境关系到人民群众生命健康、社会和谐安定和中华民族的永续发展，我国面临环境污染严重、生态系统退化的严峻形势，对此，人民群众反应强烈，党中央高度关注。大自然是人类赖以生存发展的基本条件。尊重自然、顺应自然、保护自然，是全面建设社会主义现代化国家的内在要求。党的十八大以来党中央高度重视生态文明建设，把生态文明建设作为统筹推进“五位一体”总体布局和协调推进“四个全面”战略布局的重要内容，加快推进生态文明顶层设计和制度体系建设。党的十九大报告对“加快生态文明体制改革，建设美丽中国”进行了专门论

* 张平华，山东大学法学院教授、博士生导师，浙江新台州律师事务所疑案研究中心研究员；付琦，山东大学法学院博士研究生，浙江新台州律师事务所疑案研究中心研究员；侯圣贺，山东大学法学院博士研究生，浙江新台州律师事务所疑案研究中心研究员。

述，党的十九届四中全会进一步对“建设美丽中国”进行了系统阐述，并将“坚持和完善生态文明制度体系，促进人与自然和谐共生”作为坚持和完善中国特色社会主义制度、推进国家治理体系和治理能力现代化的十三项重大战略部署之一。党的二十大报告指出，向美丽中国建设迈进，需要“坚持绿水青山就是金山银山的理念，坚持山水林田湖草沙一体化保护和系统治理，全方位、全地域、全过程加强生态环境保护，生态环境保护发生历史性、转折性、全局性变化，我们的祖国天更蓝、山更绿、水更清”。生态环境保护、系统治理都需要法治的深度参与，让法律治理贯彻每一个细节。习近平总书记在2023年7月17日至18日召开的全国生态环境保护大会上再次强调，今后5年是美丽中国建设的重要时期，要深入贯彻新时代中国特色社会主义生态文明思想，坚持以人民为中心，牢固树立和践行绿水青山就是金山银山的理念，把建设美丽中国摆在强国建设、民族复兴的突出位置，推动城乡人居环境明显改善、美丽中国建设取得显著成效，以高品质生态环境支撑高质量发展，加快推进人与自然和谐共生的现代化。我们要推进美丽中国建设，必须坚持法治先行。

《民法典》第9条确立了绿色原则，规定民事主体从事民事活动，应当有利于节约资源、保护生态环境；为建设美丽中国提供了重要法治保障。作为民法的基本原则，绿色原则贯彻和体现于民法典各分编的具体制度和规范配置之中。《民法典》在侵权责任编设立“环境污染和生态破坏责任”专章，对生态环境损害赔偿制度进行了规定，强化了政府生态环境保护的职责。

2020年8月，生态环境部、司法部、财政部、自然资源部、住房和城乡建设部、水利部、农业农村部、国家卫生健康委员会、国家林业和草原局、最高人民法院、最高人民检察院联合印发了《关于推进生态环境损害赔偿制度改革若干具体问题的意见》，就生态环境损害赔偿的重点工作环节作出指导性意见，涉及具体负责工作的部门和机构、案件线索、索赔启动、生态环境损害调查、鉴定评估、赔偿磋商、司法确认、与公益诉讼的衔接、生态环境修复、资金管理、修复效果评估、公众参与等多个方面的内容，为进一步完善生态环境损害赔偿提供了政策支持。在环境污染、生态破坏侵权类纠纷中，最高人民法院（2015）民申字第1366号案件是一个经典案例，该案基本案情如下：

2012年1月至2013年2月，常×、锦×等六家公司将生产过程中产生的副产酸等危险废物总计25934.795吨，通过买卖合同等方式交给无危险废物经营许可证的江×公司等企业进行处置，同时还以每吨20元到100元不等的价格提供补贴。江×公司等企业对这些危险废物未做任何处理，直接将其倾倒进如泰运河、古马干河，造成了严重的环境污染。江×公司等企业负责人及倾倒者因此犯有污染环境罪，被判处2—5年有期徒刑。2013年泰兴市环境监测站对如泰运河、古马干河水质进行检测，结果显示不达标。经泰州市人民检察院和泰州市环境保护局委托，江苏省环境科学学会于2014年4月出具《评估技术报告》，载明正常处理倾倒危险废物中的废酸需要花费3662.0644万元。2014年8月，××市环保联合会对上述六家企业提起诉讼。法院判决认为，××市环保联合会于2014年8月4日依据《民事诉讼法》第55条的规定提起本案环境民事公益诉讼，锦×公司承担生态环境修复责任，均有充分的法律依据，并认定锦×公司被江×公司倾倒的副产酸数量为5460.18吨。

该案参与主体的特殊、诉讼程序的完整、环境污染损害鉴定评估方法以及专家辅助人的运用、赔付履行方式的创新等，都可以使该案成为我国环境法治史上的里程碑。该案从提起诉讼到再审判决，理论界和实务界都有诸多争议。对该案三个核心问题（参见图1）的研究对未来环境污染、生态破坏案件裁判，以及生态环境修复责任的体系建构将大有裨益。

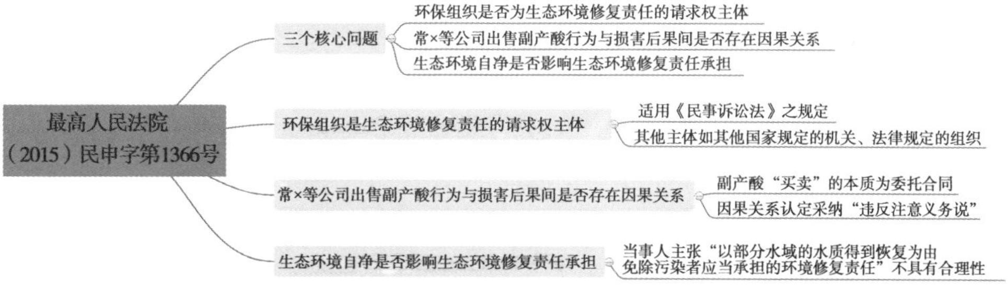

图1 案例涉及的核心问题及分析思路

1 环保组织是生态环境修复责任的请求权主体

1.1 本案生态环境修复责任请求权主体资格争议

《环境保护法》(2014修订)第58条第1款规定："对污染环境、破坏生态，损害社会公共利益的行为，符合下列条件的社会组织可以向人民法院提起诉讼：(一)依法在设区的市级以上人民政府民政部门登记；(二)专门从事环境保护公益活动连续五年以上且无违法记录。"本案中，常×等公司认为，根据上述规定第2项，环境保护组织有权提起诉讼的条件是从事公益活动超过5年，但××市环保联合会并不满足这一期限条件，不符合新《环境保护法》关于环境公益诉讼主体资格的规定。

2012年修订的《民事诉讼法》55条[《民事诉讼法》(2021修正)第58条]规定，对污染环境、侵害众多消费者合法权益等损害社会公共利益的行为，法律规定的机关和有关组织可以向人民法院提起诉讼。据此，××市环保联合会则认为，××市环保联合会是符合法律规范成立的环保组织，有资格提起环境公益诉讼，其业务范围包含维护公众环境权益，符合《民事诉讼法》55条提起环境公益诉讼的条件。《环境保护法》从2015年1月1日起实施，由于提起诉讼的时间早于法律实施时间，因此新《环境保护法》不适用于本案。

对于这一争议问题，法院认为××市环保联合会经泰州市民政局核准成立，属于《民事诉讼法》中依法成立的专门从事环保公益活动的社会组织，有权提起环境民事公益诉讼。虽然《环境保护法》第58条对主体资格范围作了新的规定，但案发时新环保法尚未生效，故不适用本案。

1.2 环保组织作为生态环境修复责任请求权主体的正当性分析

1.2.1 生态环境修复责任请求权主体的立法沿革

尽管理论中对于环保组织具有提起环境公益诉讼的原告资格并无太大异议，但在实践中却面临诸多质疑：比如，环境公益诉讼成本高昂，一般环保组织无力承担；环境公益诉讼十分专业，一般环保组织缺乏相关人才；环保组织的运行资金可能源于企业捐赠，其中立性存疑；等等。由于这些疑问的存在，立法机关对中国是否应该建立公益诉讼制度也一直举棋不定。2012年8月，全国人大常委会审议通过的《民事诉讼法修正案》第55条增加了民事公益诉讼的内容；但2012年8月提请全国人大常委会首次审议的《环境保护法修正案(草案)》中，没有公益诉讼条款，该草案在向社会公开征求意见过程中，遭到了猛烈的批评。

其中，应该建立公益诉讼制度是各方面最集中也最有共识的意见。2013年6月再次审议的《环境保护法修正案(草案)》第48条规定："对污染环境、破坏生态，损害社会公共利益的行为，中华环保联合会以及在省、自治区、直辖市设立的环保联合会可以向人民法院提起诉讼。"以上规定虽然增加了环境公益诉讼制度，但只赋予中华环保联合会及在省级民政部门登记的环保联合会以提起环境公益诉讼的主体资格，引发一些争议。各方面都认为这种对环保组织原告资格的过度限缩的规定不利于公益诉讼制度的建立与发展。

随后，2013 年 10 月审议的《环境保护法修正案(草案)》第 53 条规定："依法在国务院民政部门登记，专门从事环境保护公益活动连续五年以上且信誉良好的全国性社会组织可以向人民法院提起诉讼。"以上规定虽然有限度地扩大了提起公益诉讼原告资格的范围，但只赋予全国性社会组织起诉的资格，很多意见认为还是太窄，不利于调动专门从事环境保护的社会组织的积极性，不利于我国环保事业的发展。立法机关在科学立法、民主立法精神指引下，高度重视社会各方面的意见，最后通过的环境保护法将提起环境公益诉讼的原告资格扩大到在设区的市级以上人民政府民政部门登记的社会公益性组织，拓宽了提起环境民事公益诉讼的主体范围，回应了社会呼声。需要说明的是，环境保护法所称的"设区的市级以上人民政府"的社会组织，包括设区的市、自治州、盟、地区(如西藏的阿里地区)，以及不设区的地级市，如广东的东莞等，另外，包括直辖市下属的区、县。

2017 年 6 月，《民事诉讼法》《行政诉讼法》对检察机关的环境公益诉讼原告资格作了修改，《民事诉讼法》第 55 条增加一款，作为第 2 款："人民检察院在履行职责中发现破坏生态环境和资源保护、食品药品安全领域侵害众多消费者合法权益等损害社会公共利益的行为，在没有前款规定的机关和组织或者前款规定的机关和组织不提起诉讼的情况下，可以向人民法院提起诉讼。前款规定的机关或者组织提起诉讼的，人民检察院可以支持起诉。"《行政诉讼法》第 25 条增加一款，作为第 4 款："人民检察院在履行职责中发现生态环境和资源保护、食品药品安全、国有财产保护、国有土地使用权出让等领域负有监督管理职责的行政机关违法行使职权或者不作为，致使国家利益或者社会公共利益受到侵害的，应当向行政机关提出检察建议，督促其依法履行职责。行政机关不依法履行职责的，人民检察院依法向人民法院提起诉讼。"

1.2.2 本案环保组织作为请求权主体的法律适用

《民事诉讼法》仅对环境民事公益诉讼的原告条件作了概括性规定，即"法律规定的机关和有关组织"。这对于将法律具体适用到案件而言非常模糊，需要进一步界定。在本案裁判时，全国人大常委会法工委民法室在解读该条时也指出可以提起公益诉讼的机关和组织要有明确的法律依据，但也未对"明确的法律依据”作出清晰的释明。[①] 从文义解释来看，如果环保组织是根据法律规定成立的，那么就可以成为该条项下的规制对象。因此，该案审理中，法院将××市环保联合会解释为《民事诉讼法》55 条中的“有关组织”并无不妥。同时，以新《环境保护法》当时并未生效为由不予适用也符合“法不溯及既往”的基本原则。另外，从实际效果来看，该案法院的这种处理方式对于启动公益诉讼、维护环境公共利益的确有着十分积极的意义。

如果依照《环境保护法》的规定，××市环保联合会根本不具有原告资格，也就不会有本案诉讼的发生。事实上，该条所规定的两个条件已经明显排除了绝大多数环保组织的环境公益诉讼主体资格。为了更好配合新环保法实施，2014 年 6 月，最高人民法院成立环境资源审判庭并制定《关于全面加强环境资源审判工作为推进生态文明建设提供有力司法保障的意见》，要求根据环境司法的实际情况，出台相关司法解释。2014 年 12 月，最高人民法院制定《关于审理环境民事公益诉讼案件适用法律若干问题的解释》，并与民政部、环保部共同发布《关于贯彻实施环境民事公益诉讼制度的通知》，将提起环境公益诉讼的环保组织的资格作了进一步扩展。[②]

在这些规定出台后，中华环保联合会对环保组织提起环境公益诉讼进行了意愿调查，情况并不乐观。只有 30％的环保组织表示环境公益诉讼将是本组织的首要维权手段。57％的环保组织则比较谨慎，表示不会轻易提起环境公益诉讼。更有 11％的环保组织明确表达了对环境公益诉讼的否定态度。[③] 据民政部门民间组织管理局统计，我国到 2014 年第三季度，符合提起环境公益诉讼资格的民间组织有 700 多家。但自新《环境保护法》以及《关于审理环境民事公益诉讼案件适用法律若干问题的解释》实施到 2015 年底，全国具有环境公益诉讼主体资格的环保组织中仅有中华环保联合会、自然之友、中国生物多样性保护与绿色发展基金会等 9 家提起了近百起公益诉讼，法院受理 45 件。[④] 这种现状对于环保事业的开展非常不利。因此，需要对《环境保护法》58 条的规定再作审

① 参见全国人大常委会民法室编著：《中华人民共和国民事诉讼法解读》，中国法制出版社 2012 年版，第 132 页。

② 参见吕忠梅：《新环保法的实施之路》，《财经》2015 年第 35 期。

③ 参见王灿发、程多威：《新环境保护法下环境公益诉讼面临的困境及其破解》，《法律适用》2014 年第 8 期。

④ 参见江必新：《加强环境资源司法保护》，2023 年 7 月 3 日，http://toutiao.com/i6260426043266433538/。

慎考虑，是否应当根据实践的需求在适当放宽对环保组织提起环境公益诉讼门槛限制的同时，对环保组织提起民事公益诉讼给予激励。

泰州案的一审判决时间为 2014 年 12 月 30 日，新环保法的实施时间是 2015 年 1 月 1 日。这一判决时间的安排充分展现了一审法院对环境公益诉讼、绿色原则的支持与贯彻。对《民事诉讼法》55 条作文义解释的背后，隐含着通过支持环保组织提起公益诉讼而发挥司法的环保功能的积极考量，这既与司法在环境保护中如何选择裁判方式有关，在审判当时也是对学界关于《民事诉讼法》55 条是否具有可适用性的回应。①

1.3　生态环境修复责任请求权主体类别总结(参见图 2)

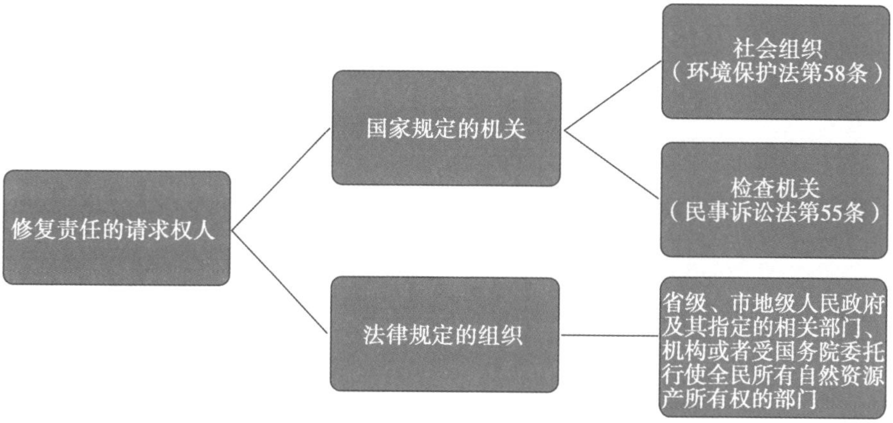

图 2　生态环境修复责任请求权主体

依据《民法典》第 1234 条的规定，违反国家规定造成生态环境损害，生态环境能够修复的，国家规定的机关或者法律规定的组织有权请求侵权人在合理期限内承担修复责任。

所谓“国家规定的机关”，是指省级、市地级人民政府及其指定的相关部门、机构或者受国务院委托行使全民所有自然资源资产所有权的部门。

法律规定的组织，主要是指在污染环境、破坏生态的行为损害社会公共利益的情形下，依据法律规定有权提起民事公益诉讼的组织，具体包括检察机关

① 参见张卫平：《民事公益诉讼原则的制度化及实施研究》，《清华法学》2013 年第 4 期；吕忠梅：《环境公益诉讼：想说爱你不容易》，《中国审判》2012 年第 10 期。

和部分社会组织。[①]

1.3.1 检察机关

从司法实践看，2000年最高人民检察院发布了《关于强化检察职能、依法保护国有资产的通知》，强调“检察机关应充分发挥检察职能，对侵害国家利益、社会公共利益的民事违法行为提起诉讼”。各地检察机关根据最高人民检察院的要求，进行了公益诉讼的实践，其中包括环境公益诉讼的实践。如江苏省无锡市中级人民法院和人民检察院共同出台了《关于办理环境民事公益诉讼案件的试行规定》，2003年山东省乐陵市检察院针对×化工厂污染环境的行为，提起一起环境公益诉讼。

《民事诉讼法》第55条第2款规定，人民检察院在履行职责中发现破坏生态环境和资源保护、食品药品安全领域侵害众多消费者合法权益等损害社会公共利益的行为，在没有前款规定的机关和组织或者前款规定的机关和组织不提起诉讼的情况下，可以向人民法院提起诉讼。前款规定的机关或者组织提起诉讼的，人民检察院可以支持起诉。

1.3.2 符合条件的社会组织

《环境保护法》第58条第1款规定，“对污染环境、破坏生态，损害社会公共利益的行为，符合下列条件的社会组织可以向人民法院提起诉讼：（一）依法在设区的市级以上人民政府民政部门登记；（二）专门从事环境保护公益活动连续五年以上且无违法记录”。

在近几年的审判实践中，以上法定主体在环境公益诉讼发挥的作用，未臻完美，如人民检察院作为民事公益诉讼的原告代表仍然具有难以克服的司法难点。[②] 有学者提出，未来我国应当明确生态环境损害赔偿诉讼主体之间存在衔接关系，增设市地级（包括直辖市所辖区县级）以下政府及其指定的相关部门或机构作为诉讼主体，推动农村集体经济组织积极参与生态环境损害赔偿诉讼，并逐步建立“行政机关—环保社会组织—检察机关—农村集体经济组织”四位一体且逐层递进的诉讼主体结构，以此最大程度发挥诉讼主体之合力。[③]

---

① 参见程啸：《侵权责任法》，法律出版社2021年版，第668页。

② 参见赵于樊、刘德福：《环境公益诉讼的实效分析与完善路径——跨法域的个例分析衍射的环保法评价》，《江西警察学院学报》2023年第3期。

③ 参见罗丽、赵新：《生态环境损害赔偿诉讼主体资格及衔接关系实证研究——以〈民法典〉实施后第1234条、第1235条适用为视角》，《河北法学》2023年第7期。

2 常×等公司出售副产酸行为与损害后果间存在因果关系

2.1 本案副产酸“买卖”的本质并非买卖合同

锦×公司与江×公司签订《工矿产品购销合同》，约定锦×公司向江×公司出售副产酸，每月 800 吨，价格随行就市。根据姚×元、戴×国在公安机关的讯问笔录以及锦×公司副总经理杨×、安全生产部长戴×东在公安机关的询问笔录可知，锦×公司在副产酸交易市场低迷的情况下，为了尽快处置副产酸，实际出售副产酸价格为 1 元/吨，同时每吨补贴江×公司 20 元运输费用，并以江×公司实际运出的副产酸数量结账。

根据《民法典》第 595 条的规定，买卖合同是出卖人转移标的物的所有权于买受人，买受人支付价款的合同。出卖人交付货物、买受人支付相应价款系买卖合同的本质属性。买卖合同中的出卖人的订约目的是取得价款，即出卖人以物换钱。[①] 移转作为标的物对价的价款作为等价交换买受人必须向出卖人支付定价款，才能取得标的物的所有权这一性质，把买卖合同与转移标的物所有权的其他合同，如赠与合同、互易合同等区别开来。[②] 锦×公司作为出卖人出售副产酸，买受人江×公司仅支付 1 元/吨的价款，锦×公司反而支付 20 元/吨的运输费用或者其他补贴给江×公司，此种补贴出售行为明显不符合买卖合同的基本特征。然而，锦×公司支付运费、补贴，由江×公司等处理污染物，更符合委托合同的特征。委托合同是指当事人双方约定一方为另一方处理事务的合同。[③] 委托合同的标的是处理受托事务，这也是委托合同的核心目的，凸显了委托合同与他种劳务合同的主要区别。[④] 本案锦×公司以“出卖”的形式将副产酸交予江×公司处理，实质上是委托合同。

2.2 本案常×等公司出售副产酸行为与损害后果因果关系的认定

本案常×等公司认为，其与江×等企业间的买卖副产酸行为属合法行为。常×等公司本身并没有抛弃副产酸，也没有倾倒的故意，对江×公司等企业倾倒副产酸也不知情，故环境污染与常×等公司没有法律上的因果关系。而××市环保联合会则认为：常×等公司和江×等企业之间买卖行为系以买卖合同形

---

① 参见郭明瑞：《合同法通义》，商务印书馆 2020 年版，第 254 页。

② 参见崔建远：《合同法》，法律出版社 2021 年版，第 280 页。

③ 参见郭明瑞：《合同法通义》，商务印书馆 2020 年版，第 590 页。

④ 参见崔建远：《合同法》，法律出版社 2021 年版，第 448 页。

式掩盖非法处置危险废物的目的。常×等公司以补贴方式将其生产过程中所附带产生的、对其无价值的副产酸委托给江×公司等单位处理，抛弃副产酸的主观意图十分明显，其处置行为与环境污染之间存在因果关系。

与普通的环境侵权案件相比，本案在因果关系上确有其特殊之处。江×公司等企业实施了直接倾倒行为，该行为与如泰运河、古马干河受污染的损害后果之间的因果关系直接明了，已由相关刑事犯罪的证据以及河流水质检测结果予以证明。然而，这起环境公益诉讼的被告常×等公司却并非倾倒行为的直接实施人，而是以买卖合同为形式提供被倾倒副产酸的出卖方。那么争议的焦点就在于常×等公司的出售副产酸行为与河流受污染损害后果之间能否判定存在因果关系。

关于环境侵权的因果关系判断，有诸多学说。泰州案法官采纳了“违反注意义务说”。该学说主旨在于任何可能引起环境损害危险的人都有义务采取必要的预防措施以防止他人利益或者社会公共利益受损。“违反注意义务说”的主要内容是：当行为人违反了环境标准或者其他与环境相关的注意义务时，可以推定行为人的行为与损害后果之间存在因果关系。德国学者冯·巴尔对注意义务作了进一步的细分，包括危险控制义务，即潜在环境施害人需要遵守控制基于生产或设施相关的危险义务；监督义务，即企业对危险源进行监督的义务；警示义务，即如果企业在履行生产或排放义务时尚有不清楚的危险，则企业有义务警示潜在的受害人。[①] 该说将因果关系的认定简化为注意义务遵守与否的判定，如果行为人在实施可能引起环境损害危险的行为时违反了相关的注意义务，那么就推定其行为与损害后果之间存在因果关系。如果被告不能推翻该推定，则应当承担相应的责任。当然，在此推定规则下，原告并非没有任何证明责任。他需要先对基础事实提供初步的证明，这些事实包括被告的行为或控制的物品具有环境侵害的危险、受损害的情况等。

在泰州案中，××市环保联合会对基础事实作了证明：(1)根据国家关于危险品分类的规定，证明常×等公司生产的副产酸具有强烈的腐蚀性，属于国家规定的危险废物；(2)根据有关票据以及涉案人员在公安机关的供述，证明常×等公司以低价售卖、高价补贴的方式向不具有危险废物处理资质的江×等企业转让副产酸；(3)根据公安机关的证据，证明江×公司等企业将从常×等公司处

① 参见施理：《环境侵权诉讼中因果关系推定的适用》，《法律适用》2015年第3期。

获得的副产酸倾倒至如泰运河、古马干河，造成河域环境的严重损害。

在这些初步证明事实的基础上，法院以“违反注意义务”标准来推定常×等公司的行为与损害后果之间是否存在因果关系。常×等公司是化工企业，生产的产品是能够引起环境损害危险的化工原料。副产酸作为生产化工产品过程中产生的副产品，在无法全部正常出售的情况下，应当按照国家法律法规的规定由有危险废物处置资质的机构进行处置。判决书中指出“对该案所涉副产酸的处置行为必须尽到谨慎注意义务并采取一切必要的、可行的措施防止其最终被非法倾倒”。这里“谨慎注意义务”的准确所指就是理论中所说的“监督义务”。企业应当对危险源做到全面监督，对危险源的生产、运输、转让、处置等所有环节实施管控，尤其是在将危险废物交由第三方的时候，应当审查其是否具有相应的资质。如果是买卖，则应当按照正常的市场价格，符合低买高卖的营利性市场原则。如果是交由其处置，则应当按照法律的规定和技术的需要配备充足的处置经费。而常×等公司在副产酸难以在市场上出售的情况下，因对其进行无害化处理需高昂的费用，于是采用了低价销售、高价补贴的方式将副产酸交给不具备处置资质的江×等公司。此种补贴出售行为既没有以市场交易方式为副产酸寻找到有真正需求的买家，也没有为处置副产酸提供足够的费用。实际上放弃了监督义务而对危险废物放任不管。因此，常×等公司违反了应尽的注意义务。基于注意义务违反的确认，法官推定常×等公司的行为与损害后果之间存在因果关系。对此推定，常×等公司需证明因果关系的不存在方能免责。但常×等公司仅提交了其职员的书面证词，主张对江×等公司的倾倒行为不知情，而该证据与职员在公安机关笔录中的供述相互矛盾，且并未达到确切证明的程度。因此，常×等公司并未提供充分的证据证明其处理副产酸的行为与损害后果之间没有因果关系，理应承担举证不能的不利后果。

上述分析表明，法官对该案因果关系的判断采取了推定方式，即法官根据法律规定或经验法则，在已知事实的基础上推定行为与损害后果之间存有因果关系，并允许被推定人提出证据予以推翻。其逻辑顺序是“受害人证明基础事实达到低标准证明—法官推定因果关系的存在—被推定人提出反证证明”。环境侵权因果关系的证明并非纯粹的技术确证事实的问题。在判断过程中，需要法官运用适当的证明规则综合考量各种证据，最终达到“内心确信”的程度。然而在当前的司法实践中，很多案件的法官囿于专业能力欠缺，在因果关系的认定判断上严重依赖于纯技术性鉴定意见，极有可能导致裁判结果的错误。[①]

泰州案中所适用的因果关系推定规则并非《侵权责任法》66 条以及最高人民法院《关于民事诉讼证据的若干规定》4 条第 3 款所规定的举证责任倒置规则。举证责任倒置是指将一般状况下本应由原告承担提供证据的责任分配给被告。如果被告提供的证据不能证明或者无法判定事实的真假，那么被告就应承担举证不能的不利后果。举证责任倒置规则与因果关系推定规则不同。前者是对证明责任在当事人间的分配，后者则是通过证明责任的分配而实现的因果关系判断方法。当下学界对举证责任倒置规则持审慎态度，并非一味推崇。[②]其原因在于：与因果关系推定规则相比，举证责任倒置显得过于狭窄，并且对被告苛责过甚。相反，在推定规则下，对原告来说，其举证的程度只需达到一定的盖然性即可；对被告来说，需要提供较高程度的证明来进行反证。这样不仅可以降低原告的举证责任，有利于保护受害人，也避免了完全由被告承担所有的证明责任，不至于过分地苛责被推定人。推定规则更能实现原被告双方间在诉讼中的平衡，也是国外环境侵权诉讼中法官比较推崇的方法。[③]

副产酸属于危险化学品，其生产、出售、运输、储存和处置有专门的规范。《水污染防治法》第 29 条第 1 款规定，禁止向水体排放油类、酸液、碱液或者剧毒废液。副产酸作为企业生产化工产品过程中产生的副产品，在无法进入市场的情况下，应当按照国家法律、法规的规定由有资质处理危险废物的机构进行处置。作为危险化学品和化工产品生产企业，需要全面了解其主营产品和主营产品生产过程中产生的副产品是否具有高度危险性，是否会造成环境污染；需要使其主营产品的生产、出售、运输、储存和处置符合相关法律规定，亦需使其副产品的生产、出售、运输、储存和处置符合相关法律规定，避免对生态环境造成损害或者产生造成生态环境损害的重大风险。锦×公司生产经营过程中产生的副产酸属于危险化学品，其生产、出售、运输、储存和处置有专门的规范，锦×公司应对副产酸的处置具有较高的注意义务。从实施倾倒行为的戴×国、姚

① 参见吕忠梅等：《中国环境司法现状调查——以千份环境裁判文书为样本》，《法学》2011 年第 4 期。

② 参见张宝：《环境侵权诉讼中受害人举证义务研究——对〈侵权责任法〉第 66 条的解释》，《政治与法律》2015 年第 2 期；张旭东：《环境侵权因果关系证明责任倒置反思与重构：立法、学理及判例》，《中国地质大学学报》（社会科学版）2015 年第 5 期。

③ 参见吕忠梅、王立德：《环境公益诉讼：中美之比较》，法律出版社 2009 年版，第 35～197 页。

×元等人在公安机关的讯问笔录及杨×、戴×东在公安机关的询问笔录看，锦×公司明知戴×国、姚×元等人将副产酸倾倒入河而未加阻止。虽然锦×公司并未直接实施倾倒行为，但其在明知副产酸市场低迷，对其进行无害化处理需花费高昂处理费用的情况下，采用补贴运输费用等方式将副产酸交给不具备处置资质的江×公司，并长期放任江×公司将副产酸倾倒入河，造成如泰运河、古马干河水体大面积污染，严重损害社会公共利益和公众环境权益，其行为与如泰运河、古马干河水体污染损害结果之间具有因果关系，应当承担侵权责任。

3 本案生态环境自净与生态环境修复责任承担

经济发展不可避免地会对生态环境造成损害，但由于生态环境有自我修复能力，侵权责任编要求侵权人承担责任时必须在环境侵权行为导致生态环境功能退化或丧失的情形下适用，从而要求被侵权人有一定的容忍义务，以平衡双方之间利益。一旦造成的损害超过环境的自净能力与恢复能力，达到功能上的破坏或退化，侵权人就应当对其行为所造成的一系列损害承担责任。[①] 有学者就主张将“生态环境损害”法律概念界定为因污染环境或破坏生态，超过生态环境自净能力导致生态环境或生态系统功能性退化或可测量的损害，或造成他人人身损害或财产损失。[②]

本案中，虽然河流具有一定的自净能力，但是环境容量是有限的，向水体大量倾倒副产酸，必然对河流的水质、水体动植物、河床、河岸以及河流下游的生态环境造成严重破坏。如不及时修复，污染的累积必然会超出环境承载能力，最终造成不可逆转的环境损害。因此，不能以部分水域的水质得到恢复为由免除污染者应当承担的环境修复责任。

××市环保联合会申请东南大学能源与环境学院吕锡武教授作为专家辅助人出席一审庭审，对鉴定意见以及本案所涉专业问题提出意见。吕锡武教授认为，向水体倾倒危险废物的行为直接造成了区域生态环境功能和自然资源的破坏，无论是对长江内河水生态环境资源造成的损害进行修复，还是将污染引发的风险降至可接受水平的人工干预措施所需费用，均将远远超过污染物直接

---

① 参见吕忠梅：《“生态环境损害赔偿”的法律辨析》，《法学论坛》2017 年第 3 期。

② 参见钟瑞栋、杨静：《美丽中国建设背景下民法典侵权责任编的完善》，《河南社会科学》2020 年第 2 期。

处理的费用；由于河水的流动和自我净化，即使倾倒点水质得到恢复，也不能因此否认对水生态环境曾经造成的损害。鉴定人南京理工大学贺启环教授出庭接受询问时也表示，无法计算得出实际人工干预的费用或者难于计算人工干预的费用，可以采用虚拟治理成本法计算损失。

水环境具有流动性，污染行为瞬间发生，损害现场无法复原，属于《推荐方法》（第Ⅰ版）规定的环境修复费用难于计算的情形，可以采用虚拟治理成本法来计算环境修复费用。且《推荐方法》（第Ⅱ版）与（第Ⅰ版）关于虚拟治理成本法的规定并无本质区别，二审判决以《评估技术报告》确定的锦×公司被江×公司倾倒的副产酸治理成本、被倾倒的数量再乘以Ⅲ类地表水环境功能敏感程度推荐倍数4.5～6倍的下限4.5倍计算环境修复费用，并无不当。

经查××市环保联合会的一审起诉状，虽然将诉讼请求表述为赔偿水环境污染损失，但在事实和理由部分明确此赔偿款项系环境修复费用。二审判决判令锦×公司承担环境修复费用并未超出当事人的诉讼请求。

指导案例133号:山东省烟台市人民检察院诉王×、马×环境民事公益诉讼案

张平华　石文静*

摘要:生态环境修复责任基于利益衡量而设定“严格责任+行为违法”的归责原则,要求存在生态环境损害,“国家规定的机关或法律规定的组织”及“被侵权人”皆可以成为生态环境修复责任的请求权主体。具备公私融合属性特征的生态环境修复责任之所以可以被规定于《民法典》,是因为民法系统与生态社会系统、其他法律子系统、政策系统等系统发生耦合。由此,生态环境修复责任回应了人与自然和谐共生的中国式现代化理念,表达出效率优先、公平兼具的价值目标;形成了公法与私法结合、实体与程序交融、政策与法律协同的制度样态。依据不同的划分标准,生态环境修复责任可以包含完全修复与替代修复、侵权人自修复与公共主体代修复等动态多元的修复方式。而支付生态环境修复费用作为替代性修复的一种具体方式,区分于生态环境损害赔偿、刑事罚金与行政环境代履行。

关键词:生态环境修复责任;生态环境损害赔偿;生态环境修复费用;环境行政代履行;罚金;系统耦合

引言

为实现生态环境修复,推进人与自然和谐共生的国式现代化,最高人民法院第24批指导性案例中推出第133号指导案例——山东省烟台市人民检察院诉王×、马×环境民事公益诉讼案,该案基本案情如下:

2014年,王×、马×不具备工业废酸处理资质,但仍自行处置废酸,由此对周边土壤与地下水造成污染,并进一步造成临近河内水体污染。该废酸构成危险废物,2016年,王×、马×犯环境污染罪而被判处有期徒刑并处罚金。同年,环境风险与污染损害鉴定评估中心对该案造成的环境损害程度及数额进行鉴

* 张平华,山东大学法学院教授、博士生导师,浙江新台州律师事务所疑案研究中心研究员;石文静,青岛科技大学法学院特聘副教授,山东大学法学博士,浙江新台州律师事务所疑案研究中心研究员。

定评估，认定可量化的环境损害包含应急处置费与生态环境损害费，前者为酸洗池内受污染沙土的处置费用 5.6 万元，后者为偷排酸洗废水造成的生态损害修复费用 72 万元，合计为 77.6 万元。2017 年，由王×、马×造成的污染区域水质均已达标。检察院起诉请侵权人承担生态环境修复责任，法院认为，污染者违反国家规定向水域排污造成生态环境损害，以被污染水域有自净功能、水质得到恢复为由主张免除或者减轻生态环境修复责任的，人民法院不予支持，遂判定：(1)王×、马×在判决生效之日起 30 日内在环保局监督下处置废酸、消除危险，如不能自行处置，则由环保部门委托第三方处置，王×、马×支付处置费用 5.6 万元；(2)王×、马×须在判决生效之日 90 日内对周边地下水、土壤和河内水体的污染治理制定修复方案并进行修复，逾期未修复或修复不到位的，赔偿修复费用 72 万元，支付至市环境公益诉讼基金账户。[①] 案情流程图可参见图 1。

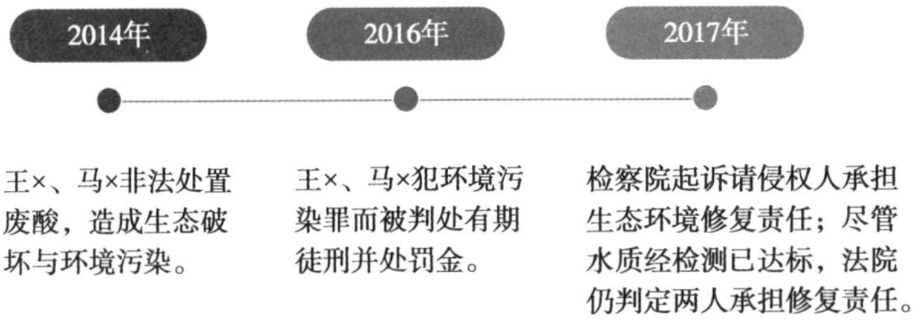

图 1 案情流程图

本案生效判决适用 2015 年的《环境侵权司法解释》《环境公益诉讼司法解释》，两部司法解释皆已经确立生态环境修复责任[②]，而后《民法典》以实体法的形式正式确立了生态环境修复责任，对其法律构造作出更为详尽的规定，并区分于法典前司法解释的规范界定。在后民法典时代追溯本案，既能洞悉生态环境修复责任的司法适用现状，又能梳理生态环境修复责任的立法变迁。由此，本文将以指导案例 133 号为基础，针对生态环境修复责任的法律构成、规定于

① 参见山东省烟台市中级人民法院(2017)鲁 06 民初 8 号民事判决。

② 参见《最高人民法院关于审理环境侵权责任纠纷案件适用法律若干问题的解释》(法释〔2015〕12 号)，简称《环境侵权司法解释》；《最高人民法院关于审理环境民事公益诉讼案件适用法律若干问题的解释》(法释〔2015〕1 号)，简称《环境公益诉讼司法解释》。此两部司法解释已经被修改为《环境侵权司法解释》(法释〔2020〕17 号)；《环境公益诉讼司法解释》(法释〔2020〕20 号)。

《民法典》的合理性证成、具体承担方式，以及生态环境修复费用这一典型的替代性修复方式与其他相似概念的具体区分展开论述，具体的分析思路图可见图2。

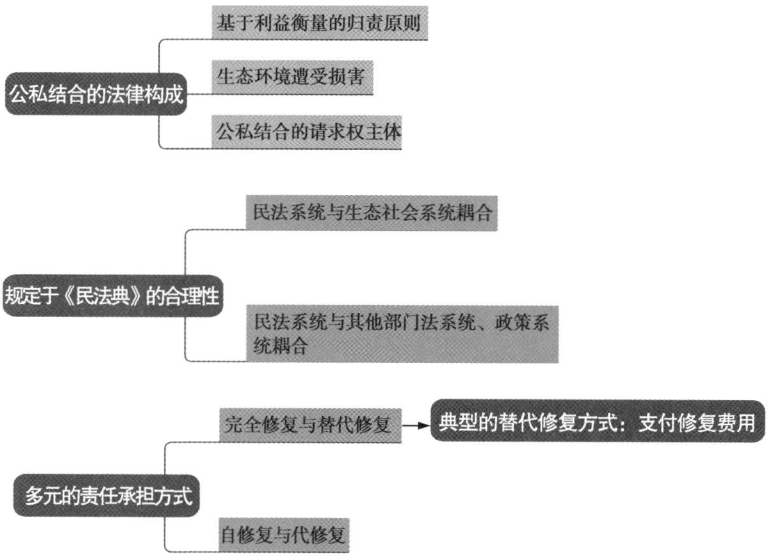

图2　分析思路图

1　生态环境修复责任的法律构成

1.1　基于利益衡量的归责原则

一般认为，环境侵权造成的人身或财产权益损害适用严格责任，而生态环境修复责任基于其公益损害、公权机关介入等特性，而无法直接采用环境侵权责任的归责原则。针对生态环境修复责任的归责原则，理论争议集中在“严格归责＋行为违法说”[①]和“过错责任说”[②]。前者认为，严格责任为生态环境修复责任的归责原则，但相较环境侵权导致的人身或财产权益损害，生态环境修复责任应当同时满足行为违法的构成要件，即不仅须证明存在破坏生态环境的行

① 参见最高人民法院民法典贯彻实施工作领导小组主编：《民法典侵权责任编理解与适用》，人民法院出版社2020年版，第550页；冯汝：《论生态环境损害赔偿责任违法性要件的确立》，《南京工业大学学报（社会科学版）》2018年第5期；陈伟：《环境污染和生态破坏责任的二元耦合结构——基于〈民法典·侵权责任编〉（草案）的考察》，《吉首大学学报（社会科学版）》2020年第3期。

② 参见徐以祥：《〈民法典〉中生态环境损害责任的规范解释》，《法学评论》2021年第2期。

为，还须证明该行为违反了国家规定。后者主张，生态环境损害责任中责任主体与权利主体并无明显的强弱利益对比关系，若仍适用私益侵权中的严格归责有失公允，应当以过错归责为一般归责原则，只有具备高度危险的生态破坏、环境污染行为才应当将其认定为严格责任。

对此值得思考的是，第一，行为违法要件是否合理？在环境侵权造成人身或财产权益损害时，即使未达到诸如行政规范中设定的排污标准，仍应当承担环境侵权责任，而生态环境修复责任却将违法要件设定为担责的构成要件之一，这一区分设定糅合了利益衡量。与环境侵权造成的人身、财产损害不同，生态环境损害制度中有公权力机关介入，在规则设计上已经向权益主体倾斜，那么在归责原则方面，则应当区别于环境侵权损害，增加行为违法要件。特别强调的是，民法中规定的是“违反国家规定”，因此这里的违法要件并非仅仅包含法律，而是同时包含政策在内的“国家规定”。如此才能在保护权益主体的同时不过分苛责行为主体，保障多方主体的公平。此外，从技术层面上考虑，判定环境污染、生态破坏行为是否构成生态环境损害，往往也是通过相关国家规定中设定的标准而定。第二，行为违法要件可否为过错要件所吸收？一般认为，中国侵权法领域并不存在单独的违法性要件，违法性要件往往被过错要件所吸收，即行为人违反了国家规定即被认定为存在过错。[①] 但由于生态环境修复责任兼容行政责任效果的特性，民法例外规定了这一违法性要件。同时，过错归责原则包含违法推定为过错及主观过错两方面含义，若直接将生态环境修复责任径直认定为过错责任，容易引起其仍以主观过错为要件的误解。据此，“严格责任＋行为违法说”优于“过错责任说”。第三，是否应当根据不同破坏情况区分设定归责原则？前所论及的观点中论及“高度危险”的生态破坏行为应当适用严格责任，但一方面生态环境损害中何为“高度危险”不具备统一的衡量标准；另一方面，与环境侵权造成私益损害一样，高度危险致害责任中的严格责任亦仅指向私益损害，两者的严格责任皆为保护受损害方而设，但在生态损害方面，已然存有在请求权主体等要件设计上偏向受损害方的修复责任，因此，无论生态环境破坏行为是否达到高度危险的程度，皆应适用“严格责任＋行为违法”的归责原则。

---

① 参见徐以祥：《〈民法典〉中生态环境损害责任的规范解释》，《法学评论》2021 年第 2 期。

1.2 生态环境遭受损害

学理上为了将生态环境损害这一公益损害与民法体系自恰，提出拟制损害的理论设计，将生态损害解释为公权机关因恢复生态损害而遭受的不利负担，以达至生态损害为私益损害的体系一致性。[①]《欧洲示范民法典草案》中也存在类似的制度规定。[②] 但与其采用如此迂回曲折的解释方法，将生态环境损害解释为一项私益损害，不如直接承认民法积极回应社会经济文化需求而例外保护公共利益之反身法特点，将生态环境损害这一公益损害纳入民法的规制范畴。事实上，公益损害并非截然区分于私益损害，其本质上构成不特定多数人私益损害的集合，是民法为保护不特定多数人自由平等地追求良好生态环境权益而作出的特别规定，为构建文明与和谐的生态环境贡献了公私协同治理的法治智慧。

1.3 公私结合的请求权主体

首先，依据《民法典》第 1234 条，“国家规定的机关或法律规定的组织”有权请求行为人承担修复责任。其中，“国家规定的机关”包括“人民检察院”“省级、市地级人民政府及其指定的相关部门、机构，或者受国务院委托行使全民所有自然资源资产所有权的部门”以及生态环境主管部门等环境行政代履行机关；[③]“法律规定的组织”则可以依据《民事诉讼法》和《环境保护法》确定。[④] 其中，“国家规定的机关”中的检察院和“法律规定的组织”皆可以提起环境公益诉讼，自然可以成为生态环境修复责任的请求权主体；至于其他机关，则通过借鉴环境行政代履行及生态环境损害赔偿制度而确定。

由此，国家规定的机关指涉公权力主体，而法律规定的组织则指向法人或非法人组织，皆为公共主体而不包括被侵权人。一方面，这一做法是法典为维持内部体系的一致性，回应总则编中未规定自然人良好生态环境请求权而作出

---

① 参见李昊：《论生态损害的侵权责任构造——以损害拟制条款为进路》，《南京大学学报（哲学·人文科学·社会科学）》2019 年第 1 期。

② 其第 6－2：209 条指出，政府或指定的主管机关因恢复生态损害而遭受的不利负担被视为侵权法上的具有法律相关性的损害（legally relevant damage），可以向加害人请求赔偿。

③ 参见《民事诉讼法》第 55 条、《行政强制法》第 51 条、第 52 条、《最高人民法院关于审理生态环境损害赔偿案件的若干规定（试行）》（法释〔2020〕17 号）和《生态环境损害赔偿制度改革方案》。

④ 依据《民事诉讼法》第 55 条和《环境保护法》第 58 条的规定，“法律规定的组织”包含“依法在设区的市级以上人民政府民政部门登记”且“专门从事环境保护公益活动连续五年以上且无违法记录”的社会组织。

的规则设置。另一方面，公共主体依托其专业性与威慑力，能够切实提升生态环境修复的效率。

其次，被侵权人同样可以成为生态环境修复责任的请求权主体，《环境侵权司法解释》中即直接承认了被侵权人的请求权主体地位，同时规定在侵权人未予修复时，法院有权委托其他人进行生态环境修复。司法实践中亦存有在私益诉讼中肯认被侵权人提出生态环境修复请求的做法，在最高人民法院发布10起黄河流域生态环境司法保护典型案例之四中，法院在判定侵权人承担鱼塘死鱼损失、钓鱼经营损失、养鸡损失等私益损害的同时，还判定侵权人承担修复鱼塘、养鸡环境的义务并履行环境修复费用等，肯定了受损害方在私益诉讼中亦可以主张与人身、财产权益保护相关的生态环境修复。[①] 上述司法解释和典型案例将请求权主体扩充至被侵权人，对在私益诉讼中如何处理好与维护生态环境公共利益的衔接关系提供了解决思路。这一做法突破了《民法典》第1234条对生态环境修复请求权主体的限定，但并未超越立法权限。这是因为，《民法典》设定公共的请求权主体是出于对生态环境保护提供及时有效的救济路径之目的，但并非排斥私主体生态环境修复的请求。事实上，公共的请求权主体的权益来源正是私主体的良好生态环境利益诉求。由此，该司法解释在维护法典体系完整性的同时，进一步保障了私主体的生态环境修复请求的自由，确立了生态环境修复责任中公私结合的请求权主体。

2　生态环境修复责任规定于《民法典》的合理性证成

具备公私融合属性的生态环境修复责任却可以被直接规定于《民法典》得益于民法的反身性。从法律系统的视角看，所谓“反身性”指的是法律系统的自我指涉以及与其他系统相指涉。法律系统在自我封闭的基础之上，通过系统间的耦合等方式将系统外的内容内化于自身，保持法律系统的先进性。[②] 生态环境修复责任则是法律系统与生态社会系统耦合，民法子系统与其他法律子系

---

① 参见义马市朝阳××养殖场诉河南省义马市××化工有限责任公司水污染责任纠纷案，河南省义马市人民法院民事判决；相同观点的案例可参见，广东省高级人民法院环境资源司法保护十大典型案例之六：陈×诉何×等环境侵权责任纠纷案，广东省惠州市中级人民法院民事判决。

② 参见［德］贡塔·托依布纳：《法律：一个自创生系统》，张骐译，北京大学出版社2004年版，第82、88页；［美］诺内特、塞尔兹尼克：《回应型法：转变社会中的法律与社会》，张志铭译，中国政法大学出版社2004年版，第87页。

统、政策系统耦合的产物。由此，其既蕴含着人与自然和谐共生的中国式现代化理念，又体现了效率优先、公平兼具的价值目标；同时，其呈现出公法与私法结合、实体与程序交融、政策与法律协同的制度样态。

2.1 民法系统与生态社会系统耦合

民法系统与生态社会系统相耦合，进而衍生出生态环境修复责任制度，回应人与自然和谐共生的中国式现代化理念，以及效率优先、公平兼具的价值目标。

首先，人与自然和谐共生的中国式现代化理念是生态社会系统的核心理念，而绿色价值恰是民法的时代追求，生态社会系统借助生态保护的联结点对民法系统产生刺激，民法系统即对其作出回应。而生态环境修复责任作为生态环境损害的核心救济方式，是民法回应绿色时代需求的具体表现，凸显了人与自然和谐共生的中国式现代化的价值目标。

中国式现代化的核心要义是现代化，在此意义上，生态环境修复责任构成《民法典》现代性的具象表达。一方面，其强化了主体间性理念。生态环境修复责任是针对生态环境损害的特定的救济方式，其引入公共请求权主体、对接公益诉讼、强调行为责任、修复方式多元，能够切实提高生态环境修复的实效，真正实现人与自然的和谐互动。另一方面，其在《民法典》中的体系安排是反思理性的具体表达。《民法典》承继了《民法总则》的制度设计，并未将生态修复责任作为一项独立的责任形式规定于总则编，而是在侵权责任编规定其具体构成。由此，法典未将生态环境修复责任限定为一项民事责任形式，为其与行政责任效果的融合留足空间；专章规定环境污染和生态破坏责任，是对《民法典》中绿色原则的具体化，同时回应了绿色时代的需求。

中国式现代化的突出特色是“中国式”，而生态环境修复责任主要通过贯彻中国特色社会主义核心价值观来推进“中国式”现代化。其一，文明与和谐。生态环境修复责任区别于传统的民事责任形式，相较金钱赔偿更为强调责任主体的修复行为，以此强化其主体意识，以实际行动实现人与自然和谐共生的有利秩序。生态环境修复责任强调生态功能的恢复，如补植树苗、复耕复绿等，而其他责任形式并不关注生态环境本身的优化，因此，唯有生态环境修复责任才能真正促进生态文明建设。其二，平等与自由。社会风险是现代化的典型后果，风险分配的逻辑区别于传统社会中财富分配的逻辑，风险分配具有平等性，其不会因为权势地位、金钱财富的悬殊而区别对待。[①] 环境污染、生态破坏的风险是风险社会的典型表现，一旦生态环境遭受损害，受污染或破坏区域的相关主体将受到同等的生命与健康威胁。因此，生态环境保护便成为生态共同体的一致追求。而生态环境修复责任为这一追求筑牢法律防线。一方面，其通过设置公权机关与社会公益组织等多元请求权主体，能够解决私主体请求难的困境，以更为及时和有效地填补生态损害，实现无差别地集体保护；生态功能的恢复能够确保生态资源的代际共享，实现当代人与后代人的平等发展。[②] 另一方面，直接修复、替代修复，自行修复、委托修复等多种修复模式，能够提升修复实效，以规避生态损害所带来的私主体的生命、健康风险，保障私主体追求良好生态环境的自由。

其次，效率优先、公平兼具的价值目标。生态系统功能的维持与优化是生态社会系统的目标，而生态环境遭受破坏时修复的紧迫性则是生态社会系统与法律系统的联结点，由此，民法中创设的生态环境修复责任突出强调效率价值，这突出表现为多元的修复主体和精简的程序设计：(1)多元的修复主体。在《民法典》中，生态环境修复责任在以侵权人自修复为原则的基础上，增加代修复主体，在私主体实施修复行为不及时、不到位的情形下转由公共主体代修复，代修复的费用由私主体负担。结合《环境公益诉讼司法解释》第 20 条的规定进行解释，对于生态环境急需修复而侵权人无法即时修复的，法院也可以直接判定由侵权人承担生态环境修复费用，换言之，在此情形下，公共主体可以直接代修复。(2)精简的程序设计。生态环境代修复与环境行政代履行制度原理相通，但在具体的制度设计上，前者删除了后者的三次催告程序，凸显了民法中生态环境修复责任的效率价值。由此，民法从现实本位出发，切实提高修复实效，保护生态环境利益。特别强调的是，扩大代修复的适用范围、精简代修复的程序并不影响代修复主体向行为人追偿修复费用，代修复主体仅为中间责任人，终局责任仍由行为人负担，因此代修复并非苛责国家规定的机关或法律规定的组织，而是同时保障了实质意义上的公平。

---

① 参见[德]贝克：《风险社会》，何博闻译，译林出版社 2004 年版，第 19 页。

② See O. Fagbohun, "The imperatives of environmental restoration due to oil pollution in nigeria", *Stellenbosch Law Review*, vol.18, no.2 (April 2007), pp.347－363.

2.2 民法子系统与其他法律子系统、政策系统耦合

民法作为一个法律子系统，可以与其他法律子系统或政策系统相耦合，多个部门法以及政策皆对生态环境修复责任作出了规定，进而民法中的生态环境修复责任呈现出公法与私法结合、实体与程序交融、政策与法律协同的制度样态。

一是公法与私法结合。私主体的环境污染、生态破坏行为侵害了生态环境利益，进而影响其他私主体的合法权益，私主体间通过生态环境构建起间接联系。[①] 这种牵连关系说明，对生态环境利益的保护实际上也是对不特定私主体合法权益的间接保护。因此，生态环境利益本身即彰显了公私结合的理念。正是基于生态环境利益的公私结合属性，生态环境修复责任同时被规定于《民法典》及其相关的司法解释，以及行政法、刑法等公法之中。民法与公法相耦合，进而民法中的生态环境修复责任呈现公私交融的法律效果。除了前所述及的责任体系视角下代修复与行政代履行的公私法融合外，在生态环境修复责任的具体构成方面，“国家规定的机关或者法律规定的组织”这些请求权主体将被引致到《民事诉讼法》《行政强制法》《环境保护法》等法律予以确定；代修复中国家规定的机关或法律规定的组织委托第三方进行修复而签订的委托协议，须结合《行政诉讼法》《最高人民法院关于审理行政协议案件若干问题的规定》（法释〔2019〕17 号）等规范进一步确定其性质。

二是实体与程序交融。一方面，生态环境修复责任制度本身区别于传统责任一次性、一揽子的承担方式，而融合了分阶段、分主体的程序性设计，先由行为人在合理期限内承担修复责任，在此期限内未予修复的，再行启动代修复程序。另一方面，生态环境修复责任强调对公益损害的救济，以实体法的形式进一步明确了提起环境民事公益诉讼的主体条件、权利义务关系等，弥补了环境民事公益诉讼的实体法空白，使得环境民事公益诉讼具备了实体法依据。[②]

三是政策与法律协同。首先，生态环境损害的计算方式源自政策。尽管生态环境修复责任聚焦修复行为而实现法律救济，但在无法完全修复时，也往往通过支付生态环境修复费用的方式以实现对生态环境损害的救济。生态环境损害区分于传统民事损害中的差额计算法，而通常采用《生态环境损害鉴定评

---

① 参见吕忠梅：《人与自然和谐共生视野下的环境法学理论创新》，《东方法学》2023 年第 2 期。

② 参见王利明：《〈民法典〉中环境污染和生态破坏责任的亮点》，《广东社会科学》2021 年第 1 期。

估技术指南 总纲和关键环节 第1部分：总纲》(GB/T 39791.1—2020)中规定的虚拟治理成本法。[①] 究其原因，生态环境损害指涉生态系统的功能退化和服务减少，系统功能退化之损害难以被量化，而服务减少损害又与恢复至公众可接受水平共频，具备动态性、长期性与不确定性，与传统民事损害的确定性要求相区分，虚拟成本计算能够综合考量损害发生的时间、范围、影响，进而虚拟计算损害发生前后之差额。

其次，生态环境修复责任对政策的参照适用。“被告不履行生态环境修复义务时所应承担的修复费用，应当依照法律、法规、规章予以缴纳、管理和使用。”[②]“赔偿义务人……在符合有关生态环境修复法规政策和规划的前提下，开展替代修复，实现生态环境及其服务功能等量恢复。”[③]

可见，生态环境修复责任规定于《民法典》是法律系统与其他社会系统，以及法律子系统内部耦合的产物，凸显了民法的反身性。

3 生态环境修复责任的承担方式

修复生态环境所要求的生态功能的恢复区分于恢复原状中的还原原貌，因此其在修复手段上也更为灵活，含括完全修复与替代性修复；生态环境修复责任相较生态环境损害赔偿责任更为强调生态环境保护的实效，进而呈现行为人自修复与公共主体代修复相结合的修复程序，代修复中还存在自行修复与委托修复并存的多元修复方式。

3.1 完全修复与替代修复

以修复方式为划分依据，可以将生态环境修复责任划分成完全修复与替代修复两种类型。完全修复一般适用于生态环境并未遭到严重损害的情形，司法实践中，法院通常会直接判令被告在一定期限内履行清除污染物、增殖放流等生态环境修复义务；而无法进行完全修复时，如生态环境须自净恢复、无法恢复

---

① 参见江苏省泰州市人民检察院支持泰州市环保联合会起诉江苏××农化有限公司等企业环境污染公益诉讼案，江苏省高级人民法院(2014)苏环公民终字第00001号民事判决；参见指导案例133号：山东省烟台市人民检察院诉王×、马×环境民事公益诉讼案，山东省烟台市中级人民法院(2017)鲁06民初8号民事判决；等等。

② 参见《最高人民法院关于审理生态环境损害赔偿案件的若干规定（试行）》(法释〔2020〕17号)第15条。

③ 参见《生态环境损害赔偿管理规定》(环法规〔2022〕31号)第9条。

至原来的生态功能等，则可以采取替代性修复方式[①]，实践中存在异地修复、劳务抵偿、技术改造等。

首先须明确的是，生态环境自净不影响修复责任承担。生态环境可以自净修复的，不能免除或减轻行为人的修复责任。一方面，在案发时，生态环境确已遭受损害，其后续是否得以恢复并不影响污染者的责任认定；另一方面，若准允生态环境自净时的责任减免，则可能导致污染者心存侥幸，不利于生态环境的预防与保护。自净情形下无所谓完全修复，法院往往要求行为人承担替代性修复责任。在本案中，法院即判决，尽管被污染水域可以自净，但行为人仍须承担其污染区域的生态环境修复责任，在其不能自行修复的情况下应当支付生态环境修复费用；[②]在×大气污染案中，法院认为，×公司排放大气污染物造成的环境污染可以经由大气扩散而自净，公司与政府达成生态环境损害的磋商协议，协议约定由该公司进行村景观环境整治工程的替代性修复方式，法院确定协议有效。[③]

其次，实践中存在多种替代修复方式。一是劳务代偿。实践中，法院往往通过综合行为人的经济状况判定是否可以采取公共劳务代偿的方式替代支付生态环境修复费用，比如参与巡河、人居环境整治等，以灵活方式最大限度地落实修复责任。[④] 但问题是，法院的判定逻辑是直接对支付生态环境修复费用是否可以存在替代方式作出选择，而忽略了行为人在支付生态环境修复费用之外的替代性修复方式。虽然从结果上看，后者可能采取的替代方式与前者相同，但前者的核心是围绕生态环境修复费用而展开，而后者则仍集中在生态环境修复的行为责任。后者的论证逻辑才未陷入将生态环境修复等同于金钱给付的窠臼之中。因此，与其承认“劳务代偿”，不如将劳务方式认定为一种替代性的行为责任形式。二是技改抵扣。技术改造在完成生态环境损害救济的同时也

---

① 特别说明的是，《生态环境损害赔偿制度改革方案》(2017年12月)中提及“生态环境损害无法修复的，实施货币赔偿，用于替代修复”。此处“替代修复”已经超越修复责任的承担方式，实质上指涉生态环境损害赔偿责任。

② 参见指导案例133号：山东省烟台市人民检察院诉王×、马×环境民事公益诉讼案，山东省烟台市中级人民法院(2017)鲁06民初8号民事判决。

③ 参见最高人民法院发布人民法院保障生态环境损害赔偿制度改革典型案例之四：绍兴市环境保护局、浙江××建材有限公司、诸暨市次坞镇人民政府生态环境损害赔偿协议司法确认案。

④ 参见夏×、安化县人民检察院等非法捕捞水产品罪案，湖南省安化县人民法院(2022)湘0923刑初477号刑事附带民事判决。

预防了未来的环境污染风险，是预防与治理相结合的替代性修复手段，但在适用过程中也应当结合技改目的和用途作出具体判定。在一案中，行为人进行技术改造是为了实现循环利用，而循环利用并非为法律所强制要求履行的义务，因此，此项技改可以抵扣部分生态环境修复费用；[①]而在另一案中，技改是为了排污合规，构成其应尽的法律义务，技改抵扣则不成立。[②] 三是异地修复。特殊功能区的生态环境受到破坏的，应当以原地修复为原则。当行为人或代修复主体能够证明原地无法实现修复时，才能进行异地修复。[③]

3.2　自修复与代修复

依据修复主体的不同，生态环境修复责任包含自修复与代修复。自修复可以提高行为人的责任意识，强化其主体间理性。当其不能自修复时，可以自行委托第三方代为修复。不过，尽管理论上提倡行为人的自修复，但若不考虑时效而径直认定自修复的优先顺位，则可能造成生态环境的进一步恶化。因此，法律上限定行为人"合理期限内"未予履行的，即准允代修复；甚至在生态环境急需修复而行为人无即时修复能力的，可以直接代修复。这种代修复的特别规定，体现了民法对生态环境保护效率优先的价值考量。

代修复还可以被具体区分为自行修复与委托修复，即公共主体既可以自行修复，也可以委托第三方修复。委托修复是公私协同的修复模式，为生态环境保护提供了高效治理路径。尽管《行政强制法》中明确了行政强制措施权不能委托于第三人，但却肯认了环境行政代履行中的委托第三人履行制度。这是行政机关出于行政管理的目的而作出的特别规定，一方面，环境行政代履行作为一种间接强制执行手段，重点在代履行而非强制，是轻微缓和的行政执行措施；[④]另一方面，生态环境损害关切多数人的生命健康，具备紧急救济的需求，引入私人手段参与行政事务，是私权协助公权、公私协同治理生态环境问题的重要举措。那么举重以明轻，对于代修复行为，公共主体皆可以委托第三方修复。

---

① 参见江苏省泰州市人民检察院支持泰州市环保联合会起诉江苏××农化有限公司等企业环境污染公益诉讼案，江苏省高级人民法院(2014)苏环公民终字第00001号民事判决。

② 参见江苏省高级人民法院发布2021年度十大典型案例之九：××××环境研究所诉××公司大气污染民事公益诉讼案，江苏省高级人民法院(2020)苏民终158号民事判决。

③ 指导案例211号：铜仁市万山区人民检察院诉铜仁市万山区林业局不履行林业行政管理职责行政公益诉讼案，贵州省遵义市播州区人民法院(2017)黔0321行初97号行政判决。

④ 竺效、丁霖：《论环境行政代履行制度入〈环境保护法〉——以环境私权对环境公权的制衡为视角》，《中国地质大学学报(社会科学版)》2014年第3期。

特别的是，对于核安全污染等造成的生态环境损害，法律已基于其强污染性、强破坏性、强专业性等考量而设定集中责任原则[①]，而无须适用环境行政代履行或代修复程序。同理，也不宜准允核设施营运者委托修复。

在本案中，法院直接判定在王×、马×无法直接修复时，环保部门委托第三方进行修复，即采取了代修复中的委托修复方式，以达到高效修复生态环境的实际效果。

进一步讲，为限制私权对公权的过度干预，行政机关和第三人之间的委托合同仅指向第三人替代行政机关履行修复行为，而不继受行政机关的行政强制权力，因此，第三人不能强制行为人履行，而只能以自己的名义实施修复行为。同时，为避免公权力机关过度依赖私权协助而不作为，在委托第三人实施代履行的同时，公权机关应当派员监督；代修复主体应当基于委托合同关系支付第三方修复费用，而后再向行为人追偿。

4　支付生态环境修复费用的法律性质

诚如前文所述，生态环境修复包括完全修复与替代修复，而在在众多替代性修复方式中，除了前所提及的劳务抵偿、技改抵扣等行为责任外，实践中还存在较为常见的金钱给付方式，即支付生态环境修复费用，本案法院即判定王×、马×支付生态环境修复费用。

支付生态环境修复费用可以构成被告（行为人）替代修复的一种方式，但代修复主体则不能再行采取支付修复费用的履行方式，否则有违代修复的制度目的，也无法落实生态环境保护与优化。若代修复主体仍不能实现修复目的，行为人须赔偿包含生态环境修复费用在内的损害赔偿责任。

4.1　支付生态环境修复费用与生态环境损害赔偿

在生态环境能够修复的情况下，支付生态环境修复费用与生态环境损害赔偿责任之间的关系为何？实践中有的法院将二者进行准确区分，指明生态环境修复费用与生态环境受到损害至恢复原状期间的服务功能损失是两项不同的金钱给付；[②]有的法院则混用二者，将防止损害发生与扩大的风险治理成本这一

① 参见《核动力厂管理体系安全规定》（中华人民共和国生态环境部令第 18 号）第 6 条第 6 项。

② 参见最高人民法院发布十起环境公益诉讼典型案例之八：江苏省徐州市人民检察院诉徐州市××造纸有限公司水污染民事公益诉讼案。

本应为损害赔偿的项目纳入生态环境修复责任的承担范围。[①] 对此本文认为，支付生态环境修复费用作为生态环境修复责任的具体承担方式，应区分于生态环境损害赔偿。生态环境损害赔偿责任包含生态功能丧失损失、调查评估费用、防止损害发生或扩大的费用等，本质上是为了填补受损权益价值之差额；而生态环境修复费用则派生于生态环境修复的行为责任，围绕重建受损生态环境的制度目的而确定。二者的制度目的和支付项目大相径庭，不能仅因为其皆为金钱给付即将其认定为同一方式。同时，为避免实践中侵权人逃避支付修复费用[②]，应当确定其滞后性。[③] 申言之，支付生态环境修复费用的替代方式应当劣后于其他替代手段适用，以防止将侵权人的修复行为责任完全架空，无法实际发挥修复责任的制度目的。

4.2　支付生态环境修复费用与支付罚金

即使支付罚金与支付生态环境修复费用皆为金钱给付，但前者目的在于惩戒，而后者是为了补偿损害。因此，刑事责任与生态环境修复责任并行不悖。在责任衔接方面，生态环境修复责任可以成为部分环境污染刑事案件不起诉或免于刑事处罚的情节。[④]

进而，刑事与民事责任可以实现衔接适用，实践中有法院主张，行为人犯污染环境罪，被判处有期徒刑与罚金，但是并不影响其承担修复生态环境义务、支付生态环境修复费用、公开赔礼道歉等。[⑤]

4.3　支付生态环境修复费用与行政环境代履行

首先，一些特定的生态环保领域立法（如《森林法》《土壤污染防治法》）中明确了造成林木、土壤破坏的行为人的责任形式，主要包括责令停止违法行为、罚款、修复等。[⑥] 在修复责任方面，上述行政规范并不关注修复责任的构成要件，

---

① 参见泰兴××化工有限公司与泰州市环保联合会环境污染侵权赔偿纠纷申请再审案——最高法院再审审查首例环境民事公益诉讼案，最高人民法院（2015）民申字第1366号民事裁定。

② 参见最高人民法院发布人民法院贯彻实施民法典典型案例（第二批）之十六：上海市奉贤区生态环境局与张×新、童×勇、王×平生态环境损害赔偿诉讼案。

③ 参见上海市奉贤区生态环境局诉张×等生态环境损害赔偿诉讼案（参考性案例第128号），上海市第三中级人民法院（2021）沪03民初31号民事判决。

④ 参见《最高人民法院、最高人民检察院关于办理环境污染刑事案件适用法律若干问题的解释》（法释〔2016〕29号）第5条。

⑤ 参见指导案例210号：九江市人民政府诉江西××环保科技有限公司、杭州××建材有限公司、李×等生态环境损害赔偿诉讼案，江西省九江市中级人民法院（2019）赣04民初201号民事判决。

⑥ 参见《森林法》第74条；《土壤污染防治法》第94条等。

而聚焦修复的效果，如补种树木的修复方式、代履行的修复费用承担等。

其次，《行政强制法》中系统性规定了环境行政代履行制度[①]，与民法中的生态环境修复责任存在一定区分。一方面，《民法典》中明确规定了侵权人直接修复的构成要件，而《行政强制法》则径直以“未履行行政决定”将制度重心倾斜至代履行制度。另一方面，《民法典》中规定的生态环境代修复制度借鉴了环境行政代履行制度，同时作出了部分调适[②]：(1)扩大了代履行的主体。国家规定的机关既包含环境行政代履行机关，也包含具备环境公益诉权的机关等。这一做法充分发挥了代修复制度公私结合的治理优势，在行政机关外，增加法人或非法人组织等私主体，减轻了行政机关的负担。(2)将损害限缩于现实损害。民法中生态环境代修复的启动要件中不包含造成损害之虞的情形，维持了民法体系的一致性。(3)删除了催告程序。行为人未在规定时间内修复的，便可以代修复。与代履行的行政强制执行本质不同，代修复是生态环境修复责任的一种修复方式，无须经由多次催告程序才能实施代修复行为，一次未及时修复即实行代修复的原则能够及时有效地保护生态环境，体现了私法灵活调整的优势，同时也凸显了民法的效率价值。(4)未规定履行前、履行时和履行后的程序设计。尽管代修复制度中未对相关程序规则作出规定，但为了生态环境代修复行为能得到及时实施，对于代履行基于其自身强制执行特性以外的程序设计，如监督程序等，代修复制度应当予以借鉴。

综合行政法中的生态环境修复制度可以发现，其重点关注修复的效果与程序，可以与民法上的生态环境修复责任衔接适用。

---

① 根据《行政强制法》第 50 条和第 51 条的规定，环境行政代履行指的是，行政机关依法作出要求当事人履行排除妨碍、恢复原状等义务的行政决定，当事人逾期不履行，经催告仍不履行，其后果已经或即将造成环境污染或自然资源破坏，行政机关可以代履行或委托没有利害关系的第三人代履行；在代履行三日前，还应催告当事人履行；并且应当在代履行前送达决定书、代履行时派员监督、代履行后在执行文书上签章。

② 参见丁霖：《论生态环境损害代修复——兼论〈民法典·侵权责任编〉（草案）第 1234 条的完善》，《吉首大学学报（社会科学版）》2020 年第 3 期。

林业局不履行林业行政管理职责行政公益诉讼案

张平华　董媛媛　侯圣贺*

摘要：涉及生态环境损害的公益诉讼中，对行政机关是否依法正确履职的认定是实现生态环境修复目标的关键问题。指导案例211号围绕行政机关撤销行政处罚的决定是否合法和是否正确履行代为补植复绿职责的争议焦点，明确了环境修复行政责任与刑事责任的折抵问题，提供了确认未依法履职与履职判决并用的矫正方案。该案例在认定行政机关是否依法履职时考量了行为因素、结果因素和因果关系，是对认定标准争议的回应，对如何认定依法正确履行环境行政监督管理职责具有指导示范意义。该案代为补植复绿职责的履行涉及适用异地补植的条件分析，如若行政责任和刑事责任无法完全实现惩罚、填损和修复目的时，民事环境司法发挥补位功效，据此探讨了环境行政代履行与生态环境代修复制度的区别与衔接问题。

关键词：环境行政公益诉讼；行政处罚与刑罚折抵；异地补植；依法履职认定；环境行政代履行

引言

生态环境修复责任是人与自然和谐共生的中国式现代化理念的法律表达，为生态环境保护构筑最后一道防线。生态环境损害的救济已经形成了多元责任类型并存、多元主体共同参与的制度体系。在生态环境修复责任的追究过程中，当破坏生态环境的行为同时违反行政法和刑法规定，而仅有行政法规定了生态环境修复的行为罚，仅依据刑法判处刑事责任无法实现生态修复之目的，

* 张平华，山东大学法学院教授、博士生导师，浙江新台州律师事务所疑案研究中心研究员；董媛媛，山东大学法学院博士研究生，浙江新台州律师事务所疑案研究中心研究员；侯圣贺，山东大学法学院博士研究生，浙江新台州律师事务所疑案研究中心研究员。

此时如何衔接适用生态环境损害的刑事救济与行政救济，刑事责任和行政责任能否抵消等问题在法律适用中成为疑难。在生态环境修复责任的履行过程中，一是适用异地补植的条件并不明确；二是当责任人不履行或无法履行修复责任时，如何认定行政机关已依法履行了代履行职责，如何区分生态环境修复行政代履行与生态环境代修复，准确适用代履行或代修复制度？前述问题的解决将贯穿于对指导案例211号的分析过程中，以争议焦点提炼引出将要探讨的五个问题，展开对裁判文书说理和判决的审视，总结该案对解决生态环境修复责任适用问题的启示。

1 本案案情及裁判情况

1.1 基本案情

2014年4月，沈×投资设立一人公司××木业公司并任法定代表人。2014年5月至7月，该公司以修建种植、养殖场为由，在未办理林地使用许可手续的情况下，雇佣施工队使用挖掘机械对万山区内林地进行挖掘，致使地表植被毁坏，山石裸露。经鉴定，毁坏林地276.17亩，其中重点公益林49.38亩，一般公益林72.91亩，重点商品林108.93亩，一般商品林44.95亩。2015年1月，铜仁市万山区林业局(以下简称“万山区林业局”)以上述行为涉嫌构成非法占用农用地罪移送铜仁市公安局万山分局(以下简称“万山分局”)，但公安机关立案侦查后作撤案处理。万山区林业局遂对沈×和××木业公司作出行政处罚决定：责令限期恢复原状(未载明期限)，并处罚款，但被处罚人均未履行。2016年1月20日，万山分局重新立案侦查。次日，万山区林业局撤销上述行政处罚决定。2016年12月，铜仁市万山区人民法院(以下简称“万山区法院”)以(2016)黔0603刑初67号刑事判决，认定被告人沈×犯非法占用农用地罪，判处有期徒刑二年，并处罚金人民币5万元。判决生效后，铜仁市万山区人民检察院(以下简称“万山区检察院”)向万山区林业局发出检察建议，建议其依法履行森林资源保护监管职责，责令沈×限期恢复原状，按每平方米10元至30元并处罚款。万山区林业局书面回复称：因沈×在服刑，公司倒闭，人员解散，无法实施复绿；林业局拟部分复绿造林，对其中难以复绿造林地块异地补植复绿；按一事不再罚原则不予罚款处罚。

万山区检察院以万山区林业局既未对沈×作出行政处罚，也未采取有效措施予以补植复绿，没有履行生态环境监管职责导致林地被破坏的状态持续存在，生态环境遭受严重破坏为由提起行政公益诉讼，请求确认万山区林业局未依法履行监管职责的行为违法并判令其依法履行环境保护监管职责。[①] 案件基本情况参见图1。

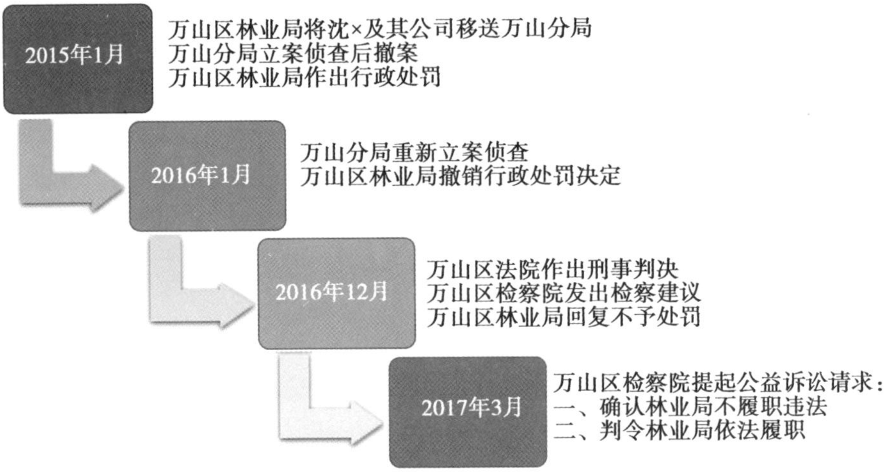

图1　案件基本情况

1.2　裁判情况

经查，涉案公益林功能设定为水土保持和水源涵养，一审审理期间，被毁坏林地部分新植马尾松苗，苗木低矮枯黄，地表干涸破碎；水源涵养公益林部分未作任何修复处理。故判决：由万山区林业局对沈×以××木业公司名义毁坏铜仁市万山区林地补植复绿、恢复原状依法履行监督管理法定职责，并限期完成复绿工程验收。宣判后，双方均未上诉，判决发生法律效力。

1.3　争议焦点

本案中，万山区检察院认为万山区林业局未对沈×作出行政处罚，也未采取有效措施予以补植复绿，而万山区林业局在万山分局重新立案侦查后撤销了对沈×及××木业公司的行政处罚，其认为撤销决定符合"一事不二罚"原则，且该局已经主动补植复绿，部分区域因土壤破坏严重而无法补植。可见，本案的争议焦点是万山区林业局撤销行政处罚的决定是否合法，其是否正确履行代

① 参见最高人民法院指导案例211号：万山区检察院诉讼林业局不履行林业行政管理职责行政公益诉讼案，《最高人民法院公报》2023年第5期（总第321期）。

为补植复绿的职责。争议焦点问题的解决涉及五个应予关注的问题，一是行政处罚与刑事处罚如何折抵；二是行政机关依法履行代履行职责的认定；三是异地修复的适用问题；四是确认未依法履职违法与履职判决并用的问题；五是环境行政代履行与生态环境代修复的选择问题(参见图 2)。

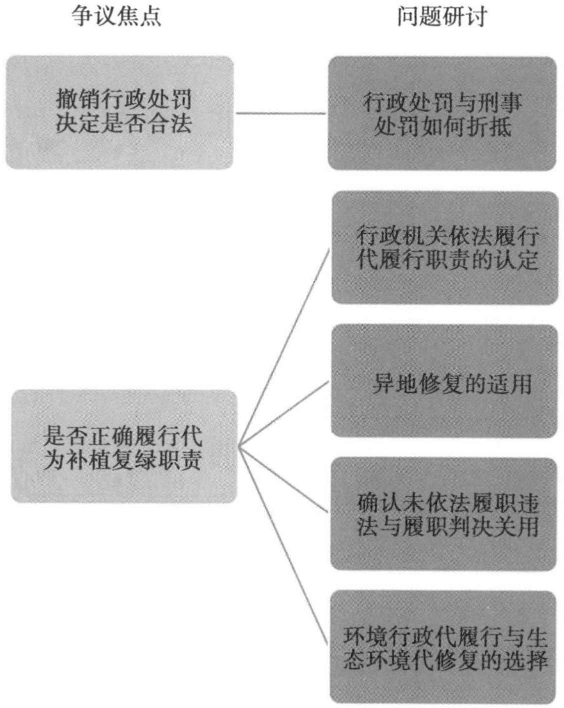

图 2　争议焦点与问题研讨的展开

2　行政处罚与刑事处罚的折抵问题

2.1　行政罚款与刑事罚金的折抵

行政罚款应当折抵刑事罚金，万山区林业局在公安机关立案侦查后撤销行政处罚的行为违法。依据 2009 年《行政处罚法》第 28 条①的规定，违法行为构成犯罪，法院判处拘役或有期徒刑时，行政机关已给予当事人行政拘留的，应当折抵相应刑期；法院判处罚金时，行政机关已经处以罚款的，应当折抵相应罚

① 参见《行政处罚法》(2021 年)第 35 条。

金。当行为人的同一违法行为既应受到行政处罚，又违反刑法应受刑罚处罚时，行政机关在法院判处刑罚前已作出的行政处罚，能够折抵功能相同的刑罚，换言之，折抵类型仅限于行政处罚的人身罚与刑罚中的自由刑，以及行政处罚的财产罚和刑罚中的财产刑。同时，《行政执法机关移送涉嫌犯罪案件的规定》（中华人民共和国国务院令第730号）第11条明确了行政执法机关向公安机关移送涉嫌犯罪案件前，已经依法给予当事人罚款的，依法折抵法院判处的相应罚金，即移送案件前行政执法机关作出的罚款能够折抵相应的刑罚罚金。行政处罚和刑罚分别属于行政责任和刑事责任，两种责任的功能不同，二者不是相互替代的关系。法院判决前和移送公安机关前作出的行政处罚和刑罚的折抵并非惩罚决定本身的折抵，而是惩罚执行上的折抵。因此，刑事侦查立案前已作出的行政处罚不应撤销，行政罚款和行政拘留应作相应折抵（参见表1）。本案中，万山区林业局在司法机关立案后撤销先前的行政处罚决定，既撤销了本应与刑罚罚金相折抵的行政罚款，还撤销了不属于刑罚的责令违法行为人限期补植复绿的行为罚，未能实现环境行政执法保护国家利益、社会公共利益的目的。万山区林业局撤销处罚的行为导致本应受到行政处罚的违法行为未被处罚，构成未依法履行职责的行政违法行为。

表1 刑事处罚与行政处罚的折抵

处罚种类	刑事处罚	行政处罚	能否折抵
财产	罚金	罚款	√
人身自由	拘役、有期徒刑	行政拘留	√
行为	任何刑罚	补植复绿	×

行政机关自我纠错权的行使问题。2009年《行政处罚法》第54条第2款[①]规定，行政机关对于公民、法人或其他组织的申诉和检举应当认真审查，发现有错误的，应当主动改正。《行政诉讼法》（2014年）第62条规定，法院对行政案件宣告判决或裁定前，被告可以改变其行政行为。然而现行法律法规未明确行政机关可以自行撤销行政处罚的情形。行政机关自我纠错权属于行政职权的权力范围，行政执法应当遵循“有错必纠”原则，行政机关的自我纠错权要受到信赖利益保护原则的限制，行政行为的确定力和执行力使行政机关不能随意改变

① 参见《行政处罚法》（2021年修正）第75条第2款。

已作出的行政行为。行政机关自我纠错权的行使，需要考虑行政行为类型、行政行为违法程度、行政行为的作出时间等要素，还需遵循正当的法律程序。[①] 本案中，万山区林业局撤销行政处罚的行为并不具有法律依据，也不属于应当通过撤销予以纠正的行政行为。

综上，万山区林业局的撤销行为违反法律规定，导致本应受到行政处罚的违法行为未被处罚，显属不当。

2.2 环境修复行政责任与刑事责任不能折抵

毁坏植被、破坏生态行为的行政责任包括停止违法行为、补种树木和缴纳罚款。依据《森林法》第 44 条的规定，林业主管部门有权责令致使森林、林木受到毁坏的违法行为人停止违法行为、补种树木，还可以处以罚款；在拒不补种树木或者补种不符合国家有关规定时，代替违法者补种，并由违法者支付费用。《行政处罚法》第 8 条以"列举＋概括"的方式明确了处罚种类，包括法律、行政法规规定的所有行政处罚，第 9 条第 1 款明确了法律可以设定各种行政处罚[②]，因此，《森林法》所规定的"责令停止违法行为""补种树木"也属于行政处罚。此外，《森林法》第 44 条第 1 款第 1 句规定"依法赔偿损失"是民法与行政法的衔接条款，按照前述规定，违反《森林法》规定进行的开垦、采石等活动导致森林、林木被毁的，可依据《民法典》侵权责任编有关环境生态侵权责任的规定赔偿被侵权人的损失。具体而言，被侵权人可依据《民法典》第 1232 条请求相应的惩罚性赔偿，国家规定的机关或者法律规定的组织有权依据第 1234 条请求侵权人在合理期限内承担生态环境修复责任，在侵权人不修复时主张代为修复，民事环境公益诉讼的原告有权依据第 1235 条规定的赔偿范围请求侵权人赔偿损失和相关费用。

刑罚不包括环境修复的行为罚，其保护法益不直接指向生态价值利益。与行政处罚不同的是，我国刑法所规定的刑罚不包括行为罚，并不规定责令犯罪行为人为某种作为或不作为行为的刑事处罚。我国《刑法》并没有直接规定破坏生态环境的罪名，而在第六章第六节规定了"破坏环境资源保护罪"，但并不涉及环境修复的刑事责任。聚焦至本案，万山区林业局以沈×及××木业公司

---

① 参见最高人民法院：《行政机关自我纠错的选择适用及具体规则》，最高人民法院第一巡回法庭 2018 年第 6 次法官会议纪要（2018 年 7 月 6 日）。

② 2023 年《生态环境行政处罚办法》（中华人民共和国生态环境部令第 30 号）第 8 条也是以"列举＋概括"的方式明确生态环境行政处罚的种类，涵盖《森林法》规定的行政处罚。

的行为涉嫌构成非法占用农用地罪移送万山分局。关于农地的刑法保护规定包含三类罪名，一是《刑法》第 342 条规定的直接惩治破坏农地行为的“非法占用农地罪”，二是间接惩治破坏农地行为的第 228 条“非法转让、倒卖土地使用权罪”，三是第 410 条“非法批准征用、占用土地罪”。《森林法》有关毁坏植被、破坏生态行为的行政责任是对森林、林木生态环境利益的保护和生态环境损害的救济。从各罪所保护的法益和刑罚种类来看，此三类农地犯罪仅能够惩治非法利用农地的行为，仅剥夺其财产权利和人身自由，不能实现农地生态环境权益的保障功能和农地生态环境破坏的救济功能。“非法占用农用地罪”主要是从物理形态上保护农地的完整性，该罪客观方面的认定关键在于非法占用和改变被占地用途，保护的是农地农用用途，即农地经济价值的保护，而非生态功能的保护；该罪的行为方式仅限于非法占用，未涵盖其他破坏农用地亦导致生态破坏的行为；[①]损失评估中鉴定部门也仅计算农地经济价值而未考虑农地的生态价值。[②] 因此，毁坏植被、破坏生态行为的行政责任与刑事责任所保护的法益不同、处罚措施不同，沈×所承担的刑事责任不能替代行政责任所承担的环境修复义务。

综上，刑事责任不涉及环境修复的刑罚，对于刑法暂未规定相应刑罚措施的违法行为，行政机关作出“责令停止违法行为”“补种树木”的行政处罚承担了刑罚所不能实现的生态修复功能，与环境生态侵权惩罚性赔偿制度并行，共同填补了刑法对森林、林木生态环境利益保护惩罚制度的空缺。“责令停止违法行为”“补种树木”的行政处罚不能与任何刑罚相抵消，其与非法占用农用地罪的刑事处罚不构成“一事不再罚”，更不违反刑罚优先原则。因此，在刑事判决生效后，万山区林业局应对案涉毁坏植被、破坏生态的行为实施行政处罚，其以刑事判决生效不能再作出行政处罚的辩解理由不成立。

2.3 环境修复在刑事审判中的考量

关于是否有必要增加环境修复刑事责任的问题。现行法律并未将环境修复作为刑事责任的承担方式，仅《最高人民法院、最高人民检察院关于办理环境污染刑事案件适用法律若干问题的解释》（法释〔2016〕29 号）第 5 条规定了“积

① 参见李嵩誉：《农地生态价值保护的刑法机制》，《法学杂志》2020 年第 11 期。

② 参见白建国、叶云翔：《土地渎职犯罪案件中价值鉴定问题的思考》，《中国检察官》2010 年第 1 期。

极修复生态环境”可以作为环境污染刑事案件不起诉或者量刑情节予以考量。将法律法规或实践中运用的“补种复绿”“增殖放流”等生态环境修复方式作为罚金刑、自由刑等环境刑事责任的承担方式或者替代承担方式并无任何法律依据。刑事责任的追究遵循罪刑法定原则，故而仅能通过立法增加环境修复刑事责任的承担方式，但将突破现有刑罚种类的体系。由于生态环境修复基线的一致性，环境刑事责任、环境行政责任、生态环境修复民事责任必将导致责任内容重复、责任承担衔接方面的问题，产生重复追究、责任人负担过重的弊端。

环境犯罪的特殊性在于它不仅造成财产损失、人身伤害等传统法益损害，同时损害了作为公众环境权益的生态服务功能，除了惩罚损害环境权益的违法行为人外，恢复与补偿受损的环境权益是立法对现实迫切需求的回应，能够体现环境刑事责任的特殊功能。综合前述所论，环境修复不能作为刑罚处罚和执行方式予以适用，而仅应限制在作为量刑情节、非刑罚处罚措施和刑事附带民事赔偿方式的范围内适用。①

3　异地补植的适用问题

3.1　难以复绿的认定

并无证据证明案涉被毁林地难以复绿。能否实施异地补植复绿的前提为当地是否已达到难以复绿的程度。按照2016年《生态环境损害鉴定评估技术指南总纲》(环办政法〔2016〕67号)的生态环境损害鉴定评估程序可知，在进行可恢复性评估后，对于不可恢复的生态环境损害应进行补充性恢复。其中，可恢复性评价一般通过文献调研、专家咨询、案例研究、现场实验等方法，得出受损生态环境及其服务功能恢复至基线的经济、技术和操作的可行性。② 本案中，万山区林业局对万山区检察院回函称将对难以就地复绿的地块异地补植复绿，在一审中辩称部分林地因土层破坏严重，岩石裸露无法进行恢复，并提供了被毁林地补植林木的资料以证明林地恢复情况，但未提及被毁坏林地的可恢复性

① 参见徐本鑫:《刑事司法中环境修复责任的多元化适用》,《北京理工大学学报(社会科学版)》2019年第6期;鲁冰清:《论上诉期内生态修复行为作为量刑情节的正当性及其实现》,《济南大学学报(社会科学版)》2022年第5期。

② 补充性恢复是指,基本恢复无法完全恢复受损的生态环境及其服务功能,或补偿性恢复无法补偿期间损害时,采取额外的、弥补性的措施进一步恢复受损的生态环境及其服务功能并补偿期间损害的过程。参见《生态环境损害鉴定评估技术指南》(GB/T 39791.1—2020)第2、4、7页。

评价，不能证明被毁林地难以复绿。

3.2 异地补植的适用条件

按照《最高人民法院关于审理环境民事公益诉讼案件适用法律若干问题的解释》（法释〔2015〕1号）第20条、《最高人民法院关于审理环境公益诉讼案件的工作规范（试行）》第33条的规定，生态环境修复方式有两种，直接修复和替代性修复，可以采用替代性修复的前提条件为：原地修复已无可能或无必要，或者无法完全修复。但环境公益诉讼的司法解释并没有对“替代性修复”的概念作出准确界定。直接修复是生态环境损害救济的首要修复方式，囿于生态环境遭受永久性损害或技术难度过大等客观因素无法直接修复的，可以进行替代修复。[①] 2022年《生态环境损害赔偿管理规定》（环法规〔2022〕31号）第9条也作出相同规定，对于无法修复的，应开展替代修复，等量恢复生态环境及其服务功能。最高人民法院认为替代性恢复方式包括同地区异地点、同功能异种类、同质量异数量、同价值异等级等情形。[②] 换言之，替代性修复提供的生态环境及其生态系统服务需要与原受损生态环境等值或者大体相当，且位于同一个流域或生态区域。[③] 所谓“同地区异地点”是指，在同一生态环境区域，被污染或破坏的地点确实无法全部或部分恢复原状，可另择适当地点进行补植复绿等。[④] 据此，“异地补植”属于替代性修复方式的一种，其适用应满足采用替代性修复的前提条件。替代性修复的实施应关注替代区域的选择和替代要素的满足，于异地补植而言，一是替代区域的选择，选择异地区域应当遵循地理毗邻性原则，不宜跨行政区域，替代区域应在地理上与受损场所相连接，首先满足本地区生态环境平衡，二是替代要素的满足，在异地土壤、天气等环境条件下补植同种林木作为替代要素时，应以实现与受损区域同等价值的生态环境要素与功能的恢复为目标。

综上，异地补植的适用条件可以概括为：受损区域难以复绿，替代区域毗邻

---

① 参见李兴宇：《公私法域交叉背景下“修复生态环境”责任的定位与实现》，《云南大学学报（社会科学版）》2022年第5期。

② 参见最高人民法院环境资源审判庭：《最高人民法院关于环境民事公益诉讼司法解释理解与适用》，人民法院出版社2015年版，第297页。

③ 参见王小钢：《生态环境修复和替代性修复的概念辨正——基于生态环境恢复的目标》，《南京工业大学学报（社会科学版）》2019年第1期。

④ 参见最高人民法院环境资源审判庭：《最高人民法院关于环境民事公益诉讼司法解释理解与适用》，人民法院出版社2015年版，第297页。

原则和替代要素价值相当。本案中，一方面，无证据证明万山区林业局已进行可恢复性评价并认定案涉被毁坏林地全部或部分无法或无必要修复；另一方面，鉴于案涉被毁坏林地及林木的公益林性质、水源涵养、水土保持功能，异地补植不能等量恢复林地生态环境及本地公益林的服务功能，故而法院认为应当就地进行补植复绿，不得异地替代。

4 代为补种的履行问题

4.1 代为补种的适用条件

环境行政代履行中，行政机关代为履行的依据是违法行为人被处以环境修复责任，否则行政机关代为履行将变成替代责任，无法要求真正的违法行为人支付环境修复费用。

首先，本案不满足《森林法》规定的代为补种条件。依据《森林法》第 44 条的规定，林业主管部门应在违法行为人拒不补种或补种不符合国家规定时，代为补种。换言之，不履行、不适当履行时可以代为履行，但未规定履行不能时能否代为履行。沈×在服刑、其个人独资木业公司倒闭、人员解散，无法履行环境修复责任，不属于拒不补种和补种不符合国家规定的情形。因此，即便万山区林业局依据判决作出行政处罚，代为补种并无法律依据。

其次，本案不满足行政代履行的条件。行政代履行分为一般代履行和立即代履行。依据《行政强制法》第 52 条的规定①，案涉被毁林地的情况不属于行政机关可决定立即实施代履行的情形。行政机关一般代履行的条件有二：一是当事人逾期不履行，二是经催告仍不履行。《行政强制法》第 50 条规定②的“不履行”不仅指向“能履行而不履行”的情形，还应当包含“不能履行”之情形。因此，万山区林业局依据判决作出行政处罚后，沈×及其木业公司在合理期限内未履行且经催告后仍不履行时，该林业局方能实施代履行。

最后，增设不能履行情形的代履行制度。据前述分析，万山区林业局可依

① 《行政强制法》（中华人民共和国主席令第 49 号）第 52 条规定：“需要立即清除道路、河道、航道或者公共场所的遗洒物、障碍物或者污染物，当事人不能清除的，行政机关可以决定立即实施代履行；当事人不在场的，行政机关应当在事后立即通知当事人，并依法作出处理。”

② 《行政强制法》（中华人民共和国主席令第 49 号）第 50 条规定：“行政机关依法作出要求当事人履行排除妨碍、恢复原状等义务的行政决定，当事人逾期不履行，经催告仍不履行，其后果已经或者将危害交通安全、造成环境污染或者破坏自然资源的，行政机关可以代履行，或者委托没有利害关系的第三人代履行。”

据《行政强制法》第50条代为补植。然而，按照一般代履行的法定程序，行政机关须经催告后方能实施代履行，本案行政相对人属于“不能履行”之情形，催告程序既无意义也不必要。催告程序不仅会拖延生态环境修复的时间，造成损害再次发生或扩大，而且产生了额外的执法成本，与高效执法相悖。鉴于此，法律法规应当完善环境行政代履行制度，规定行政相对人不能履行时，行政机关可以直接代履行的情形，例如违法行为人处于服刑期间、被处以行政处罚的单位解散、破产等其他个人或单位不能履行的情形。此外，立法仅规定代履行费用由相对人承担，但未明确相对人无法支付时的费用来源和补救措施。由于生态环境修复的及时性要求，避免因费用问题久拖不决造成更大的环境损害，还应规定的是，不能履行情况下行政代履行费用应由行政相对人承担，因服刑、公司解散或破产等原因行政相对人无法支付费用的，由实施代履行的行政机关先行垫付，待行政相对人有可供执行的财产后向其追偿。

4.2　依法履行代为补种职责的认定标准

行政机关是否全面履行作为义务的判断基准包括行为基准、结果基准和复合基准，行为基准强调行政机关须保证连续性、动态性的生态环境监管行为，任一环节都不存在不作为或拖延的情形，结果基准只关注最终结果能否全面实现环境公共利益，不关注行政机关的每个行为，复合基准则对行政机关的作为进行全过程审查和结果审查。[①] 学者观点多有分歧，可分为两类，一是择一派，即纯粹行为基准或纯粹结果基准。主张行为基准的观点认为，以行政诉讼是对违法、完全不履职和未依法充分、全面履职行为提起诉讼，而非以公益损害结果来判断是否提起环境行政公益诉讼。[②] 受自然条件限制，从行政机关履行法定职责到彻底消除国家利益或者公共利益受侵害的状态，不可能一蹴而就，尤其在环境公益诉讼领域，公共利益保护效果受自然条件的限制最为明显。[③] 有学者从理论和实证分析结果得出，行政机关只要在主观方面不存在不履行监管职责，客观方面已经合法穷尽行政管理措施，即使未在合理期限全面恢复受损环

① 参见王清军：《环境行政公益诉讼中行政不作为的审查基准》，《清华法学》2020年第2期。

② 参见周杰普、姜彩云：《环境行政公益诉讼中“不依法履行职责”之认定》，《学习与探索》2023年第3期。

③ 参见张旭勇：《论行政公益诉讼中“不依法履行职责”要件的性质》，《经贸法律评论》2022年第6期。

境，也不应被认定为不作为。[①] 主张采用结果基准的学者认为，检察机关应当以有效保护公益为目标进行实质性判断，与行为基准相比，追求公益受损状态“有效消除”的结果标准更有利于确保行政公益诉讼的制度效能。[②] 二是兼容派，即行为基准与结果基准通盘考量。例如主张复合基准的观点认为，应综合考虑行政机关履职的主观和客观因素。[③] 立基环境行政公益诉讼性质、目的和功能，各个基准均可纳入司法判断考量，但偏重结果基准须克服其固有弊端，或者认为主要采用行为基准，但应当类型化公益诉讼兼顾“结果基准”。[④] 更有学者认为行为和结果基准不是非此即彼的关系，都应作为履职程度认定的判断要素，遵循先结果后行为的判断顺位，并在不同阶段偏重不同要素。[⑤]

新规定明确了“行为”和“结果”要素及其关系。依据《人民检察院公益诉讼办案规则》（高检发释字〔2021〕2 号，以下简称《公益诉讼办案规则》）第 81 条的规定，不依法履行职责的标准为：行政机关能履职而未履职和国家利益、社会公共利益仍处于受侵害状态。只要行政机关不满足前述标准之一就不构成未依法履行职责。况且，该规则第 74 条从终结案件的角度明确“行为”与“结果”的关系，即公益已得到保护，或者行政机关已全面采取整改措施依法履职的，应当终结案件审查。具言之，行政机关未完全履行法定职责但公益已经得到有效保护，或者行政机关已全面履行法定职责但公益仍未得到有效保护，都不满足应起诉的不依法履职标准。[⑥]《公益诉讼办案规则》第 82 条规定细化了未依法履

① 参见刘卫先、张帆：《环境行政公益诉讼中行政主管机关不作为违法及其裁判的实证研究》，《苏州大学学报（法学版）》2020 年第 2 期；李瑰华：《行政公益诉讼中行政机关“依法履职”的认定》，《行政法学研究》2021 年第 5 期。

② 参见魏琼、梁春程：《行政公益诉讼中“行政机关不依法履行职责”的认定》，《人民检察》2019 年第 18 期；刘加良：《行政公益诉讼中被告依法履行职责的判断标准及其程序应对》，《国家检察官学院学报》2022 年第 2 期。

③ 参见胡婧：《行政监督管理职责公益诉讼检察监督的限度分析》，《河北法学》2021 年第 10 期。

④ 王清军认为，将环境公共利益目标实现等于行政机关全面履行作为义务，不仅加重行政机关负担，无助于环境公共利益目标持续有效实现，秉持结果标准，还可能违背生态环境与资源保护、生态修复的客观规律（参见王清军：《环境行政公益诉讼中行政不作为的审查基准》，《清华法学》2020 年第 2 期）。行为标准难以满足行政公益诉讼促进国家治理、保护公共利益的制度期待（参见卢彦汝 ：《行政公益诉讼中 “依法履行职责”的认定标准》，《人民检察》2020 年第 16 期）。

⑤ 参见谢玲、车恒：《环境行政公益诉讼中“不依法履行职责”认定的三重维度》，《中国地质大学学报（社会科学版）》2022 年第 4 期。

⑥ 参见刘本荣：《行政公益诉讼中“不依法履行职责”认定的实质回归及其展开》，《行政法学研究》2023 年第 3 期。

行职责的情形，对于采取整改措施的判断内含“行为”和“结果”因素：是否采取全部或部分措施，采取的是否为有效措施、是否能够实际执行并予以执行。考察了整改措施与执行的因果关系，即考虑客观因素（客观障碍、违法行为人因素）与能够履职的关系。可见，不依法履行职责的判断包括行为要素、结果要素、因果关系等多种要素的综合审查，任何一种要素都不能作为单一判断标准。

4.3 不履行代为补种职责的认定

2021 年 6 月出台的《公益诉讼办案规则》明确了“不依法履行职责”的认定规则。囿于法律法规和行业技术规范出台的时间，本案不履行法定职责的认定应全面考量行为、结果等因素。

本案中，万山区林业局撤销行政处罚后未对行为人毁坏林地的违法行为作出处理，不满足作出履行代为补种职责的前提依据——代为补种的行政责任。然而，该林业局实质上履行了部分代为补种责任，据此，代为补种职责的认定可分为两类：万山区林业局对被毁林地部分区域已代为补种的行为和其他区域未采取补种措施的行为。案涉被毁林地的林木种类包括商品林和公益林，公益林具有水源涵养、水土保持功能，除应修复环境外，还应恢复公益林的生态功能，故而须以修复生态环境和恢复生态服务功能作为代为补种职责履行的标准。依据 2016 年《生态环境损害鉴定评估技术指南总纲》（环办政法〔2016〕67 号）可知，“生态环境恢复”是指采取必要、合理的措施将受损生态环境及其服务功能恢复至基线并补偿期间损害的过程，包括环境修复和生态服务功能的恢复。其中，“基线”是指污染环境或破坏生态未发生时评估区生态环境及其服务功能的状态，“期间损害”是指自生态环境损害发生到恢复至基线期间，生态系统提供服务功能的丧失或减少。聚焦至案件事实可知，其一，万山区林业局会同镇政府等在案涉被毁林地上种植了部分树苗，但效果较差，没有保证成活率，修复效果未能达到损害未发生时生态环境及其服务功能的状态，未能使国家利益或社会公共利益受损害状态彻底消除，属于未正确履职。其二，对于部分毁坏严重、形同戈壁的土地未进行采取补植复绿措施，属于未全面履行补植复绿职责。其三，该林业局称部分土层破坏严重，岩石裸露无法恢复，其余部分因沈×与群众的纠纷而无法补种，但未提供证据证明前述事实，也未进行生态环境损害鉴定评估证明环境不能修复，故应认定不存在不能履行的客观障碍。因此，该林业局未正确、全面履行代为补种职责。

若依据 2021 年《公益诉讼办案规则》第 82 条的规定，本案万山区林业局构成第 3 项“按期回复，但未采取整改措施或者仅采取部分整改措施”和第 4 项“违法行为人一并追究刑事责任，但行政机关仍应继续依法履职”的情形，法院可以认定其未依法履行职责。

综上，指导案例 211 号在行政机关是否依法履行法定职责的认定上通盘考量了行为因素、结果因素和因果关系，与 2021 年《公益诉讼办案规则》规定一致，对于认定是否依法履行环境行政职责具有指导意义。

5 确认履职违法与判决履职并用

5.1 确认履职违法和判决履职并用于法无据

确认未履行职责违法和履行职责判决不能并用。指导案例 211 号中提到“公益诉讼人请求确认万山区林业局未依法履行监管职责的行为违法，本院予以支持”。法院同时判决被告依法履职，并限期完成复绿工程验收。一方面，依据《行政诉讼法》第 74 条第 2 款第 3 项之规定，法院判决确认不履行法定职责违法的适用情形为“被告不履行或拖延履行法定职责，判决履行没有意义的”。然而，判决被告万山区林业局依法履行职责，仍具有惩罚违法行为、修复生态环境维护国家利益、社会公共利益的意义，故法院确认被告未履行职责违法并无法律依据。另一方面，确认违法仅可以与采取补救措施并用。依据《行政诉讼法》第 76 条，人民法院判决确认违法或者无效的，可以同时判决责令被告采取补救措施。《最高人民法院、最高人民检察院关于检察公益诉讼案件适用法律若干问题的解释》(法释〔2020〕20 号，以下简称《检察公益诉讼解释》)第 25 条第 1 款第 1 项也明确了判决确认违法可以一并责令采取补救措施的情形。

判令不履行法定职责的行政机关限期履行的，应单独适用。《行政诉讼法》第 72 条明确规定[①]，法院查明被告不履行法定职责的，判决其限期履行。对于万山区林业局未依法履行监督管理职责的行为，法院判决其依法履职并限期完成复绿工程验收，具有法律依据。《检察公益诉讼解释》第 25 条第 1 款第 3 项进一步明确，检察公益诉讼中“被诉行政机关不履行法定职责的，判决在一定期限内履行”。

综上，确认违法判决与履行职责判决并用表明，确认违法判决在履行职责

① 《行政诉讼法》(2014 年)第 72 条规定：“人民法院经过审理，查明被告不履行法定职责的，判决被告在一定期限内履行。”

有、无意义时均予以适用，扩大了确认违法判决的适用条件。指导案例211号虽然仅在裁判说理中认定万山区林业局未依法履职的行为违法，在判决事项中未提及确认行为违法，仅判令其限期履职，符合法律规定。该案对于准确适用法律认定行政机关违法行为，作出确认违法判决或履行职责判决具有指导意义。

5.2 确认履职违法和判决履职并用的原因考证

法律适用文义解释不全面，未考虑体系解释。法官在适用《行政诉讼法》有关确认违法的第74条时并未将之视为确认违法判决单独适用的法律依据，也未准确理解第74条第2款第3项“判决履行没有意义”的文义。在作出确认违法与履行职责并用的判决时，未从体系视角分析《行政诉讼法》第72条与第74条第2款第3项所规定的两类判决内容的独立性，也未找到并用的法律依据而径行适用。

司法惯性的影响导致并用判决。除本案外，最高人民检察院典型案例、最高人民法院指导案例的判决中都存在确认违法和履行职责并用的情形。[①] 最高人民法院和最高人民检察院发布的典型案例、指导性案例对于下级法院审理案件具有指导示范意义。最高人民法院《〈关于案例指导工作的规定〉实施细则》（法〔2015〕130号）第10条规定，各级法院审理类似案件参照指导性案例时应将指导性案例作为裁判理由引述，最高人民法院印发《关于推进案例指导工作高质量发展的若干意见》（法〔2021〕294号）的通知中明确法官检索的类案为指导性案例的，应当参照作出裁判。[②] 可见，参照先例判案虽未达到同适用法律条文一般的刚性程度，但仍对下级法院的裁判产生一定约束力。

5.3 确认履职违法和判决履职并用的矫正

肯定以裁判说理方式认定行为违法的合理性。裁判说理部分认定行政行为违法和判决部分判处依法履职并不构成判决确认未依法履职违法和履行职责的并用，原因有二：其一，从《行政诉讼法》第74条的表述来看，“确认违法”应当体现在判决事项中，裁判说理部分行为违法的认定并不能等同于判决确认违

① 参见贵州省黎平县人民法院（2019）黔2631行初7号行政判决，2019年度最高人民检察院12起检察机关服务保障长江经济带发展典型案例（第二批）；云南省剑川县人民法院（2017）云2931行初1号行政判决，2019年最高人民法院137号指导案例。

② 参见最高人民法院印发《关于推进案例指导工作高质量发展的若干意见》的通知（法〔2021〕294号）第8条。

法。其二，裁判说理通过援引相应法律依据认定行政机关不履行法定职责的行为构成违法，是对行为的否定性评价，以此推出应当依法履行职责的结论，属于法律逻辑推理的必然展开。故而仅认定违法而非判决确认违法不属于《行政诉讼法》第74条规定的确认违法判决，法官可以在裁判说理部分认定行为违法。

在审理期间和判决后的矫正措施。审理期间，对于请求一并判决确认违法和履行职责的请求应进行释明，经释明原告不予变更的，应判决驳回部分诉讼请求，并依法单独作出确认违法或履行职责的判决。对于已经判决的，应进行司法矫正。检察机关或行政机关对于判决不服的可以进行上诉，若两方皆不上诉，法院的并用判决则应通过启动审判监督程序在再审中予以纠错。上诉或再审时，二审法院或再审法院应依据《行政诉讼法》第89条的规定，以适用法律错误为由对原审法院的并用判决予以依法改判。①

6 环境行政代履行与生态环境代修复的区别与衔接

环境行政代履行源于环境相关法律中“代为履行”“代为处置”“代为治理”“代为补种”等模糊表述②，形式上，属于行政代履行制度在环境问题上的具体运用。③ 生态环境代修复源于《民法典》第1234条的规定，属于生态环境损害救济机制。环境行政代履行和生态环境代修复是行政代履行在行政法和民法的不同运行表现。二者存在明显的区别，在制度衔接上遵从一定的适用顺位。

6.1 环境行政代履行与生态环境代修复的区别

环境行政代履行与生态环境代修复的区别可分为五个方面(见表2)：

其一，权力(利)来源不同。环境行政代履行源于单行法所规定的代履行权，例如《森林法》第81条、《土壤污染防治法》第94条等。生态环境代修复的义务由《民法典》第1234条所创设，“国家规定的机关”这一表述将第1234条定位为公私法转介条款，负有代修复职责的机关范围则由国家规定，并不限于法律法规规定的环境行政机关。

其二，产生时间不同。“损害”是民事赔偿责任的构成要件，《民法典》第

---

① 参见唐绍均：《环境行政公益诉讼判决中确认违法与履行职责的并用及其矫正》，《行政法学研究》2023第5期。

② 例如《土壤污染防治法》第94条，《固体废物污染环境防治法》第108条、第113条，《森林法》第81条。

③ 参见李义松、周雪莹：《我国环境行政代履行制度检视》，《学海》2021年第1期。

1234 条规定请求侵权人承担修复责任的损害构成要件为“造成损害且能够修复的”。据此，生态环境代修复是在损害发生后的修复。环境行政代履行不仅可适用于损害已发生，还包括损害发生前的预防性应急处置和立即代履行。预防性应急处置源于《突发环境事件应急管理办法》《国家突发环境事件应急预案》(国办函〔2014〕119 号)的规定，指的是直接采取应急处置措施并成功预防生态环境损害发生的情况。[①] 立即代履行源于《行政强制法》第 52 条的规定，立即代履行的事项被限定为“清除污染物”，清除污染不属于环境修复的范围。

其三，履行主体不同。环境行政代履行的机关为法律、法规规定的负有环境行政代履行职责的机关。生态环境代修复机关的范围更大，包括依法负有环境行政代履行职责的机关、享有环境民事公益诉权的机关和省市地级政府及其指定的部门。[②] 环境行政代履行和生态环境代修复否可以委托第三方代为实施，而《行政强制法》第 50 条将行政代履行的受委托人限制为没有利害关系的第三人，生态环境代修复暂未做类似限制。

其四，前置条件不同。环境行政代履行的前置条件是行政命令、行政决定或行政处罚，适用行政代履行的催告程序，即经催告后行为人仍不履行的，行政机关代为履行。生态环境代修复的前置条件是侵权人承担的环境修复民事责任。依据《民法典》第 1234 条的规定，侵权人在合理期限内未修复的，可以实施代修复。

其五，责任承担方式不同。环境行政代履行的责任承担方式与生态环境代修复的责任承担方式呈现交叉关系。《生态环境损害鉴定评估技术指南》(GB/T39791.1—2020)区分了污染清除、环境修复和生态环境恢复的概念，其中，生态环境恢复包括环境修复和生态服务功能的恢复。《森林法》规定的“补

① 参见徐以祥、马识途：《生态环境损害预防与救济中的行政代履行：功能定位与规范调适》，《中南大学学报(社会科学版)》2022 年第 2 期。

② 第二类主体的法律依据在于，我国《民事诉讼法》第 55 条以及《生态环境损害赔偿制度改革方案》的规定，国务院授权省级、市地级政府(包括直辖市所辖的区县级政府，下同)作为本行政区域内生态环境损害赔偿权利人，赔偿权利人有义务根据磋商或判决要求，结合本区域生态环境损害情况开展替代修复。《最高人民法院关于审理生态环境损害赔偿案件的若干规定(试行)》(法释〔2020〕17 号)第 21 条规定：“一方当事人在期限内未履行或者未全部履行发生法律效力的生态环境损害赔偿诉讼案件裁判或者经司法确认的生态环境损害赔偿协议的，对方当事人可以向人民法院申请强制执行。需要修复生态环境的，依法由省级、市地级人民政府及其指定的相关部门、机构组织实施。”参见丁霖：《论生态环境损害代修复——兼论〈民法典·侵权责任编〉(草案)第 1234 条的完善》，《吉首大学学报(社会科学版)》2020 年第 3 期。

种”是一种类似于“恢复原状”的措施，并不能完全等同于生态环境修复，也不能恢复生态系统功能。《土地管理法》第75条规定了恢复土地种植条件，改善荒漠化盐渍化的生态环境修复内容，《草原法》规定了恢复植被这一具有恢复生态系统功能的措施。《民法典》中生态环境代修复的责任承担方式主要为恢复原状、赔偿损失等，恢复原状的具体措施包含补种树木、清理污染等。《最高人民法院关于充分发挥审判职能作为推进生态文明建设与绿色发展提供司法服务和保障的意见》(法发〔2016〕12号)中还明确提出积极探索限期履行、劳务代偿、第三方治理等责任承担方式。

表2 环境行政代履行与生态环境代修复的区别

区别点	环境行政代履行	生态环境代修复
权利(力)来源	单行法中的代履行权	《民法典》第1234条
产生时间	损害发生前、后	损害发生后
履行主体	法律法规规定的环境行政代履行机关	法律法规规定的环境行政代履行机关、享有环境民事公益诉权的机关和省市地级政府及其指定的部门
前置条件	催告后行为人仍不履行	侵权人合理期限内未修复
责任承担方式	补种、恢复植被等法律法规明确规定的措施	恢复原状等法律、法规、司法解释明确规定的各类措施

6.2 环境行政代履行与生态环境代修复的衔接

环境行政代履行与生态环境代修复的衔接关系。环境公益诉讼应当作为弥补行政执法不足的后置机制，仅在行政机关存在不履行或不适当履行职责的违法行为时，检察机关在提出检察建议后仍不履职的情况下提起环境行政公益诉讼。环保公益组织在提起环境民事公益诉讼前，应及时与负有环境监管职责的行政机关进行沟通，在行政机关仍不履职的情况下提起诉讼。① 行政机关应及时履行保护环境、恢复生态的法定职责，环境民事公益诉讼应将代履行费用并入诉请，合并裁决执行，以提高诉讼效率。

根据指导案例211号的案件事实，沈×及其木业公司已不能履行补种责任，须由林业局代为履行，检察机关以行政机关未依法履行职责为由提起了环

① 参见李义松、周雪莹:《我国环境行政代履行制度检视》,《学海》2021年第1期。

境行政公益诉讼，并未提起环境民事公益诉讼请求损害赔偿和代修复。此时，环境行政代履行与生态环境代修复是否存在竞合呢？一方面，检察机关通过对行政执法机关依法履职的监督，能够使行政执法机关及时履职，避免了实施生态环境代修复的应满足的期限条件，减少损害的扩大。另一方面，行政机关应优先通过环境行政执法方式实现对受损生态环境的修复与救济，在穷尽行政执法方式仍未解决生态环境损害问题时，则可通过提起生态环境损害赔偿诉讼抑或行使代修复请求权之方式予以补充，此乃行政机关权利（力）配置的最优化选择。[①] 因此，万山区检察机关通过环境行政公益诉讼令行政机关依法履职，与权力运行的效率目标相契合，用“行政优先”的最小成本实现保护公益的目的。当万山区林业局依法履行职责却仍无法达到惩治违法行为、填补损害、环境修复的目的时，国家规定的机关或法律规定的组织可通过提起环境民事公益诉讼抑或行使代修复请求权之方式，令侵权人承担环境生态侵权惩罚性赔偿责任、生态环境损害赔偿责任，以此全面涵盖受到损害至修复完成期间服务功能丧失的损失、生态环境功能永久性损害损失、调查鉴定评估费用、防止损害发生或扩大的合理费用等行政责任不能包含的损失，达至完全填补损害、修复并恢复生态环境功能的目的，充分发挥民事环境司法的补位功效。

① 参见彭中遥：《〈民法典〉中生态环境损害代修复制度之探析》，《中国高校社会科学》2022年第1期。

××研究所诉××公司大气污染民事公益诉讼案

张平华　毛仙鹏*

摘要：生态环境修复制度的理解与适用是生态文明建设的重要内容。本案展现了生态环境修复责任中的违法性要件具有确立适用过错责任原则、明确过错的认定标准两层意义，明确了技术改造在非属于国家规定的强制性义务且具有与生态环境修复趋近的效果时可构成替代性修复方式，具有重要指导意义。

关键词：生态环境修复；违法性；过错；技术改造；替代性修复

引言

"生态文明建设是关系中华民族永续发展的千年大计。"[①]在生产实践中，企业自身利益与公共环境利益时常发生冲突，在逐利本位的驱动下，利益的天平难免失衡从而致使公共环境利益遭受损害。为我国长远发展计，必须依法依规加强城市生态修复。[②] 其中，司法实践如何明确、运用生态环境修复责任成为一个重要的落脚点。为此，以下选取江苏省高级人民法院 2021 年度十大典型案例之××研究所诉××公司大气污染民事公益诉讼案，作为研究对象。此案基本案情如下：

××公司为当地唯一生活垃圾焚烧企业，2014 年国家施行新的控制标准，要求相关企业在 18 个月的缓冲期内予以执行。该公司未及时进行焚烧炉技术

* 张平华，山东大学法学院教授、博士生导师，浙江新台州律师事务所疑案研究中心研究员；毛仙鹏，山东大学法学院博士研究生，浙江新台州律师事务所疑案研究中心研究员。

① 《中国共产党第十九届中央委员会第四次全体会议公报》，人民出版社 2019 年版，第 14 页。

② 参见中共中央、国务院印发《扩大内需战略规划纲要(2022—2035 年)》，《人民日报》2022 年 12 月 15 日。

改造，在缓冲期结束后，当地环保局多次对其作出行政处罚，但由于其业务涉及重大社会公共利益，并未对其实施停产整治等强制措施。××研究所遂提起环境民事公益诉讼，请求该公司支付相应的生态修复费用。该公司辩称，因其已纳入整体搬迁计划，为减轻政府财政负担，未对即将搬迁的焚烧炉进行技术改造，超标排放存在客观原因，主观上并无过错；公司搬迁改造后满足新的控制标准，所投入的费用已经涵盖其责任范围，请求按照已有先例，以搬迁改造费用抵扣赔偿金额。重要事件时点概览见图1。但法院对此未予认可，要求该公司承担相应的生态环境修复责任。[①]

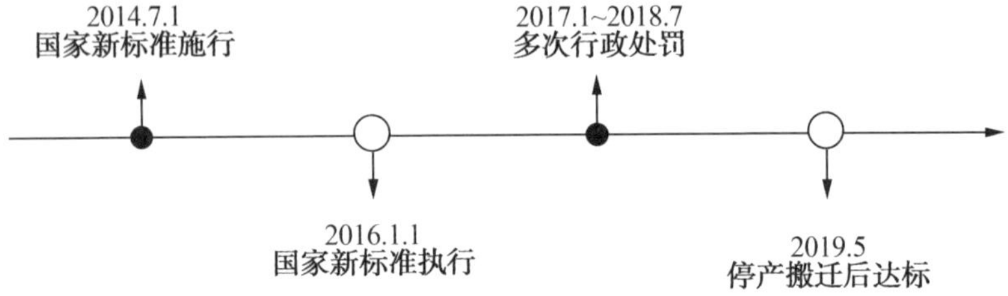

图1　重要事件时点概览

本案中主要的争议焦点包括：一是如何理解生态环境修复责任中的违法性要件；二是满足何种条件技术改造始得构成替代性修复方式。上述问题并非本案所新遇或独有，而是在同类案件中具有普遍意义。因此，本文以该典型案例为背景，阐明生态环境修复责任中违法性要件的功能，明确技术改造得以构成替代性修复方式的条件，以期对同类案件中相关问题的解决有所裨益。该典型案例分析思路见图2，具体内容分述如下。

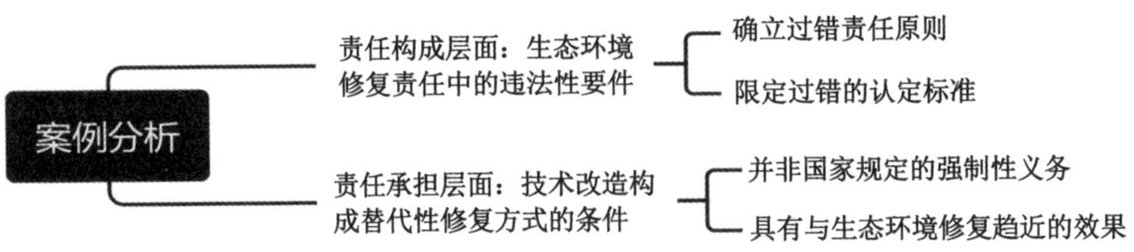

图2　案例分析思路

① 详细案情，参见江苏××发电有限公司与北京市朝阳区××××环境研究所大气污染责任纠纷公益诉讼上诉案，江苏省高级人民法院(2020)苏民终158号民事判决。

1　生态环境修复责任中违法性要件的功能

本案判决明确指出，生态环境修复责任以行为具备违法性为构成要件，这与此后生效的《民法典》中的相关规定保持了一致。《民法典》第1234条总结了相关司法解释的实践经验[①]，首次在民事立法中确立生态环境修复责任，但是否在其构成中增设“违反国家规定”这一违法性要件在立法起草中存有争议[②]，直至《民法典(草案)》二审稿中才予以肯定并最终采纳。从裁判结果看，在生态环境修复责任中设置“违反国家规定”要件至少具有以下两方面的功能。

1.1　确立生态环境修复责任适用过错责任原则

《民法典》第1229条确立了生态环境侵权适用无过错责任原则[③]，本条虽为侵权责任编第七章“环境污染和生态破坏责任”中的首个条文，但其不具有作为统领整章的一般性条款的体系地位。第1234条与第1235条明确以“国家规定的机关或者法律规定的组织”为相应请求权的行使主体，区别于本章其他条文明示或暗指由“被侵权人”行使权利。而且，前者所补救的是公共利益的损失，具有不可否认的公益性；后者则通常是对私人财产与人身损害的救济。[④] 正如本案判决所指出，生态环境侵权责任与生态环境修复责任存在明显区别。申言之，生态环境修复责任所适用的归责原则应另行判断。

“违反国家规定”实质上确立了生态环境修复责任适用过错责任原则。本案判决通过说明该企业对超标排放行为存在过错，行为具有违法性，从而要求该企业承担生态环境修复责任。法院虽然对于生态环境修复责任适用了过错责任原则，但对于违法性与过错之间的关系并没有完全厘清。在德国法上，“违法性”和“过错”要素在侵权行为构成要件的结构中区分得十分清楚[⑤]，受此影

---

① 包括《最高人民法院关于审理生态环境损害赔偿案件的若干规定(试行)》(法释〔2019〕8号，已被修正)第11条、《最高人民法院关于审理环境侵权责任纠纷案件适用法律若干问题的解释》(法释〔2015〕12号，已被修正)第14条、《最高人民法院关于审理环境民事公益诉讼案件适用法律若干问题的解释》(法释〔2015〕1号，已被修正)第20条等。

② 参见黄薇：《中华人民共和国民法典侵权责任编解读》，中国法制出版社2020年版，第257～258页。

③ 参见邹海林、朱广新主编：《民法典评注：侵权责任编》第2卷，中国法制出版社2020年版，第595～597页。

④ 参见刘长兴：《生态环境修复责任的体系化构造》，《中国法学》2022年第6期。

⑤ 参见[德]迪特尔·施瓦布：《民法导论》，郑冲译，法律出版社2006年版，第195页。

响，我国理论上也长期有学者主张应将“违法性”作为独立的构成要件。[1] 在现代社会中，侵权法的理念重心已经由对侵权人的行为进行非难向对受害人的损害进行救济转向[2]，侵权行为的违法性尽管仍然被强调，但由于其难以概括所有侵权责任，其在各国法律体系中的含义已经出现分化。[3] 我国侵权法采“侵权责任法”的称谓而非“侵权行为法”，正是上述理念转向的具体体现；而且，《民法典》第 1165 条第 1 款并未出现“违法”或“非法”等概念，这表明我国法并未承认违法性的构成要件品质。[4] 相应的，我国法实际上作出了以过错吸收违法性的制度选择，“过错”是比“违法性”在内涵和外延上更为宽泛的概念，“过错”并非单纯指主观状态上的过错，同时体现了法律和道德对行为人的行为的否定性评价。[5]

循此，《民法典》第 1234 条规定的“违反国家规定”应当纳入“过错”的解释中，这一违法性要件的设置表明生态环境修复责任采纳了过错责任的归责原则。[6] 再检视本案判决，法院通过说明该公司具有过错再过渡到行为违法，存在逻辑上的谬误，恰当的说理路径应是说明该公司行为违法，存在过错，从而需要承担生态环境修复责任。

1.2 明确生态环境修复责任中过错的认定标准

我国法既然并未采纳违法性独立要件立场，《民法典》第 1234 条规定“违反国家规定”这一违法性要件除表明生态环境修复责任适用过错责任原则之外，应有其他的规范意义。应当认为，“违反国家规定”同时明确了生态环境修复责任中过错的认定标准，换言之，若行为并未违反国家规定，则不应当被认定为具有过错。本案判决中，法院以该公司未在《生活垃圾焚烧污染控制标准》

---

① 参见方新军：《权益区分保护和违法性要件》，《南大法学》2021 年第 2 期；杨立新：《侵权责任法》，法律出版社 2012 年版，第 68 页；张金海：《论违法性要件的独立》，《清华法学》2007 年第 6 期，等等。

② 随着社会的发展，出现了行为人的行为不可非难，但仍承担侵权责任的情形。例如，行为人即使能够证明排污符合国家或者地方污染物排放标准，根据《最高人民法院关于审理环境侵权责任纠纷案件适用法律若干问题的解释》（法释〔2020〕17 号）第 1 条第 1 款的规定，依然需要承担侵权责任。

③ 参见［奥地利］H. 考茨欧主编：《侵权法的统一：违法性》，张家勇译，法律出版社 2009 年版，第 170～171 页。

④ 参见程啸：《侵权法的希尔伯特问题》，《中外法学》2022 年第 6 期。

⑤ 参见王利明：《我国〈侵权责任法〉采纳了违法性要件吗？》，《中外法学》2012 年第 1 期。

⑥ 参见徐以祥：《〈民法典〉中生态环境损害责任的规范解释》，《法学评论》2021 年第 2 期。有学者持不同的观点，参见蔡唱：《〈中华人民共和国民法典〉背景下环境侵权违法性研究》，《吉林大学社会科学学报》2021 年第 1 期。

(GB18485—2014)确定的过渡期内执行该新标准，认定该公司的行为存在过错。由此可知，国家标准在生态环境修复责任中也可被作为过错的认定标准。在理论上，对于“违反国家规定”所限定的生态环境修复责任的过错认定标准的具体范围还需进一步厘清。

《民法典》中“国家规定”出现的频次仅为10次，尚未有相应的规范对此作出界定或说明。而在《刑法》中，自1997年修订以来，对此即有明确规定，“本法所称违反国家规定，是指违反全国人民代表大会及其常务委员会制定的法律和决定，国务院制定的行政法规、规定的行政措施、发布的决定和命令”①。刑事规定的明确性是罪刑法定的应有之义②，故而对于“国家规定”此类不确定的法律概念需要在立法中予以明确、限制，且在司法实践中，法院应当审慎认定，及时逐级请示。③ 在民事领域，对于“国家规定”的解释应较刑事领域更为宽松，《民法典》第1234条之所以使用“违反国家规定”而不是其他，是因为考虑到“放权”的需要。④ 有关生态环境保护的规定，从国家到地方，因地而异，从此阶段到下阶段，因时而异；且其中涉及许多专业性的内容，如本案判决所依据的“控制标准”并非以法律规范的形式出现。这些规定均要求相关企业予以遵守，可以属于“国家规定”的范畴。具体而言，生态环境修复责任中过错的认定标准包括违反国家有关环境、生态保护的法律、国家政策、行政法规、部门规章和地方规定，以及环境资源领域的排放标准、控制指标等。⑤

2 技术改造构成替代性修复方式的条件

替代性修复是指采取弥补性方式使受损的生态环境及其服务功能恢复至基线并补偿期间损害的过程。⑥ 替代性修复方式并无限定，在类型上具体可包

---

① 《中华人民共和国刑法》(2020年修正)第96条。

② 参见蒋铃：《刑法中“违反国家规定”的理解和适用》，《中国刑事法杂志》2012年第7期。

③ 参见《最高人民法院关于准确理解和适用刑法中“国家规定”的有关问题的通知》(法发〔2011〕155号)。

④ 参见张新宝：《侵权责任编：在承继中完善和创新》，《中国法学》2020年第4期。

⑤ 参见最高人民法院民法典贯彻实施工作领导小组主编：《民法典侵权责任编理解与适用》，人民法院出版社2020年版，第553～554页。

⑥ 参见生态环境部、国家市场监督管理总局《生态环境损害鉴定评估技术指南》(GB/T 39791.1—2020)，类似于其中的“补充性恢复(complementary restoration)”。

括同地区异地点、同功能异种类、同质量异数量以及同价值异等级等多种情形。[①] 本案中，该公司提出应按照该审理法院所判决的先例（以下简称“前案”）[②]，以技术改造费用抵扣生态修复费用，这实际上是在主张已完成的技术改造构成替代性修复方式，但法院对此未予支持。通过比较两案可知，技术改造构成替代性修复方式需满足以下两方面的条件。

2.1　技术改造并非国家规定的强制性义务

替代性修复方式由司法解释所确立，是在被告无法将生态环境完全修复到损害发生之前的状态与功能时准许采用的替代方式[③]，其本质上是与直接修复相对应的生态环境修复责任的一种承担方式。[④] 技术改造是行为主体主动采取的行动，将其作为责任的承担方式并无性质上的障碍，但二者最终可否形成对应关系首先还需进行逻辑上的考察。

生态环境修复责任的生成是由于责任主体违反国家规定造成了生态环境损害，其中，如何违反国家规定具有关键意义。若是单纯进行超标排放从而违反国家标准，技术改造若能起到生态环境修复作用，则不排斥其构成替代性修复方式；若未进行技术改造是违反国家规定的表现形式，那么技术改造本身是国家规定的义务的履行，不能再作为生态环境修复责任的承担。前案中，公司进行技术改造并非是在履行国家规定的强制性义务，而是响应法律与政策号召主动采取的环境保护方式，在此技术改造具备构成替代性修复方式的先决条件；但在本案中，技术改造是新的国家标准明确规定的义务，生态环境修复责任是违反该第一性义务引起的第二性义务[⑤]，企业进行技术改造实际上是在履行第一性义务，当然排除其构成生态环境修复责任的承担方式。

---

① 参见最高人民法院环境资源审判庭：《最高人民法院关于环境民事公益诉讼司法解释理解与适用》，人民法院出版社 2015 年版，第 297 页。

② 参见江苏××农化有限公司等与泰州市××联合会等环境污染侵权赔偿纠纷上诉案，江苏省高级人民法院(2014)苏环公民终字第 00001 号民事判决。

③ 《最高人民法院关于审理环境民事公益诉讼案件适用法律若干问题的解释》（法释〔2015〕1 号，已被修正）第 20 条第 1 款规定：“原告请求恢复原状的，人民法院可以依法判决被告将生态环境修复到损害发生之前的状态和功能。无法完全修复的，可以准许采用替代性修复方式。”

④ 参见最高人民法院民法典贯彻实施工作领导小组主编：《民法典侵权责任编理解与适用》，人民法院出版社 2020 年版，第 559 页。

⑤ 参见张文显主编：《法理学》（第 5 版），高等教育出版社 2018 年版，第 166 页。

2.2 技术改造具有与生态环境修复趋近的效果

生态环境修复的目的在于使受到损害的生态环境系统恢复其生态服务功能[①],其通常的逻辑是向前追溯,对已经遭受损害的生态环境进行修复。那么是否也存在面向未来,但可以抵充生态环境修复责任承担的替代性修复方式?实际上,若所采取的方式能够避免或降低未来本不可避免的损害,这与对先前损害进行事后救济的效果在本质上并无二致,故而不应排斥此种替代性修复方式。前后两案所聚焦的技术改造便是在此意义上展开。

在前案中,涉事公司通过技术改造实现了副产酸的循环利用,降低了未来企业生产过程中本来不可避免的生态环境损害,这一技术改造结果与进行生态修复的效果趋近。为引导、鼓励、支持企业在没有国家强制性要求的情况下自觉加大投入进行技术改造,以降低污染排放,保护生态环境,法院认定该技术改造构成替代性修复方式,允许以技术改造费用抵扣生态环境修复费用。但在本案中,技术改造是在履行国家规定的强制性义务,其本身并不能额外产生与生态环境修复趋近的效果,若在此同样允许费用抵扣,无异于变相鼓励超标排放,故而法院对此不予支持。

---

① 参见朱晓勤:《生态环境修复责任制度探析》,《吉林大学社会科学学报》2017 年第 5 期。

江苏省××市人民检察院诉××造纸有限公司水污染民事公益诉讼案

张平华　王　耕*

摘要：自我国 2015 年 1 月 1 日出台新《环境保护法》(以下简称"新《环保法》")后，"绿水青山就是金山银山"的观念逐渐深入人心，环境民事公益诉讼案件也逐渐走入司法视野。最高人民法院发布十起环境公益诉讼典型案例之八便是一个具有强烈指导意义的案件。××造纸有限公司(以下简称"××造纸公司")在已被县环境保护局两次行政处罚后仍多次私自排放含有超标氨氮、总磷等污染物的废水，致使周围水域严重污染。××市人民检察院(以下简称"××市检")作为公益诉讼人，遂提起环境民事公益诉讼，请求判令××造纸公司将被污染损害环境恢复原状，并赔偿生态环境受损害至恢复原状期间的服务功能损失费用。

引言

自从党的十八大提出"经济建设、政治建设、文化建设、社会建设和生态文明建设"五位一体以及新《环保法》颁布以来，最高人民法院认真贯彻其立法精神，先后发布了诸如《关于审理环境民事公益诉讼案件适用法律若干问题的解释》(法释〔2015〕1 号)(以下简称《解释》)、《人民法院审理人民检察院提起公益诉讼案件试点工作实施办法》(法发〔2016〕6 号)及《关于审理生态环境侵权责任纠纷案件适用法律若干问题的解释》(法释〔2023〕5 号)等司法解释或者规范性文件，甚至与民政部、环境保护部等部门于 2015 年联合发布《关于贯彻实施环境民事公益诉讼制度的通知》，不断加大顶层设计和政策指引力度。通过上述立法和司法的最新动态，我们可以发现环境公益诉讼不仅是人民法院审判工作的重要组成部分，也是提高我国生态文明环境治理体系的重要环节，必须予以高度重视，以此来

* 张平华，山东大学法学院教授、博士生导师，浙江新台州律师事务所疑案研究中心研究员；王耕，山东大学法学院硕士，浙江新台州律师事务所疑案研究中心研究员。

保障和促进我国经济的绿色发展、可持续繁荣。本案是全国人大常委会授权检察机关试点提起公益诉讼以来的首批案件，对于具体协调生态环境修复责任与生态环境损害赔偿责任、惩罚性赔偿责任间的关系具有重要指导作用。

1.案情

案情来源：最高人民法院发布十起环境公益诉讼典型案例之八[①]

1.1 基本案情介绍

××造纸公司（被告、上诉人）在2013年至2015年间开展了“6万吨高强瓦楞纸技改”项目。但环境保护局在2013年4月27日便发现其在该项目中存在不正常运转污水处理设施和私设暗管进行废水排放等问题。随后更是发现××造纸公司在2014年4月5日至6日通过私设暗排管等方式直接排放苏北堤河未经处理的废水600多吨。环境保护局遂于同年4月18日和5月12日分别作出环境违法行为决定书和行政处罚决定书，责令××造纸公司立即拆除暗管并罚款5万元人民币。××造纸公司于8月缴纳罚款。环境保护局不久后又发现××造纸公司在2015年2月24日至25日再次通过临时设置铁质排放管等方式将2000多吨生产废水直接排入苏北堤河。环境监测站事后通过采水样监测发现，此流域水质化学需氧量超标12.1倍、氨氮超标2.5倍、总磷超标1倍。故环境保护局于3月12日再次作出行政处罚决定书，要求××造纸公司缴纳10万元罚款。××造纸公司于当年4月缴纳罚款。

2015年8月26日，××市检在履行职责过程中又一次发现××造纸公司违法排放废水，遂立案调查。××市检作为公益诉讼人（原告、被上诉人），委托环保专家调查××造纸公司两次废水具体排放情况，并由其分别出具了环境污染损害咨询意见，该意见确定××造纸公司违法排放废水所造成的生态环境损害数额共计269100元。××市检为此先行支付专家咨询费用3000元。随后××市检作为公益诉讼人，于2015年12月28日向××市中级人民法院提起环境民事公益诉讼，请求判令××造纸公司将被污染损害的苏北堤河环境恢复原状，并赔偿生态环境受到损害至恢复原状期间的服务功能损失费用；主张若××造纸公司无法恢复原状，请求判令其以生态环境修复费用26.91万元为基

① 参见《××市检诉××造纸公司环境民事公益诉讼案》，2017年12月11日，http://haqjp.jsjc.gov.cn/zt/dxal/201712/t20171211_215407.shtml。

准承担3倍至5倍的赔偿责任。

1.2 其他事实补充

第一，2008年8月20日，××造纸公司“年产6万吨高强瓦楞纸技改”项目环境影响报告得到环境保护局批复，即其废水量年排放总量初步核定可以小于等于19.5吨/年。[①] 不久，环境保护局于2009年9月对上述技改项目进行设施验收，并实现了污染物排放监测计量装置与环境保护局监控中心联网，可以做到数据实时传输。2014年12月，江苏省环境保护厅给××造纸公司颁发了排放污染物许可证，要求该项目的废水必须按照《纸浆造纸工业水污染物排放标准》进行处理，即废水只能用于回用或灌溉，不能排放到地面水体。

第二，××造纸公司成立于1990年、注册资本6000万元，位于柳新镇，因有部分残疾人职工，在2010年至2012年间曾被民政部门登记为社会福利企业。

第三，××造纸公司废水排放的苏北堤河处于沛县龙固南部，临近京杭运河不牢河段。其中苏北堤河铜山段全长23.56公里，位于徐沛运河与顺堤河之间，是××区湖西地区灌溉排涝的重要河道。苏北堤河柳新段则全长5.1公里，是一条排涝并结合农田灌溉的河道。

1.3 案件时间线的可视化参见图1。

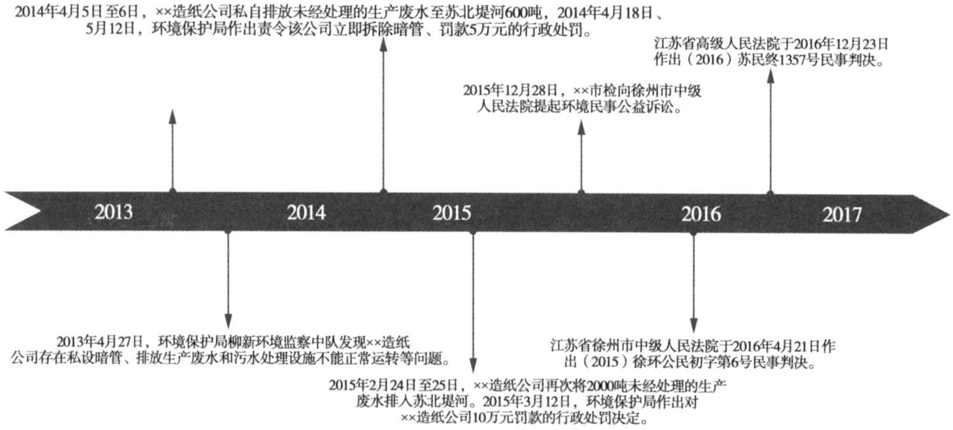

图1 案件时间线的可视化展示

① 参见《××市检诉××造纸公司水污染责任纠纷案》，东方法律网，http://www.chinaeastlaw.com/lawcase/lvuChdnSo64uyTPi0jmsIQ==。

2.案件裁判结果

2.1　一审判决

××市中级人民法院经审理后认为,××造纸公司违反《水污染防治法》等法律规定,随意排放废水致使环境污染,应当承担责任,遂作出(2015)徐环公民初字第6号民事判决,具体内容如下:一方面,根据已查明的环境污染事实、侵权人的主观过错程度、生态环境恢复的难易程度、生态环境的服务功能等因素,通过虚拟治理成本法计算生态环境修复费用26.91万元,生态环境修复费用则以排放废水量的4倍进行计算,并判决其在生效后30日内将上述赔偿支付至××市环境保护公益基金专项资金账户。另一方面,××造纸公司还要于判决生效10日内支付公益诉讼人为本案支付的合理费用3000元。

2.2　二审判决

××造纸公司在宣判后提起上诉,江苏省高级人民法院二审认为,××造纸公司所主张污染物排放点环境质量已达标的抗辩,不能作为其拒绝承担生态环境修复费用的理由。一审判决依据专家建议确定具体标准、采用虚拟治理成本法计算生态环境修复费用并无不当,以查明排放废水量的一定倍数计算生态环境修复费用合法合理,更能体现加大污染企业的违法成本、从源头上遏制企业违法排污行为。综上,遂作出(2016)苏民终字第1357号民事判决,即驳回上诉,维持原判。

3.案例分析

本案中当事人是否适格,××市检在经过何种情况、何种诉前程序下才能够成为公益诉讼主体?赔偿金额组成部分分别对应哪些责任?具体案例分析思路参见图2。

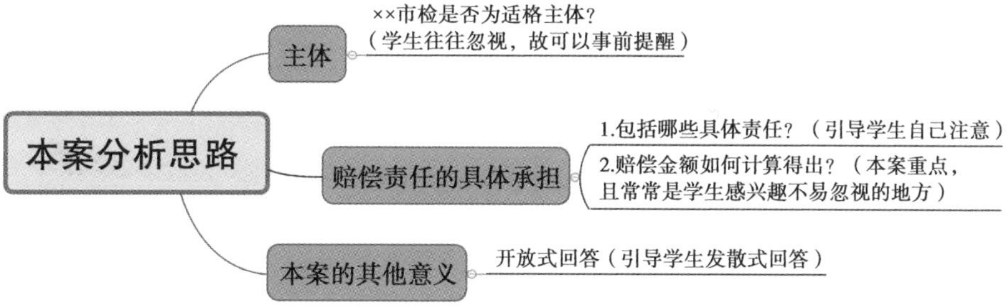

图2　案例分析思路

首先，××市检具备提起民事公益诉讼的主体资格。原因有三：第一，××造纸公司私自排放废水行为，不仅造成了苏北堤河河段严重环境污染，也严重损害了社会公共利益，故此本案属于公益诉讼。第二，在××市检发现该违法侵权行为后，其第一时间向××市其他符合提起民事公益诉讼条件的三家社会组织分别发出了督促起诉意见书，但其均复函声称不具备公益诉讼能力。第三，在其他适格主体无法提起公益诉讼且社会公共利益仍处于不断受害的前提下，加之××市检也得到了最高人民检察院的批准，故××市检有权作为公益诉讼人提起诉讼。[①]

其次，因其污染环境的侵权行为，××造纸公司不仅要承担恢复原状（生态环境修复）责任，还要赔偿该水域服务功能损失的费用。第一，我们须注意到，××造纸公司所污染的苏北堤河是沛县、铜山境内具有农田灌溉、防洪排涝等多种功能性的重要水域。第二，××造纸公司运转技改项目后，其间多次受到环保部门的处罚，但其在2013～2015年的三年时间里仍然一直违法偷排污水，甚至处罚后加大污水排放量，尤其是2014～2015年直接将2600吨未经处理的废水排入苏北堤河，造成了沿岸水域、生态环境的严重破坏和社会公共利益的严重损害。故根据《侵权责任法》第65条的规定[②]，××造纸公司应当承担恢复原状责任并赔偿苏北堤河服务功能损失。由于××造纸公司明确表示没有能力进行恢复原状（生态环境修复），亦不能提出相关修复方案，故为了确保生态环境修复功能的最终实现，可依据《解释》（法释〔2015〕1号）第20条[③]，让××造纸公司直接承担生态环境修复费用以此来替代恢复原状责任。第三，通过上述故意排污行为可知，××造纸公司属于明显故意、主观恶性较大，有理由推定其在三年生产经营期间未正常运转防治污染设备。因此根据《解释》（法释

① 根据最高人民检察院2015年发布的《检察机关提起公益诉讼试点方案》要求，检察机关在向法院提起公益诉讼之前，应当督促、支持符合法律规定的社会组织提起公益诉讼。

② 本案发生时适用当时生效的法律——《中华人民共和国侵权责任法》第65条：因污染环境造成损害的，污染者应当承担侵权责任。目前《中华人民共和国民法典》已经生效，对应条文为第1229条：因污染环境、破坏生态造成他人损害的，侵权人应当承担侵权责任。

③ 《解释》（法释〔2015〕1号）第20条规定："原告请求恢复原状的，人民法院可以依法判决被告将生态环境修复到损害发生之前的状态和功能。无法完全修复的，可以准许采用替代性修复方式。人民法院可以在判决被告修复生态环境的同时，确定被告不履行修复义务时应承担的生态环境修复费用；也可以直接判决被告承担生态环境修复费用。生态环境修复费用包括制定、实施修复方案的费用和监测、监管等费用。"修改后的《最高人民法院关于审理环境民事公益诉讼案件适用法律若干问题的解释（2020修正）》（法释〔2020〕20号）第20条规定："……生态环境修复费用包括制定、实施修复方案的费用，修复期间的监测、监管费用，以及修复完成后的验收费用、修复效果后评估费用等。"

〔2015〕1号)第21条的规定[①],××造纸公司还应当赔偿生态环境受损害后至恢复原状期间的服务功能损失费用。

最后,关于相关费用的计算问题。第一,鉴于××造纸公司不具备恢复原状(生态环境修复)相关能力,故可直接计算生态环境修复费用作为替代方案。××造纸公司违法排放2600余吨废水,其自身污水处理人员也承认每吨废水处理成本至少50元,四位环保专家依据专业意见确定虚拟治理系数为2.07,故根据虚拟治理成本法得出生态环境修复费用为2600吨×50元/吨×2.07=26.91万元。第二,由于××造纸公司不能将其污染的环境恢复原状(生态环境修复),则其也应承担生态环境受到损害的服务功能损失费用,其数额以26.91万元为基数进行倍数处罚。因为26.91万元只是计算2600余吨废水所造成损害的修复费用,而本案中××造纸公司多次故意违法,主观过错程度高,污染环境情节重、破坏生态范围广、违法成本低、侵权获利高,同时考虑到此处水域生态环境恢复难度大、周期长,故根据《解释》(法释〔2015〕1号)第23条及第21条的规定[②],确定××造纸公司承担惩罚性质的生态环境修复费用,最终判决××造纸公司承担大约4倍金额的100余万元。第三,根据《解释》(法释〔2015〕1号)第22条规定[③],由环境污染侵权责任人承担检验、鉴定等合理费用,故××造纸公司还需承担3000元专家辅助人参与诉讼的费用。

---

① 《解释》(法释〔2015〕1号)第21条规定:"原告请求被告赔偿生态环境受到损害至恢复原状期间服务功能损失的,人民法院可以依法予以支持。"修改后的《最高人民法院关于审理环境民事公益诉讼案件适用法律若干问题的解释(2020修正)》(法释〔2020〕20号)第21条规定:"原告请求被告赔偿生态环境受到损害至修复完成期间服务功能丧失导致的损失、生态环境功能永久性损害造成的损失的,人民法院可以依法予以支持。"

② 《解释》(法释〔2015〕1号)第23条规定:"生态环境修复费用难以确定或者确定具体数额所需鉴定费用明显过高的,人民法院可以结合污染环境、破坏生态的范围和程度、生态环境的稀缺性、生态环境恢复的难易程度、防治污染设备的运行成本、被告因侵害行为所获得的利益以及过错程度等因素,并可以参考负有环境保护监督管理职责的部门的意见、专家意见等,予以合理确定。"修改后的《最高人民法院关于审理环境民事公益诉讼案件适用法律若干问题的解释(2020修正)》(法释〔2020〕20号)第23条:"生态环境修复费用难以确定或者确定具体数额所需鉴定费用明显过高的,人民法院可以结合污染环境、破坏生态的范围和程度,生态环境的稀缺性,生态环境恢复的难易程度,防治污染设备的运行成本,被告因侵害行为所获得的利益以及过错程度等因素,并可以参考负有环境资源保护监督管理职责的部门的意见、专家意见等,予以合理确定。"

③ 《解释》(法释〔2015〕1号)第22条规定:"原告请求被告承担检验、鉴定费用,合理的律师费以及为诉讼支出的其他合理费用的,人民法院可以依法予以支持。"修改后的《最高人民法院关于审理环境民事公益诉讼案件适用法律若干问题的解释(2020修正)》(法释〔2020〕20号)第22条规定:"原告请求被告承担以下费用的,人民法院可以依法予以支持:(一)生态环境损害调查、鉴定评估等费用;(二)清除污染以及防止损害的发生和扩大所支出的合理费用;(三)合理的律师费以及为诉讼支出的其他合理费用。"